운동기술 획득의 역동성
Dynamics of Skill Acquisition

생태역학적 접근

제2판

크리스 버튼, 루도빅 세이퍼트, 지아 이 차우,
두아르테 아라우호, 키스 데이비즈 지음

대표 역자 김 소 정

DYNAMICS OF SKILL ACQUISITION, 2nd Edition

Contents

역자 서문

이 책은 운동기술 획득 과정을 설명하는 책으로 2011년 초판이 나오고 12년 만에 개정판을 선보이게 되었습니다. 이러한 개정은 건강과 운동에 대한 관심이 증가함에 따라 엘리트 스포츠 선수들을 위한 트레이닝뿐만 아니라 지도자들과 학생들의 운동과학에 대한 관심이 높아졌기 때문이라 생각됩니다. 이 책은 운동의 기능적이고 효율적인 움직임 패턴부터 시작하여 학습의 타이밍 다양성, 스포츠에서의 적응적 유연성과 전문성 발전, 그리고 현실적인 실습과 훈련을 위한 대표적인 설계에 이르기까지 다양한 내용을 다루고 있습니다.

저희는 이 책을 번역함으로써 한국 독자들에게 스포츠와 운동 학습에 관한 귀중한 지식과 통찰력을 제공하고자 합니다. 번역 과정에서 이 책의 저자가 의도한 내용들을 이해하는 데 언어와 문화 차이로 인해 일부 어려움이 있었지만, 독자들이 보다 쉽게 이해하고 숙지할 수 있도록 여러 번에 걸쳐 교정 작업을 하였습니다.

이 책은 운동과 스포츠에 관심이 있는 모든 독자들, 특히 선수들, 코치들, 교육자들, 그리고 운동 학습에 관심을 가진 연구자들에게 유용한 자료가 될 것입니다. 저희는 독자들이 이 책을 통해 스포츠와 운동 학습에 대한 이해를 높이고, 실전에서의 적용에 도움을 받을 수 있기를 바랍니다.

마지막으로 이 책의 번역을 위해 가장 많이 애써주신 백형진 교수님과 함께 노력해주신 공동 역자분들에게 감사를 전하며, 이 책을 출판할 수 있도록 도와주신 대성의학사 권오현 대표님과 편집을 위해 애써주신 김미애 편집장 및 직원분들께 감사의 마음을 표합니다.

맊스테라피 대표 김소정
Ph.D 스포츠심리학 박사

서문

기술 획득은 평생 동안 우리 각자에게 끊임없이 도전하는 반복적인 과정이다. 인간의 기술 획득은 먹기, 의사소통 및 사교 활동과 같은 다양한 작업에 능숙해져야 하기 때문에 생존의 필수적인 요소라 할 수 있다. 스포츠나 일처럼 일상생활에서의 행동은 수행자들에게 부과되는 요구의 성격들이 다르다. 예를 들면 라켓 스포츠나 고속 운전과 같은 일부 동작은 빠른 속도로 수행되어야 한다. 이외에도 댄스, 미식축구, 무술, 물리치료와 같은 다른 활동들은 많은 신체 접촉을 수반할 수 있다. 골프를 치거나 수술을 하는 것과 같은 동작에는 고도의 정밀함과 정확성이 요구된다. 싱크로나이즈드나 아이스 스케이팅과 같은 종목에서는 우아하고 정형화된 미적 동작을 수행하도록 과제가 강조된다. 하이킹, 등산, 카약 또는 서핑과 같은 활동을 할 때 우리는 자연의 야생적인 요소들과 맞서게 된다. 다양한 스포츠 및 일상 활동에 의해 부과되는 제약들은 매우 다양하지만, 그럼에도 불구하고 이들 모두가 공통적으로 해야 하는 것은 수행자가 움직임을 효과적으로 협응하고 제어해야 한다는 것이다.

다양한 신체 활동 운동 전문가들은 숙련된 학습자들이 아래와 같은 것들을 할 수 있다는 것을 이해해야 한다.

- 부드럽고 수월하게 보이는 기능적이고 효율적이며 효과적인 움직임 패턴을 만들어낸다.
- 일반적으로 자신의 움직임과 주변 환경 사이의 정확한 타이밍을 보여준다.
- 과도한 시간 제약이나 경쟁적 압박 속에서도 협응된 움직임 패턴은 일관되게 재현한다.
- 한 동작에서 다음 동작까지 동일한 느낌의 자동화된 동작이 아니라 미묘하게 변화하고 환경의 즉각적인 변화에 정확하게 적응하는 동작을 수행한다.
- 필요한 경우 다양한 사지의 움직임을 만족스럽고 즐거운 패턴으로 통합한다.

책의 목적

인간은 정보가 풍부하고 역동적인 환경 속에서 움직이며 지표면과 물체 그리고 사건과 상호작용하기 위해 복잡한 협응 패턴을 필요로 한다. 운동 과학자들에게 중요한 과제는 이러한 협응 패턴이 어떻게 형성되고 제어 및 획득되는지를 이해하는 것이다. 21세기 초에는 움직임 기술 획득에 영향을 미치는 사회적 제약에 대한 관심이 높아졌다. 디지털 시대의 자원이 우리가 기술을 배우는 방식에 영향을 미치는가? 우리의 변화하는 환경이 우리를 다른 방식으로 움직이게 할 것인가?

인간의 움직임에 대한 연구는 이제 운동 발달, 운동 제어, 심리학, 생물학, 물리치료를 포함한 많은 관련 학문을 연결하고 있다. 이 책에서 우리는 움직임에 대한 논의를 가능한 한 폭넓게 다루려 노력했으나, 우리는 종종 핵심 아이디어를 설명하기 위해 스포츠와 운동의 움직임 모델을 예로 들 것이다. 스포츠와 레크리에이션 애호가로서, 우리는 움직임 모델이 운동 행동의 중요한 측면을 연구하고 이해하는 데 풍부한 과제 제약을 제공할 것이라 믿고 있다(Davids 등, 2006). 체육 교육자, 스포츠 과학자, 운동 과학자, 심리학자, 물리치료사의 주요 목표 중 하나는 연구에 기반한 인간 운동 행동의 유효한 개념적 모델을 개발하는 것이다(Post 등, 1998). 학습과 관련된 문제를 고려하기 전에 운동 제어의 포괄적인 모델의 개발이 필요하지만, '단순한 움직임의 이야기조차도 의도적, 기계적, 정보적, 신경적, 근육적인 부분을 가질 것이기' 때문에 이는 그리 간단한 일이 아니다(Michaels, 1998). 현재에 와서는 인간 움직임의 엄격한 모델을 만들기 위해서는 상호 연동되는 분석 척도(예: 신경, 행동, 심리)들과 행동을 생성하는 데 관련된 많은 하위 시스템(예: 지각 및 움직임)을 포착하기 위해서는 다학제적 프레임워크를 필요로 한다는 것이 분명해졌다.

실용적인 관점에서, 협응과 제어가 어떻게 이루어지는지를 이해하면 학습 및 재활 환경을 적절히 구성하여 연습 및 치료 시간을 보다 효과적으로 활용할 수 있다(Vaz 등, 2017). 인간 움직임 시스템에서 이러한 과정을 연구하는 것은 다음과 관련된 문제를 고려하는 데 필수적이다.

- 다양한 발달 단계에서 아동의 운동 능력이 익숙해지는 것
- 운동 장애 및 지각-감각 기능 장애에 미치는 영향 해석
- 인체공학적 장비 설계
- 코칭, 교육 및 훈련 작업 설계
- 운동 처방, 치료 및 재활 프로그램 계획 및 관리
- 다양한 수준의 성과에서 개별적 차이를 이해
- 부상 예방 및 건강 및 안전 예방 조치

- 재활 중인 대상자와 환자에게 정보를 전달하는 방법을 이해
- 이동 능력이 변화에 따른 노인들의 삶의 질을 높이고 유지하는 방법
- 학습에 대한 주의 및 의사결정
- 스포츠 성과와 운동 학습에 대한 사회적, 문화적 제약
- 탈진, 스트레스성 부상, 운동선수 훈련 과정에서 발생되는 경쟁에 대한 지나친 강조를 저하시키는 능력 개발

협응과 제어에 대한 개념적 모델은 학습 환경을 설계할 때도 중요하지만, 학습자가 운동기술을 습득할 때 긍정적인 경험을 할 수 있도록 하는 데에도 중요하다. 신체활동 부족과 고소득 사회에서 나타나는 운동 부족에 대한 우려를 고려할 때(예: 영국의 건강 관련 국가 보고서, 세계보건기구의 세계 건강 보고서, 뉴질랜드의 건강한 식습관-건강한 행동 보고서), 이러한 유형의 지식은 스포츠 및 운동 참여에 필요한 기본 기술을 제공하는 신체 활동 프로그램을 설계하는 데 필수적이다(Clark, 1995). 이 책의 목표는 학습자와 실무자들이 이러한 문제를 이해하고 해결할 수 있는 유용한 프레임워크(즉, 개념, 방법론적 도구 및 언어)를 제공하기 위해 신뢰할 수 있고 포괄적인 인간 움직임 모델을 개괄적으로 설명하는 것에 있다.

책의 구성

제2판은 또한 제1판이 작성될 때 아직 출판되지 않은 경험적 증거에 기초한 많은 새로운 실제 사례들을 포함하고 있다. 예를 들면 공 투사기의 역할, 옥외 클라이밍 제약을 시뮬레이션하기 위한 실내 클라이밍 벽의 사용, 엘리트 스프링보드 다이버들의 연습 접근법, 팀 경기에서의 수행 환경을 시뮬레이션하기 위한 소형 게임의 사용, 그리고 수영 스트로크의 협응에 대한 연구가 있었다.

초판과 마찬가지로 운동기술 획득의 역동성을 향상시키기 위해 연습 과제를 어떻게 설계할 수 있는지 보여주는 특별 문항이 포함되어 있으며, 이러한 문항에는 핵심 연구, 자가 검사 질문, 사례 연구가 포함된다. 사례 연구는 전문 코치, 물리치료사, 운동선수, 스포츠 과학자의 경험을 바탕으로 한 이론이 연습, 훈련 및 재활 환경 설계에 어떻게 영향을 미치는지 보여준다. 학생들의 이해를 높이고 핵심 아이디어를 설명하는 연구 활동도 포함된다.

새로운 내용

새로운 11장은 미국, 유럽 및 호주 지역의 엘리트 코치, 운동선수 및 스포츠 전문가의 경험적 지식에 초점을 맞추어 연습 중에 제약 조건을 사용하여 특정 스포츠의 기술 획득과 전문성을 향상시키는 방법을 이해한다. 다른 새로운 내용에는 다음 항목이 포함된다.

- 학습 시점의 변화
- 스포츠에서의 적응적 유연성 및 운동선수에서의 전문성 개발에서의 역할
- 대표적인 프로그램 디자인을 통한 스포츠 연습, 훈련 및 재활에 있어 현실적인 연습 과제
- 학습에 대한 주의 및 의사결정
- 스포츠 성과와 운동 학습에 대한 사회적, 문화적 제약
- 탈진, 스트레스성 부상, 운동선수 육성에서의 경쟁에 대한 지나친 강조를 피하는 것을 목표로 하는 재능 개발

이러한 새로운 통찰력은 운동 실무자들이 다양한 스포츠 및 신체 활동 환경에서 연습 환경을 설계할 수 있도록 안내하는 프레임워크인 비선형 교육학의 도입을 뒷받침했다(Chow, 2013; Chow 외, 2016). 비선형 교육학은 코치와 교사가 어포던스affordances를 연습 환경으로 설계할 수 있도록 돕고, 실무자가 학습을 위해 제약 조건을 사용하는 방법을 이해하는 데 도움이 되며, 수행 평가의 설계 테스트에 대한 정보를 제공하는 데 유용하다.

- 스포츠에서의 복잡적응계Complex adaptive systems
- 디자이너로서의 코치 및 교사의 역할
- 실무 구성에서의 대표적인 과제 설계
- 성과 평가 시험 및 인재 육성 프로그램
- 감정이 포함된 훈련
- 기술 획득의 역동성을 향상시키기 위한 제약 기반 접근법 사용

독자

이 책은 움직임의 협응과 제어, 기술 획득에 관심이 있는 사람들을 위해 쓰여졌다. 여기에는 운동 과학자, 스포츠 과학자, 심리학자, 생체역학자, 생리학자, 코치, 교사, 물리 교육자, 물리치료사가 포함된다. 운동 행동에 대한 전통적인 이론의 확고한 기초를 가진 고급 학부생들, 대학원생들, 그리고 교수진들은 모두 운동 행동에 대한 생태학적 제약에 대한 이해로부터 이점을 얻을 것이다.

CHAPTER 1

복잡적응계로 간주되는 운동선수와 스포츠 팀

이 장의 목표

이 징을 완료하면 다음을 수행할 수 있다.

- 복잡적응계의 특성들을 나열할 수 있다.
- 이러한 특성이 선수와 스포츠 팀의 발전을 위한 훈련을 설계하는 데 어떤 의미가 있는지를 이해한다.
- 스포츠 수행 상황에서의 적응adaptation을 설명한다.
- 코칭 방법론으로써 공동 적응coadaptation을 활용할 수 있는 방법을 설명한다.
- 어포던스가 무엇이며, 기술 습득에 왜 중요한지 설명한다.
- 기술을 행하는 수행자를 어포던스 지형의 설계자로 개념화한다.
- 정보, 특이성, 기술 학습의 전이transfer 사이의 관계에 대해 논의한다.

개별 선수와 스포츠 팀은 복잡한 적응 시스템의 예로 들 수 있다. 그들은 높은 수준의 수행능력을 일관되게 재현하면서, 예기치 않은 수행 변화에 대응할 수 있는 능력을 갖추고 있다. 이번 장에서는 적응형 시스템 능력을 개발하는 방법과 전문가들이 과정을 지원하는 데 어떻게 도움을 줄 수 있는지에 대해 설명할 것이다. 선수와 스포츠 팀을 복잡한 적응 시스템으로 개념화하는 의미를 이해하려면, 복잡성에 대한 기술적 정의와 시스템 적응이 무엇을 시사하는지 알아야 한다.

코치, 체육 교사, 근력 및 컨디셔닝 코치, 기술 획득 전문가 및 움직임 분석가 등이 갖는 핵심적인 과제는 수행과 학습의 명확한 이론적 원리에 기초해야 한다. 지도의 이론적인 체계는 학습 과정의 특성과 학습자의 주요 특징을 포착할 수 있어야 한다. 이러한 기반이 없다면 스포츠 전문가들은 이 책의 첫 판에서 설명했듯이 주관적인 생각,

전통적인 방법, 정기적으로 업데이트가 필요한 코칭 매뉴얼대로 해야 한다. 이 장에서 제안되고 책 전체에 사용된 이론적인 체계는 생태역학적 접근 방법이다.

업데이트된 제2판은 선수와 스포츠 팀을 복잡적응계로 개념화하여 기술 획득, 전문성 및 능력 개발을 위한 강력한 이론적 개념을 제공하게 될 것이다. 복잡계는 기술적으로 상호작용하는 많은 구성 요소를 가진 시스템으로 정의된다(Davids 등, 2013). 복잡계의 구성 요소들의 상호작용으로 인해 다양한 적응 행동이 나타날 수 있다. 신경생물학적 시스템(즉, 단순히 반응하는 것이 아니라 환경과 적극적으로 상호작용하는 신경계가 있는 시스템)은 주변 정보 제약 조건을 사용하여 고유의 복잡성을 이용한다. 주변 정보 제약 조건을 사용하여 의도된 과제 목표를 달성하기 위해 지속적으로 그들의 행동을 재구성할 수 있다. 환경의 정보에 의해 뒷받침된 다양한 행동 패턴은 많은 시스템 구성 요소의 지속적인 상호작용에 의해 나타난다. 예를 들면 코치는 실전에서 공을 가로채기 위해 왼손, 오른손 또는 양손을 사용해야 할 때를 숙련된 선수에게 지시할 필요가 없다. 공의 비행 궤적은 선수의 복부 왼쪽이나 오른쪽 또는 정면으로 날아올 때 공을 받아내는 동작을 재구성하는 데 사용할 수 있는 정보이다.

복잡적응계는 지구 어디에나 있으며, 시스템 자유도(구성 요소)가 지속적으로 재구성(서로 적응하고 협응)되며 목표 지향적 행동을 나타나게 된다. 전통적으로 환원주의 철학은 뇌의 개별 영역을 연구하거나 구성 요소(예: 시각 시스템)의 기능을 독립적으로 조사하는 등 과학적 분석을 위해 신경생물학적 시스템의 구성 요소를 구분하는 데 사용되어왔다. 환원주의는 동역학적 환경에서 수행 중 과제 목표를 달성하기 위해 복잡계가 어떻게 행동을 적응시키는지에 대한 제한된 요소를 제공하는 데 유용하다(Teques 등, 2017). 현대의 복잡계 과학은 전체의 행동이 개별적인 부분의 기여의 합보다 더 복잡하고 다양한 특성을 갖기 때문에 시스템 전체의 행동을 종합적으로 조사하는 것이 필요함을 강조하고 있다.

생태역학 이론 체계

이 책의 초판이 2008년에 출판된 이후, 생태역학 이론 체계는 연구자들과 많은 전문가들 사이에서 발전하여 두각을 나타내고 있다(11장 참조). 생태역학 체계의 주요한 기여를 한 것은 '다이내믹 시스템' 이론으로, 이 이론은 시스템이 다양한 시간 척도에 걸쳐 어떻게 지속적으로 변화하는지를 모델링하기 위한 수학 분야에서 시작되었다. 다이내믹 시스템 이론은 복잡계의 구성 요소들이 제약 조건 아래에서 상호작용할 때 지속적으로 형성되는 다이내믹 패턴을 설명할 수 있다(Kelso, 2012). 복잡계에서의 제약 조건은 이러한 상호작용을 형성하고 수정하는 정보로 작용하기 때문에 가장 중요하게 연구되고 있다. 다이내믹 시스템 이론은 내재된 '자기조직화' 성향을 이용하여 복잡적응계가 시간이 지남에 따라 시스템 구성 요소를 재구성하는 방법을 설명하고 있다. 핵심 연구는 선수와 스포츠 팀의 수행(밀리초, 초, 분), 학습(시간, 일, 주) 및 전문 지식 습득(수개 월 및 년)의 시간 척도에서 적응 과정을 어떻게 거치는지 제시하고 있다. 운동선수의 자기 조직 원리는 자발적인 특성을 가지지만, 실제로 운동선수의 구체적인 행동은 개인적인 특성, 수행 과제의 요구사항, 그리고 환경적인 제약 조건에 의해 형성된다(Newell, 1986). 이러한 요소들은 운동 행동의 형태와 패턴을 결정하는 경계로 작용하며, 수행자와 학습자로부터 나타나는 행동에 영향을 미치게 된다.

스포츠 수행 상황에서의 적응이란 무엇인가?

스포츠 수행능력에서의 적응은 선수나 스포츠 팀이 과제 목표를 달성하기 위해 다양한 협응 패턴을 탐색하고 생태학적 제약을 충족하기 위해 시스템의 자유도를 지속적으로 재구성하는 것을 의미한다. 이 과정에서 선수가 근육, 사지 분절 또는 협응 구소를 재구성하거나 팀원들이 공격 또는 수비 시 공간을 활용하거나 방어하기 위해 상대적인 위치를 조정하는 것이 포함될 수 있다. 선수와 스포츠 팀 간의 이러한 시스템 구성 요소들의 관계는 경기 중 특정 의도와 목표를 달성하기 위해 계속해서 재구성된다. 이러한 적응을 위해서는 기능적인 운동 패턴을 변화시키거나 전이하는 능력이 필요하며, 이는 연습 과정에서 가장 잘 개발되고 활용되는 부분이다(Davids 등, 2015).

이론, 모델 및 데이터를 사용하면 시스템 구조와 구성에 관계없이 동일한 기본 개념 원리를 사용하여 지속적인 변화, 진화, 개발 및 적응하는 시스템 동작을 다양한 규모의 분석에서 설명할 수 있다(Kelso, 2012). 다이내믹 시스템 이론에 따르면, 날씨 변화에 따라 물 분자가 액체 상태에서 얼음과 수증기로 전환되는 과정을 생각해볼 수 있다. 이러한 전환은 주요 시스템 변수의 변화에 의해 발생하는데, 다이내믹 시스템에서 이러한 유형의 변수는 질서 매개변수로 알려져 있으며(H_2O의 구성 구조인 액체, 얼음 및 수증기를 의미), 이러한 질서 매개변수는 다른 변수인 제어 매개변수(예: 주변 온도)의 중요한 변화에 영향을 받게 된다. 질서 매개변수와 제어 매개변수 간의 관계는 새떼, 물고기 떼, 곤충 떼와 같은 복잡적응계에서 상호작용이 어떻게 조절되는지 이해하는 데 중요한 역할을 한다. 개인 선수(운동 시스템 자유도) 또는 팀 스포츠에서의 수행에서, 개인 내부 및 개인 간 상호작용은 공식적으로 모델링되고 이론적으로 개념화되며, 동일한 방식으로 실험 연구가 진행된다(Davids 등, 2013). 질서 매개변수와 제어 매개변수 간의 관계를 기반으로 하는 이 원리는 선수가 한 준비 상태(예: 걷기)에서 다른 상태(예: 달리기)로 전환하는 방법을 이해하는 데 도움이 될 수 있다.

또한 팀 스포츠에서 하위 그룹의 선수들이 수비에서 공격으로 또는 그 반대로 전환하기 위해 움직임을 조정하는 방법과 같은 의사결정을 설명할 수도 있다. 운동선수와 스포츠 팀에서 협응 경향이 어떻게 발생할 수 있는지를 설명하기 위한 또 다른 관련 이론적 메커니즘으로는 진화 시스템의 '공동 적응coevolution' 개념을 들 수가 있다(Kauffman, 1993). 진화 과정에 대한 담론에서 카우프만은 공진화 시스템이(수십 년과 수 세기에 걸쳐) 환경의 변화에 대응하기 위해 구성 요소를 재구성할 때, 시스템 조직의 전환이 얼마나 자주 발생하는가에 주목하였다. 흥미로운 점은 이러한 시스템이 언제 가장 유연하거나 변화에 대비할 준비가 되는지이다. 카우프만은 자연계가 준안정적인(동역학적으로 안정된) 영역에 있을 때 진화될 준비가 되어 있다고 주장했다. 준안정적인 영역은 혼돈(임의의 변화에 열려 있을 때)과 질서(매우 조직화되어 있을 때) 사이의 경계 영역을 의미한다. 시스템이 준안정적인 영역에 위치할 때, 시스템은 환경과 관련된 변화에 가장 기능적으로 적응할 수 있는 상태가 된다(Kelso, 2012). 이 아이디어는 진화 생물학에서 나온 개념으로, 학습 기간 동안 스포츠 기술과 전문성을 향상시키기 위해 노력하는 과학자와 전문가들에게 귀중한 아이디어이다(Passos 등, 2016). 스포츠에서 개인 내(선수 내)와 개인 간(선수 간) 협응 경향은 시스템 구성 요소가 일

그림 1.1 암석 표면의 손과 발의 촉각 정보는 안정성에 대한 정보를 제공할 수 있다. 이러한 정보 소스를 사용하여, 등반가들은 손가락, 손 및 발의 움직임을 표면과의 상호작용과 관련된 시너지(협응 패턴)로 구성할 수 있다.

시적으로 상호 적응(재구성)하여 시너지로 특정 과제 목표를 달성함에 따라 나타난다. 개인 내부에서의 상호작용(즉, 움직임 협응)은 개인 간 관계에서와 마찬가지로 주변 정보에 대한 제약과 민감도에 따라 시너지 형성의 특성을 나타낸다(Riley, Shockley, Van Orden, 2012). 이것은 복잡적응계의 일부가 주변 정보를 사용하여 자기조직화 경향을 제한할 수 있기 때문에 환경과의 상호작용에 연결되어 있다는 것을 의미한다(3장 참조). 예를 들면 그림 1.1에서 볼 수 있듯이, 암벽 등반에서 개별 선수는 표면의 균열이나 틈새 또는 암벽 돌출부로부터 얻은 시각적 정보를 사용하여 손가락 두 개 또는 세 개 또는 손 전체 중 어떻게 그립을 형성할지 결정할 수 있다.

또한 수행과 학습 도중 선수와 스포츠 팀의 패턴 형성을 제한하는 정보를 발견하려는 연구가 증가되고 있다(Araújo와 Davids, 2016). 시스템 구성 요소를 지속적으로 재구성할 수 있는 능력(복잡적응계의 자유도)은 변화하는 수행 환경에 상호 적응하는 데 필요한 기능적 다양성을 선수 및 팀에 제공한다. 또한 시스템 재구성을 위한 이러한 능력은 선수가 내부 및 외부의 변동이나 장애에 직면했을 때 안정성(즉, 행동의 견고함)을 제공한다(Seifert 등, 2016). 스포츠에서의 성공적인 수행은 지속과 변화를 절묘하게 조합하여 수행 결과를 이루는데, 이는 시너지 형성에 기반을 두고 있다. 선수 및 스포츠 팀의 안정성과 적응 가변성 사이의 이러한 균형은 시스템 고유의 축퇴 degeneracy(즉, 동일하거나 다른 기능적 수행 결과를 이루기 위해 많은 협응적 구조를 모집할 수 있는 부분) 특성 덕분에 달성될 수 있다. 연구에 따르면 복잡적응계의 축퇴는 과제 목표를 달성하기 위해 정보가 풍부하고 역동적인 환경에서 요구되는 다양한 행동에 대한 신경생물학적 기초를 제공한다(Seifert 등, 2016). 예를 들어 수영에서는 글라이드 시간을 제한하여 200m 자유영 수영하는 개인에 대한 과제 제약을 두었다(예: 자유롭게 선택한 조건 vs 최대 및 최소 글라이드 조건 시행). 별다른 지시가 없었으나, 수영 선수들 스트로크의 글라이드 단계에 기능적으로 상호 적응하기 위해 발차기 패턴을 증가시켰다(즉, 2-, 4-, 6-비트 발차기가 보통의 발차기 패턴이지만, 10-비트 발차기를 사용). 세이퍼트 및 연구자들(Seifert 등, 2016)은 수영 선수들이 기존의 운동 패턴에 상호 적응함으로써, 과제 제약을 만족시키기 위해, 시스템에 내재된 축퇴성을 어떻게 사용할 수 있는지 보여주었다.

학습자의 축퇴를 활용하는 코칭 전략으로서의 공동 적응

선수들이 새로운 장비 및 기술, 스포츠 규칙의 변화와 상대 선수의 경기력 변화와 같은 여러 변화들에 대처해야 할 때는 공동 적응의 과정이 필요하다. 코치는 훈련 프로그램에서 선수들에게 공동 적응의 필요성을 숙지시켜, 선수들이 사실상 '평소와 다름없는' 경기력에 안주하는 일이 없도록 해야 한다(Rothwell 등, 2017). 코치는 연습 중

선수들에게 안전과 불확실성의 기능적 조화를 촉진함으로써 공동 적응 과정을 활용할 수 있다. 안전은 선수들이 연습 중에 실수를 하고 과제를 분석할 때 안정감을 느끼는 데 중요하고, 연습에서 불확실성은 선수들이 다양한 행동 가능성을 탐구하고 새로운 행동 방식을 시도할 수 있도록 적절히 설계되어야 한다. 과제 제약을 조작하면 선수들이 더 혁신적이고 기능적인 움직임 솔루션을 찾을 수 있도록 촉진할 수 있다. 코치가 연습에서 문제 해결과 적응 행동을 강조할 때, 선수들은 그들 자신의 경기력에 대한 자율성과 책임감, 그리고 압박감 속에서 경기하는 데 필요한 회복력을 경험할 수 있다.

예를 들어 흐리스토프스키와 동료들(2006)은 초보 권투 선수들과 펀칭백 사이의 거리를 조절함으로써 선수들의 공동 적응을 연구하였다(그림 1.2). 참가자들은 특정한 지시를 받지 않고, 자연스러운 행동으로 목표물을 치도록 요청받은 상황에서 연습을 진행하였다. 권투 선수들과 목표물 사이의 거리를 다양하게 조절함으로써 다양한 복싱 패턴(후크, 잽, 어퍼컷 등)이 관찰되었다. 특히, 몸과 목표물 사이의 거리 값이 약 0.6 정도일 때, 권투 선수들은 이전에 배운 권투 동작들 사이를 유연하게 전환할 수 있는 상호 적응 상태에 도달했다. 몸과 목표물 사이의 거리 값이 0.6은 복서와 목표물 시스템을 동적으로 안정적인 영역(엄밀히 말하면, 복잡계에서의 '준안정성' 영역)으로 이동되었다(Kelso, 2012). 수행 지형의 준안정 영역에서는 특정 과제나 환경 제약에 맞추어 많은 협응 경향이 자발적으로 나타날 수 있다(Hristovski 등, 2006). 이 연구에서 다양한 거리-목표물 값이 구분된 동작 패턴만 나타났으며, 이러한 수준의 유연성은 새로운 동작에서 관찰되지 않았다. 이는 권투 선수와 목표물 사이의 대인 거리가 협응력을

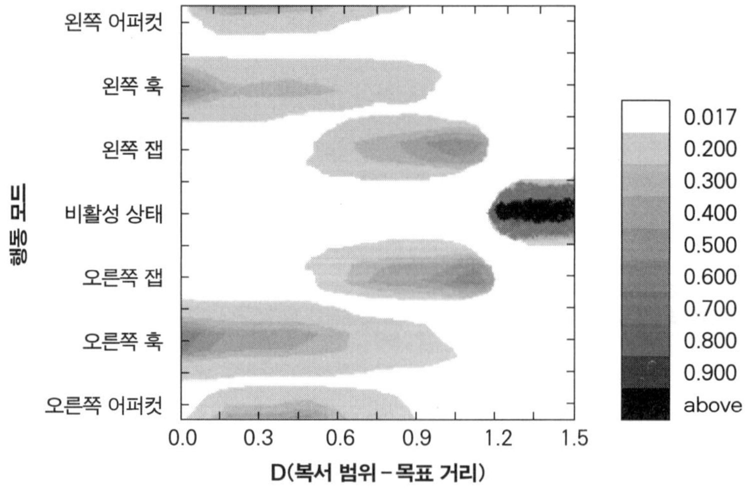

그림 1.2 특정 유형의 펀치가 나타날 가능성은 권투 선수와 펀칭백 사이의 거리에 따라 달라진다. 주의: 그림 오른쪽에 있는 확률 지수는 어두운 쪽이 더 가능성 높은 행동을 나타낸다.

제약하고 운동선수의 다양한 기능적 행동을 유발하는 중요한 정보원임을 시사하고 있다. 따라서 코치는 목표물과의 거리와 같은 핵심 정보 변수의 가치를 인식하고 이를 활용하여 스포츠 경기와 연습에서 특정 행동을 유도할 수 있음을 알고 경기 전략과 훈련 프로그램에 적용할 수 있어야 한다.

스포츠 팀 연습에 공동 적응의 개념 도입하기

팀 스포츠는 정보가 풍부하고 시시각각 변화하는 역동적인 환경이다(Passos 등, 2016). 팀 스포츠는 지속적이고 공동 적응적인 상호작용 때문에 선수들의 지속적인 인식, 의사결정, 그리고 행동을 요구하게 된다. 이것들은 경쟁하고 협력하는 선수들의 방향, 위치, 포지션 등의 변화를 포함하여 공간과 시간에 제약을 받는다. 이러한 연속적인 공격-수비 상호작용에서 정교한 공격-수비 패턴이 나타난다(예: Passos 등,

주목할 만한 연구

럭비 유니언에서의 선수 상호작용

페드로 파소스와 동료들(Pedro Passos 등, 2008)은 럭비 유니언에서 공격수와 수비수 간의 1대1 상황에서 그들의 행동을 협응시키기 위해 정보를 어떻게 사용하는지 조사하였다. 연구에서는 트라이 라인 근처에서 공격자는 가까이 있는 수비수와의 상호작용을 불안정하게 만들기 위해 노력하며, 반면에 수비수는 시스템 안정성(공을 가진 공격수와 트라이 라인 사이에 항상 남아 있음)을 유지하기 위해 노력한다. 파소스와 동료들은 공격수가 태클을 피하고 수비수를 제치면 트라이를 얻을 수 있는 상황에서, 공격수와 수비수의 상대적인 속도가 핵심 변수라는 것을 발견했다. 이 변수는 공격수와 수비수 사이의 이동속도 차이로 결정된다. 연구 결과 공격수와 수비수의 대인 거리가 4m 이내인 상황에서 상대적인 속도 값이 2m/s 이상인 경우, 이원 체계가 불안정해질 수 있다는 것을 관찰하였다. 또한 상대 속도와 대인 거리는 이원 체계의 안정성에 밀접하게 관련되어 있음을 알 수 있었다. 그러나 대인 거리가 4m 이상인 경우, 상대 속도가 2m/s 이상일 때 이원체계의 불안성성에 영향을 미치지 않는 것으로 나타났다.

응용

럭비 유니언에서의 대인 거리 4m는 공격자들이 근처 수비수와 함께 이원 체계를 불안정하게 만들기 위한 행동의 기회를 탐색하고 활용해야 하는 중요한 영역이다. 이러한 정보 변수는 럭비 유니언 코치들이 트라이 라인 근처 1대1 상황에서 공격수와 수비수를 위한 학습 환경을 설계할 때 매우 유용하게 활용할 수 있다.

2016). 공격수와 수비수는 시각, 청각 및 고유수용감각 정보 영역에 의해 연결된 복잡 적응계의 구성 요소에 영향을 받는다. 럭비 유니언, 풋살, 농구, 그리고 축구를 포함한 몇몇 팀 스포츠에서 경기에서의 상호 적응 과정이 관찰되었다(Ribeiro 등, 2017). 팀 스포츠의 연구에 따르면 (1) 경쟁하는 개인 간의 상대 각도, (2) 공격수와 수비수의 대인관계 거리 값, (3) 움직이는 두 경쟁자의 상대 속도, 그리고 (4) 연속적인 대인 간 상호작용에서 상대 간의 격차가 발생함에 따른 거리 변화 같은 정보 변수를 보였다(Passos 등, 2016). 실질적인 중요한 질문은 팀 스포츠에서 선수들이 공격과 방어를 할 때 결정을 내리고 행동을 조정하기 위해 어떻게 이러한 정보 변수를 사용하여 연습 환경을 설계할 수 있는지에 관한 것이다.

생태역학에서의 학습 설계

생태역학은 학습과 수행을 이해하기 위한 분석의 적절한 척도 즉, 사람-환경 관계에 초점을 맞춘다. 던 우디(Dunwoody, 2007)는 유기체 불균형이라는 용어를 사용하여, 내부화된 대상, 도식, 프로그램 및 계획을 통해 인간의 행동을 설명하려는 편향된 경향에 의해 환경의 역할이 무시되고 있다고 주장했다. 이러한 편향된 사고는 수십 년 동안 학습 모델에 영향을 미쳐 데이비드와 아라조(2010)가 강조했듯이 스포츠에서 연습 과제 설계를 왜곡했다. 이러한 약점은 최근 운동 행동 연구에서 인정되었다(Zelaznik, 2014).

생태역학에서 개인 및 팀 스포츠의 기술 습득은 각 선수와 특정 경기 환경 간의 연속적인 정보 기반 상호작용에 기초한다(Davids 등, 2013). 선수-환경 상호작용은 경기 중에 사용 가능한 정보원에 목표 지향적 움직임을 연결하는 결과를 낳는다. 이것은 개인과 팀 스포츠에서 학습 설계의 기본 원칙이다. 선수들은 주요 물체(구기 경기에서 피하거나 가로채는 물체), 표면(등반하거나 기어오를 수 있는 바위 표면 또는 스키나 스케이트를 탈 수 있는 얼음 표면의 특성)과 특정 사건(마라톤에서 선두 선수의 급발진 또는 배구 공격에서 3인 블록의 출현), 지형(다양한 골프 코스의 그린으로 운전하거나 축구에서 다양한 필드 폭과 길이 치수를 처리함) 및 특징(오리엔티어링 코스에서의 크로스윈드 처리 및 양궁 코스에서의 크로스윈드 처리)과 같은 요소들과 상호작용한다. 또한 선수들은, 팀 동료들의 위치와 움직임의 변화, 상대의 전술적 패턴 변화에 대처하는 등 중요한 다른 요소들과 지속적으로 상호작용을 하게 된다. 이러한 상호작용을 통해 협응 정보와 실제 움직임이 나타나며, 선수들은 환경의 특성을 파악하고 그에 맞추어 움직임을 협응하게 된다. 이러한 상호작용을 준비하기 위해 코치는 선수들이 탐구할 수 있는 연습 환경에서 적응 영역을 설계할 수 있어야 한다.

주요 개념

수행자-환경 분석 척도

2014년, 하워드 젤라즈니크는 미국 국립운동학아카데미U.S. National Academy of Kinesiology의 참가자로서 한 연설에서 과거에는 신경계가 운동을 제어하는 방식에만 초점을 맞추어왔으며, 운동 행동을 형성하는 데 있어 환경과의 상호작용에 대한 역할을 간과하고 있다고 보고하였다.

- "운동학에서 운동 제어와 학습은 뇌가 행동의 핵심을 갖고 있다는 믿음에서 벗어나 그들의 환경 내에서 어떻게 움직이는지 조사해야 한다. 미래의 운동학자들은 뉴웰의 체계나 깁슨식 접근법을 사용하는 학자들이 될 필요가 있다."
- "우리는 어포던스와 도전을 제공하는 환경 안에서 유기적으로 활동하는 인간의 기술을 이해해야 한다. 우리의 인간은 적절한 수준의 분석을 통해 작업 및 환경적 어포던스와 상호작용하는 것을 강조할 필요가 있다."
- "이 세 가지 요소 사이의 관계와 개인이 이 틀 안에서 움직임을 구조화하는 방법을 이해하면 운동기술의 학습, 수행, 교육 및 재활에 대한 중요한 이해로 이어질 것이다."

적응 영역이란 무엇이며, 실제 프로그램에서 어떻게 설계할 수 있을까?

적응 영역은 리허설에서 계획된 동작의 반복과 수행 설명의 전개 사이의 연습 시간을 의미한다. 적응 영역에서 수행자들은 그들의 행동을 조절하기 위해 수행 환경에서 이용 가능한 정보에 완전히 의존할 수 없다. 이러한 조절 전략은 단지 사건의 정보에 반응하는 결과를 보인다. 또한 선수들은 주변 환경과 완전히 독립적으로 경기할 수 없다(공유된 계획이나 경기 모델을 통해 또는 이진 고칭 지시를 엄격하게 준수함으로써)(Davids 등, 2015). 숙련된 수행 분석을 통해 경쟁자는 경쟁 중에 가상 잘 준비된 계획을 이해하고 방해할 수 있다. 적응 영역에서 개인 운동선수나 스포츠 팀의 행동은 경기와 학습 환경에서 나타나는 정보를 활용하기 위해 새로운 태도에서 의도, 인식 및 행동을 결합할 필요가 있다. 적응 영역에서 운동선수는 사건과 결과를 예측하고 과제 목표에 가장 적합한 정보를 조정하도록 장려될 수 있다.

이러한 유형의 적응 능력은 훈련에서 연습되어야 하며 단순히 마음대로 켜고 끌 수 없다. 연습 설계는 경기를 준비하는 동안 선수를 적응 영역에 배치해야 한다. 예를 들면 소규모의 부가 및 조건부 게임은 학습자가 주요 정보 소스 간의 관계를 탐색할 수 있는 적응 영역을 제공하며, 동작은 훈련 중인 운동선수에 의해 활용될 수 있다. 생태역학에 대한 기존 연구 데이터에 따르면 선수들의 지속적인 대인 간 상호작용(예: 팀 경기에서 간격 폭, 각도 관계, 상대 속도 및 대인관계 거리) 중에 나타나는 정보 변수는 선수들이 연습 중에 탐색하고 사용할 수 있는 어포던스(행동 유도)를 제공하게 된다. 적응 영역은 이용 가능한 영역으로부터 풍부하고 다양한 분야의 어포던스를 제공되어야 한다(Davids 등, 2016).

어포던스란 무엇이며, 왜 스포츠에서 기술 습득에 중요한가?

제임스 깁슨James Gibson(1979)은 다양한 지각 변수가 개인의 어포던스 탐색과 발견을 어떻게 지원하는지 제안하였다. 그는 이것을 환경의 행동 관련 속성으로 간주하였다. 깁슨은 어포던스가 환경이 제공하는 행동의 기회 또는 가능성이라고 제안하였다. 어포던스는 지구상 어디에나 존재한다. 인간 사회에서 어포던스의 예로는 무언가를 지시하는 표지판을 예로 들 수 있다.

스포츠에서 어포던스는 선수와 수행 환경 사이의 관계에 기반해 직접 지각될 수 있으며, 다양한 수행 조건에서 개인의 적응적인 행동을 유도한다(Davids 등, 2017). 연습 과제로 설계된 정보는 수행 환경의 주요 특징들과 지속적인 상호작용을 통해 행동할 기회를 발견하는데 도움이 될 수 있다. 어포던스를 지각하는 것은 수행 환경에서 특정 조건에 직면했을 때, 어떻게 행동할지를 지각하는 것이다. 권투 선수들이 다양한 타격 동작으로 목표물을 가격하거나 럭비 유니언에서 1대 1 이원 체계의 상호작용을 했던, 앞에서 논의된 연구를 떠올려보라. 주요 정보 변수의 특정 값(복싱에서 목표물까지의 거리 척도 D= 0.6 와 공격자가 공을 들고 4m 이내의 수비수를 향해 공을 가지고 달리는 상대 속도 초당 2m)이 선수들의 특정 행동을 유도하는 것이 분명하다. 이러한 지식은 코치가 실제로 어포던스 영역을 설계하는 데 도움이 될 수 있다. 연구에 의해 확인된 이러한 정보 변수는 선수들이 연습 중에 중요한 행동과 그 변형을 탐구할 수 있는 기회를 설계하기 위한 맥락을 제공한다.

위타젠 외 연구질들(2017)은 깁슨보다 한 발 더 나아가 어포던스가 개인의 행동을 유도하는 행동의 가능성이라 제안한 훌륭한 이론적 입장의 논문을 발표하기도 하였다. 이러한 어포던스는 개인과 시간을 기반으로, 과거의 경험, 학습 및 발달 수준에 따라 다르게 사용된다. 따라서 어포던스는 객관적(수행 환경에서 지각할 수 있음), 주관적(그들을 인지할 행위자가 필요함) 측면을 모두 가지고 있다고 할 수 있겠다(Gibson, 1979). 각 개인 선수의 구체적인 기술, 경험, 동기 및 의도는 수행 환경에서 어포던스를 찾고 활용하기 위해 움직임을 재조직하는 것을 제시하고 있다.

깁슨 이후로 이 개념은 발전을 거듭하였고, 현재 이 이론은 선수가 수행 중에 나타나는 어포던스와 어떻게 상호작용 하는지에 초점이 맞춰지게 되었다. 어포던스는 선수를 참여시키고, 불러일으키고, 권유하고, 유도하고, 끌어들이는 동안, 개인은 연습과 수행 중 어포던스와 형성된 결합의 강도를 조절함으로써 이러한 유도를 받아들이거나 거부할 수 있다. 따라서 수행과 연습은 상호작용이 높아야 하며, 이것은 코치들이 선수 개발 프로그램을 설계하는 작업을 구성하는 데 영향을 미치게 된다.

스포츠 경기 중 특정 상황에서, 운동선수들은 시간이 지남에 따라 (특정 행동으로의) 유도의 강도가 다른 다양하고 많은 어포던스들을 이용할 수 있다. 이러한 지식은 어포던스 영역으로 묘사될 수 있다(Rietveld와 Kiverstein, 2014). 이러한 영역에서, 어포던스는 행동을 유도하는 강도에 차이가 나타날 수 있으며, 이는 시간이 지남에 따라 변할 수 있다. 깁슨(1979)에 의하면 행동은 수행 환경에 의해 유발되는 것이 아니라, 경기장에서 특정한 대상이나 사건, 또는 상대방이 선수에게 다양한 상호작용 가능성을 제공할 수 있기 때문에, 가능성이 있는 다양한 어포던스들 중에서 경쟁적인 성과에 맞는 어포던스를 선택하는 것이 중요하게 요구되는 측면이다. 이러한 선택은 연습 과정에서 경험할 수 있도록 설계되어야 한다. 연습 계획은 선수가 경기에서 자신의 의도를 표현하고, 구체적인 어포던스를 선택하여 특정한 작업 목표를 달성할 수 있도록 해야 한다. 개인 선수의 의도와 동기는 연습 과제 실제에 반영될 수 있으며, 경쟁 환경에서의 요구사항을 시뮬레이션하는 데 필요한 높은 수준의 문제 해결, 의사결정 및 선택이 필요하다.

어포던스는 행동을 유도하는 잠재력을 갖고 있다(Withagen, de Poel, Araújo와 Pepping, 2012). 실제로 사물, 사건, 표면 및 타인은 개인에게 많은 어포던스를 제공하며, 그중 일부는 행동 유도가 지각되지 않을 수 있고, 행동의 가능성을 받아들이지 않을 수도 있다. 수행자-환경 관계에서 고려할 때 어포던스 환경에서 선택의 중요한 측면은 수행자의 행동 능력을 의미한다. 여기서 제약 조건은 효율성과 효과성이 중요한 역할을 하며, 이는 선택 과정의 중요한 부분으로 해석될 수 있다. 진화론적 관점을 포함하여 다양한 수준의 제약이 어포던스를 사용하는 데 영향을 미치며, 이는 선택적 특징을 암시한다(환경의 급격한 변화가 발생하면 개인의 안전을 보존하는 어포던스가 더 즉각적으로 반응할 수 있다). 또한 어포던스는 보다 지속적인 문화적 제약을 의미할 수 있으며, 이는 특정 방식으로 환경 대상 및 기능과 상호작용할 때 특징 반응으로 이어질 수 있다. 이러한 방식으로 어포던스는 행동을 제약하거나 가능하게 할 수 있는 수행-환경에서 사용할 수 있는 자원으로 볼 수 있지만 행동을 유발하지는 않는다. 어포던스의 행동 유도 효과는 수행자로 하여금 특정 행동을 하도록 이끌어내는 것이다. 어포던스의 행동 유도 효과는 수행자를 특정한 행동으로 이끌어낸다. 이러한 효과는 어포던스 환경 내의 특정한 분야에서, 특정한 행동으로 즉각적으로 이끌어 실제로 행동 준비 상태에 있는 개인에게 볼 수 있다(Rietveld와 Kiverstein, 2014). 환경은 끊임없이 변화하기 때문에, 어포던스는 매우 다양하다. 이 중에서도 일부 어포던스는 상황이 변화됨에 따라 더욱 강조되고, 다른 것들은 수행 환경에 따라 덜 유도적일 수 있다. 어포던스는 상황에 따라 달라질 수 있다.

경기 중 선수들이 어떤 어포던스를 선택하고 사용할지를 결정하는 데 있어서, 인지적인 활동은 어떤 역할을 하는 걸까? 수많은 어포던스 중에서 선수들이 경기 중 선택하고 사용하는 것이 행동을 수행하려는 의도, 문화적 요인, 개인의 자라온 환경, 진화적 영향(싸움 또는 도망) 등 많은 제약 조건들에 영향을 받는다. 따라서 어포던스를 사용하는 데 영향을 미치는 결합 강도의 다이내믹한 특성은 이러한 상호작용 제약 조건들과 함께 작용하여 결정된다(4장 참조).

같은 상황에서도 선수들마다 다른 어포던스를 선택할 수 있다. 예를 들면 운동장에 있는 선반을 보고 한 선수는 뛰어넘을 수도 있고, 다른 선수는 오른발로 착지한 후 왼발로 밀어낼 수도 있다. 따라서 어포던스의 사용은 개인과 과제 및 환경이 상호작용하는 제약 조건에 따라 달라질 수 있다. 위다겐과 동료들(2017)은 개인이 가진 어포던스 환경에서 자신만의 이해와 경험을 통해 활용할 수 있는 어포던스를 발견하고, 개인적으로 끌리는 어포던스를 선택하고 활용할 수 있음을 제안하고 있다.

스포츠에서의 어포던스 영역과 학습 설계

이러한 지식은 연습 환경 설계에서 어포던스의 역할을 강조하며, 교육자(코치)를 학습 설계자로 생각해야 한다는 개념을 제시하고 있다(Davids 등, 2012). 교육자의 핵심 과제는 경쟁적 경기 환경에서 실제 연습 과제 시뮬레이션으로 복잡한 어포던스를 설계하는 방법을 이해하는 것이다. 연습을 통해 운동선수들이 연습 환경 내에서 그들을 끌어당기는 특정한 어포던스에 몰입할 수 있다. 모든 어포던스가 모든 선수들에게 동일한 수준으로 어필하는 것은 아니며, 연습 과제 설계에 따라 결합 강도가 달라질 수 있다. 분명하게 짜여진 경기 및 리허설과 반복 훈련이 강조된 연습이야말로 어포던스 영역 안에서 매우 치밀하게 결합되고 강화될 것이다. 그러나 경쟁성이 높은 스포츠 환경은 매우 역동적이고 가변적이다. 예측 가능한 수행 절차대로 연출되기 쉽지 않다. 연습하는 동안, 운동선수들이 유연한 방법으로 그들의 행동을 다양한 어포던스에 결합할 수 있도록 하는 다른 과제 설계가 필요하다. 실제로 이러한 유형의 과제 제약은 '반복 없는 반복'과 같은 번스타인Bernstein의 연습에 대한 관점에서 설명될 수 있다(Bernstein, 1996, p. 204). 즉, 주요 물체, 특징, 표면 및 다른 사람들과의 지속적인 상호작용을 통해 기능적 운동 해결책을 찾기 위한 연습 환경(어포던스 영역)을 탐색한다. 연습 중에 다양한 어포던스로 결합 강도를 조절하면 선수들이 단순히 환경 제약에 반응하는 것을 넘어서 행동을 학습할 수 있도록 상호작용의 역학 관계를 바꿀 수 있다. 오히려, 매우 다양하지만, 관련성 있는 행동 가능성을 가지고 역동적인 상호작용을 설계하는 것은 운동선수들이 스포츠에서 그들의 행동을 지원하는 어포던스를 선택하고 사용하는 데 도움이 될 수 있다.

연습 과제에서 어포던스 환경의 크기와 성격은 학습자의 요구에 따라 다를 수 있다. 일반적으로 코치들은 선수들의 솔루션 탐색 활동을 제한할 수 있는 매우 좁은 어포던스 환경을 설계하려는 경향이 있다. 핀더와 동료들(2011)의 연구에서는 이와는 다른 교육적 접근 방식을 제시하였다. 숙련된 어린 크리켓 선수들에게 다양한 공의 발사 방법(즉, 어포던스 영역의 다른 분야)을 사용하여 배팅하도록 요청하고, 구체적인 수행 지침을 제공하지 않았다. 볼 투구 기계를 상대로 하면 볼러의 움직임에서 얻는 선제적 시각 정보가 제거되어 초기 움직임에서 큰 변화가 있었다. 이러한 과제 제약 조건은 참가자가 실제 볼러와 대결할 때 배트의 최대 스윙 속도가 감소하고, 배트- 볼 충돌의 질이 떨어지는 결과를 가져왔다. 핀더와 동료들(2011)은 다른 방법인 2차원 비디오 영상으로 볼러와 경기하는 경우, 타자들이 볼러의 행동으로부터 정보를 활용하여 실제 볼러와 경기하는 것과 일관된 초기 행동 반응을 할 수 있었음을 발견하였다. 하지만 비디오 이미지 상에서는 볼을 가로채야 하는 요구사항과 공의 비행 정보 없이 진행되기 때문에, 다운스윙 시작 타이밍과 배트 속도에 상당한 변동이 관찰되었다. 판청크와 동료들(2013)의 또 다른 연구(한 손으로 공 잡기)는 수행을 위해 서로 다른 어포던스 영역을 설계했을 때 발생하는 조절 단계에서 유사한 변화를 관찰하였다. 참가자들은 공을 던지는 투수의 영상이 동기화된 볼 머신과 동기화되지 않은 볼 머신에서 투사된 공을 잡기 위해 다양한 어포던스를 시도함에 따라 손 움직임의 운동학적 특성과 시선 동작이 조정되는 것이 관찰되었다. 연구 결과를 종합해보면, 학습 설계는 선수들이 지각과 행동을 결합하는 방법이 어떻게 영향을 미칠 수 있는지(잠재적으로 경쟁 환경에서의 전이가 제대로 이루어지지 않을 수 있음)를 보여준다.

실전에서의 대표적인 설계

설계된 연습 과제에 포함된 정보적 제약이 수행 환경에서의 어포던스 영역을 형성하여 새로운 움직임 패턴과 선수 간의 상호작용을 형성하도록 함으로써 훈련의 전이를 향상시킬 수 있다. 연구에 따르면 대표적인 연습 과제를 설계할 때 선수와 환경의 상호작용을 신중하게 고려해야 한다. 대표적인 설계 방법을 제시한 에곤 브런스윅(1956)은 결과를 일반화하고자 하는 수행 환경을 나타낼 수 있도록 실험 과제 제약 조건을 구성하여 제시하였다(Araújo 등, 2007). 생태역학에서, 이 개념은 학습 환경에서 연습 과제 제약을 설계하는 방법에 대한 이해를 돕고자 하였다. 이는 경쟁적 수행 제약 조건으로 일반화될 수 있는 학습 환경에서 연습 과제 제약을 설계하는 방법을 지칭한다(Davids, 2012). 대표적인 학습 설계는 운동 학습 이론가와 스포츠 전문가가 브런스윅(1956)의 연구 결과를 사용하여 재현하고 수행 맥락(개인 또는 팀 스포츠의 경쟁 환경)을 대표하는 연습 및 훈련 과제 제약 조건을 설계하는 방법이다(Pinder 등, 2011). 생태역학적 접근은 개인 및 팀 스포츠의 연습 과제를 설계할 때, 연습 재현은 선수가 그들의 행동을 조절하는 데 사용하도록 특정 경기 환경에서 사용할 수 있는 정보 변수의 상세한 표본을 기반으로 할 필요가 있다고 제안하였다. 대표적인 연습 과제를 통해 선수들은 경기 중 기능적으로 통합된 방식인 인지, 지각 및 운동 과정을 사용하도록 하였다(Pinder 등, 2011). 실제로 대표적인 연습 설계는 경쟁적인 경기 환경을 재현하는 연습 과제에서 움직임을 명시한 지각 변수와 일반적으로 연결될 필요가 있다는 핵심 원칙을 전제로 한다. 학습자의 기능적 행동(즉, 인지, 지각, 운동)을 유도하기 위해 대표적인 학습 설계를 전자에 통합함으로써 학습과 경기 환경 사이의 성공적인 전이가 보장될 수 있다. 실제 경기에서 대표적인 어포던스와 행동과 관련된 활용성은 기능적 수행 행동을 하는 환경에서 다른 환경으로의 성공적 전이가 핵심 요소이다. 예를 들면 코치는 실제 축구 경기와 유사하지 않은 정적인 환경에서 공을 드리블하는 연습을 훈련하는 대신(그림 1.3 참조), 좀 더 능동적인 수비수를 포함시켜 훈련할 수 있는 학습 과제를 설계하여 실시하는 것이다.

그림 1.3 움직이지 않는 콘은 움직이는 수비수가 제공하는 정보보다 효과가 제한적이다. 하지만 학습 초기에는 선수가 공을 드리블하는 데에 대한 자신감을 얻을 때까지 수비수의 움직임이 제한되면 긍정적인 효과를 볼 수 있다.

마찬가지로, 앞부분에서 논의된 핀더 및 연구자들(2011)의 연구에서, 크리켓 투수(또는 소프트볼과 야구에서의 투수)를 상대로 타격할 때 연습 설계에서 학습자가 볼 투사(볼 머신) 기계에 대고 타격하도록 한다면, 타자가 자신의 행동을 조절할 수 있는 유일한 정보가 공-비행 정보에서 나오기 때문에 이 연습 과제 설계의 가치는 제한적이다고 할 수 있다. 더 대표적인 학습 설계는 공을 향해 달릴 때 준비 동작을 볼 궤적에 대한 운동학적 고급 정보를 제공하는 실제 투수와 마주할 수 있도록 설계되어야 한다. 다음에 언급했듯이, 핵심은 좀 더 실제 환경과 유사한 모의 환경을 구성하여 학습 전이가 보다 효과적으로 이루어지도록 하기 위해서 지정 정보 변수를 고려해야 한다는 것이다. '지정 정보 변수'를 포함하지 않은 연습 과제 설계는 연습과 경쟁 성과 간의 효과적인 전이가 이루어지지 않아 학습 속도가 저하된다.

생태역학적 관점으로 본 전이

생태역학에서 고려하는 중요한 질문은 다음과 같나. 학습에서 수행으로 전이되는 것은 무엇일까? 그 해답은 충실하게 시뮬레이션된 연습 과제의 과제 제약과 경쟁적 수행 환경 사이에서 전이되는 정보-운동 관계에 있다(Seifert, Wattebled, L'Hermette, Bideault, Herault와 Davids, 2013). 개인과 팀 스포츠 모두에서 연습 환경을 설계할 때 수행 환경의 핵심 정보 출처를 나타낼 필요가 있다. 기술과 학습의 전이는 한 상황에서의 훈련이 다른 상황에서의 수행과 학습을 형성할 때 발생한다. 훈련 환경(예: 클라이밍)과 특정 수행 상황(예: 암벽 노두) 사이의 높은 수준의 기술 전이를 보장하는 것은 스포츠의 핵심 과제이다. 생태역학에서 전이는 실제 재현에서 개인의 경험과 수행 사이에서의 제약을 탐색하고 적응하는 과정이 어떻게 영향을 미치는지에 대해 뒷받침되고 있다. 긍정적 전이를 지원하는 수행 행동은 개인이 가지고 있는 내재 역학(행동 경향)이 학습해야 할 새로운 과제 역학과 협력할 때 나타난다. 반면, 내재 역학과 과제 역학이(예: 숙련된 테니스 선수가 배드민턴을 배울 때) 상충하는 경우, 전이 과정에서 다른 형태의 재학습이 수반되어야 하며, 과도기와 탐색적 행동 기간이 필요하게 된다. 일부 안정적이고 잘 학습된 행동은 억제되거나 변경해야 하는 반면, 새로운 움직임 패턴은 학습을 통해 더욱 안정적으로 만들어야 한다.

전이의 특수성 및 일반성

스포츠에서 기술과 전문성을 향상시키려면 실제 수행 환경에서 학습자에게 필요한 정보와 행동이 유사하도록 연습 환경을 조성하는 연습과 수행 맥락 간의 전이 특수성을 고려해야 한다. 이러한 연습 과제 설계는 대표성과 행동 정확성이 높다(Pinder, Davids, Renshaw와 Araújo, 2011). 그러나 운동 발달 초기의 수준 높은 경험은 연습과 수행 상황 전이에 문제를 발생시킬 수 있어, 언제나 기능적이라고 설명할 수 없다. 높은 수준의 운동 강도와 연습 방법 변화는 신체적, 심리적 문제로 이어질 수 있기 때문이다. 결국, 단순히 고강도 훈련으로 전력질주한다고 엘리트 단거리 선수가 될 수 없다. 연구에 따르면 숙련자들은 비숙련자들에 비해 운동 초기에 더 많은 종목에 참여하고, 다양한 스포츠에서 많은 시간을 연습하는 것으로 나타났다(Davids, Gullich, Shuttleworth와 Araújo, 2017). 이 연구는 어린아이들의 운동 초기 전문적 훈련이 스포츠 연습과 훈련에서 다양한 신체 활동 경험보다 유익하지 않다는 것을 보여준다. 연구는 운동 초기 전문화로 인해 발생할 수 있는 신체적, 심리적, 정서적, 사회적 문제(중퇴 포함)를 밝혀내고 있다(12장). 생태역학적 측면에서 보면, 초기 다양성에 중점을 두고 더 균형 잡힌 발달 경험이 다양한 스포츠 영역에서 선수들의 적응 능력을 향상시킬 수 있음을 시사하고 있다. 과제 대표성이 높지 않은 연습과 경기 상황 간의 전이도 유용할 수 있다. 개인 선수들은 경기 상황과 거의 유사해 보이지 않는 활동에 대한 연습과 경험을 통해 이점을 얻을 수 있다. 적응 능력은 인지적 요인과 기본적인 신체 능력, 특히 인지적 검색, 균형, 자세 제어 및 민첩성 개발과 같은 기본 능력과 의도, 예측 및 주의와 같은 인지 과정의 향상을 통해 새로운 상황에서의 기능을 향상시킬 수 있다. 예를 들면 시각적 탐색 능력은 소규모 경기와 조건부 게임 사이의 이동이 상대팀 영역으로 넘어가 공격하는 스포츠 상황에서 성과를 향상시킬 수 있다(Davids, Araújo , Correia와 Vilar, 2013). 이러한 방식으로 운동선수들은 오픈워터 수영을 준비할 때 수영장에서 수영함으로써 이익을 얻을 수 있고, 실내 등반 벽을 이용하면 암벽 등반 수행능력을 통해 어느 정도 도움이 될 수 있다.

생태역학적 접근은 초보 운동선수들을 비구조화된 자유로운 놀이와 구조화된 연습 경험을 혼합하여 훈련시킬 것을 제안한다. 생태역학적 접근은 운동선수들에게 잠재적인 부정적인 영향을 방지하기 위해 운동 초기 전문화에 대한 관심을 낮추고, 비전문적인 것과 관련성 있는 활동과 경험을 통해 체력과 인지, 운동능력을 향상시키는 데 더 많은 관심을 기울일 것을 주장하는 바이다. 따라서 코치는 언제, 어떻게 연습 과제 설계를 수정하여, 운동 능력을 촉진하고 이를 후속적인 전문적인 스포츠 기반으로 만들기 위해 특정한 활동과 일반적인 활동의 전이 과정을 이해해야 한다. 코칭 및 학습 설계에서 이러한 실용적 개입이 실제로 어떻게 작동할 수 있는지와 전이 개념의 세부적인 이해가 필요하다. 이러한 이론적 생각은 다양한 스포츠 경험과 목표 스포츠의 전문성 사이에서 역동적인 전이가 나타날 수 있다고 제안하는 운동기술모델(ASM)과 같은 운동선수 발달의 전문가 모델과 일치한다(Wormhoudt 등, 2018). ASM은 개인이 다양한 학습 상황에서 노출되는 발달 단계를 존중하여 심리적, 신체적, 생리적 능력을 확장하면서 기능적 운동 솔루션을 탐색하는 데 도움이 될 수 있도록 해야 한다고 주장한다. 다양한 수행 환경과 상호작용할 때 나타나는 전반적인 발달 과정은 개인의 수행 환경 제약에 기능적으로 적응하고 개선하는 데 도움을 주는 것을 의미한다(Araújo 등, 2010). 다양한 수행 환경에서 새로운 행동과 놀이 가능성을 발견하는 것은 학습자들로 하여금 도전에 대한 지속적인 즐거움을 만들어 장기적인 연습 동기를 증가시키게 된다(Wormhoudt 등, 2018). 생태역학과 ASM의 공통적 생각은 운동선수 발달 초기에 전문화 모델에서 실제로 전이에 대한 특수성의 지나친 강조가 신체적, 심리적, 정서적 문제를 초래할 수 있음을 시사하는 바이다(Davids 등, 2017).

운동선수의 지속적인 학습과 발전에 있어서 특수성의 전이가 유용하다는 근본적인 오해가 있다. 그러나 생태역학과 ASM 이론은 전이 개념에 대한 더욱 세심하고 정교한 이해가 필요하다는 것을 제안하고 있다. 일반적인 전이는 선수의 발달과 경기력 향상에 있어 일정 시기에는 유용하지만, 특히 초기 학습 단계에서는 추후에 더 전문적인 경험의 기반을 마련하는 데 유용하다. 따라서 전이는 특정한 상황(높은 특수성)에서 적용 가능한 경우도 있고, 일반화(높은 일반성)할 수도 있는 연속선상에 존재한다는 것을 고려해야 한다(12장 참조). 이론적으로나 실용적으로 관련성 있는 적절한 질문은 다음과 같다. 전이의 특수성과 일반성을 스포츠 연습에서 언제 어떻게 사용해야 하는가?

변수와 전이의 구체화

우리의 일상에서 사람들은 자신의 행동을 조절하기 위해 환경에서 정보를 인지하고, 또한 정보를 만들기 위해 움직인다. 그들은 이러한 정보를 이용하여 삶을 유지하고 발전시키며, 환경과 상호작용한다(Gibson, 1979). 생태심리학에서 중요한 원칙은 정보를 구체화하는 것이 인간의 행동을 조절하는 데 더 효과적이라는 것이다. 이는 연습 과제에 '구체적인 정보'를 포함시키면, 선수들이 자신의 행동을 조절하는 데 사용할 수 있는 정보를 제공하므로 전이의 특수성이 향상된다는 것을 나타낸다(그림 1.4 참조). 구체적인 변수를 지정하는 것은 스포츠에서 특정 행동을 조절하는 데 필요한 정보에 대한 황금 기준과 같다. 예를 들면 빙벽 등반에서 등반자가 빙벽 등반 시 얼음 갈고리와 아이젠을 능숙하게 사용할 수 있는 구체적인 정보를 습득할 수 있도록 특정 작업의 제약 조건을 설계해야 한다(Seifert 등, 2014). 세이퍼트 및 연구자들(2014)은 전문가가 등반 중 행동을 조절하기 위해 운동 감각, 촉각(터치), 청각 및 시각 정보의 미묘한 조합을 탐색하는 반면, 초보자는 한 가지 정보 소스에 고정되어 있다는 것을 보여주었다. 구체적 정보를 포함시키는 것은 전이의 특이성을 높이기 위해 필요하지만, 선수들은 서로 다른 감각 모드에서의 지각 변수에 대한 자신의 행동을 결합하는 작업을

그림 1.4 숙련된 빙벽 등반가들은 행동을 규제하기 위한 다양한 정보 소스를 제공하는 갈고리 및 아이젠과 같은 도구를 사용한다.

숙달해야 한다(Chow 등, 2007). 항상 경쟁적인 상황에서 연습하는 것은 어린아이들과 발전하는 선수들 또는 빙벽 등반과 같은 특정 스포츠에서는 불가능하거나 바람직하지 않다. 연습 과제의 제약을 통해 보다 일반적인 전이를 유도하는 데에는 여러 가지 이유가 있다. 아마도 가장 중요한 이유는 어린 선수들에게 너무 이른 전문성을 강요하지 않으면서 운동 능력을 발전시키기 위해서이다.

코치는 운동 개발에서 일반적인 전이를 이용하기 위해 어떻게 불특정 변수를 사용할 수 있을까? 연습 과제 설계에 구체적인 정보가 없을 때는, 전이가 더 일반화되어 학습 속도가 느려질 가능성이 높다. 이러한 개념은 팀 스포츠 상황에서 경계를 표시하기 위해 콘을 사용하는 것(지정 정보가 아닌 정보) 대신 팀 게임 상황에서 행동을 제한하기 위해 코트나 필드 표시를 사용하는 것(지정 정보)으로 나타낼 수 있다. 때로는 시설, 장비, 공간, 시간 및 연습 참여자 수에 따라 연습의 미세 구조를 매우 구체적인 방식으로 설계하는 것이 불가능할 수 있다. 저숙련 및 중숙련 운동선수(성장 중인 선수 및 초보자)는 일반(불특정) 정보 소스를 사용하여 훈련하는 것이 유용할 수 있다. 고도로 숙련된 선수(엘리트, 프로 선수 및 국제 표준 선수)는 일반적으로 연습 중에 구체적인 정보 소스에 더 많이 노출되어야 한다. 코치와 스포츠 과학자는 특정 경기 결과에 초점을 맞춰야 할 때 더 고숙련 학습자와 숙련된 운동선수의 연습 과제 제약에 지각 변수를 구체적이도록 설계해야 한다(예: 팀 게임에서 특정 상대가 채택한 특정 전술 전략 또는 대형에 대응하거나 특정 기상 조건에서 보트를 항해하는 경우). 이를 통해 팀 및 개인 스포츠의 고숙련자에게 필수적인 연습 중 전이의 특수성을 보장할 수 있다. 그러나 초보자는 실제로 불특정 지각 변수를 포착할 때 제한된 범위 내에서 수행능력을 향상시킬 수 있다. 일반적인 전이 과정은 학습자들이 운동신경과 관련된 경기 행동을 발달시키는 데 도움을 줄 수 있다.

생태역학에서 전이의 또 다른 중요한 특징은 선수들이 연습 중 사용하는 인지, 지각 및 행동에 대한 복잡한 과정을 보다 효과적으로 활용해야 한다는 것이다. 예를 들면 실내 등반 환경이나 소규모 게임에서 사용하는 행동이 경쟁 성과 상황(절벽 등반이나 큰 공간의 팀 게임에서의 경기)에서 일반화될 때 이러한 효과가 나타날 수 있다. 스포츠 전문가의 주요 과제 중 하나는 연습과 경기 상황 사이에 행동 유사성을 보장하는 것이다(Araújo 등, 2007). 이 연구는 엘리트 스프링보드 다이빙의 전통적인 훈련 방법에 대한 연구에서 조사되었다. 배리스 및 연구자들(2014)은 올림픽 수준의 스프링보드 다이버들이 수영장에서 다이빙할 때와 폼 피트form pit로 구성된 육지 시설에서 훈련할 때의 다양한 작업 제약 조건에서 이륙을 위한 보상을 연구했다. 엘리트 다이버들은 일상적으로 별도의 훈련 환경(드라이랜드 및 수영장)에서 연습했으며, 특히 착지(각각 발 먼저, 손 먼저)와 같은 동작 정확도에서 차이를 보였다. 다이버들은 두 연습 환경에서 동일한 준비 단계, 도약 및 초기 공중 회전을 연습했지만, 육지 훈련 환경이 수영장 환경에서 사용할 수 있는 것과 동일한 어포던스를 제공하는지는 불분명했다. 두 개의 구별되는 연습 환경에서 준비 단계는 서로 다른 어포던스의 차이가 나타날 것으로 예상되었다. 배리스 및 연구자들(2014)은 육지와 수중 환경에서 완료된 다이빙 도약 동안 동일한 관절 협응 패턴을 사용한 모든 참가자들이 유사한 전체적 위상적global topological 특징이 관찰되었다. 그러나 그룹으로서 참가자들은 육지와 수중 훈련 환경에서 완료된 다이빙 도약 준비 단계 동안 주요 이벤트(허들 및 착지 시 두 번째 접근 단계, 허들 단계, 허들 점프 높이, 보드 각도)에서 수행상 통계적으로 유의미한 차이를 보였다. 특히, 발이나 머리가 먼저 착지했을 때 발 또는 머리부터 착지했기 때문에, 육지에서 도약이 완료된 동안(M=14.27, SE=0.24) 착지 시(허들 점프 후) 보드 각도 감소가 수영장에서 완료된 것(M=15.99, SE=0.26)보다 유의하게 적었다. 이러한 연구는 연습 과제의 정보적 제약이 경쟁에서 원하는 운동 속성과 다른 운동 속성을 촉진할 수 있다는 것을 보여준다.

결론

코치와 체육 교사가 연습 과제 훈련에 정보 제약 또는 어포던스를 설계하게 되면 선수와 수행 환경 간의 탐색적 상호작용을 촉진하게 된다. 중요한 과제는 어포던스가 설계된 연습 환경에서 어떻게 표현되어야 하는지 파악하는 것이다. 연습 과제 설계는 학습자가 관심을 갖는 정보가 인지될 수 있도록 어포던스 영역affordance landscape을 만들어야 한다(예: 공격자와 수비수 사이의 움직임 상호작용은 사이 공간으로 드리블 또는 공간을 막기 위한 이동과 같은 어포던스를 제공함). 학습 설계는 선수와 사물, 기능, 게임 및 기타 수행 과정에서 지속적이고 적응적인 상호작용을 촉진해야 한다. 학습 설계의 이러한 측면은 학습자가 1대 1 팀 게임 하위 단계에서 공격자와 수비수 사이의 대인 거리 값과 같은 환경 속성에 대해 신뢰할 수 있는 판단과 행동을 할 수 있도록 해야 한다. 과제는 시간이 지남에 따라 지속적으로 발전할 수 있도록 설계되어야 하며, 운동선수들이 행동을 조절하기 위해 어포던스를 인지하고 사용하는 방법을 배우도록 상호 연결된 결정과 행동이 필요하다. 또한 과제 설계는 학습자가 수행 목표를 달성하기 위해 어포던스를 인지해야 하고, 상황에 맞게 행동을 유도할 수 있도록 해야 한다. 학습자가 다양한 어포던스를 인지하고 동일한 과제 목표를 달성하기 위해서는 행동 변형을 사용하여 수행 문제를 해결할 수 있도록 함으로써 복잡적응계의 내재적 변화를 인식하고 학습 설계에 활용해야 한다. 마지막으로, 제약 조건 조작을 통해 어포던스 환경을 수정하면 개인의 탐색 적응 행동을 증가시킬 수 있다. 원칙적인 제약 조건 조작은 잘 설계된 어포던스 영역에서 학습자를 배치하면 탐색 능력이 증가되고 움직임 적응 능력을 향상시킬 수 있다(Davids 등, 2015).

자가진단 질문

1. 스포츠 또는 신체 활동의 예를 참조하여 복잡적응계의 몇 가지 중요한 특성을 설명해보라.
2. 선수-환경 척도로 행동을 이해하는 것은 코치와 같은 움직임 전문가에게 어떤 영향을 미칠까?
3. 어포던스 개념은 스포츠에서 개인 선수들이 어떻게 의사결정을 내리는지를 이해하는 데 도움이 될까?
4. 정보의 특성(즉, 특정 또는 불특정)에 따라 특정 또는 일반적인 전이를 촉진하는 선택한 기술에 대한 두 가지 연습 환경을 서술해보라.

CHAPTER 2

협응에 대한 물리적 제약: 다이내믹 시스템 이론

이 장의 목표

이 장을 완료하면 다음을 수행할 수 있다.

- 스포츠 및 움직임 맥락을 복잡계로 바라볼 수 있다.
- 다이내믹 시스템 접근 방식이 왜 인간의 움직임 협응의 복잡성을 이해하는 데 유용한 방식인지를 이해할 수 있다.
- 인간 움직임의 중요한 특성을 다이내믹 시스템의 용어(예: 안정성, 상전이, 움직임 선호)로 논의할 수 있다.
- 제약 조건이 시스템에 어떻게 작용하여 자기조직화를 형성하는지 설명할 수 있다.
- 인체 움직임 시스템에 대한 다양한 유형의 제약을 나열하고 그들이 어떻게 상호작용하는지를 설명할 수 있다.
- 기술을 습득함에 따라 협응 패턴이 어떻게 달라지는지 파악하고 이러한 특성을 자유도 문제와 연결지을 수 있다.

이 장에서는 생태역학 체계의 일부로서 다이내믹 시스템 이론의 개념을 소개한다. 다이내믹 시스템 이론은 신경 생물학적 시스템의 운동 협응과 제어를 이해하는 데 적절한 모델을 제공하고 있다. 이 접근 방식은 학습자를 수학 방정식으로 모델링할 수 있는 물리적 법칙에 의해 통제되는, 독립적이면서도 서로 상호작용하는 다수의 하위 시스템으로 구성된 복잡한 생물학적 시스템으로 본다. 매우 복잡한 구조에서는 구성 요소 간의 역동적인 상호작용이 실제로 본래의 시스템 조직을 강화시킬 수 있다. 이러한 상호작용은 자기조직화라고 알려진 과정을 통해 시스템 내에서 풍부한 질서를 생성할 수 있다. 자기조직화 원리는 매우 복잡한 시스템에 내재되어 있고 시스템에 작용하는 많은 제약에 의해 영향을 받는 협응 경향을 보여준다. 이는 고차원 시스템의 처방 없이 시스템 자체에서 구성 요소의 집합 및 시행이 발생하는 것을 의미한다(Haken, 1996).

이 장에서는 복잡계를 정의하고 왜 인간을 복잡계로 간주할 수 있는지 설명한다. 그린 다음 우리는 인간 운동 시스템의 자기 조직 특성을 통해 기술 획득 과정이 어떻게 발생하는지 설명한다. 우리는 운동 수행과 학습 중에 자기 조직 특성이 협응 행동의 출현을 형성하는 다양한 제약에 어떻게 영향을 받는지 설명한다. 제약에서의 자기 조직화는 전문가 기술 획득을 장려하는 과제 제약을 설계할 때 이용할 수 있는 기본 과정이다.

복잡계의 정의

다이내믹 시스템 이론은 자연 현상을 수많은 구성 요소들이 서로 상호작용하고 있는 시스템으로 이해할 필요성을 강조한다(예: Clarke와 Crossland, 1985; Davids와 Araújo , 2010). 이러한 관점은 다음과 같은 인간의 행동을 연구하기 위한 훌륭한 근거를 제공한다.

> 사물의 구조와 구성은 하나하나 조사되기보다는 전체적으로 고려되어야 한다. 인간의 마음이나 신체와 같은 매우 복잡한 시스템에서는 모든 부분이 서로 복잡한 방식으로 영향을 미치며, 그것들을 개별적으로 연구하는 것은 종종 그들의 정상적인 상호작용을 너무 많이 방해하며, 그렇게 고립된 단위는 정상적인 맥락에서 행동하는 방식과 상당히 다르게 행동할 수 있다(Clarke와 Crossland, 1985).

복잡계라는 용어는 무엇을 의미할까? 복잡이라는 단어는 '서로 엮여 있다'는 뜻의 라틴어 complexus에서 유래했으며, 서로 관련되고 상호작용하는 구성 요소들로 이루어진 네트워크를 묘사한다. 따라서 복잡계는 각 구성 요소들이 다른 구성 요소들에게 영향을 미칠 수 있는 높은 상호 연관성을 가진 시스템을 의미한다.

다이내믹 시스템으로서의 복잡계 시스템

복잡계의 세부 구성 요소를 조사할 때, 우리는 지속적인 상호작용과 변동을 보게 된다. 시스템의 개별 부분 간의 상호작용은 무작위로 나타나며, 전체 시스템 내에 많은

주요 개념

복잡계의 특성

복잡계는 일상생활에서 꽤 흔하다. 예를 들면 날씨, 대도시의 교통 흐름, 개미 집단, 좋아하는 스포츠 팀, 심지어 당신 자신의 몸까지도 모두 복잡성을 나타내는 현상들이다. 이러한 시스템은 표 2.1과 같이 몇 가지 기본 속성을 공유한다.

표 2.1 복잡계의 속성 및 예

복잡한 시스템 속성	예
독립적이고 가변적인 자유도(dfs)가 존재한다. 물리학에서 **자유도**라는 용어는 일반적으로 여러 가지 다른 방식으로 서로 적합할 수 있는 시스템의 독립적인 구성 요소를 가리킨다(Bernstein, 1967).	• 무용단의 공연자 • 영리단체 종사자 • 당신 몸의 근육
복잡성은 시스템의 독립적 부분을 이용할 수 있는 잠재적 구성의 수에 의해 특징 지어진다(Newell와 Vaillancourt, 2001 참조).	무용단의 단원들은 여러 공연 루틴에 참여할 수 있는데, 다른 단원들은 다른 역할을 맡아야 한다. 더 큰 무용단은 더 다양하고 복잡한 루틴을 수행할 수 있는 반면, 더 작은 무용단에서는 다양성과 복잡성에 대한 능력이 떨어진다.
시스템은 다양한 수준들이 있다.	• 리드 댄서 및 조연 크루 • 인체의 신경, 호르몬, 생체역학, 심리학적 수준
구성 요소 부분들이 다양한 방식으로 상호작용할 수 있기 때문에 초기 조건의 수정과 새로운 행동 사이에 '비선형성'과 '불균형성'의 가능성이 있다.	영향력 있는 초기 조건의 예로는 새로운 행동(가능한 춤 동작의 종류와 극단의 결과적 협응 등)을 형성할 수 있는 공연 무대의 규모가 있다.
시스템 부분 간의 '안정적'이고 '불안정'한 패턴 관계를 위한 역량은 시스템 자기조직화를 통해 발생한다.	무용단의 단원들은 다양한 집단적 구성에 스스로를 배열할 수 있지만, 그들의 개인적인 표현을 보여줄 수도 있다.
하위 시스템 구성 요소는 다른 하위 시스템의 동작을 제한하거나 영향을 미치는 기능을 가지고 있다(Gleick, 1987; Kaplan와 Glass, 1995).	무용단 내의 하위 그룹은 자신의 행동을 통해 다른 하위 그룹의 타이밍과 표현 행동에 영향을 미칠 것이다.

불규칙성이 발생할 수 있다. 예를 들어 개울에 있는 물의 분자, 신경계의 뉴런, 또는 인간의 몸에 있는 개별 혈액 세포를 생각해보자. 이러한 미세 구성 요소들은 잠재적으로 예측할 수 없는 방식으로 상호작용하여 난류 후 물 분자의 흐름을 예측할 수 없게 되거나 대뇌 피질의 뉴런이 무작위로 발화하여 간질 환자의 발작을 유발하는 등 이와 같은 시스템 장애를 초래할 수 있다. 그러나 거시적(대규모) 수준에서의 분석은 일반적으로 놀랍도록 질서 있는 행동 패턴을 보여준다(Kauffman, 1993, 1995). 이러한 분석 수준에서 복잡계는 개별 구성 요소가 기능적이고 일관성 있는 패턴 또는 시너지 효과를 넘나들며 서로 연결될 수 있기 때문에 협응 경향을 보인다(Haken, 1996; Kelso와 Engström, 2006).

복잡계의 행동을 이해하는 열쇠는 방대한 수의 구성 요소 즉, 부분들 사이에서 어떻게 협응이 발생하는지에 관한 것이다. 다이내믹 시스템 이론은 복잡계 내에서 나타나는 질서를 특징짓기 위해 비선형 수학적 설명을 통해 이러한 문제를 해결한다. 반 겔더르와 포트(Van Gelder와 Port, 1995)는 '이 세계에서 궤도를 특정하는 수리적 위상 공간과 진화의 규칙(미분 방정식과 이산 지도를 포함한)을 가진 어느 상태 결정 시스템'으로 다이내믹 시스템을 자유로이 정의했다. 수리적 위상 공간은 다이내믹 시스템이 진화할 수 있는 모든 조직의 가상 상태를 의미한다. 신경생물학적 운동 시스템에서 이러한 상태는 개인-환경 결합을 포착하기 위한 최소 분석 단위에 해당하는 협응 패턴에 해당한다. 생태역학 체계에서, 개인과 환경 사이의 결합을 포착하는 집단 변수를 통해 이러한 상태를 정의할 수 있다. 예를 들면 암벽 등반에서 세이퍼트 및 연구자들(2015)은 등반자가 머리-발 축(개별 중심인) 주변의 굴림 운동rolling motion을 계산하기보다는 벽을 향해 정면으로 또는 옆으로 위치하는지 이해하기 위해 벽에 따른 몸통의 굴림 운동을 집단 변수로 간주했다.

상대적으로 개방적인 시스템이기 때문에 다이내믹 시스템은 조직의 다양한 상태를 취하고 주변 에너지원을 활용하여 조직의 안정적인 패턴을 형성할 수 있다. 예를 들면 물속의 수십억 개의 물 분자에 의해 형성된 물리적 시스템에서, 시스템 상태 공간의 안정 영역은 결과적인 힘 벡터(즉, 시스템 흐름에 상호작용하는 힘의 방향과 크기)가 최소로(예: 소용돌이에서처럼) 수렴되는 영역이다. 본질적으로, 개방적인 시스템은 주변의 흐름에 에너지를 공급하고 출력할 수 있으며, 이는 그들이 주변 환경의 변화에 민감하다는 것을 의미한다. 개방형 시스템이 보여주는 조직의 안정성은 기능적인 패턴을 끌어당기는 것이라고 한다.

이러한 상황은 어떤 시스템에 대해서도 조직의 안정적인 상태로 나타나며, 이는 그 당시 시스템의 특정 질서를 불안정하게 만들기 위해서는 큰 교란시키는 힘이 필요할 것임을 보여준다(예: 회오리 또는 소용돌이에 작용하는 강한 흐름)(Kugler 등, 1990). 신경생물학계에서, 유인자는 시스템 구성 요소들 사이의 협응 경향을 나타내며, 운동 시스템의 레퍼토리에서 기능적 협응 패턴과 거의 비슷한 의미를 갖는다. 협응 경향의 좋은 예는 두 팔이 협응의 캐치업(따라잡기), 대립 또는 중첩 모드(수영 속도, 활다이내믹인 끌기active drag 및 기술에 따라)에 있을 수 있는 전방 크롤 수영과 관련이 있다(Chollet, Chalies, Chatard, 2000; Chollet와 Seifert, 2011).

복잡계 시스템에 대한 제약

복잡계에서 질서 상태는 제약하에 나타난다. 이 아이디어는 물리학 및 생물학에서 인간 운동과학으로 도입되었으며, 과학자들은 제약하에서 운동 행동의 출현을 연구하는 데 열중해 왔다(예: Kelso, 1995; Kugler와 Turvey, 1987). 뉴웰(1986)은 시스템의 미세한 부분들의 움직임을 제한하는 경계 또는 특징으로서 제약의 개념을 제안했다. 즉, 제약은 복잡계의 위상 공간을 정의하는 수많은 변수이다.

제약은 시스템이 취할 수 있는 행동 궤도의 수를 제한하고 가능하게 하는 두 가지 모두를 한다(Seifert 등, 2013). 제약의 사전적 정의(제한 또는 한정)는 필연적으로 그들이 만드는 경계에 주의를 기울이도록 유도하지만, 그러한 경계 내에서 동일한 제약은 행동을 유발한다. 실제로 복잡계는 특정 상황(예를 들어 화재나 비상시 군중 대피 상황에서 인간이 어떻게 그들의 움직임을 조직하는지)에서 행동의 기능적 패턴이 나타날 수 있도록 하기 위해 이들을 둘러싼 제약을 이용할 수 있는 것으로 보인다. 끊임없이 변화하는 경기 상황이나 노화나 부상으로 인한 골근격계 시스템 변화에 우리의 움직임을 적응시키고 싶다면, 즉시 우리는 이러한 비상 행동의 과정이 어떻게 도움이 되는지 알 수 있다(Davids와 Araújo, 2010).

물리적 및 정보적 제약

제약은 물리적 또는 정보적 제약일 수 있다. 물리적 제약은 인체 운동 시스템에서 구조적이거나 기능적일 수 있다. 예를 들면 어린이 손의 크기와 그립 강도는 어린이가 장난감 기차나 큰 공과 같은 물체를 가지고 놀 수 있는지 여부에 영향을 미치는 구조적 신체적 제약이다. 기능적 신체적 제약은 움직임 수행을 지원하는 반응과 지각 능력과 같은 과정을 포함한다. 어린아이들에게서 이러한 특성은 여전히 성숙하고 있으며 효과적으로 행동을 협응하는 그들의 능력을 방해할 수 있다. 어떤 신체적 제약은 우리의 생명이 지속되는 한 지속될 수 있는 반면, 다른 것들은 시간이 지남에 따라 변하며, 어떤 상황에서는 주의 깊게 관찰될 필요가 있다. 예를 들어 대부분의 국가에서, 운전연수자들은 운전 시험을 통과하기 위해 허용 가능한 수준의 시력을 보여주어야 한다.

반면에 정보적 제약(3장의 초점)은 곤충을 위한 페로몬, 장난감 기차에서 반사되는 빛, 또는 아이가 공이 바닥을 가로질러 튕길 때 감지하는 음파 등 시스템을 통해 흐르는 다양한 형태의 에너지이다. 어린아이들은 그들의 환경에서 물체를 집어 들고 가지고 놀 때 촉각적 정보 제약을 탐색한다. 정보 제약은 필요한 움직임 반응을 형성하고 다이내믹한 환경에 대한 반응으로 협응을 지원하는 데 도움이 된다. 예를 들면 물체의 형상(예: 병의 원통형 vs 오목형)은 손에 닿는 움직임 패턴을 바꿀 수 있다(Sartori 등, 2011).

자기조직화와 제약

앞서 언급했듯이, 복잡한 개방형 시스템은 환경과 에너지를 교환할 수 있다. 좋은 예는 일반적으로 미리 며칠 후 이상의 행태를 예측하기 어려운 기상 시스템이다. 기상 시스템은 바다에서 구름으로 그리고 다시 되돌아오는 물 분자의 압력과 이동에 따라 달라지는 공기 흐름 때문에 다양한 양의 에너지를 포함할 수 있다. 개방형 복잡 시스템의 안정성 유지는 환경과 상호작용으로 인해 어려운 과제가 된다. 기상 캐스터의 문제는 시스템 내에 존재하는 에너지가 결코 일정하지 않기 때문에 기상 시스템 안에서 혹은 안의 에너지 흐름의 작은 변화가 일어난 경우(즉, 가뭄이나 장마와 같은 극단적인 기상 사건)에 따라 시스템 출력에 큰 변동을 일으킬 수 있고, 다른 이유 때문에 작은 영향을 미칠 수 있다는 것이다.

자연에서 엔트로피 또는 무질서의 경향을 예측하는 비선형 열역학의 오랜 법칙을 고려할 때, 우리는 많은 복잡계에서 거시적 수준에서 존재하는 놀라운 양의 질서를 어떻게 설명할 수 있을까? 그 질문에 답하기 위해, 우리는 자연계의 개방형 시스템이 거시적 수준에서 시스템의 질서를 유지하기 위해 로컬(미시적) 수준에서 구성 요소의 상호작용으로 생성된 에너지를 어떻게 활용할 수 있는지 고려해야 한다. 에너지와 물질을 환경과 교환하는 개방형 복잡계의 능력은 어트랙터나 안정적인 조직 패턴으로 정착하려는 자연스러운 경향성을 제공한다. 즉, 우리가 앞에서 자기조직화라고 불렀던 물리적 과정을 활용할 수 있다.

요약하자면, 새 떼, 곤충 무리 또는 물고기 떼와 같은 생물계는 전체 시스템에 이익이 되는 기능적 안정 기간을 유지하기 위해 환경 에너지를 사용할 수 있는 능력을 발전시킨 것으로 보인다(개미 무리의 좋은 예는 Gordon, 2007의 연구 참조). 이러한 시스템은 패턴 형성 성향이 있기 때문에 기능적 어트랙터를 찾고 결정할 수 있다(예: Prigogine와 Stengers, 1984). 새와 물고기에서, 이러한 자발적인 협응 경향은 떼를 지어 다니거나 교육시키는 행동으로 나타난다. 예를 들면 날아다니는 새의 경우, 한 마리의 새가 비행 경로를 지시하는 통제제 역할을 하지 않아도 전체 무리의 항해에 도윾이 되기 때문에, V 형태와 같은 모양의 무리 패턴이 일반적이다. 마찬가지로, 바나나새는 짝짓기철 동안 간격을 지시하는 주요 새가 없어도 매우 패턴 있는 둥지 배치(둥지 사이의 길이 약 새 1마리)로 만들게 된다. 물고기들은 먹이를 주거나 짝짓기와 같은 중요한 일상 활동을 하면서 무작위로 헤엄치지만, 포식자가 다가오면 무리를 이루어 고도로 일치된 움직임을 보인다.

자연으로부터 이러한 예는 에너지가 시스템에 제약으로 작용하는 정보원이기 때문에 주변 에너지 흐름에 대한 시스템의 개방성이 유용하다는 것을 보여준다. 이러

주목할 만한 연구

준안정성: 새로운 기능적 해결책 등장을 위한 규제

준안정성은 안정적인 협응 패턴이 실제로 존재하지 않는 행동 상태에 해당하지만, 선호 패턴에 대한 일부 끌림은 여전히 지속된다(Kelso, 2008). 준안정 체제에서 '끌어당기는 힘은 있지만, 엄밀히 말하면 어트랙터는 없다'(Kelso와 Engström, 2006). 따라서 준안정성은 두 가지 상반되는 경향이 동시에 생성된 것으로 정의될 수 있다. 여러 요소가 결합하려는 경향(통합적 경향)과 이러한 요소들이 각각의 개별 행동을 표현하는 경향(분리적 경향)이 동시에 발생하는 것이다(Kello 등, 2008; Kelso와 Engström, 2006; Kelso, 2012). 준안정성은 임계 상태에 가까운 복잡계에서 질서와 무질서의 위상 사이의 균형에 해당한다(Kello, Beltz, Holden, Van Orden, 2007). 이러한 행동 상태는 임계 상태에 가까운 시스템 평형을 정의하는 간헐적 현상과 관련이 있으며, 여기서 협응된 상태에서 무질서한 상태로 자발적으로 이동할 수 있다(Kelso, 1995).

따라서 준안정 체제는 협응 상태를 정의하는 것이 아니라 '협응 흔적'으로 정의한다(Kelso, 2008, p.190). 예를 들어 크리켓 배팅 과제에서, 핀더 및 연구자들(2012)은 타자들이 공을 치는 동안 선호되거나 안정적인 행동을 보이지 않는 경기장의 바운싱 존bouncing zone을 보고했다. 공이 타자들에게서 약 7.5미터 떨어진 곳에서 튀었을 때, 그들은 공을 치기 위해 때론 앞으로, 때론 뒤로 움직였다. 이 구역에 공이 진입했을 때 움직임과 접촉 시간, 배팅 샷의 방향은 큰 변동성을 보였다. 대조적으로, 이러한 매개변수parameter는 타자와 더 가깝거나 더 멀리 떨어진 구역에서 공이 튀었을 때 높은 안정성을 보여주었다. 또 다른 예는 초보 권투 선수들에게 제공되었다. 흐리스토프스키 및 연구자들(2006)은 펀칭 백과 권투 선수의 팔 길이 사이의 거리의 비율이 안정적 행동의 영역과 준안정적 행동의 영역을 정의하는 데 어떻게 사용될 수 있는지를 보여주었다. 펀칭 백에서 더 먼 거리(예: 목표 거리까지의 복서 팔 길이 척도 1~1.2)에서는 잽 움직임 패턴이 나타났고, 더 가까운 거리(예: 0.3)에서는 어퍼컷과 후크 패턴이 관찰되었다(Hristovski 등, 2006). 결정적으로 표적까지 거리 척도 0.6 값은 초보 권투 선수들이 어퍼컷, 후크, 잽을 포함하는 풍부하고 다양하고 창의적인 움직임 패턴 범위를 탐색하는 준안정 체제 내에 있는 것으로 보였다(Hristovski 등, 2006).

응용

원칙적인 제약 조작을 통해 개인을 준안정 영역에 배치함으로써, 전문가는 이론적으로 다양한 상태의 움직임 조직과 필요한 정보-움직임 결합에 대한 학습자의 탐색 활동을 증가시킬 수 있다. 코치와 강사는 등반 과제에서 세이퍼트 및 연구자들(2015)이 예시하는 대로 선수가 적극적으로 솔루션 탐색을 할 수 있도록 제약을 조작하여 설계자 역할을 할 수 있다. 이 연구자들은 홀드hold 방향과 잡을 수 있는 모서리edge의 수를 조작하여 세 가지 등반 경로를 설계했다. 수평 모서리 경로는 몸통이 벽을 향하는 수평 홀드를 허용하도록 설계되었다. 수직 모서리 경로는 수직 홀드를 허용하도록 설계되었다. 숙련된 등반가들은 벽을 향한 몸의 측면을 이용해 이것을 잡을 수 있었다. 마지막으로, 이중 모서리double-edge 경로는 수평 및 수직 홀드를 모두 요하는 준안정적인 수행 시스템을 만들기 위해 설계되었다. 수직 홀드만 있는 경로는 초보 등반가들에게 도전적이었기 때문에, 이중-모서리 경로는 안전하고 기능적인 탐색을 가능하게 했다. 왜냐하면 등반가들이 기존의 행동 레퍼토리(즉, 트렁크를 벽 쪽으로 향한 수평-홀드 파악 패턴)를 활용하고 새로운 행동(즉, 수직-홀드 파악)을 탐색하는 것 모두 할 수 있기 때문이다. 결과는 지각-운동 탐색이 덜 위험해 보이고 학습자가 이러한 영역에서 실험하려는 경향이 더 높기 때문에 준안정적 연습이 유용할 수 있음을 나타낸다.

한 정보적 제약은 준안정적 체제로 알려지거나 준안정성으로 표현하는데, 비교적 짧은 시간 동안 기능적이고 안정적인 행동 패턴을 지원함으로써 시스템에 도움이 된다(Kelso와 Engström, 2006). (준안정성에 대한 주목할 만한 연구 참조)

개방형 시스템의 연구에서 과학자들은 복잡계에서 자발적으로 나타날 수 있는 상 전이에 관심을 가져왔다. 상 전이는 시스템의 미세 구성 요소가 서로 다른 조직 상태로 들어가고 나가는 움직임이다. 예를 들어 기상 시스템에서는 시스템 구성 요소 간의 역학 관계가 일반적으로 시스템 행동의 대규모 변화로 이어지지 않는다. 대신, 많은 근본적인 변동은 시스템 안정성에 약간 영향을 미친다. 그러나 기상 시스템 내의 대기압 상승과 같은 시스템을 둘러싼 에너지 배열의 중요한 변화는 시스템 안정성을 변화시키고 거시적인 변화와 다른 상태(예: 열대 지역의 뇌우)로 재편성을 이끌 수 있다. 상 전이는 복잡계에서 자기조직화의 기초를 형성하며, 그러한 패턴 형성의 예는 콘서트에서 많은 관객들이 박수를 맞춰 치는 것과 같은 열린 생물학적, 물리적, 사회적 시스템에서 관찰되었다.

인간의 움직임에서 나타나는 행동

자기조직화는 다양한 지면에서 테니스 스트로크를 하거나 교통 체증에서 운전하는 것과 같은 변화하는 환경 상황에서 우리의 움직임 패턴이 적응하도록 도울 수 있는 강력한 과정이다. 우리는 이 자연스러운 과정을 어떻게 이용할까? 우선 복잡계에서 자기조직화는 임의의 패턴이 발생할 수 있는 완전히 알 수 없는 과정이 아니다. 일반적으로 다이내믹 시스템은 몇 가지 조직 상태를 가지며, 연구는 우리가 무작위 움직임 행동 패턴을 생성하는 데 그리 능숙하지 않다는 것을 보여주었다(Newell 등, 2006). 이러한 발견은 자연적인 다이내믹 시스템이 가정적으로 취할 수 있는 모든 가능한 상

주목할 만한 연구

초라한 시작에서 HKB 모델까지

스콧 켈소Scott Kelso가 리듬감 있는 손가락 움직임 사이의 협응에 대한 일련의 연구(1981b, 1984)를 발표했을 때, 그의 아이디어가 인간 움직임 과학에서 얼마나 중요해질지 예측하지 못했을 것이다. 그의 원래 연구에서 켈소는 리듬 운동 동안 왼쪽과 오른쪽 집게손가락의 상대적인 흔들기 운동에서 나타나는 자발적 협응 역학을 조사했다. 놀랍게도, 참가자들이 이러한 동작을 수행했을 때, 손가락 움직임의 빈도가 메트로놈의 박자에 의해 제약됨에 따라(즉, 1.25에서 3.5Hz로 점진적으로 증가) 자발적인 협응 패턴의 전이를 보여주었다.

각 손가락 사이의 상대적인 위상은 오직 두 개의 독립된 어트랙터 영역에서만 협응 역학에서 안정성을 나타내는 것으로 일관되게 나타났다. 즉, 동일 위상in-phase에서 손가락 흔들기(손가락이 몸의 중간선을 향해 함께 이동) 또는 반대 위상antiphase에서 손가락 흔들기(한 손가락은 몸의 중간선을 향해 이동하는 반면 다른 손가락은 중간선에서 멀어지게 이동)를 하는 것이다(그림 2.1 참조). 어느 두 흔들기 시스템의 상대 위상(예: 걷기에 사용되는 각 다리)은 다른 시스템과 비교하여 한 시스템의 이동 주기에서 위상 지연phase lag이다. 연구 참가자들이 반대 위상 패턴으로 흔들기 시작했을 때, 메트로놈 주파수가 증가함에 따라 결국 동일 위상 패턴으로 전이되었다. 한 협응 상태에서 다른 협응 상태로의 급격한 상 전이는 참가자가 규정한 의도적인 변화에 의한 것이 아니라, 운동 시스템의 자기조직화 특성을 통한 것이다.

하켄 및 연구자들(1985)은 손가락 흔들기 패러다임finger-waggling paradigm에서 관찰된 운동 행동이 운동 시스템의 잠재적 기능이 변화함에 따라 어떻게 나타날 수 있는지를 공식적으로 증명하는 수학적 모델인 HKB 모델을 제안했다. 이 모델은 제어 매개변수의 크기를 조절하는 것(예: 메트로놈 비트 주파수)이 질서 매개변수(예: 손가락 움직임의 상대 위상)의 안정성을 감소시킬 수 있음을 입증했다. 이러한 행동은 하켄과 연구자들(1985)이 두 가지 안정적인 운동 패턴으로 모델링한 시스템의 위치 에너지의 변화에서 비롯되었다. 제어 매개변수가 변경됨에 따라 어트랙터

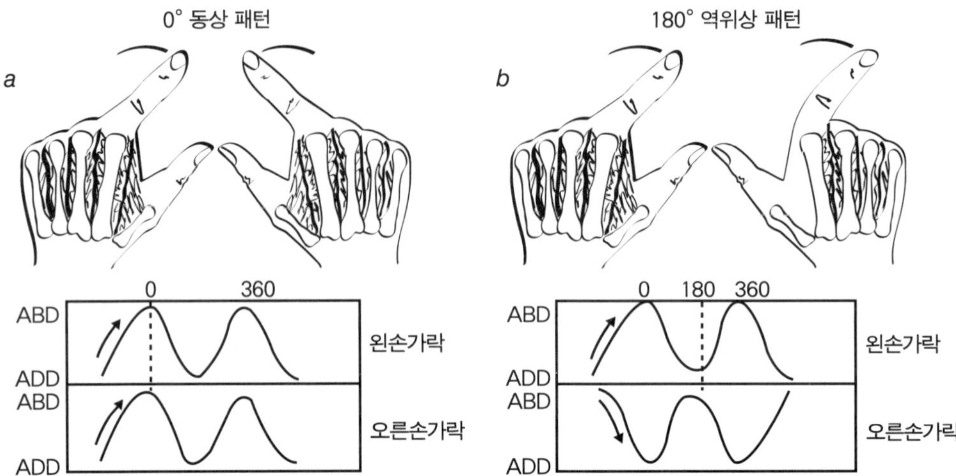

그림 2.1 켈소(1981b, 1984)의 원래 실험에서 수행된 움직임에서, (a) 0° 동일 위상 패턴을 관찰할 수 있고, (b) 180° 반대 위상 패턴을 관찰할 수 있다. 이러한 패턴은 리드미컬한, 두 개의 수동 운동에서 본질적으로 안정적이라고 여겨진다. (ABD = 외전 운동, ADD = 내전)

Reprinted by permission from S.A. Wallace, Dynamic pattern perspective of rhythmic movement: An introduction. In *Advances in Motor Learning and Control*, edited by H.N. Zelaznik (Champaign, IL: Human Kinetics, 1996), 170.

영역이 변형되고 시스템 행동이 가장 안정적이지 않은 조직(반대 위상)에서 가장 안정한 조직(동일 위상)으로 전이된다. 무작위 힘이 존재하는 보다 동적인 환경에서, 시스템 안정성의 정도는 운동 시스템이 나타내는 변동의 정도와 관련이 있다(Haken, 1996; Schöner, Haken, Kelso, 1987).

HKB 모델은 또한 외부 동요$_{perturbation}$에 따라 시스템이 어트랙터로 돌아가는 속도인 어트랙터 안정성과 이완 시간 사이의 관계 같은, 동적 이동 시스템의 다른 중요한 특징들을 설명했다. 이완 시간은 다양한 상황에서 어트랙터의 안정성을 평가하는 데 사용되었다(예: Court 등, 2002, 2005; Scholz와 Kelso, 1989). 하켄, 켈소, 번즈의 혁신적인 작업 이후, 연구자들은 전체적으로 많은 리드미컬한 운동을 가지고, 전이, 다중 안정성(즉, 동일한 수행 조건에 대해 공존하는 안정 상태) 및 주파수 및 진폭에 대한 민감도와 같은 유사한 협응 경향을 발견했다. 비록 다양한 리듬 과제들이 다양한 잠재적 기능을 가질 수 있고, 따라서 다양한 어트랙터 체제를 가질 수 있지만, 동일한 자기조직화 원칙이 유지된다. 비교적 단순한 시작부터 운동 행동을 연구하는 새로운 패러다임이 탄생했다.

응용

켈소의 고전 연구를 재현해보라. 집게손가락을 반대 위상 방식으로 함께 흔들고, 천천히 속도를 높이며, 나만의 운동 시스템의 자기조직적 성향을 탐구해보라. 미니 실험에 따르면 전이가 일어날 수 있는 시기에 영향을 주는 제어 매개변수는 무엇인가?

태(예: 상태 공간state space)의 전체 영역 중 특정 부분에만 있으려는 경향이 있다는 주장을 뒷받침한다(Kauffman, 1993, 1995). 시스템 동작에서 나타나는 질서의 유형은 기존 환경 조건과 동작을 형성하는 제약에 크게 의존한다(HKB 모델에 대한 주목할 만한 연구 참조).

HKB 모델에 대한 주목할 만한 연구의 응용에서의 연습은 단순한 시시한 파티 트릭이 아니다. 그것은 운동 협응을 연구할 때 상당한 의미가 있다. 예를 들어 스키 트레일에서 완벽한 타이밍에 턴을 하기 위해 스키 선수의 신체 위치가 어떻게 자기조직화될 수 있는지 생각해보라. 스키 트레일의 까다로운 특성 때문에, 스키어의 행동은 사전에 완전히 결정되지 않는다. 대신, 스키 선수의 해부학적 구조와 같은 내부 제약과 스키가 눈에 접촉하는 것과 같은 외부 제약은 트레일에 스키 선수의 정확한 움직임 패턴의 출현에 영향을 준다(예: Bernstein, 1967; Warren, 1990). 경사의 기울기, 풍향 또는 얼음 조각과 같은 환경 조건의 변화는 기존의 운동 협응 패턴에 상당한 영향을 미칠 수 있다. 예를 들어 가파른 경사는 일반적으로 초보 스키어가 트레일에서 좌우로 가로지르는 패턴을 채택하도록 한다. 체중 분포를 스키 안쪽으로 옮기고 스키의 정렬을 변경함으로써, 스키어는 과도한 활강 속도를 발생시키지 않는다. 이 전략은 자세 안정성의 큰 손실 없이 과제 특정 해결책을 제공한다.

제약과 움직임 협응

지금까지 논의한 아이디어들의 중요한 함의는 지각, 기억, 의도, 계획, 행동이 반드시 중추신경계에 저장된 실체로 간주될 필요는 없다는 것이다. 오히려, 그것들은 많은 시스템 구성 요소들과 환경에서 주요 제약들의 상호작용에 의해 형성된 자기조직적이고 거시적인 패턴으로 더 잘 이해될 수 있다(Kelso, 1995; Kugler와 Turvey, 1987). 예를 들어 시스템 구성 요소는 생각, 기억 또는 계획을 형성하기 위해 함께 활성화되는 뇌의 뉴런일 수 있고, 협응 패턴을 형성하기 위해 여러 관절에 걸쳐 있는 근육 그룹을 포함할 수 있다. 제약은 인간 운동 시스템에서 자기 조직 과정의 중심이다. 다이내믹 시스템 이해는 인지, 기억, 의도와 같은 개인의 제약뿐만 아니라 환경과 물리적 제약도 강조한다(Williams 등, 1999).

뉴웰(1986)에 따르면 제약은 유기체, 환경, 과제의 세 가지 범주로 분류될 수 있다. 이러한 범주는 목표 지향 행동 동안 협응 패턴이 어떻게 나타나는지를 이해하기 위한 일관된 틀을 제공한다(그림 2.2 참조).

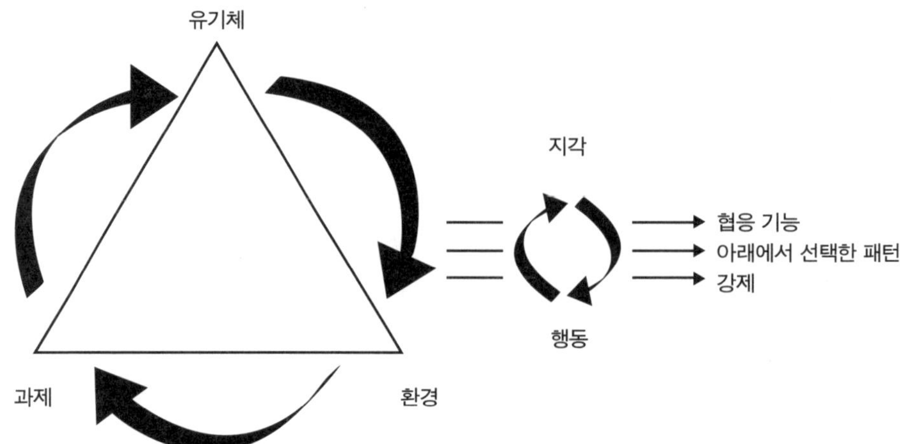

그림 2.2 목표 지향적 행동 동안 협응 패턴이 어떻게 나타나는지를 이해하기 위한 일관된 틀을 제공하는 세 가지 제약(유기체, 환경, 과제).

유기체 제약

유기체 제약은 유전형, 키, 몸무게, 근육 대 지방 비율, 뇌의 시냅스 연결 강도, 인지, 동기, 감정과 같은 사람의 개인적인 특성을 의미한다. 습관적인 사고 패턴, 연습의 수준, 감각 결함(혹은 심지어 밤에 잠을 깨는 것도!)은 사람이 특정한 수행 목표에 접근하는 방식을 형성하는 유기체 제약으로 작용할 수 있다. 이러한 고유한 특성은 개인별 적응으로 이어질 수 있는 과제 문제 또는 한계와 관련된 원인을 나타낸다(생물학적 제약에 대한 5장 참조). 예를 들어 남성과 여성은 서로 다른 근육 대 지방 비율과 지방 조직 분포를 가지고 있어 수영에서 부력, 스트로크 길이 및 팔 협응의 차이를 가져오는 것으로 알려져 있다(Seifert 등, 2011). 많은 생물학적 유기체와 인간 사이의 중요한 차이점은 인간이 목표나 원하는 결과를 달성하기 위해 의도적으로 행동을 제한하기 위해 내부 에너지원을 사용할 수 있다는 것이다. 즉, 인간의 행동은 결정론적이지 않고, 의도적으로 주도될 수 있다(Kugler 등, 1990).

환경 제약

환경 제약은 주변 빛, 온도 또는 고도와 같은 자연에서의 전체적, 물리적 변수이다. 지구에서 중력은 가파른 산비탈을 가로지르는 스키어의 사례에서 알 수 있듯이 모든 과제에 대한 운동 협응의 주요한 환경 제약이다. 우리 스키어를 한 번 더 생각해보면, 우리는 스키 모굴에 의한 시각적 흐름을 이용하여 엉덩이와 무릎 관절에서 발생하는 토크를 조절할 수 있다. 눈이 더 많이 쌓일 경우 스키어는 다리에 가해지는 반작용을 흡수하기 위해 엉덩이와 무릎을 구부려야 하며, 주변 온도는 스키어의 근육 특성에 영향을 미칠 수 있다.

우리가 물속에서 움직일 때, 우리의 행동은 다른 환경 제약에 의해 형성된다. 물은 공기보다 약 800배 더 밀도가 높기 때문에, 수영하는 사람들은 유체 밀도를 고려해야 유체 역학적 신체 위치와 운동 협응에 의한 항력을 최소화할 수 있다(예: 평영의 경우, Chollet와 Seifert, 2011 참조). 게다가, 아르키메데스 부력은 수영 선수들이 수평적인 신체 자세로 이용하려고 시도하는 또 다른 중요한 환경 제약이다. 또한, 가족 지원, 또래 집단, 사회적 기대치, 가치관, 문화적 규범 등 일부 환경 제약은 물리적 제약보다는 사회적 제약이다(Haywood와 Getchell, 2005)(사회적, 문화적 제약에 대한 6장 참조).

과제 제약

과제 제약은 일반적으로 수행 상황에(환경 제약보다) 더 명확하며 과제 목표 활동과 관련된 특정 규칙, 기구 또는 도구, 표면, 지면 면적 및 경기장 포장, 장벽, 선 표시기 등과 같은 경계 표시를 포함한다. 악기를 연주하거나 골프채를 휘두르는 등 겉보기에는 안정된 활동을 하더라도 과제 제약이 수행에 따라 달라질 수 있기 때문에 운동 행동이 변동될 수 있다. 예를 들어 음악가들은 각각 독특한 음향, 음향 시스템 및 무대 배치를 가진 다양한 환경(예: 작은 콘서트 룸, 큰 강당, 야외 장소)에서 자신의 연주를 적응해야 한다. 그들은 심지어 다른 악기들과 공연하는 것에 적응해야 하고, 이것이 그들의 공연에 미묘한 차이가 나타날 수 있다.

다양한 행동 상황에 따라 운동 수행을 변화시킬 수 있는 것은 기술 획득의 필수적인 부분이며, 적응 학습을 통해 사람들은 수행 조건이 변화함에 따른 새로운 과제 제약에 대처할 수 있다. 예를 들어 라인 및 연구자들(2010)은 농구 선수들이 골대까지의 거리 및 상대 선수의 존재와 같은 요소에 따라 슈팅 기술을 어떻게 적응시키는지 멋지게 보여준다. 환자의 유연성과 적응력을 향상시키기 위해 물리치료사는 종종 과제 제약을 조작한다. 예를 들어 치료사는 환자가 휠체어를 활용하여 어수선하거나 폐쇄된 장소를 지나갈 수 있도록 협응 능력을 향상시킬 수 있도록 훈련시켜야 한다. 또한 이러한 연습 과정은 환자가 대안적인 협응 해결책을 모색하고 일상적인 운동기술을 최적화할 수 있도록 장려한다.

제약의 유동성

목표 지향 활동 동안 신경근계에 대한 유기체, 환경 및 과제 제약의 유체 상호작용은 연습과 경험에 따라 최적화되는 다양한 협응 상태의 출현을 만들어낸다. 예를 들어 등반 강사가 암벽을 기어오르는 방법은 등반자의 유전자, 신체적 지구력 수준, 부상 상태, 암벽 표면의 특성, 그리고 가능한 한 빨리 정상에 도달하거나 학생들에게 안전한 길을 보여주는 것과 같은 등반가의 전반적인 목표를 포함한 어떤 상황에서의 많은 제약의 결과이다.

세 가지 유형의 제약이 상호작용할 수 있기 때문에, 그것들을 구별하는 것은 때때로 어렵다. 학습자가 지시를 이해했는지 여부와 같은 유기체 제약은 전문가(과제 제약)에 의해 명령이 얼마나 효과적으로 전달되었는지에 따라 달라질 수 있다. 또한 환경 제약에는 주변 에너지 흐름(예: 주변 빛)이 포함되지만 정보원의 특정한 특성은 학습자의 핵심 과제 제약(예: 수영장 벽과 바닥에서 반사되는 빛)이다. 이 예에서, 주변 에너지 흐름은 동일하지만, 다른 과제 제약은 다양한 수행 상황에서 특정 정보원을 유용하게 만든다.

따라서 제약을 분리하여 학습자가 과제의 구조적 특징에 집중하도록 유도하는 대신, 기능적 특징(즉, 행동의 가능성을 지각하기 위해)으로 학습자를 안내함으로써 학습자가 변함없이 반응하는 상호작용 제약을 지각할 수 있다고 가정할 수 있다. 예를 들어 보쉬커 및 연구자들(2002)은 경험 없는 등반가들이 등반 벽을 볼 때 홀드의 구조적 특징(예: 위치, 모양 및 방향)을 전적으로 지각하는 반면, 경험 있는 등반가들은 주로 개별 홀드의 붙잡기, 당기기 및 서기 기회와 함께 여러 개의 홀드를 사용하여 가능한 등반 운동 체인 같은 기능적 특징에 초점을 맞춘다는 것을 발견했다.

비선형 시스템 연구의 또 다른 핵심 아이디어는 행동(그리고 그에 따른 상호작용)에 대한 제약이 결코 영구적이지 않다는 것이다(Guerin와 Kunkle, 2004). 연구는 우리에게 운동 수행에 대한 제약은 종종 일시적이며, 그것들은 다양한 기간에서 강화되거나 붕괴될 수 있다는 것을 가르쳐주었다. 예를 들어 유아의 신체 발달을 생각해볼 때, 다리의 근육과 지방 비율이 시간이 지남에 따라 변화하여 발달 초기 제약된 부분을 점차적으로 감소시키는 작용을 하게 된다. 그러나 만약 엄마가 장난감을 가지고 유아를 부르면, 이 새로운 제약 조건은 일시적이지만 유아의 협응에 강한 영향을 미칠 수 있다(Cordovil 등, 2015). 새로 나타나거나 사라지는 제약의 행동 결과는 시스템의 자기 조직 엔트로피의 증가 또는 감소이다. 이것은 기술 획득에서 고려해야 할 중요한 점이며, 연습과 재활 환경을 설계할 때 특히 중요하며, 8장에서 우리가 더 살펴볼 주제이다. 전문가는 각 개인에 대한 제약이 발달, 학습, 노화, 경험의 결과로 유동적이며 상호작용한다고 예상해야 한다.

인체 운동 시스템에서의 자유도 협응

복잡하고 역동적인 시스템의 자유도(dfs) 중에서 질서가 어떻게 나타나는지를 이해하는 것은 기술 획득 연구자의 기본적인 문제이다. 1980년대와 1990년대에 이론가들이 인간 운동 협응에 대한 연구에 다이내믹 시스템 이론을 도입했을 때, 그들은 즉시 그들의 이론과 러시아 생리학자 니콜라이 번스타인Nikolai Bernstein의 통찰 사이의 연관성을 인식했다. 이러한 시의 적절한 아이디어의 상호작용은 운동 제어와 기술 획득에 대한 제약의 역할에 대한 관심을 자극했다.

번스타인과 자유도 문제

인간은 자세 제어, 이동 능력 및 물체 조작과 같은 모든 움직임 하위 시스템 활동을 어떻게 협응할까? 러시아 운동생리학자인 니콜라스 번스타인(1967)은 이 질문에 대한 이해를 돕기 위해서는 운동 협응 과정을 연구하는 것이 필요하다고 상기시켰다. 그는 복잡한 과제를 수행하는 동안 근육, 관절 및 사지 분절과 같은 인체 운동 시스템의 많은 미세 구성 요소들이 어떻게 협응되는지에 관심을 가졌다. 예를 들어 공중제비를 하면서 하체와 상체의 일부를 한데 모은 체조선수, 발과 양손을 사용하여 바퀴를 멈추고 움직이며 자동차를 조종하는 운전자, 그리고 파드되pas de deux를 하는 동안 팔과 다리를 협응하는 댄서들은 이러한 협응 문제를 깔끔하게 보여준다.

뻗기와 잡기 같은 동작 중에 많은 관련된 운동 시스템 자유도를 학습자가 어떻게 활용하고 제약하는지 이해하는 것은 번스타인의 자유도 문제(1967)로 알려져 있다. 움직임 협응 획득에 대한 번스타인의 정의는 인체 움직임에 대한 다이내믹 시스템 해석에서 근본적인 문제를 깔끔하게 잡아냈다. 협응 획득은 '움직이는 유기체가 잉여 자유도를 숙달하는 과정, 다른 말로 통제 가능한 시스템으로의 전이'로 간주된다.

번스타인(1967)은 학습자가 인체 운동 시스템에서 제어되는 많은 수의 자유도를 다루기 위해 초기에 특정한 기능적 근육-관절 연결 또는 시너지를 형성한다고 제안했다. 그는 이러한 기능적 그룹이 운동 시스템의 물리적 구성 요소를 압축하고, 어떻게 행동에 대한 적절한 자유도가 상호 의존적으로 되는지를 특정한다고 제안했다. 운동 시스템 구성 요소 간의 시너지는 학습자가 많은 자유도에 대처하기 위해 사지 사이의 적절한 결합(예: 차를 돌릴 때, 양손으로 조종하며 발로 브레이크를 밟는 협응을 하는 것)을 발견하고 모으는 데 도움이 된다(Mitra 등, 1998). 이러한 방식으로, 과제를 반복하는 데 사용되는 자유도 수의 변동은 사용 가능한 총수의 작은 하위 공간으로 시행에서의 가변성을 제한함으로써 조절한다(Scholz 등, 2000; Todorov와 Jordan, 2002). 예를 들어 자동차 운전을 배울 때, 학습자는 잠재적으로 어느 한쪽 발을 사용하여 브레이크 페달을 밟고 다양한 어깨, 팔꿈치 또는 손목 움직임을 사용하여 핸들을 돌릴 수 있다. 이러한 사지 분절은 운동 목적을 달성하는 데 사용될 수 있는 상당한 수의 다른 운동 시스템 자유도를 구성한다. 연습을 통해, 결국 이 많은 수의 자유도는 관리 및 조절이 더 쉬운 더 작은 하위 집합(즉, 손목과 오른발)으로 축소된다.

번스타인(1967)에 따르면 낚싯대를 던지거나 서핑 보드에서 균형을 유지하는 것과 같은 작업에 대한 초기 협응 패턴은 신체 부위 사이의 고정적이고 단단한 연결로 시작된다. 이 초기 학습 전략은 사람들이 운동 시스템에 있는 극도로 풍부한 자유도에 대처하는 데 도움이 된다. 기능적 협응 해결책의 조립은 학습자의 능력 밖이므로, 운동 시스템을 제어하는 문제는 사용 가능한 운동 시스템 자유도를 '덜 기능적으로, 차선책으로 또는 지나치게' 제한함으로써 관리된다(Broderick와 Newell, 1999). 학습자는 운동 시스템 주변에서 개별 기계적 자유도의 능동적인 조절을 최소한으로 줄이는 것은 흔하지만 보편적인 현상은 아니다. 학습과 경험을 통해 운동 시스템 자유도가 풀리고 특정 목적을 위해 다른 구성 또는 시너지로 재구성될 수 있게 되면서 협응의 고정 특성이 점진적으로 변화한다. 전형적으로, 장기간 연습의 결과로, 초기에 근육과 관절 사이의 강한 결합은 점차 풀리고, 내부와 외부의 힘을 더 잘 활용하여 운동의 경제성과 효율성을 높일 수 있는 과제에 맞는 협응 구조로 형성된다(Bernstein, 1967; Newell 등, 2003; Vereijken 등, Van Emmerik 등, 1992). 예를 들어 초보 서퍼에서 엉덩이, 무릎, 발목 관절의 경직된 결합이 취한 뻣뻣한 직립 자세는 연습과 함께 점차 느슨해진다. 결국, 보드를 이끌고 해류와 파도의 에너지 충격을 활용하여 물속에서 빠른 전이를 만드는 적절한 근육 토크를 생성하기 위해 무릎 관절과 같은 몇 가지 주요 자유도 사이의 결합에 더 크게 의존한다.

흥미롭게도, 부상이나 질병에서 회복 중인 사람들을 재활할 때 변경된 자유도(예: 다리가 부러진 채 목발을 짚고 걷기, 손가락 절단 후 물체를 움켜쥐기)로 학습된 움직임 패턴을 일시적으로 개조할 수 있다. 기술 재학습 초기에 발생하는 협응 패턴에는 과제에 맞는 장치(예: Bingham, 1988), 정보-운동 결합(Bootsma와 van Wieringen, 1990; Davids 등, 2001; Savelsbergh와 van der Kamp, 2000) 및 협응 구조(Schmidt와 Fitzpatrick, 1996; Turvey, 1990)와 같은 서로 다른 이름이 붙여졌다.

동작에서의 협응 구조: 축구공을 차는 것

협응 구조는 신경생물학적 시스템에 존재하는 협응 경향을 활용한다. 그것들은 프리스비를 던지거나 못을 박는 것과 같은 특정 과제 목표를 달성하기 위해 근육 그룹이 일시적으로 고유의 단위로 모일 때처럼 특정한 목적이나 활동을 위해 설계되었다. 세밀하게 조직하는 것은 완전히 미리 결정되지 않고 각 활동의 제약에 따라 조직화되기 때문에, 협응 구조를 만드는 데 양질의 지각 정보가 필요하다. 협응 구조의 형성은 선수의 주요 특성(예: 근육과 관절의 고유 수용 정보) 및 환경(예: 대상이나 표면의 시야)과 관련된 지각 정보원에 의존하는 다이내믹 과정이다. 연습에 따라 협응 구조는 초기에 사용하던 견고하고 고정된 구성에서 학습자가 다수의 운동 시스템 자유도를 다루면서 더 유연해진다. 각 과제 목적에 따라 협응 구조는 새로 형성되며, 선수가 다이내믹 환경에서 작업을 구성할 때마다 약간씩 달라질 수 있다.

예를 들어 축구 선수들은 변화하는 조건에서 공을 차기 위해 사용할 수 있는 협응 구조를 익히게 된다. 이러한 조건에는 인사이드 패스, 골 칩goal chips 또는 슛, 크기가 다양한 경기장, 변화하는 기상 조건, 운동 시스템 피로 등이 포함될 수 있다. 이러한 기술 기반 차이의 특성은 초보 축구 선수와 숙련된 축구 선수의 발차기 기술에서 질적 형태로 관찰할 수 있다. 준비 단계부터 마무리 단계에 이르기까지 킥 전반에 걸쳐 기술 기반 협응 특성의 차이가 뚜렷하게 남아 있음을 질적으로 보여준다. 여기서 전문 키커는 초보 키커보다 더 큰 고관절 신전과 무릎 굴곡을 보인다(Chow 등, 2007).

차우 및 연구자들(2007)의 연구에서, 세 가지 숙련 수준(숙련, 중급, 초보자)에 걸친 참가자들은 축구 소소 과제chipping task(즉, 참가자들이 높은 장벽을 넘어 공을 받는 사람에게 정확하고 편안하게 공을 차도록 요구한 과제 목표)에서 다양한 협응 패턴을 보여주었다. 초보 참가자들은 높이 멀리 차 내는 게 그들에게 새로운 제약이기 때문에 공을 장벽 너머로 보내기 위해 발로 차는 팔다리에서 큰 범위의 움직임을 보였다. 대조적으로, 숙련된 참가자와 중간 참가자는 발차기 동작에서 보다 제한된 범위의 움직임을 사용하였다. 또한 공을 장벽 너머로 전달하고 동시에 공을 받는 사람을 위해 정확하고 편안하게 공을 위치시키는 경향이 있었다. 과제와 선수 및 환경 간의 주요 상호작용은 협응이 형성되는 과정에서 중요한 역할을 한다.

운동 과제를 수행하는 동안, 중추신경계는 일반적으로 움직임을 조절하기 위해 많은 수의 자유도 중에서 선택할 수 있다(Latash, 2000 참조). 하산과 토마스(1999)는 이러한 많은 자유도를 인간 중추신경계에 대한 '부자의 당혹감embarrassment of riches'이라고 언급했으며, 심지어 많은 자유도가 어떤 행동의 규제에 적극적으로 기여하지 않기 때문에 일부 행동에서 불필요해진다는 제안도 있었다.

운동 시스템의 조절 가능성과 운동 협응의 유연성 사이의 관계를 이해하는 것은 중요하다. 한편, 운동 시스템의 풍부한 자유도는 다이내믹 환경에 운동 패턴을 적응시키는 데 매우 필요한 기회를 제공할 수 있다. 반면에 중추신경계는 다이내믹 환경에서 운동계 자유도를 조절해야 하는 문제가 있는데, 이는 기능적 협응 구조의 형성을 통해 달성된다. 환경에 연결됨으로써(즉, 환경으로부터의 정보에 개방됨), 운동 시스템 자유도에 대한 물리적 제약이 각각의 고유한 수행 상황 내에서 기능하도록 협응될 수 있다. 즉, 많은 활동을 수행하는 동안 환경 이벤트, 표면 및 물체에 반응하여 운동 협응이 조절된다. 운동 시스템의 이러한 질quality은 협응의 두 번째 정의를 불러일으킨다. 즉, 선수가 환경에 어떻게 연결되어 있고 어포던스를 활용하는지를 생각하는 것이다. 이는 다음 장에서 다룰 것이다.

결론

이 장에서는 연구자들이 인체 움직임 시스템의 협응에 대한 연구에 다이내믹 시스템 이론을 어떻게 적용했는지를 논의하였다. 복잡성, 자기조직화 과정, 제약 등 수학, 물리학, 생물학에서 차용한 핵심 아이디어의 중요성을 간략히 설명하였다. 다이내믹 운동 시스템의 협응을 이해하는 것은 인체 움직임 전문가에게 중요한 과학적 과제이다. 번스타인(1967)은 운동 시스템 구성 요소들 사이의 협응을 이해할 필요성을 처음으로 강조한 사람 중 하나이다. 그는 학습 초기에, 사람들은 사용 가능한 중복 자유도의 수에 대처하기 위해 운동 시스템 자유도를 엄격하게 고정한다고 주장했다. 학습 후기에, 시너지(즉, 협응 구조)가 시행되는데, 이는 기능적으로 운동 시스템 자유도를 그룹화하기 위함이며, 그래야 운동이 변화하는 수행 환경에 적응할 수 있다.

다이내믹 시스템 관점에서, 협응은 받아들이는 제약에 대응하여 각 개별 운동 시스템에서 나타나는 특성이다. 상호작용 제약에 대한 뉴웰(1986)의 모델은 어떻게 다이내믹 운동 시스템이 인체의 다양한 수준에서 고유한 자기 조직 과정을 활용할 수 있는지를 강조한다. 뉴웰의 모델은 수행와, 우리가 발견할 것처럼, 기술 획득 중에 나타나는 협응 패턴을 형성하는 주요 제약(유기체, 환경 및 과제)의 범주를 확인한다. 사람마다 다르고 수행 환경이 끊임없이 변화하기 때문에, 개별 운동 출력은 어떻게 사람들이 다이내믹 환경의 제약에 적응하고 다양한 수행 상황의 풍부함과 다양성을 활용하는지를 반영한다. 이 아이디어는 기술 획득에 대한 생태역학 접근법의 핵심이다.

자가진단 질문

1. 스포츠, 운동 또는 재활 환경에서 복잡계의 예를 생각해보라. 이 시스템은 날씨나 중추신경계와 같은 다른 복잡계와 어떤 특성을 공유할까?
2. 많은 사람들, 장난감을 가지고 노는 유아, 그리고 움직이는 법을 다시 배우는 뇌졸중 환자와 같은 시스템의 조직에 영향을 미치는 주요 제약은 무엇인가?
3. 복잡한 다관절 운동(예: 수영 시 프론트 크롤링)의 제어가 다이내믹 시스템 접근 방식에서 어떻게 설명될 수 있을지 서술해라.
4. 운동 시스템의 준안정성이 지각-운동 작업 공간의 기능적 탐구를 반영할 수 있으며 기술 획득의 중요한 부분이라는 것을 선수들에게 어떻게 설명하겠는가?

실험실 활동

나만의 안정된 다중 체계 만들기

우리는 이 장에서 다이내믹 시스템 이론에서 비롯된 몇 가지 중요한 개념을 소개했다. 당신이 이 복잡한 생각들로부터 나온 실질적인 활동을 한다면, 이 복잡한 생각들을 더 잘 이해하는 데 도움이 될 것이다. 다음의 프롬프트를 사용하여 어떻게 학습자가 연습의 기능으로서 자유도를 조절하는지 탐구해볼 수 있겠는가? 당신은 어떻게 준안정적 체내가 연주자가 다른 움직임 패턴을 채택할 가능성에 영향을 미치는지 상상할 수 있는가?

실험 문제

- 익숙하지 않은 운동 과제(예: 공을 장벽 너머로 목표물에 차 넣기)를 확인하라.
- 학습자로서, 관련 수행 기준에 의한 허용되는 기술 수준에 도달할 때까지 활동을 연습해라(예: 네 번의 시도 중 적어도 세 번 성공해라).
- 체계적으로 조작하거나 변경할 수 있는 과제에 대한 주요 제어 매개변수(예: 장벽 높이, 대상까지의 거리)를 확인해라.
- 준안정 체내가 존재하는지 여부를 탐구하기 위해 절차를 살피는 제약하에 과제를 시도해라.

장비 및 자원

- 공, 원판, 배트, 라켓 및 대상 선택
- 개방된 실험실 공간 또는 체육관
- 비디오카메라
- 측정 테이프

힌트: 많은 과제 선택이 가능하지만 던지기, 차기, 균형 또는 이동 능력과 같은 여러 가지 가능한 해결책을 가진 일반적인 활동을 고려하는 것이 도움이 될 수 있다. 수행과 관련된 운동 패턴 및 결과를 기록할 수 있는 최선의 방법을 고려해라.

CHAPTER 3

신체 협응에 대한 정보의 제한: 생태심리학적 관점

이 장의 목표

이 장을 완료하면 다음을 수행할 수 있다.

- 생물학적 유기체가 왜 개방형 시스템으로 되어 있는지에 대한 이유와 이것의 이점에 대해 설명할 수 있다.
- 정보에 대한 깁슨의 생태학적 해석이 지각에 대한 전통적이고 간접적인 설명과 어떻게 다른지를 설명할 수 있다.
- 지각적 탐색이 동작을 조절하는 데 사용될 수 있는 감각 불변성을 어떻게 드러낼 수 있는지 설명할 수 있다.
- 어포던스의 개념과 어포던스가 의사결정 및 의도적 행동에 어떻게 영향을 미칠 수 있는지를 논의할 수 있다.
- 인체 협응에 있어 정보-움직임 결합의 예시를 말할 수 있다.
- 조율과 보정의 개념을 적용하여 지각 학습의 과정을 설명할 수 있다.

기술 획득에 관한 생태역학 접근법은 두 가지 이론에 기초한다. 이전 장에서는 첫 번째로, 번스타인(1967)의 운동 시스템의 자유도 구성에 대한 통찰을 언급했다. 두 번째 이론은 제임스 깁슨(1979)의 생태심리학적 관점에 기초하여, 환경적 사건, 물건, 표면과 같이 중요한 정보 제약과 관련하여 어떻게 수행자들이 행동을 조정하는지를 다뤘다.

이 장에서는 움직임과 기술 획득에서의 정보의 제한과 가능성에 대해 주로 다루며, 어떻게 정보와 움직임이 밀접하게 연관되어 있는지를 설명할 것이다(van der Kamp와 Renshaw, 2015). 건강한 사람은 시각에 주로 의존하면서 자신의 환경에 따라 행동을 조절하는 방법을 배운다. 따라서 이번 장에서는 시각 정보가 행동을 어떻게 규제하는지에 대해 초점을 맞출 것이다. 다음 장에서는 촉각과 청각 등의 다른 정보를 어떻게 활용하여 기술 획득을 하는지에 대해 다룰 것이다.

협응 과정을 이론적으로 명확하게 설명하기 위한 조건

대부분의 행동은 운동 시스템과 환경(물건이나 잡을 수 있는 표면) 사이의 협응이 필요하다. 예를 들어 어떻게 아이들은 앉았다 일어나서 장난감을 집는 방법을 배우는 것일까? 외과의사는 섬세하게 절개수술을 할 때 어떤 정보를 사용하게 될까? 환경에 대해 반응하며 움직임을 협응할 때, 사람은 특정한 순간(시간 정보), 물건이나 장애물, 표면이 어디에 있는지(위치 정보)에 대한 정확한 정보를 사용한다(Araújo와 Davids, 2009; Davids 등, 2002; Fajen, Riley와 Turvey, 2009). 파젠 및 연구자들(2009)은 움직임과 환경 간의 반응을 정확하게 이론적으로 설명하기 위해서는 5가지 조건이 필요하다고 하였다(표 3.1 참조). 이 조건들은 이론가들에게 지각과 행동이 환경을 탐색하는 것과 어떻게 연결되어 있는지 설명하는 것이 중요하다는 것을 의미한다.

개방형 시스템과 에너지 교환

정보가 어떻게 움직임을 제약하는지 알아보기 위해, 2장에서 다루었던 개방형 시스템의 개념으로 돌아가보자. 오픈 시스템은 자연의 일반 현상이다. 생물 유기체도 개방형 시스템으로 되어 있는데, 끊임없이 환경과 에너지를 교환하고 있기 때문이다. 개방형 시스템 내에서 힘이 작용할 때마다, 시스템 내부의 에너지(예: 팔다리 운동의 역학)가 환경에서의 힘(반작용, 중력, 마찰, 공기저항 등)과 상호작용을 하기 때문에 시스템의 구성에 변화가 생길 수 있다(Warren, 2006). 예를 들어 숙련된 피겨 스케이터는 점프나 스핀을 하면서 하퇴부, 몸통, 팔의 근육에 힘을 가하면(내부 에너지원), 얼음 표면에서 생겨나는 낮은 마찰저항력(외부 에너지원)으로 추가적인 힘을 얻을 수 있는 것이다. 이 조합은 에너지를 효율적으로 사용하게 만들어 더 많은 수직력과 회전력이 생겨나게 만든다. 반면, 초보 스케이터는 얼음 표면에서 발생하는 추가적인 에너지를 효율적으로 사용하지 못하기 때문에, 움직임이 갑작스럽고 제어가 되지 않는 것이다.

요점은 인간과 동물은 스스로 적용할 수 있는 에너지원(예: 근육에 저장되어 있는)을 가지고 있다는 것이다. 우리는 경험을 통해서 환경에 의해 발생되는 다양한 패턴의 에너지 흐름을 활용하여 더 효율적으로 행동하는 방법을 배울 수 있다(Warren, 2006).

표 3.1 협응 과정을 이론적으로 명확하게 설명하기 위한 조건

질환	이론적 요구 사항
1.	잘못된 지각이나 환상보다 지각의 성공과 신뢰성을 설명하는 데에 더 중점을 두어야 한다(이는 지각에 대한 실험실 연구에서는 요구되나, 일상생활에서는 중요하지 않다).
2.	지각이 움직임을 조절하는 결정적인 역할을 하듯, 지각에서 운동이 중요한 역할을 하고 있다는것을 강조해야 한다.
3.	연구자들이 목적 달성과 관련된 세상의 특징을 어떻게 인지하는지를 고려해야 한다.
4.	지각과 운동 사이의 연관성을 설명해야 한다.
5.	학습과 관련하여 지각과 운동 사이의 연관성을 찾아야 한다.

Based on Fajen and colleagues (2009).

이는 에너지를 절약하고 싶어 하는 운동선수나 육체적으로 힘든 직업을 가진 사람들에게 좋은 소식이다. 이러한 연습을 통해, 그들은 귀중한 내부 에너지 자원을 사용할 때, 곡예사와 서커스 예술가들의 숙련된 움직임처럼 중력이나 마찰과 같은 힘으로부터 자유롭게 이용 가능한 에너지를 활용하는 데 숙련될 수 있다(Sparrow, 2000). 번스타인(1967)에 따르면, 운동의 협응과 제어는 진공 상태에서 발생하지 않으며, 내부의 근육 힘만으로는 발생하지 않는다고 한다.

에너지 절약은 물리적인 활동에서 전문성의 특징이며, 이는 행동하는 동안 주변 환경에서 가용한 힘을 이용하는 능력을 의미한다. 예를 들어 숙련된 서퍼들은 파도의 에너지가 모여들거나 사라지는 시간을 측정하여 파도를 타는 법을 알고 있다. 또 숙련된 행위자는 주변의 에너지 흐름을 이용하는데, 빛 형태의 광학 에너지와 같은 주변 패턴 에너지 흐름을 자신의 행동을 제한하는 정보로 사용할 수도 있다. 우리는 정보와 직접 지각이라는 중요한 생태학적 개념(Gibson, 1979)을 바탕으로, 에너지가 어떻게 행동을 제한할 수 있는지 이해하기 시작하였다.

주요 개념

행동 흐름의 조절

개방형 시스템에서는 에너지와 환경 속의 어떤 물질을 교환할 수 있다. 그 행동은 행위자가 속해 있는 특정 환경을 고려하여 연구되어야 한다(Gordon, 2007). 이 아이디어의 중요한 의미는 개방형 운동 시스템은 행동 흐름의 한가운데에서 분석되었을 때 가장 정확하다는 것이다(Reed, 1982). 지각과 행동에 대한 연구는 업무, 스포츠 및 기타 활동 시 가장 자연스러운 상태의 전형적인 환경에서 이루어져야 한다.

정보

깁슨(1966, 1979)은 인간과 동물이 환경에 대해서 어떻게 지각하는지에 대해 설명하기 위해, 수용체가 받는 자극 정보에 대한 급진적인 새로운 이론을 소개하였다. 그는 기존의 인지에 대한 추론적인 가정을 기반으로 한 자극 정보에 대한 가정이 잘못된 것이라고 주장했다. 기존의 정보처리 방식에 대한 고전적인 이론은, 지각자가 자극의 근원에 대한 정보를 받기 위해서는 기억에 많은 정보를 넣어두고 자극 상태에 따라 그것을 고른다고 생각했다. 즉, 수용체에 가해지는 자극은 그 근원에 대해서는 직접적으로 알려주지 않는다. 예를 들어 빛의 광선을 본다고 해서 빛의 근원이 멀리에 있는지 가까운 곳에 있는지는 알 수 없다. 우리 눈의 수용체는 오직 그 빛 광선이 존재한다는 사실만을 알 수 있을 뿐이다. 자극을 정보로 사용하기 위해서, 지각자는 이미 기억하고 있는 사전 정보를 실마리 삼아 이 자극의 의미를 해석하여야 한다.

이러한 고전적인 관점과는 반대로, 깁슨은 지각과 인지에 대한 매우 다른 개념을 주장했다. 예를 들어 빛의 구조는 본질적으로 정보를 포함한다고 할 수 있다. 깁슨의 이론은 정보의 구조에 대한 민감성이 지각자 안에 존재해야 한다는 것을 암시하지만, 추가적인 해석 과정은 필요하지 않다(Richardson, Shockley, Fajen와 Turvey, 2008). 생태심리학자들은 지각 정보는 주변 에너지의 배열과 흐름 가운데 존재하며(Gibson, 1979), 환경의 특성에 대해 개인에게 직접적으로 알려준다고 가정한다.

또한 깁슨은 특정 정보를 감지하고 발견하는 데에 개인의 움직임의 중요성을 강조하였다. 그의 견해에 따르면, 지각자들은 수동적인 경우가 거의 없다. 왜냐하면 정보를 감지하기 위해 지각 시스템은 주변 배열을 스캔하여 정보를 능동적으로 감지하기 때문이다. 게다가, 수행자가 이동을 함에 따라 그 환경적 특성에 대한 특정한 시공간의 에너지 패턴을 만들 수 있다. 관측자가 이동을 함으로써 그 장소에서 배열의 구조에도 영향을 미치게 된다. 수행자들은 인지되거나 행동을 하게 되는 환경에 따른 특정한 시공간 에너지 패턴을 이용하기 때문에, 추상적인 추론 과정은 불필요하며, 환경에 대한 직접적인 지각이 가능하게 된다.

깁슨은 점, 선, 평면 및 투영과 같은 기존의 요소를 사용하는 대신, 환경에 대한 인식을 이해하기를 원했기 때문에, 주변의 광학배열Optic Array이라는 개념을 도입했다. 광학배열은 관찰 지점을 둘러싸는 구조화된 빛을 의미한다. 이는 어떠한 매체(이 경우에는 공기를 의미한다)를 채우는 여러 개의 반사 광선으로 구성된다. 이는 빛의 근원, 반사되는 표면 및 매체가 있어야 한다는 것을 의미한다. 표면에 반사되는 여러 빛들은 빛으로 채워진 매체가 가능하도록 하며, 어떤 지점에서 관측하느냐에 따라 달라지는 강도의 차이도 설명할 수 있도록 한다. 그 차이는 배열(레이아웃)의 차이나 조명, 질감의 차이, 안료 구조의 차이로 인해 존재한다.

빛의 경우에는 광학배열(즉, 정보)만이 존재할 뿐, 실제로 눈에 들어오는 것은 아니다. 깁슨(1979)은 겹눈이나 상시안(번역자: 동물의 눈 종류 중 하나)을 가진 동물들도 시각적으로 유도된 행동(가까운 물체에 의해 생긴 그림자가 있는 경우 피하는 행동)을 보인다는 사실을 증거로 삼아, 망막의 이미지가 없다고 하더라도 배열에서의 광학 정보를 사용하도록 만들어졌다고 주장하였다. 따라서 망막의 이미지는 시력에 필요한 것이 아니라 정보에 필요한 것이다(Mace, 1986). 깁슨은 그러한 광학적인 변화(변형)와 비변화(변형)가 인지하는 자들의 환경과 관련된 행동을 제어하기 위해 사용된다고 주장하였다.

구조화된 환경에너지의 변화와 불변성

구조 안에서 패턴화된 주변의 에너지(예: 광학배열, 음파)는 관찰자에 의해 능동적인 의미로 탐색되거나 관찰될 수 있다. 이런 경우, 에너지 흐름 패턴이 어떤 식으로 변화하긴 하지만 전부 변하는 것은 아니다. 예를 들어 광학배열이 이상적으로 동결되어 있던 환경의 변화는 관찰자가 움직일 때 발생한다. 배열의 흐름 안에서의 모든 것과 구성 요소들의 교환은 나타나거나 보이지 않는다. 그러나 흐름 내에서 구성 요소 간의 관계는 변하지 않는 상태로 존재한다. 이러한 불변성invariants은 그 환경의 안정적인 특성을 나타낸다(즉, 개인에게 알린다). 변화 혹은 변형은 안정적인 환경과 관련하여 관찰자의 움직임을 의미한다. 불변성은 변화성에 대해서만 정의되기 때문에, 불변화를 드러내기 위해서는 변화가 필요하다. 또한 관찰자의 협응된 움직임은 주변 에너지 배열이 변하지 않는 구조에 대해서만 구체화될 수 있다(Mace, 1986).

광학배열의 변화와 불변은 환경에 속하는 것과 수행자에 속하는 것을 분리할 수 있게 한다. 수행자의 관점이 변화함에 따라, 관점이 변화하는 시점과 환경이 변화하는 시점을 인지할 수 있다. 안정적인 환경에서 관점이 변화할 때, 그 환경의 지속성은 불변성에 의해 규정된다(Gibson, 1979). 광학을 폐쇄하는 것의 결과는, 누군가가 탐색을 통해 새로운 표면을 발견할 때, 동시에 연결된 표면의 양을 확상하는 것이다.

이러한 아이디어가 기술 수행 및 획득을 이해하는 데 어떤 의미를 갖는지 이해하려면, 다음의 골프 예시가 도움이 될 수 있다. 그림 3.1에서 골프선수는 퍼팅을 공부하기 위해 볼과 홀을 돌면서 퍼팅 그린의 변하지 않는 구조를 탐구한다. 각 퍼팅 그린의 불변 구조는 페블 비치(미국), 로열 리텀과 세인트 앤스(영국), 또는 지역 골프 코스에서 경기를 하든 상관없이, 각 상황에서 항상 이용할 수 있는 정보의 근원을 포함한다. 경험이 풍부한 골퍼들은 볼과 홀 사이를 이동할수록 잔디의 깎임, 퍼팅 표면의 미묘한 윤곽선 등 중요한 특징들을 더욱 뚜렷하게 파악한다(Button와 Pepping, 2002). 수행자의 움직임은 그 다음의 퍼팅 동작에 대한 불변의 정보들을 나타낸다.

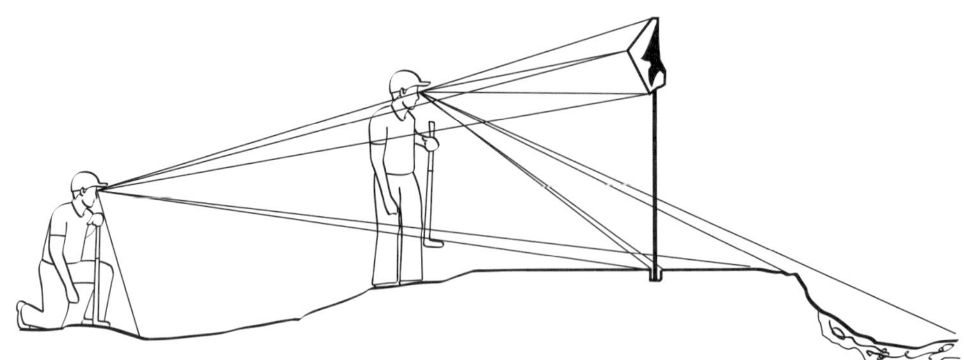

그림 3.1 골프 선수는 퍼트를 잘 치기 위해서 볼과 홀 사이를 돌아다니면서 퍼팅 그린의 불변 구조를 탐구한다. 경험이 풍부한 골퍼들은 볼과 홀을 오갈수록 퍼팅 그린의 중요한 특징을 더욱 명확하게 파악한다.

이 새로운 이론의 광범위한 영향을 고려할 때, 이 불변성을 정의하는 데 많은 연구 시간과 노력이 투입된 것은 놀라운 일이 아니다. 정보의 배열에서 가장 면밀하게 연구된 불변성 중 하나는 타우(τ)라는 광학 변수이다. 1970년대와 1980년대에 실험심리학자 데이비드 리에 의해 이 변수가 개념화되고 조작화된 이후, 상당한 양의 연구와 논쟁이 발생했다.

공처럼 변형되지 않는 물체가 관찰자를 향해 다가올 때, 공의 윤곽은 단단한 시야각을 형성한다(그림 3.2 참조). 이 광학적 흐름은 물체가 관찰자에게 점차 접근함에 따라 대칭적으로 확장되는 입체각의 중첩된 계층으로 인식된다. 윤곽선들로 둘러싸인

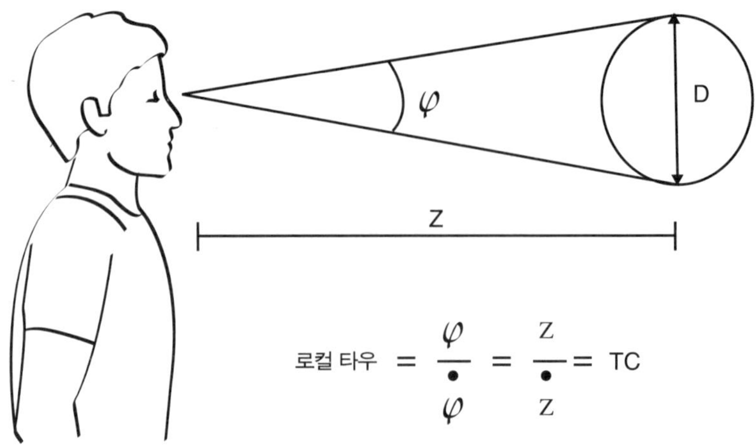

그림 3.2 타우는 관측 지점과 접근 중인 물체 사이의 TC에 대한 정보를 제공한다. φ는 관찰자의 접근하는 물체에 의해 주어진 시야각에 해당한다. Z는 관측점에서 물체까지의 거리에 해당한다.

시각적인 입체각의 상대적 팽창 속도에 의해 생기는 광학 정보를 '타우$_{\text{tau}}$'라고 한다. 타우는 관찰자에게 관측 지점과 접근하는 물체 사이의 남은 시간(TC)에 대한 직접적인 정보를 제공한다(Lee, 1976).

접근하는 물체가 일정한 속도로 관측점을 향해 이동하는 상태라고 가정하면, TC를 알아낼 수 있다는 상당한 장점이 있다. 예를 들어 한 개인은 거리나 물체의 크기, 혹은 속도에 대한 애매한 단서를 간접적으로 처리하거나, 물체의 도착 시간을 알아내기 위해 머릿속에서 계산을 수행할 필요가 없다. 간접적인 신호 처리에 의존할 필요가 없는 것은 고속도로에서 운전하거나, 테니스를 치거나, 아이스링크에서 빠르게 스케이트를 타는 것과 같은 역동적인 활동에 특히 도움이 된다. 이러한 활동에서 행위자는 반응할 시간이 거의 없으며, 물체나 표면의 도착 시간을 계산하는 데에 시간을 쓸 필요가 없다.

트라바 소스 및 연구자들(2012)은 타우 개념을 팀 스포츠 성과 연구에 응용시켰다. 그들은 풋살 수비수들이 성공적인 가로채기와 성공적이지 못한 가로채기에서, 공을 가로채기 위한 시간과 같은 중요한 정보 소스를 사용하여 어떻게 그들의 행동을 조절했는지 비교함으로써, 어떻게 공을 가로채기 하는지에 대해 연구했다. 볼을 가로채는 시간은 각 수비수가 볼 궤적에서 가로채기 지점에 도달하는 시간과 같은 가로채기 지점에 공이 도착하는 시간의 차이로 측정했다. 결과는 패스가 인터셉트되지 않은 경우에는 볼 인터셉션 시간의 양의 값을, 패스가 인터셉트된 경우에는 음의 값에서 0으로 나타냈다. 수비수들의 환경 적응도를 분석한 결과, 공을 향한 속도의 지속적인 변화가 이러한 정보 변수의 활용과 가로채기 하는 것을 더욱 어렵게 만든다는 것이 밝혀졌다.

주목할 만한 연구

타우를 잡다

사벨스버그 및 연구자들(1991)은 인터셉트의 타이밍이 1차 TC 정보의 사용과 일치하는지 여부를 확인하고자 하였다. 타우를 추론적으로만 활용한 이전 연구와 달리, 사벨스버그 및 연구자들(1991)은 접근하는 물체의 이미지의 망막 확장(타우)의 상대 속도를 조작하는 획기적인 방법을 사용했다. 쌍안경 보기(실험 1)와 단안경 보기(실험 2) 조건에서 참가자들은 진자에 부착되어진 역포물선 궤적으로 접근하는 공을 잡아야 했다. 지름이 일정한 큰 공(7.5cm)과 작은 공(5.5cm), 접근하는 과정에서 지름이 7.5cm에서 5.5cm로 바람이 빠지면서 크기가 변하는 공 등 3개의 지름을 가진 공을 사용했다. 참가자들이 알아채지 못하도록 하기 위해, 연구원들은 진공 펌프로 기계적으로 공기를 빼는 풍선으로 작은 공을 감싸서 공기가 점차 빠지는 공을 만들었다. 겉보기에는 인위적으로 보이지만, 이것은 과학자들이 실험 조작을 통해 특정 정보의 불변성의 근원을 식별하는 데에 필요한 일종의 통제된 설정이다.

바람이 빠지는 공의 상대적 팽창 속도는 일정한 속도로 접근하는 지름이 일정한 공에 의해 생성된 이동 패턴과 일치하지 않았다. 실제로 바람이 빠지는 공의 확장은 지름이 일정한 공보다 긴 TC를 나타냈다. 논리적으로 만약 타우가 한 손으로 잡는 타이밍을 조절한다면, 일정한 직경의 크고 작은 공과 비교하여 바람이 빠지는 공에 대한 인터셉트 동작은 나중에 발생해야 한다. 게다가 타우(불변성)가 물체 크기(변화성)와 독립적이기 때문에, 일정한 직경의 크고 작은 공에 대한 참가자들의 반응에서는 예상되는 차이가 관찰되지 않았다. 공 표면에서 망막으로 반사되는 빛의 구조의 단안 기하학적 구조에 명시된 타우는 두 조건 모두에서 이용할 수 있었기 때문에 쌍안과 단안 시야 조건에서 차이가 없을 것으로 예상되었다.

실험 결과 참가자들은 작은 공에 비해 크거나 바람이 빠지는 공을 잡기 위해 손을 더 넓게 벌렸지만, 큰 공에 비해 작은 공과 바람이 빠지는 공을 잡는 데 시간이 더 오래 걸린 것으로 나타났다. 사실상, 그들은 움직임 반응의 초기에는 바람이 빠지는 공을 큰 공처럼 생각했으나, 후반으로 갈수록 작은 공처럼 다루었다. 공을 잡을 때의 최고 속도는 작은 공과 큰 공의 경우 동일했으나, 바람이 빠지는 공에 대해서는 상당히 나중에 달성되었다(표 3.2 참조). 사벨스버그 및 연구자들(1991)은 손으로 잡는 상황에서 시간에 대한 데이터가 '피험자들의 상대적 확장 정보 사용과 일치한다'(p.321)고 결론을 내렸다. 이 연구의 흥미로운 측면은 참가자들이 공기가 빠진 상태에서 공의 물리적 변화를 인식하지 못했다는 것이다.

표 3.2 한 손으로 잡는 타우의 운동학적 특성

운동학적 변수	공		
	큰 공	작은 공	바람이 빠지는 공
시작 시간	1,575(68)	1,580(65)	1,585(67)
운동시간	140(51)	154(48)	153(51)
잡는 시간	1,716(39)	1,738(36)	1,739(36)
공을 잡을 때의 최고 속도	41(10)	42(11)	36(14)

참고: 모든 값은 밀리초 단위이며, 표준 편차는 괄호 안에 표기하였다. ns = 유의하지 않음, *p = 0.06, ***p<0.001. 바람이 빠지는 공이 접근해오는 상태의 인식된 윤곽선이 변경되었고, 결과적으로 잡는 동작에 영향을 미쳤다. 데이터의 출처는 사벨스버그 및 연구자들(1991) 자료.

Data from G.J.P. Savelsbergh et al., "Auditory Perception and the Control of Spatially Coordinated Action in Deaf and Hearing Children," *Journal of Child Psychology and Psychiatry* 32, no. 4 (1991): 89-500.

'Grasping Tau' 논문은 상당한 양의 정밀한 조사를 받았는데, 이 논문이 인터셉트 행위의 시기를 안내하는 데 상대적인 팽창 속도를 사용하여 직접적인 증거를 찾는 최초의 연구였기 때문일 것이라 사료된다. 가장 핵심적인 비판은 (1) 파악 타이밍에 대한 변경된 상대적 팽창 속도의 영향의 크기에 대한 정량적 예측의 필요성, (2) 분석을 위해 선택된 종속변수의 관련성을 정당화

할 필요성, (3) 단안과 쌍안 간의 효과 크기 차이와 관련한 내용이다.

적용

접근 속도, 물체의 크기나 배경 구조와 같은 다른 변수는 입증되었기 때문에, 이제 시간적인 측면에서 타우가 단독으로 사용되지 않는다는 합의가 있다(Michaels와 Beek, 1995). 연구자들은 인간이 타우에 민감한지, 접근하는 물체로 TC를 판단하는 데 타우를 사용하는지를 보여주기 위해 심리물리학적 패러다임을 사용했다. 이 패러다임은 움직임 예측 작업을 포함하는데, 이는 움직임이 일정하게 유지된다는 가정하에서, 눈에 보이는 움직이는 표적이 접점에 도착하는 시간을 예측시키는 간단한 반응을 요한다. 또한 이 패러다임 내에서 흥미로운 실험은 둘 이상의 접근 물체 중 어느 것이 지정된 접점에 먼저 도착할 것인지에 대해 지각적 판단을 해야 하는 상대적 판단 작업이다. 실제 시각 연구에서 고전적인 정신물리학적 방법의 약점에 대한 우수한 분석은 트레실리언(1995)과 해리스 앤 젠키(1998)를 참조하면 된다.

어포던스

사벨스버그 및 연구자들의 실험(주목할 만한 연구 참조, 1991)은 광학의 불변성을 분리하기 어렵지만 유용한 시도를 하였다. 기본적인 인터셉트 타이밍 작업을 사용하여 실험은 서로 다른 정보 제약 조건이 어떻게 서로 다른 협응 패턴을 제공할 수 있는지 보여주려고 했다. 행동적인 측면(즉, 어포던스)에서 환경이 어떻게 지각되는지는, 생태심리학에서 지각과 운동에 대한 제임스 깁슨(1979)의 또 다른 아이디어이다. 깁슨(1979)은 인간이 환경에 의해 제공되는 어포던스나 행동 가능성을 인지한다고 생각했다. 그의 아이디어는 수행자들이 행동 기회의 관점에서 그들이 제공하거나 초대하거나 요구하는 것에 의해 물체, 표면 또는 사건을 지각한다는 것을 암시한다. 어포던스는 자극 에너지의 패턴에서 활용될 수 있고 따라서 직접적으로 지각될 수 있는 환경 시스템인 수행자의 속성이다. 예를 들어 환경의 표면은 다른 제약 조건 중에서도 사지 길이와 같은 뚜렷한 물리적 특성 때문에 사람마다 다른 작용이 만들어진다(스포츠에서 다뤄지는 어포던스에 대해서는 Fajen 등, 2009 참조). 예를 들어 한 표면은 사람의 주요 신체적 특성이 주어졌을 때(어린아이의 경우), 발로 밟거나 다리와 팔로 올라갈 수 있지 않은가?

따라서 어포던스는 객관적(표면이 행동을 유도한다)일 수도 있고 주관적(구체적인 행동은 각 개인의 행동 능력의 중요한 경계에 따라 달라진다)일 수도 있으며, 어포던스의 개념이 이러한 객관적-주관적인 구분을 가로지르기 때문에(Heft, 2013), 둘 다 아닐 수도 있다. 1979년 깁슨에게 어포던스는 환경과 동물의 상호보완적 관계를 포착한 생태심리학의 중심 개념이었다. 깁슨은 간접적인 지각 이론에서 근본적인 비판을 지적하면서 "심리학자들은 물체가 그들의 특성으로 구성되어 있다고 가정한다. 우리가 물체를 볼 때 우리가 지각하는 것은 그 물체의 특성이 아니라 어포던스이다"라고 말했다. 어포던스의 관점에서 환경을 지각하는 것은 행동 독립적인 지각을 행동 지향적 시각으로 바꾸는 인지 과정을 불필요하게 만든다. 즉, 지각의 과정에서 관련된 단서들의 통합과 조합은 없다. 개인의 지각 경험의 주요 대상은 환경이 제공하는 어포던스이다.

중요한 개념은 어포던스의 영역(Rietveld와 Kiverstein, 2014)인데, 이는 일상 환경이 풍부한 어포던스를 제공한다는 것을 나타낸다(Withagen 등, 2012). 그러나 이러한 어포던스는 그것들에 대해 행동하는 데 필요한 기술을 가진 개인들만 접근할 수 있다. 리트벨트와 키버슈타인(2014)은 어포던스의 환경을 특정한 형태의 삶(골프, 수영 또는 축구와 같은 특정한 스포츠에서 뚜렷한 사회적, 신체적, 심리적 맥락과 동등함)에서 이용 가능한 어포던스로 정의한다. 예를 들어 패스 능력이 뛰어난 농구 선수 한 명이 수비수들 사이의 간격을 동료에게 롱 패스를 할 수 있는 기회로 지각하는 반면, 공을 가지고 뛰는 기술이 뛰어난 다른 선수는 상대 수비수들 사이에서 드리블할 수 있는 기회로 지각할 수 있다. 따라서 운동선수들은 그들의 독특한 기술 때문에 특정한 환경이 그들에게 제공하는 어포던스로 숙련된 기술과 주변 환경이 상호작용한다. 이러한 관점에서, 지각 학습의 과정은 기술 획득에 의해 향상된 능력에 적응을 가져온다.

어포던스의 예: 어프로치 볼

접근하는 공에 의해 지정된 불변성의 광학 흐름이 어떻게 타격, 캐치 또는 회피와 같은 인터셉트 행위을 유발할 수 있는지 더 자세히 알아보자. 앞에서 언급한 바와 같이, 어포던스는 개인적 특성뿐만 아니라 규칙이나 사회적 관습에 의해 제약을 받아 개인의 환경적 위치와 생체역학적 특성에 대한 지각에 의존하는 특정 행동을 유발한다(Fajen 등, 2009). 예를 들어 접근하는 스쿼시 볼에 의해 발생하는 국소적인 흐름의 변화는 선수가 라켓으로 맞받아 칠 수는 있지만, 공을 특정 방향으로 몰지는 못하게 한다. 다른 유형의 국소적인 흐름이 주어지면, 공에 맞지 않기 위해 궤적을 벗어나는 것과 같은 회피 행동을 유발하는 정보가 제공될 수 있다.

광학 구조 간의 차이는 행위자에게 다른 어포던스를 규정한다. 그러나 국소적인 흐름의 동일한 변화는 개인의 행동 능력에 따라 다른 행동으로 유도할 수 있게 한다. 예를 들어 5세트 스쿼시 경기가 끝날 무렵, 한 선수가 공을 못 받고 흘려버리게 되는 어포던스가 있을 수 있는데, 이는 근육의 현재 피로도 수준으로는 공을 칠 수 없기 때문이다. 선수 개개인의 능력을 규정하는 물리적 기준은 없다. 각 사람의 지각과 운동 주기는 각 상황에서의 어포던스를 나타낸다. 이러한 측면에서 어포던스는 4장에서 재검토할 개념인 의사결정 및 움직임 가변성의 개별 수준 및 내부 수준을 이해하는 데 유용한 이론적 뼈대를 제공할 수 있다.

정보-운동 결합

깁슨이 생각한 지각은 정보를 얻기 위해 환경과 환경에 작용하는 전신의 활동이며(Gibson, 1966; Reed, 1996), 협응된 움직임을 필요로 한다. 즉, 다리를 지각적으로 제어된 방식으로 움직여서 머리 회전, 눈 움직임, 렌즈 수용, 손 위치 협응, 손가락 움직임 등의 중첩 협응이 조정된 동작으로 기능을 수행할 수 있는 장소로 와서 기능을 수행한다. 지각은 사람의 의도적인 목표, 성취 및 상황의 실질적인 요구 사항에 따라 이루어진다. 사람은 의도한 목표를 달성하기 위해 환경을 충분히 지각해야 하지만 그게 전부이다. 최종적으로 옳고 그른 지각은 없다. 게다가 지각 능력은 향상될 수 있다. 만약 더 많은 탐색을 통해 더 명확히 할 수 있는 구조가 있다면 지각 능력이 향상될 가능성은 항상 존재한다. 지각은 환경에서 목표 지향적 활동을 수행하는 신체의 복잡한 협응을 조절하는 것을 포함한다(Mace, 1986). 지각은 행동과 마찬가지로 협응된 활동이며, 수행자-환경 시스템의 성과물이다(Guignard 등, 2017).

앞에서 우리는 골프 선수가 행동을 위한 정보를 제공하는 광학 흐름에서의 변화를 만들기 위해 어떻게 움직이는지 알아보았다(그림 3.1 참조). 이 전략은 깁슨(1979)의 사상의 중심적인 생각를 대표하는 예시이다. 움직임은 정보를 생성하고, 그 정보가 다시 다른 움직임을 지원하여, 정보와 움직임 사이의 순환적인 관계로 이끈다. 깁슨은 이 입장을 요약하면서 "우리는 움직이기 위해 지각하고, 지각하기 위해 움직인다"라고 말했다. 정보의 지각과 운동의 생성 사이의 상호의존성은 지각과 행동을 따로 연구해서는 안 된다는 것을 의미한다(Araújo 등, 2006). 지각과 행동 과정이 대표적인 상황 내에서 표현되는 실제 환경에서 우리는 진화적으로 설계된 인지 메커니즘의 탁월성을 관찰할 수 있다(Davids 등, 2006; Runeson, 1977). 이러한 맥락에서 탁월성smartness은 지각 메커니즘이 진화한 제대로 된 기능을 의미한다. 지각 시스템과 운동 시스템 사이에서 나타나는 긴밀한 결합을 인식하면 이 책을 통해 우리가 발견한 것처럼 운동 행위자들에게 몇 가지 흥미로운 의미를 시사할 수 있을 것이다.

어린이와 성인의 균형에 대한 초기 연구는 광학 배열과 움직임 사이의 긴밀한 커플링 개념을 언급했다(Lee와 Lishman, 1975). 고정된 바닥과 움직일 수 있는 벽이 있는 특별 제작된 방에서, 연구자들은 벽을 천천히 앞이나 뒤로 움직여서 자세의 흔들림을 유도했다. 참가자들이 흔들리는 방향은 벽이 움직이는 방향에 따라 결정되었다(그

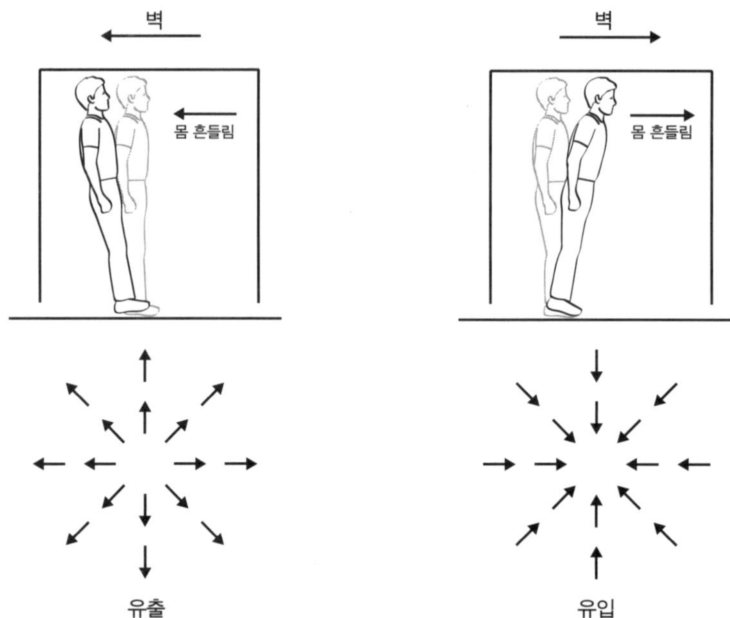

그림 3.3 '움직이는 방' 실험에서 벽이 움직인다는 것을 알지 못하는 피험자들은 광학적 흐름에 의해 자세가 앞과 뒤쪽으로 움직인다고 지각하여 보상적으로 자세를 수정한다.

림 생태역학 참조). 참가자들은 벽이 움직이는 것을 알지 못했지만, 그들은 광학적 흐름을 통하여 앞으로 혹은 뒤로 자신이 움직이고 있다ego-motion고 지각하고, 이를 보상하기 위해 자세를 수정하였다. 벽의 움직임의 양은 피실험자들이 보여주는 자세의 흔들림의 양과 밀접한 관련이 있었고, 아동 참가자들의 경우에는 넘어지기도 했다. 이러한 발견들은 우리의 지각과 행동이 기능적으로 얽혀 있다는 것을 보여주었다. 이 초기의 연구 이후로, 이는 정보를 통해 행동을 지속적으로 조절하는 전향적인 제어 전략의 예시가 되고 있다. 우리는 다음으로 속도 모델에 대해 논의함으로써 이러한 발전을 강조할 것이다.

속도 요구 모델: 전향적인 통제

어포던스를 지각하면 행위자들은 자신의 미래의 행동을 통제할 수 있다(Fajen 등, 2009). 예를 들어 캐치볼의 '전향적인 통제prospective control'에 대한 연구는 움직임이 미래의 상황에 대한 정보에 기초하여 유도된다는 것을 보여준다. 예를 들어 현재 조건(손과 공의 속도)이 지속될 경우 공이 잡힐지 여부에 대한 정보이다. 보다 일반적으로, 전향적인 통제는 행위자들이 환경의 물리적, 정보적 제약에 행동을 미리 적응시키는 수단을 의미한다. 지각은 행동에 대한 준비 역할뿐만 아니라 행동이 전개될 때 조정하는 피드백 역할도 수행한다.

부츠마와 페퍼는 인터셉트 행동의 조절을 위한 시각적 정보의 다른 잠재적인 근원을 조사했다(예: Bootsma, 1998; Peper 등, 1994). 속도 요구 모델에 따라 공을 잡는 것은 개인이 손의 위치를 조절해야 한다. 이는 광학적으로 지정된 속도 차이에 기초하여, 공을 잡으려고 하는 손의 현재 위치와 움직이는 공을 가로채는 데 필요한 손의 가속도의 차이이다(Peper 등, 1994). 이 모델은 사람이 손의 가속도를 조절하고 공을 인터셉트하는 데에 필요한 속도를 맞추기 위해 정보를 지속적으로 사용할 수 있음을 의미한다. 예를 들어 주어진 순간의 현재 손 속도는 공을 잡는 데 필요한 속도로 손이 움직일 수 있도록 증가하거나 감소시킬 수 있다. 인터셉트 행위의 수행을 설명하기 위해, 전통적으로 예측 전략은 정보-처리 모델에서 지정되어왔다. 이러한 모델에서 대상의 미래 위치와 사지의 필요한 운동학은 모두 움직임에 앞서 정신적인 계산에 의해 추정된다(Jeannerod, 1981). 전향적인 통제 전략을 사용하는 경우, 움직이는 공의 인터셉트 지점의 시공간 특성에 대한 접근은 속도 요구 모델 필요하지 않다. 오히려, 필요한 속도를 달성하고 유지하기 위해 광학적인 정보로 사지의 가속도를 조절함으로써, 사지는 다가오는 공을 잡기 위해 적절한 시간에 적절한 장소로 이동할 것이다. 따라서 속도 요구 모델 인터셉트 행위가 제어되는 방법을 설명하는 좋은 수단이다.

요약하면, 인터셉트 행위를 할 때 시각적 정보에 대한 연구 결과의 대부분은 수행자가 광학 배열의 불변성 및 변화성에서 정보를 감지하고, 이를 사용하여 환경과의 상호작용을 이끄는 것과 일치한다. 수행자들은 팔다리 길이와 같은 각 개인의 운동 시스템의 주요 속성에 따라 이 정보를 감지할 수 있다. 수행자는 지각과 운동 사이의 커플링 결합이 연습으로 강화될 수 있다는 것을 이해하는 것이 중요하다.

지각 학습 및 조정

이제 우리는 의사결정, 이동 수행 및 학습이 어떻게 나타나는지를 이해하기 위해 깁슨(1979)의 정보 및 어포던스 개념을 고려할 수 있다. 수행자는 작업 제약 조건, 성공의 기준 및 정보 가용성의 변화에 적응하는 능력이 매우 유연하다. 조건 변화에 따라 다양한 정보 변수에 맞춰 어느 정도의 유연성을 만들어낼 수 있다. 직접 지각 이론에서, 학습자는 훈련, 관찰 모델링, 그리고 경쟁적인 성과를 통해 상징적인 기억 구조를 개발하는 일에 부담을 느끼지 않는다. 오히려, 지각 시스템은 실제의 직접적인 경험을 통해 환경에서 사용 가능한 정보를 지정하는 것에 점진적으로 더 적응한다. 과제별 경험을 통해 학습자가 감지하는 정보는 더욱 미묘하고 정확해진다.

'지각 조화attunement'의 개념은 전문가와 초보자 사이의 차이가 각 유형의 수행자가 의존하는 정보 변수의 차이를 부분적으로 반영한다는 것을 의미한다(Fajen 등, 2009). 따라서 기술 획득과 훈련의 한 가지 중요한 요소는 특정 움직임 맥락에서 관련 변수에 더 잘 조화되는 과정이다. 많은 전문가들이 개발하는 어포던스에 대한 지각 조화는 높은 수준의 수행 상황에서 미묘한 차이를 보일 수 있다. 예를 들어 프로 농구의 일화에서, 숙련된 볼 핸들러들이 그들의 바로 뒤에 있는 동료들의 움직임에 대한 정보에 잘 조화된다는 것을 보여준다. 그들은 머리 뒤에 눈이 있는가? 그렇지 않다. 이 정교한 정보를 얻기 위해, 그들은 단순히 그들 앞에 있는 상대 공격수들의 추격하는 눈의 움직임(동료들의 달리기를 추적하는 것)을 감지하는 법을 배우기 때문이다.

어포던스의 지형Landscape은 행위자가 있는 환경의 표면과 물체가 정적으로 유지되더라도, 행위자의 움직임에 따라 또는 행위자가 움직이지 않는 동안 행위자 주변 환경의 변화가 발생함에 따라 변할 수 있다. 행동 기회의 세계는 역동적이다(Fajen 등, 2009). 행동 가능성은 스포츠에서 1000분의 1초 안에 진화되거나 사라질 수 있으며, 경기 후반에 지친 선수가 패스를 놓칠 정도로 빠르게 속도를 낼 수 없을 때처럼 더 긴 시간 동안에도 작용할 수 있다. 행동 능력은 부상과 부하 변화와 같은 다른 요인의 결과로 짧은 시간에 걸쳐, 그리고 학습, 개발 및 훈련의 결과로 긴 시간에 걸쳐 변화한다. 신체 치수와 행동 능력이 바뀌면 한때 가능했던 행동이 불가능해질 수 있다(또는 그 반대의 경우도 가능하다). 행위자들이 그러한 변화에 적응할 수 있도록 하기 위해서는 학습 설계 시 어포던스에 대한 지각을 고려하고 포함하여야 한다. '보정Calibration'을 통해 행위자는 신체 치수와 행동 능력의 변화 후에도 본질적인 단위로 세계를 인식할 수 있다(Fajen 등, 2009). 보정 과정에는 현재 작업 기능과 작업 요구 사항 사이의 조정이 포함된다. 보정된 행위자의 경우, 관련 정보를 탐지하는 것만으로도 어포던스를 직접적이고 신뢰성 있게 인식할 수 있다. 재보정은 매우 빠르게 이루어지지만, 특정 작업에서 더 많은 경험을 쌓으면 보정 능력이 더욱 향상될 가능성이 높다.

지금까지 우리는 사람을 둘러싸고 있는 광학적 흐름에서 불변성이 어떻게 감지되는지에 초점을 맞추었다. 그러나 행위를 보조하는 추가적인 에너지 흐름이 있었다. 예를 들어 운전자는 가속 페달에 필요한 압력 변화를 안내하기 위해 엔진의 지속적인 회전에 의한 음향 정보를 사용할 수 있다. 테니스 선수는 코트에 나가기 전에 라켓을 들고 흔들며 느낌을 확인할 수 있다. 달리기 선수는 발바닥에서 촉각 정보를 감지하고 자신의 발이 무겁게 떨어지는 소리를 들음으로써 트레일의 고르지 않은 특성을 감지할 수 있다. 이 장의 나머지 부분에서 우리는 촉각과 음향 정보의 중요한 역할을 검토할 것이다.

움직임에 대한 촉각적 제약

움직임을 제한하는 촉각 정보의 역할은 중요한 연구 분야 중 하나이다. 사람이 펜, 페인트 붓, 야구 방망이와 같은 도구를 쥐었을 때, 근육, 인대, 힘줄, 그리고 피부가 늘어나거나 압축되었을 때, 그것의 모양, 크기, 질감, 그리고 구조에 대한 정보가 촉각적으로 제공된다. 시각장애인은 이 지각 시스템을 사용하여 보행을 사전에 조절하기 위해 길을 걷을 때 지팡이를 쓸면서 촉각적인 흐름이 발생시킨다. 깁슨(1979)은 사람들이 조작과 터치를 통해 복잡한 정보 소스를 능동적으로 생성할 때, 촉각 정보가 동적 형태로 가장 유용하다고 하였다. 수많은 실험을 통해 광학 흐름과 촉각 흐름에서 정보를 탐지하는 시스템 간의 유사점을 발견했으며, 후자를 통한 지각의 중요성을 확인했다(Gibson, 1979). 실제로, 일상생활에서 조작적인 움직임이 널리 퍼지면서, 터비 및 연구자들(1998)은 "조작적인 활동을 통제하는 데 있어서 다이내믹 촉각Dynamic touch의 역할은 시각의 역할보다 더 지속적이고 근본적일 수 있다"고 주장했다.

사람들은 또한 능동적인 조작을 통해 도구의 질량으로부터 촉각 정보를 사용할 수 있다. 예를 들어 운동선수는 일반적으로 라켓, 배트, 클럽 또는 스틱과 같은 기구를 정적인 방식으로 잡지 않고, 그것을 휘두르는 경향이 있다(Beak 등, 2002). 운동선수는 중요한 속성의 정보를 이용하기 위해 도구를 다른 방향으로 비틀고 회전시킨다. 휘두르는 물체는 '관성 모먼트moment of inertia'에 의해 정의되는 다른 방향으로의 회전에 대한 저항을 가지고 있다. 관성 모먼트는 도구의 질량과 회전 반경(즉, $I = mr^2$)의 곱이며, 이 변수들의 다른 조합에 대해 불변일 수 있다. 솔로몬과 터비(1988)는 손바닥 크기의 막대의 공간적 특성에 대한 지각이 막대의 밀도, 휘두르는 방향 또는 휘두르는 속도에 영향을 받지 않음을 보여주었다. 오히려, 휘두르는 동안 막대가 보이지 않는 상태에서 지각된 도달 거리는 회전축에 대한 손-막대 시스템의 주요 관성 모먼트인 촉각 불변성에 의해 특정되었다(Beak 등, 2002; Carello 등, 2000; Turvey, 1996).

촉각 시스템은 다이내믹 촉각Dynamic touch의 경우에서 나타나는 것처럼 지각과 행동 모두에 참여한다. 다이내믹 촉각은 근육과 힘줄의 비공간적 입력과 관련해 단단한 물체를 잡거나 휘두를 때 물체의 공간적 속성 및 기타 속성에 대한 비시각적 지각을 다루는 연구에 주어진 이름이다(Turvey, 2007). 손으로 잡는 도구를 성공적으로 사용하려면, 그러한 시스템의 병진 운동 및 회전 관성을 극복하기 위해 근력을 발휘해야 한다(Wagman와 Carello, 2001). 이를 위해서는 해당 시스템의 제어와 관련된 정보, 즉 필요한 힘의 양과 그 힘의 방향성을 탐지해야 한다(Shockley 등, 2001).

킴 및 연구자들(2013)은 손목과 같은 특정 부위의 움직임이 아닌 전신 모델을 이용하여 골프 스윙을 연구하였다. 팔다리의 움직임을 제어하기 위해 촉각적으로 지각된 골프 스윙의 관성 텐서를 테스트함으로써, 골프 스윙 수행의 지각-운동 결합을 특

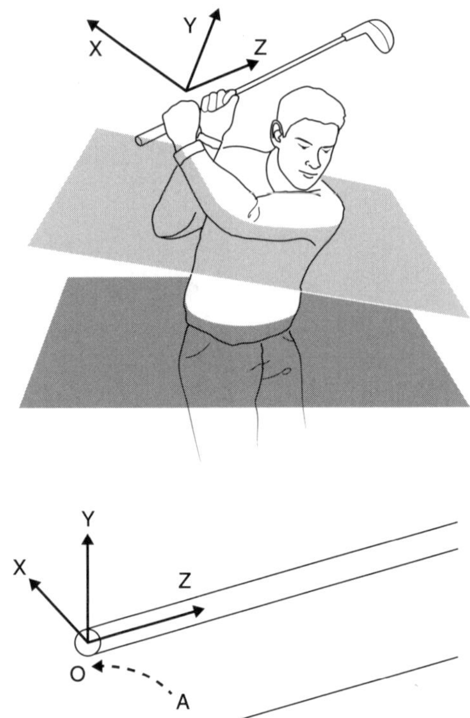

그림 3.4 그립 기준 프레임은 공간 관성 텐서가 계산된 클럽 샤프트의 단부 중앙에 부착되었다. 분해 행렬은 O로 표시된 주축과 관성 모먼트를 포함한다. 예를 들어, 손목 관절축 A를 따라 한 지점에서 분해되는 경우에도 동일하게 적용된다. 그러나 어떤 접합에서든 동일한 고유 벡터가 A로 표현되는 분해의 기초를 형성한다.

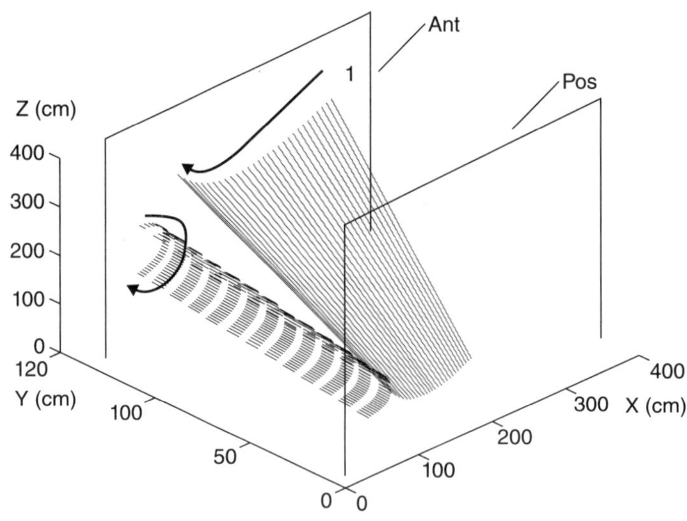

그림 3.5 그림 3.4에 표시된 플레이어의 뒤 안쪽 측면의 3차원 시공간 투영.

성화했다(그림 3.4). 이러한 분석은 숙련된 골퍼가 다운스윙을 하는 동안 촉각적 지각(관성 텐서)과 동작(클럽 이동 시 사용되는 관절)의 밀접한 연관성을 보여준다(Kim 등, 2013).

관성 텐서는 몸-물체 시스템의 질량 분포(즉, 회전 축에 대한 시스템의 질량의 배분 방향)를 반영한다(Riley 등, 2005). 연구에 따르면 손으로 잡는 물체의 지각된 특성은 합법적이고 예측 가능한 방식으로 관성 텐서에 의해 제한된다.

골프와 같은 스포츠에서, 이는 단순히 다음 동작을 예행 연습하는 것보다 연습 스윙을 하는 것이 훨씬 더 중요하다는 점을 시사한다. 이런 방식으로 사람들은 익숙하지 않은 장비를 가지고 놀거나 클럽을 바꿀 때, 사용하는 도구의 특성에 맞춰 조정될 수 있다. 프리킥을 하기 전에 축구공을 저글링하고, 던지기 전에 창을 휘두르고, 점프하기 전에 장대를 조작하는 것과 같이, 스포츠에는 운동선수들이 물체로부터 어떻게 촉각적인 정보를 얻을 수 있는지를 보여주는 수많은 예들이 존재한다. 학습자가 촉각적인 정보에 민감하게 만드는 실천적인 전략을 검토하기 위해서는 더 많은 연구가 필요하다(Teques 등, 2017).

움직임에 대한 청각적 제약

인간은 청각 정보 흐름을 사용하여 많은 기능적 움직임을 조절할 수 있다(Button와 Davids, 2004; Camponogara 등, 2017). 실제로 켈레와 서머스(1976)는 수년 전에 움직임의 시간적 구성과 관련하여 청각 지각 시스템이 시각 시스템보다 우수할 수 있다고 제안했다. 예를 들어 타악기 연주자들은 효과적인 연주를 위해 청각 정보에 따라 복잡한 양손 동작의 시간을 정하고 순서를 정하는 방법을 배워야 한다. 스포츠에서도 움직임 협응에 대한 제약으로서 청각 정보의 역할을 강조하는 예시가 많다. 예를 들어 출발 신호에 대한 주자의 반응은 난 몇 밀리초 차이로 승패가 갈릴 수 있기 때문에 난서리 경기에서 청각 정보는 매우 중요한 요소이다.

청각 정보의 역할은 움직임을 시작하는 것에 국한되지 않고 라켓 스포츠의 스트로크 방식의 선택과 같은 의사결정 과정에서도 사용될 수 있다. 예를 들어 탁구에서 패들볼 접촉의 특정한 소리는 숙련된 선수에게 다가오는 공의 속도와 회전에 대한 중요한 정보를 줄 수 있다. 배구에서, 많은 코치들은 공과 손가락의 접촉 시 발생하는 청각적 정보를 통해 상대 세터가 아웃사이드 공격수에게 짧은 오버헤드나 긴 세트를 시도하려는 의도에 대한 정보를 얻을 수 있다고 생각한다. 일부 수영 선수들은 스트로크 리듬을 조절하기 위해 귀에 미니 페이서를 착용하고 훈련하기도 한다. 상대나 동료의 위치가 보이지 않는 많은 스포츠(예: 사이클링, 아이스하키, 농구)에서 청각 정보는 다른 사람의 위치와 움직임을 찾는 데 유용하다.

많은 증거가 있지만, 청각 정보가 기술 습득 과정에서 어떤 제약으로 작용하는지에 대한 실증적인 시도는 거의 이루어지지 않았다. 일부 연구에 따르면 튀어오르는 공의 탄력적 속성을 인식할 때 청각 정보를 얻을 수 있다는 사실이 밝혀졌다(예: Warren 등, 1987). 일반적으로 연구는 환경적인 사건과 관련하여 행동을 조정하고 타이밍을 맞추는 데 있어 청각 정보의 역할에 대해 조사했다. 예를 들어 쇼 및 연구자들(1991)은 특정 경계가 있는 조건에서 접근하는 물체와의 TC를 정하는 청각적 변수를 모델링했다. 그들은 청각적 정보에 대한 초기 연구는 어떻게 행동이 청각적으로 유도될 수 있는지를 확인하려는 시도보다는, 정적인 청각 정보원의 위치 파악에만 초점을 맞추었다는 점을 지적했다. 그들은 생태학적 음향학의 틀에서 다음의 과제를 정의하고, 연주자와 청각 정보원 사이의 집합점에 대해 생각했다. 그들의 연구 결과는 소리의 강도가 환경에서 목표물을 향해 직접 이동하는 데 사용될 수 있다는 생각을 뒷받침했다.

행동을 유도하기 위한 음향적 배열의 사용에 대한 실험도 있었다(예: Schiff와 Oldak, 1990; Rosenblum 등, 1987). 쉬프와 올닥은 시각장애인이 청각만으로 물체에 접근하는 데 걸리는 시간에 대해 이성적인 청각적 판단을 내릴 수 있다는 사실을 발견했다. 선천적으로 시각장애가 있는 참가자는 청각적 판단에서 시력이 있는 참가자보다 더 정확했으며, 시각적 판단을 사용하는 시력이 있는 참가자의 정확도와 일치했다. 또한, 로젠블럼과 연구자들은 청각 정보원의 강도 변화가 다가오는 물체의 도착 시간을 지정하는 데 가장 효과적인 불변성이라는 사실을 발견했다.

결론

생태심리학에 따르면, 자기 또는 물체의 움직임에 따라 발생하는 주변 지각 배열의 에너지 변화는 인간이 행동을 조절하기 위해 직접 지각할 수 있는 정보를 제공할 수 있다(Gibson, 1979; Turvey, 1990; Withagen와 Chemero, 2009). 지각과 움직임 사이의 순환적 관계에 대한 이러한 개념화는 정보-처리 접근법에서 발전된 지각에 대한 전통적인 매개적 관점과 극명한 대조를 이룬다(Schmidt 등, 2018). 생태학적 해석의 결론은 지각과 움직임을 독립적인 별개의 과정으로 간주해서는 안 된다는 것이다. 이러한 순환적 관계에 대한 제어 법칙을 확립하기 위해 생태학적 연구에서는 과제를 성공적으로 완료하는 데 필요한 최소한의 정보(일반적인 정보-처리 접근법)보다는 행위를 규제하는 정보(즉, 어떤 정보)의 특성을 조사했다.

과제 제약 조건의 특성에 따라 인간은 다양한 정보 변수를 사용할 수 있다. 과제를 수행하는 데 걸리는 시간, 빠른 움직임이나 언어적, 수작업적 판단과 같은 필요한 반응들을 포함하는 과제 제약 조건에 따라 사람들이 사용하는 전략이 결정되며, 행동을 지원하기 위해 사용하는 정보도 결정된다. 우리가 여기서 제시한 연구의 예는 인간이 다양한 유형의 정보를 획득하고 이러한 정보를 활용하여 운동 시스템의 자유도를 조정하는 데 능숙하다는 것을 보여준다. 행동과 인지 사이의 밀접한 관계에 대한 이러한 아이디어는 기술 수행 및 학습 연구에 대한 실험 설계와 학습자의 기술 획득을 향상시키는 것을 목표로 하는 연습 과제에 있어 매우 중요하다.

자가진단 질문

1. 아이스하키 선수들이 퍽을 몰며 스케이트를 탈 때 이용할 수 있는 정보의 흐름을 나열하라.
2. 생태심리학에서 정보가 풍부하고 의미 있는 것으로 간주되는 이유를 설명하라.
3. 못을 박는 것과 같은 행위가 광학적 타우만으로는 수행될 가능성이 낮은 이유에 대해 논의한다.
4. 정보-움직임 결합의 개념과 그것이 코치에게 미치는 영향에 대해 설명하라.

CHAPTER 4

스포츠에서의 의도성, 인지, 의사결정

이 장의 목표

이 장을 완료하면 다음을 수행할 수 있다.

- 인지, 의사결정 및 행동 간의 상호 연관성을 인식하고 이러한 관계가 스포츠 수행능력을 어떻게 뒷받침하는지 이해한다.
- 환경에 대한 지식을 구분할 수 있다.
- 자발적 행동에서 중추신경계의 역할에 대한 생태학적 관점을 설명한다.
- 개인 및 그룹 차원에서 표현되는 수행자–환경 상호작용의 새로운 특징으로서 의사결정의 본질을 이해한다.
- 정보 제약과 지각의 역할을 기반으로 연습이 어떻게 행동을 조절하는 '지능적인 운동선수'를 개발할 수 있는지 설명한다.

지금까지 우리는 운동선수들이 그들의 행동을 뒷받침하는 정보에 민감하게 반응하는 복잡계로 어떻게 생각될 수 있는지 설명했다. 그러나 경험과 의사결정과 같은 요소들이 운동 수행능력에 어떻게 중요한 역할을 하는지를 인식하는 것이 중요하다. 제임스 깁슨(1979)의 아래 인용문에서 알 수 있듯이, 인지 과정의 표현으로서의 행동의 조절은 개인-환경 시스템의 한 부분(즉, 뇌와 같은)에서만 기인해서는 안 된다. 스포츠와 같은 활동에서 의사결정은 구체화되고, 역동적인 인지 과정의 예시이다. 스포츠에서 행동 모드의 선택 또는 변화는 행동과 지각, 그리고 흐름과 힘 필드 사이의 상호 의존적인 관계에 의해 영향을 받는다. 이러한 관계를 이해하고 인지하는 것은 스포츠에서 최적의 행동을 선택하고 수행하는 데 중요한 역할을 한다.

> 행동을 지배하는 규칙은 권위자에 의해 시행되는 법이나 지휘관에 의해 만들어진 결정과는 다르다. 행동은 규제되지 않고 규칙적이다. 문제는 이것이 어떻게 가능한가이다(Gibson, 1979).

생태역학에서 의사결정 행동은 행동 과정의 전이로 정의되며(그림 4.1) 지적 성과에 대한 주요한 문제이다. 일, 교육, 스포츠, 군사 분야에서 지능적인 수행자는 복잡하고 역동적인 상황에서 결정을 내리는 능력이 뛰어난 사람이다. 성과적 환경을 가진 선수의 역동적인 상호작용은 그가 다양한 양식의 정보를 감지하고 의사결정과 행동을 결정하는 데 도움이 된다. 이 장에서는 선수의 지성이 기술 획득 과정에서 어떻게 재인식되고 영향을 받을 수 있는지에 대해 논의한다.

지능적인 행동

생태역학 접근법은 기술 획득을 이해하는 데 있어 개인-환경 관계의 우선순위를 강조한다. 수행자와 수행 환경 사이에 형성된 결합을 연구하는 것은 (1) 이동, (2) 경로 선택, (3) 누구와 협력할지 결정, (4) 적과 경쟁하는 것과 같은 실제 세계에서 인간 행동의 복잡한 측면을 이해하는 데 도움이 된다. 이러한 관점에서, 그러한 성과에 성공적으로 관여할 수 있는 시스템은 인지 시스템이다. 지능적인(적응적인) 방식으로 문제를 해결하는 이 문제는 생물학에서 파생된 활동(예: 어류 집단의 목표 경로 결정)에서 추상적 추론(예: 체스 경기에서 다음 동작을 결정하는 것)에 이르기까지 다양할 수 있다(Turvey와 Carello, 2012). 전통적인 관점에서 그러한 결정의 행동 표현은 행동이 정신적(내화된) 계획의 단순한 구현으로 가정되기 때문에 인지의 중심에 있지 않다. 이러한 전통적 관점에서는, 운동선수들이 더 능숙해짐에 따라, 그들의 내면화된 계획은 더 세련되고 정교해지기 때문이다.

여기서 **인지Cognition**는 시간적, 공간적, 크기적 특성과 관련된 사건 정보를 지각하여 목표 지향적 행동에 필요한 신체 힘과 토크를 지정하도록 구체화되고 내재화되는 것이다. 그러나 이렇게 인지를 신체와 환경에서 분리된 것으로 이해하는 경우, 대부분의 인지 시스템에서 작동하는 주요 영향이 사회적 및 물리적 환경(예: Araújo 등, 2010)뿐만 아니라 자신의 행동 지각 기술(van der Kamp와 Renshaw, 2015)에서도 발생한다는 것을 부정하게 된다.

지능적 수행 행동으로 표현되는 인지 과정은 진화하는 환경-개인 시스템에 의해 이해되고 필연적으로 제약을 받는다(그림 4.1). 이 시스템의 현재 상태는 즉각적인 행동을 제약하는 수많은 상호작용의 역사가 만들어낸 결과물이다. 이러한 방식으로, 현

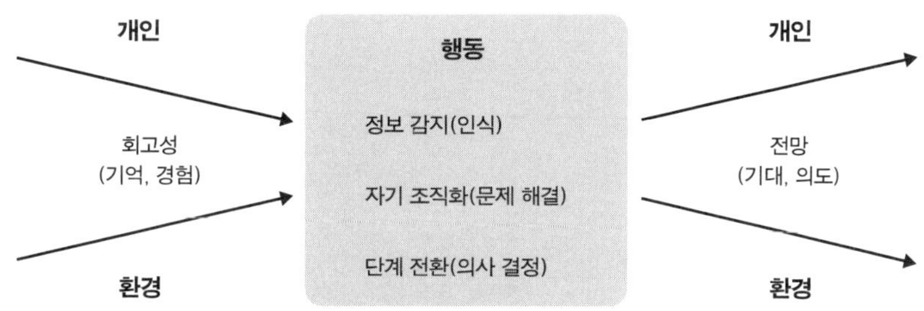

그림 4.1 개인-환경 시스템의 역학에 의해 유지되거나 제약을 받는 인지 과정.

재의 수행능력은 회고적(기억과 과거의 경험을 포함하는, 깁슨, 1994) 경향에 의해 형성된다. 개인의 역사 즉, 개인의 행동 이력은 행동에 대한 가능성의 지형(어포던스)으로 행동을 유도한다. 어포던스 지형에서 수행자가 안내되는 정확한 위치는 각 개인의 고유한 이력과 맥락에 따라 다르게 나타난다. 어포던스 지형은 특정한 훈련, 기술 및 관련 업무에 대한 경험으로 인해 특정 상황에서 각 개인에게 관련성이 있는 여러 가지 행동 가능성을 반영한다. 이는 행동 지형Landscape이 개인을 행동으로 끌어들이고 행동을 유도하는 환경뿐만 아니라 행동이 지향할 수 있는 목표, 욕구 또는 필요에 의해서도 제한된다는 것을 의미한다(잠재성 용어, 그림 4.1 참조). 스포츠 전문가들이 각 선수의 연습 과제를 설계할 때 이해해야 할 중요한 포인트는 선수의 이전 학습, 배경, 경험뿐만 아니라 그의 미래 목표와 포부와도 관련이 있다는 것이다.

따라서 행동은 눈의 움직임이나 신경 생리학적 또는 언어적 상관관계와 같은 행동의 간접적인 표현과는 대조적으로 인지의 직접적인 표현이다. 지적 행동은 회고성(역사)과 전망성(미래) 모두에 의해 제약을 받기 때문에 행동은 생태학적으로 유연한 과정(자기조직화, 출현)이다. 외부(예: 코치 피드백 또는 지침) 또는 내부(예: 뇌) 과정은 자기조직화를 유발하지 않는다. 발현되는 동작(예: 수영에서 평영, 등산에서 홀드 잡기, 농구에서 횡방향 패스)은 시스템을 구성하는 구성 요소(예: 물, 수직 표면, 필드, 공, 팔다리)와 다르며 이러한 구성 요소의 특성만으로 예측할 수 없다. 예를 들어 물은 공기보다 약 800배 더 밀도가 높고 아르키메데스의 힘Archimedes force 덕분에 인간의 신체에 부력을 제공한다는 것은 잘 알려져 있다. 그러나 물의 물리적 특성은 선수들에게 수영하는 법을 알려주지 않는다. 수영 선수는 물과의 상호작용을 통해 추진력을 생성하고, 팔다리, 머리, 몸을 능률적으로 움직여 공기저항을 최소화한다. 또한 호흡을 조절하여 부력을 얻고, 에너지 수요를 충족하고, 앞으로 나아가는 방법을 동시에 배운다. 따라서 동일한 제약 조건하에서 여러 요소가 상호작용할 수 있으므로 운동 문제에 대한 다양한 종류의 솔루션이 나올 수 있다. 이러한 과정은 무작위적인 과정 또는 내부 요인에 의해 프로그래밍된 과정 대신, 수행자는 과제 목표를 달성하기 위해 자기조직적인 행

그림 4.2 수중 환경의 어포던스에 적응하면 수영을 할 때 물속에서 유선형 자세를 취해 유체 저항력을 줄일 수 있다.

동을 유도하는 어포던스(결정론적으로 정보를 감지하여)에 지각적으로 적응하는 것이다(Davids와 Araújo, 2010). 위의 수영 예시와 같이, 학습자는 신체를 어느 정도 유선형 자세로 취한 채로 다양한 경로, 속도 및 방향으로 수영을 할 때 팔다리에서 느껴지는 수중 저항을 유체역학적 방식으로 추진력과 호흡을 조정하게 된다(그림 4.2).

생태학적 인지

학습자와 운동 전문가가 직면한 주요 과제는 개인이 자신의 신체와 행동 능력의 범위 안에서 수행 환경의 주변 배치를 인식하는 방법을 이해하는 것이다(Fajen 등, 2009). 행위자가 주변 환경에 따라 움직이면 주변 환경이 안정적으로 유지되더라도 행동의 기회가 나타났다가, 지속되다가, 사라지기를 반복하게 된다. 행동의 미묘한 변화는 후속 행동의 기회에 다양하고 현저한 변화를 야기할 수 있다. 어포던스에 대한 지각에 내포된 역동적인 과정은 수행자가 자신의 행동을 미래지향적으로 제어할 수 있는 기반을 제공하게 된다(제3장 참조). 따라서 인지 과정은 개별적인 정신 작용이 아니라 과제 목표를 달성하기 위한 노력 과정에서 개인과 환경 사이에 나타나는 관계의 관점에서 이해되어야 한다(Araújo 등, 2006). 그러나 전통적으로 인지는 내적 표상에 대한 직접적인 실험적 관찰이 없음에도 불구하고 정신적 표현을 생성하는 정보 처리로 정의되어왔다. 스탭 및 연구자들(2011)이 제안한 인지의 정의는 생태역학 관점의 구체화된 본질을 가장 잘 표현되고 있다. '인지는 밀접하게 협응된 지각과 행동에 의해 달성되는 강력한 유기체 환경 시스템의 지속적이고 능동적인 상태이다.' 이러한 생태학적 관점에서 볼 때, 특징적인 인지 능력은 동역학(운동과 변화의 법칙을 포함)과 다이내믹 시스템(물리법칙에 따른 관측 가능한 양의 시간 진화를 포함)이 인지 과정을 이해하는 도구를 제공할 수 있는 법칙과 일반 원칙(Profeta와 Turvey, 2018) 덕분에 존재한다.

예를 들어 수영에서 개인-환경 결합을 반영하는 변수는 팔다리와 물 사이의 각도이다. 이 측정의 관련성은 이 각도가 0°일 때 사지가 변위 축과 정렬되어 있기 때문에 유체역학적 위치에 있다는 것이다(Guignard 등, 2017). 또 다른 예로 팀스포츠에서 공격수-수비수 그룹(또는 다이애드)에 대한 연구는 경쟁하는 선수들 사이의 상호작용이 질서 매개변수 역학적 관점에서 설명될 수 있다. 이러한 관점에서 관련 변수는 두 선수의 중간 지점에서 골대까지의 거리일 수 있다. 이 환경 변수를 통해 공격자 또는 방어자에게 이원 시스템 상호작용이 유리한지 여부를 조사할 수 있다(Araújo 등, 2006). 개별적으로 협력하고 경쟁하는 플레이어는 공통의 신경 시스템을 공유하지 않으므로, 새로운 협응 단계와 전이 단계가 특정 수행 환경에 대한 과제 제약 조건을 만들게 된다. 이러한 동적 모델의 매력 중 하나는 정신적 표현을 사용할 필요 없이 어트랙터를 생성하고 붕괴시키는 기본 과정(제1장 참조)을 통해 수행자가 내리는 다양한 결정을 설명할 수 있다(Silva 등, 2013).

주체성과 정신적 표상의 역할

전통적으로 심리학에서 주체성은 자신의 사고 과정과 행동을 통제할 수 있는 능력으로 정의된다. 생각과 행동은 부분적으로 자기 결정적이기 때문에, 사람들은 자신의 노력을 통해 행동의 변화를 일으킬 수 있다(예를 들어 나는 갈증을 느껴서 물을 마신다). 이러한 통제에 대한 일반적인 설명은 내면의 정신적 표상을 중심으로 다루어진다. 일반적으로 사용되는 표상representation의 정의는 다음과 같다(Haugeland, 1991).

> 목적(예: 생존)을 달성하도록 설계된 정교한 시스템(유기체)은 일반적으로 환경의 구체적인 특징, 구조, 구성에 따라 그 행동을 설계할 때 사전에 충분히 준비할 수 없었던 방식으로 동작을 조정해야 한다. 그러나 관련 특징이 항상 존재하지 않는다면(감지할 수 없는 경우), 적어도 일부 경우에서는 다른 무언가가 그 특징을 대신하여 행동을 유도할 수 있는 힘을 가진 것으로 표현될 수 있다. 여기서 그것을 대신하는 것이 바로 표상representation이고, 표상이 대신하는 것은 그 내용content이며, 그 내용을 대신하는 것은 그것을 표현하는 것representing이다.

이 정의에서 강조해야 할 두 가지 특징은 (1) 표상은 존재하지 않는 것을 대체하고, (2) 개인은 표상을 사용하여 행동을 유도한다는 것이다(Chemero, 2009). 따라서

주요 개념

행위자-환경 관계의 동적 모델

생태역학 접근법에서는 행동을 설명하기 위해 정신적 표상이 필요하지 않다. 위다겐 및 연구자들(2017)은 행위자가 환경과의 결합 강도coupling strength를 조절하는 능력으로 개념화되는 행위자-환경 관계의 동적 모델을 제시했다. 이 모델은 수행자가 사용 가능한 어포던스에 의해 영향을 받는 방식을 어떻게 형성할 수 있는지를 설명한다. 결합 강도를 조절함으로써, 수행자는 수행자-환경 시스템의 역학에 따라, 나타나는 행동을 변화시킬 뿐이다. 동작을 조절하기 위해, 수행자들은 내부 힘으로 외부 힘을 조절하는 데 사용할 수도 있고 그렇지 않을 수도 있는 추가적인 자유도를 활용할 수 있다.

인간의 행동에 대한 심리학적 설명에서 표상은 다음과 같은 두 가지 기능을 갖는다. 표상은 지식을 포함하고 있고, 행동을 유발한다. 문제는 수행자가 개념적으로 환경과 분리되어 있다면 부분 시스템(수행자)이 전체 시스템(수행자-환경 시스템)을 대신해야 한다는 것이다. 이는 직접 관찰할 수 없는 변수(추상적이고 은밀한 변수)를 통해 행동을 이해하려는 전통적인 경향을 설명한다(Schmidt 등, 2018).

수행에서 지식의 역할

지식이 스포츠 경기력과 훈련에서 운동선수의 행동을 제약(즉, 돌리도록)하여 개인이 주체성을 표현할 수 있도록 한다는 것은 잘 알려져 있다. 인지주의 이론과 생태학적 이론을 포함하여, 이러한 현상이 어떻게 발생할 수 있는지에 대한 다양한 관점이 존재한다(Araújo 등, 2009). 예를 들어 인지주의 이론은 숙련된 운동선수들이 학습 과정에서 그들의 머릿속에 축적한 방대한 지식 덕분에 그들이 초보자들을 능가할 수 있다고 주장한다. 이들은 수행자가 행동에 대해 보다 더 정확한 결정을 내리고 인지적으로 정보를 처리함으로써 주체성을 발휘할 수 있다고 주장한다(예: Tenenbaum와 Land, 2009). 반면에 생태학적 이론은 학습이 환경의 주요 특성에 대한 지각의 변화를 수반한다고 주장한다(Jacobs와 Michaels, 2007; Savelsberg 등, 2004; Ibáñez-Gijón와 Jacobs, 2012). 생태학적 관점에서 볼 때, 숙련된 수행자의 정교한 수행능력은 계산 및 정신적 과정의 복잡성 증가보다는 숙련된 수행자와 환경의 적합성 향상에서 비롯된다(Davids와 Araújo, 2010). 간단히 말해서, 숙련자들은 환경에 대한 지식이 풍부하기 때문에 비숙련자보다 특정 수행 환경에 더 잘 대처한다는 것이다.

깁슨(1966)은 '환경의 지식'(실제로 행동을 제약하는, 행동을 제어하기 위한 정보에 기초한 지각)과 '환경에 대한 지식'(미래의 행동을 제약할 수 있는 언어, 그림, 기타 상징을 매개로 한 지각)을 구별했다. 예를 들어 테니스에서 슬라이스 서브에 반응하는 것은 환경의 지식인 반면, 베이스라인 랠리 중에 선수에게 어디에 집중해야 하는지를 알려주는 코치의 지시는 환경에 대한 지식이다. 이러한 차이는 스포츠 수행능력을 이해하는 데 깊은 영향을 미친다(Araújo 등, 2009 참조). 어포던스에 대한 지각은 깁슨이 말한 환경의 지식을 의미한다. 이러한 환경의 지식은 그림이나 단어로 표현되지 않는데, 왜냐하면 그림과 단어를 표현 가능하게 하는 것이 바로 이러한 환경의 지식이기 때문이다. 정보는 환경에서 활용될 수 있으며 많은 관찰자들에 의해 감지될 수 있다. 예를 들어 숙련된 테니스 선수는 슬라이스 서브에서 크로스코트 리턴을 성공시키기 위해 더 넓은 각도로 움직일 수 있는 기회를 만들 수 있기 때문이다.

반면에 이미지, 그림 및 단어는 매개적이고 간접적인 지식, 즉 환경에 대한 지식을 제공한다(Gibson, 1979). 이러한 종류의 지식은 특정 형식의 정보를 다른 사람에게 전달하고 그것을 배우는 것을 포함하므로 본질적으로 공유된 지식이다. 코치의 구두 지시나 피드백은 학습자로 하여금 환경에 대한 지식을 어떻게 습득할 수 있는지를 보여주는 예시가 된다. 수행 환경에 대한 정보 샘플을 선별한 언어화의 가치는 단어 자체에 있는 것이 아니라 그 단어가 표현되는 상황에서 그것이 무엇을 가리키는지에 있다. 따라서 숙련된 농구 선수가 경기에서 해야 할 일을 '알고 있다'고 말하는 것은 고도로 숙련된 선수가 경기의 모든 상황에서 과제 목표를 달성하기 위한 정보를 제공하는 사건에 지각적으로 조율되어 있다는 것을 의미한다(예: 상대 선수를 뚫고 골대로 향하는 경로를 찾는 방법 또는 수비수가 가까이 있어도 슛을 성공시키는 방법 이해). 훈련을 통해 선수는 게임에 대한 특별한 정신적 표상을 구성하는 데 의존할 필요 없이, 성공할 수 있는 방법을 안내하는 어포던스에 따라 행동하는 방법을 배워야 한다. 예를 들어 코트에 있는 위치에서 골대를 향해 슛을 바로 던질 수 있는 공간인지, 아니면 두 명의 수비수 사이의 틈을 뚫고 다른 공간으로 드리블하여 슛을 던질 수 있는 공간인지 등, 경기 상황에서 정보에 대한 지각적 조정 능력은 주로 연습과 훈련을 통해 발달한다.

수행 환경에 대한 인식은 수행자를 둘러싼 정보에 대한 수행자의 전체 지각 시스템(몸의 촉각, 시각, 고유 감각 및 음향 하위 시스템을 통해)의 조정에 기초한다. 예를 들어 빙벽 등반에서 얼음의 두께는 아이센의 안전한 고정에 영향을 미치며, 얼음에 부딪히는 블레이드의 소리, 등반가의 손에 전 스틱과 손잡이의 진동, 블레이드 고정의 깊이, 얼음의 특성을 나타내는 얼음의 색과 습도 등을 통해 감지할 수 있다(Adé 등, 2017). 이 조정에는 다양한 과정이 포함되며, 이 모든 과정은 정보 배열의 방해에도 불구하고 불변의 자극에 지속적인 특성과 변화하는 특성을 동시에 감지하는 것으로 설명될 수 있다. 제3장에서 논의한 바와 같이 패턴화된 에너지 흐름은 어떤 면에서는 변화하지만, 전체적으로는 변화하지 않는다. 예를 들어 수행자는 주변 배열의 광학적 변화(변형)

와 비변화(불변)를 사용하여 환경에 대한 자신의 움직임을 제어할 수 있다. 지각과 행동에 대한 깁슨의 생태학적 접근법의 기본 가설은 환경 사물, 장소, 사건, 사람에 대한 정보가 제공되고 감지되면 수행자는 이를 지각하여 자신의 행동을 구성한다는 것이다(Gibson, 1979). 이것이 바로 깁슨이 환경에 대한 직접 지각(direct perception) 또는 환경의 지식(knowledge of the environment)이라 부르는 용어가 의미하는 바이다.

의도성

생태역학은 지식, 인지 및 의도가 수행하는 강력한 역할과 이러한 과정들이 어떻게 서로 깊이 얽히고 통합되는지를 이해하고 있다. 생태역학이 인간 행동에서 인지가 아무런 역할을 하지 않는다고 주장한다는 지적은 심각한 오해이다. 켈소(1995)는 의도를 제약의 가장 중요한 원천, 즉 개인의 필요나 욕구에 따라 기존 시스템 조직을 안정화하거나 불안정하게 만드는 데 사용할 수 있는 정보적 제약으로 보았다는 점에 주목할 필요가 있다. 스포츠에서 '의도성intentionality'은 운동선수와 과제 및 환경적 제약의 상호작용을 통하여 다양한 기능적 행동 패턴 간의 변화를 촉진하거나 개선할 수 있다.

이 이론적 아이디어는 목표물에 발을 올려놓기 위해 달리는 동안 걸음걸이의 특성이 어떻게 나타나는지를 조사한 연구에서 입증되었다. 브래드쇼와 스패로우(2002)는 목표물의 크기와 참가자의 의도(발로 강하게 충격을 가할지, 부드럽게 충격을 가할지)에 따라 달리기 중 걸음걸이가 개인에 따라 어떻게 달라지는지를 보여주었다. 참가자들에게 보행 동작을 조절하는 방법에 대한 구체적인 지침은 제공되지 않았으며, 목표물에 대한 부드러운 충격과 강한 충격이라는 대략적인 목표만 강조되었다. 강한 충격은 멀리뛰기에 비유되었는데, 예컨대 구름판을 밟고 공중으로 뛰어올라 최대 비거리를 달성하는 것이었다. 부드러운 충격은 개인이 전진에 제동을 걸며 목표물에 접근하는 경우를 예로 들었다(예: 다이빙에서 보드 끝에 접근했지만 아직 공중으로 도약하는 것을 피하기 위해 제동하는 경우[발킹], 팀 스포츠에서 경기장을 벗어나지 않고 공을 가로채기 위해 달리는 경우). 부드러운 충격을 의도하고 목표물에 접근하는 러너는 접근 속도를 줄이고 보행 중 제동량을 증가시켰다. 강한 충격을 의도한 경우, 접근 단계에서 접근 속도가 증가하고 제동량은 감소했다. 이러한 결과는 운동의 수행 중에 나타나는 지각(목표물에 대한 시각적 정보), 행동(보행), 의도(목표 영역에서 다음에 일어날 일) 간에 복잡한 상호 관계를 우아하게 보여준다.

의도성이 인식과 행동을 어떻게 구성하는지에 대한 이러한 개념은 의도의 표상적 개념과는 대조된다. 의도intention는 행동의 원인이 아니라 행동에 대한 특정 제약 조건(예: 런업 후 구름판에 부드럽고 단단한 충격을 주는 것)이다. 의도는 목표 지향적 활동 동안 수행자와 환경의 지속적인 상호작용 속에서 드러나며 수행자에게서 일반적으로 관찰되는 행동 유형으로 구현된다. 이러한 의도적인 행동 재구성 양상은 스포츠와 같은 맥락에서 다양한 어포던스를 활용하여 수행능력을 향상시킬 수 있는 상황에서 나타난다. 예를 들어 세이퍼트 및 연구자들(2013)은 빙벽 등반가들이 그들 자신의 등반 경로를 결정하려고 시도하지만, 숙련된 운동 협응은 등반 중 빙벽의 특정 특성(예: 형태, 가파름, 온도, 두께 및 얼음 밀도)과 수행자의 상호작용에서 나타난다는 것을 보여주었다. 구체적인 운동 협응 패턴과 얼음의 상태를 등반 전 지상에서 완전히 예측할 수가 없기 때문이다. 운동 협응은 구체적인 날씨 패턴, 등반 중 주변 온도(빙하의 일부가 어두운 쪽에서 맑은 쪽으로 전이되는 시점), 고도 등에 의해 만들어지기 때문에 등반하는 동안 다소 무작위로 변한다. 이러한 환경적 특성은 등반가가 완전히 통제할 수 있는 것이 아니기 때문에 각 개인의 실력을 시험하게 된다. 어포던스는 유기체의 행동을 유도하는 데 사용될 수 있지만, 인지된 어포던스에 따라 행동하지 않기로 결정할 수도 있기 때문에 이를 행동의 유일한 원인으로 보아서는 안 될 것이다.

창의성

이러한 생태역학적 이론은 창의성을 행동에 근거한 것으로 이해하는 데까지 확장되었다(예: Glaveanu 등, 2013). 행동은 머릿속에서 미리 계획된 것이 아니라 움직임과 정보의 상호작용에서 나오기 때문에 창의성은 머릿속이 아니라 행동의 전개 속에 존재한다(Hristovski 등, 2011; Orth 등, 2017; Withagen와 van der Kamp, 2017). 창의성 Creativity은 탐색적 행동을 통해 대상과 소재의 파격적인 어포던스(Withagen와 van der Kamp, 2018)를 발견하고 발현시키는 것으로 생각할 수 있다. 예를 들어 축구 선수가 오버헤드 바이시클 킥을 시도할 때 공의 궤적 특성과 주변 선수들의 배치를 고려해야만 이 창의적인 동작은 성공적으로 이루어질 수 있다. 위드겐과 반 데르 캄프가 주장하는 것처럼, 이러한 창의적 아이디어는 두뇌에서만 나오는 것이 아니라 환경과 상호작용하는 과정에서 발생된다. 아이디어는 수행의 출발점이 아니며 결코 몸에 지시를 내리지 않는다. 이러한 아이디어는 각 수행자와 수행 환경의 대응에서 비롯되는 제약 constraints으로 생각하는 것이 더 옳다.

창의성에 대한 이러한 아이디어는 자유형 형태로 200미터를 수영하는 개인에게 스트로크(팔로 물을 긁는 동작) 수행 중 글라이딩(유선형 자세로 팔과 다리를 움직이지 않고 물속을 미끄러지는 동작) 시간을 제한(예: 자유롭게 선택한 조건과 수행자에게 부과된 최대 및 최소 활공 조건 구현)함으로써 과제 제약을 조작한 세이퍼트 및 연구자들(2014)에 의해 실험에서 입증되었다. 연구팀은 수영 선수들이 발차기 패턴(2박자, 4박자, 6박자가 일반적인 패턴인 반면, 10박자 발차기를 사용)을 늘려 팔로 글라이딩 단계를 늘려야 할 때 동작을 기능적으로 조정할 수 있음을 관찰했다. 이러한 연구 결과는 수영 선수들이 주어진 과제 요건을 충족하기 위해 안정된 움직임 패턴에 대한 비정형적 제약의 영향을 극복하기 위해 어떻게 행동을 조정할 수 있는지 밝혀냈다.

의식

행동에서 의식의 역할은 정보를 탐지하고 사용하는 것을 용이하게 할 뿐만 아니라 다양한 과제에 있어서 움직임 제어를 유연하게 하고 조율할 수 있게 해준다. 의식은 현재 또는 잠재적인 수행 상황과 관련하여 자신의 필요, 선호도, 의도를 인식하는 적응적 가치를 통해 개인의 주체성에 기여한다. 인식해야 할 대상의 생태학적 중요성이 클수록 더 많은 주의를 기울일 가능성이 높아진다. 지각은 경험 그 자체라기보다는 경험을 통해 세상과 연결되는 과정이다. 그것은 단순한 인식 대신에 인식을 포함한다(Gibson, 1979). 예를 들어 공이 공중에서 포물선을 그리며 날아가는 농구의 자유투를 관찰하는 경험은 관찰자의 특정 시야각 안에서, 농구 선수가 농구 골대와 관련된 특정 위치에서 공을 던지는 특정한 방식을 내포한다. 이러한 물리적 관계는 이러한 경험이 나타나기 위해 필요한 것이다. 의식은 개인-환경 시스템 차원에 존재하는 관계이다. 이러한 관계를 빼면 물질적 구성 요소만이 남는다(Shaw와 Kinsella-Shaw, 2007b). 개인은 자신의 상황과 그 상황에 대한 '의식적 복사본' 없이도 직접적으로 자신의 상황을 인식할 수 있다. 수행자가 자신을 둘러싼 것, 변화하는 것, 그리고 새로운 것들을 알아차릴 때 상황에 대한 기초적인 인식이 생겨난다. 예를 들어 암벽등반가는 자신에게 유리한 홀드(암벽에서 손으로 잡을 수 있는 곳)를 인식하고 '다이노'(현재 손이 닿지 않는 곳에 있는 홀드를 잡을 수 있는 역동적인 동작)를 구사하기 위해 몸을 흔들면서 중력을 극복하는 방법을 깨달을 수 있다.

어포던스를 알아채려면 환경에 대한 정보를 수집하는 것 그 이상이 필요하다. 정보에 입각한 알아차림에는 주변 환경에 대한 정보를 받아들이는 것뿐만 아니라 그 환경에서 자신의 상태를 고려하는 것도 포함된다(Shaw와 Kinsella-Shaw, 2007b). 예를 들어 수영하는 사람들은 그들의 몸과 팔다리를 물에 담그는 것으로 부력에 대한 인식을 높일 수 있다. 또한 그들은 글라이딩을 시도할 때 유선형 자세를 취하거나 추진력을 높이기 위해 팔을 휘저을 때 그들의 몸과 팔다리를 조금씩 다르게 움직여보며 정보를 수집함으로써 물의 밀도를 인식할 수 있다(그림 4.2).

뇌는 인지 기능에서 지휘관이 아닌 참여자이다

생태역학에서, 뇌와 신경계는 스포츠와 같은 수행 맥락에서 행동 상호작용을 뒷받침하는 인간-환경 시스템의 필수적인 구성 요소로 간주된다. 페르난도 고벳(2015)은 뇌 영역 또는 구조 수준에서 신경계를 연구하는 것은 인지 과정을 이해하기 위한 잘못된 수준의 분석이라고 주장했다. 생태역학은 뇌를 인지의 유일한 '생산자'로 보는 전통적인 관점과 대조됨으로써 이러한 고벳의 주장과 맥락을 같이한다. 내재적인 신경생리학적 과정으로서 인지에 대한 이러한 유형의 환원주의적 설명은 심리적 속성을 개인-환경 시스템의 상호작용에서 비롯되는 것이 아니라 특정한 해부학적 기질(예컨대 뇌)로만 간주하는 것처럼 보인다. 이는 행동에 대한 유기체 중심의 관점이며, 유기체와 환경 사이의 상호성이라는 중심점을 놓치고 있다(Davids와 Araújo, 2010). 17세기 후반부터 뇌는 신체의 제어 시스템으로 생각되어왔다(예: Martensen, 2004). 그러나 깁슨의 주장처럼 행동이 정보에 의해 유도된다면, 뇌는 더 이상 신체를 제어하는 유일한 기관이 아니라 수행 환경에서 개인의 역동적인 상호작용에 기여하는 하나의 구성 요소로 생각되어야 한다.

이러한 전통적인 신경생리학적 관점은 수행자의 행동을 인식하고, 실행하고, 구상하고, 구성하는 신경계의 개념화를 전제로 한다. 그러나 실제로 스포츠 환경과 역동적인 상호작용을 하면서 지각하고 행동하는 것은 신체의 개별적인 부분(예: 신경계의 구성 요소)이 아니라 수행자 그 자체이다(Araújo와 Kirlik, 2008). 운동선수들은 지각하기 위해 행동하고 행동하기 위해 지각하며(Gibson, 1979), 행동의 출현에는 단순히 신경계보다 더 많은 하위 체계가 관여한다. 지각의 하위 시스템은 환경과의 기능적 관계를 형성하기 위해 일시적으로 조립된 비신경(예: 기계적, 호르몬) 및 신경(예: 측유전핵, 시각 피질) 해부학적 구조로 구성된다. 이 견해에 대한 증거는 여러 논문에 나와 있으며, 듀이(Dewey, 1896)로 거슬러 올라갈 수 있다(de Wit 등, 2017에서 실증적인 증거를 참조). 스포츠 수행자는 기능적으로 정의된 환경과 역동적인 상호작용을 하는 능동적인 행위자이다. 따라서 운동 수행능력은 수행자의 두뇌에 의해 결정되는 것이 아니라 환경이 부과하는 제약과 수행자의 능력 사이에서 생겨나는(그리고 계속 생겨나고 있는) 지속적이고 역동적으로 변화하는 관계로 파악하는 것이 옳다.

그렇다고 이 개념이 이러한 지속적인 상호작용에서 신경생리학적 시스템의 역할을 고려하지 않아야 한다는 의미는 아니다(Teques 등, 2017). 깁슨은 뇌는 '자기-조율 공명기(a self-tuning resonator)'라고 제안했다(Gibson, 1966). 이것이 의미하는 바는 공명을 달성할 때, 지각자는 주변 에너지의 특정 패턴(예: 다가오는 공에서 반사되는 빛)에 '어울리는' 법을 배운다는 것이다. 이러한 공명은 뇌가 단독으로 달성하는 것이 아니라 환경을 인식하고 행동하는 데 관련된 모든 신체 시스템들과 하위 시스템들을 통해 달성된다(Teques 등, 2017). 요컨대 뇌 영역은 수행자가 수행 환경에서 어포던스를 직접 지각하고 사용할 수 있는 능력을 제공하는 지각-운동의 하위 시스템의 '일부'라는 것이다. 지각은 단순히 감지 장치들과 연결된 뇌의 한 영역에서 발생하는 것이 아니다. 뇌를 중앙 시스템 컨트롤러로 보는 전통적인 관점은 지나치게 전자기계적이다. 오히려 신체의 많은 부분(고도로 통합된 생태물리학 및 생물물리학적 시스템으로서)

이 풍부하게 구조화된 주변 에너지 배열을 적극적으로 탐색한다는 것을 알아야 한다(de Wit 등, 2017). 깁슨(1966)은 표준 인지 신경과학에서 일반적으로 가정하는 것처럼 뇌의 구조와 기능 사이에는 일대일 매핑이 존재하지 않는다고 주장했다(비판적 검토를 위해서는 Anderson, 2014 참조). 맥락은 생물학적 시스템 구성 요소의 구조와 기능 사이의 관계를 결정짓는다. 드 윗 및 연구자들(2017)이 요약한 바와 같이, '뉴런의 기능은 뉴런이 작동하는 맥락에 따라 달라진다.'

요점은 수행 중 수행자의 수행 환경이 포함된 것이 우리의 관심 현상이라는 것이다(그림 4.3 참조). 정말로 연구하고 싶은 것이 운동선수의 탐색적 행동이라면 왜 뉴런의 행동을 연구하는가? 행동 연구로 바로 넘어가서 과제를 수행할 때의 수행자의 탐색, 문제 해결 및 추론 등이 어떻게 드러나는지를 연구하는 것은 어떨까?

행동은 인지 과정의 표현이다. 생태물리학적 변수ecophysical variables로 구성되는 인지 과정에 대한 가설을 시험할 때 맥락화된 행동의 조직적 측면과 기능적 측면을 살펴볼 수 있게 된다(Araújo 등, 2017).

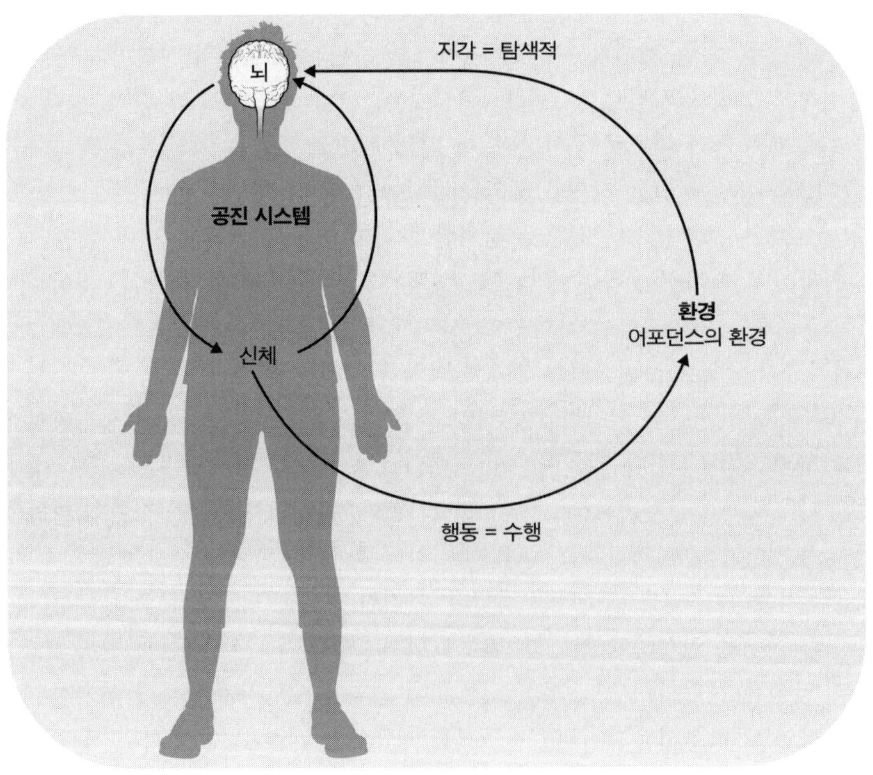

그림 4.3 뇌, 신체, 환경을 연결하는 체화성과 내재성.

Reprinted by permission from P. Teques, D. Araújo, L. Seifert, V.L. del Campo, and K. Davids, The Resonant System: Linking Brain-Body-Environment in Sport Performance, in *Progress in Brain Research,* Vol. 234 (Amsterdam, Netherlands, 2017), 33-52.

인지 과정은 생태물리학적 변수에 의해 포착된다

생태역학적 관점은 스포츠에서 목표 지향적 행동이 선수들과 그들의 수행 환경 사이의 견고한 연결(물리적 연결)과 유연한 연결(정보적 연결)에서 비롯된다고 해석한다(Kugler와 Turvey, 1987). 이 개념은 인지 과정이 생태물리학적 변수에 의해 모델링될

주목할 만한 연구

테니스에서 어포던스 선택

주앙 카르발류 및 연구자들(2014)은 테니스 선수들이 어떻게 매 타격마다 어포던스를 연결해 상대보다 우위를 점하는지를 조사했다. 테니스와 같은 라켓 스포츠는 선수들이 서로의 행동에 지속적으로 적응함으로써 연속적인 (조건적으로 결합된) 어포던스를 이용할 수 있는 것이 특징이다. 카르발류 및 연구자들(2014)은 선수-환경 시스템의 상호작용을 보여주는 생태물리학적 변수를 조사하여 테니스 선수의 다이내믹 의사결정 행동이 중첩 어포던스에 어떻게 기반하는지 연구했다. 이 변수는 각 랠리 동안 두 개의 코트상의 기준점(코트의 중앙선과 네트)에 대한 선수들의 거리를 동시에 고려한 척도인 골 지향적 이동(GDD) 지수였다. 에스토릴 오픈 토너먼트에 출전한 프로 선수들의 예선 랠리 중 여섯 번째 샷에서 선수 1은 백핸드로 라인 아래로 평행한 샷을 구사하여 선수 2가 코트 왼쪽에서 오른쪽으로 크게 움직이도록 압박했다(그림 생태역학 참조). 그 후 선수 1이 다음 샷을 때렸을 때 코트 중앙에 가까워져 포인트를 따낼 수 있는 위치에 있었다. 이 상황은 큰 변위 후 공을 리턴하기 어려울 뿐만 아니라 코트 반대편에 빈 공간이 생겨 상대가 이를 이용해 득점할 수 있기 때문에 득점이 발생할 수 있는 상황이다. 선수들이 보다 안정적이거나 얽히고설킨 플레이에서 벗어날 때마다 GDD 지수의 값으로 포착된 것처럼 시스템 전이(랠리 브레이크)가 나타날 수 있다.

따라서 랠리의 장점은 중첩된 어포던스가 동적으로 쌓이고, 숙련된 선수에게 다음 행동 유도 정보에 대한 지각적 조정을 임축하는 연속적인 행동을 통해 점차 개발된다는 것이다. 이 연구는 서로 다른 행동 방침(즉, 다이내믹 의사결정 행동)이 선분가능을 어포던스에 맞추어 조정되고 개방적이며 반응적이 될 수 있음을 보여주었다(Kiverstein와 Rietveld, 2015). 이 연구 결과는 또한 우위를 점한 선수가 상대를 어포던스에 따라 행동하도록 초대(압력)를 받도록 어포던스를 인식하고 생성한다는 것을 의미한다(Fajen 등, 2009). 반면에, 선수들 사이의 상호작용의 안정성은 코트에서의 상호 배치(코트의 중앙선 또는 네트로부터 가깝거나 떨어져 있음)와 경기 중에 발달된 상호작용의 패턴(코트의 대각선 방향 또는 완전한 랠리)에 의해 크게 제약을 받는다. 이러한 어포던스의 상태공간(Kiverstein와 Rietveld, 2015)에서 우위를 점한 선수는 스트로크를 거듭할수록 상대 선수에게 더 불안정한 상황을 만들어 행동 과정의 상호 의존성의 강도를 낮추고 불안정하게 만들려 시도한다.

수 있음을 암시한다(Araújo 등, 2014). 이것들은 환경의 물리적 특성과 수행자의 적응 수준 사이의 적합성을 표현하는 변수들이다. 앞서 언급한 바와 같이 환경적 특성은 개인이 할 수 있는 일과 할 수 없는 일을 직접적으로 알려줄 수 있다(Withagen 등, 2012). 예를 들어 핀크 및 연구자들(2009)은 가상 환경에서 날아가는 공의 궤적을 조작하여 수행자가 공을 잡기 위해 적절한 타이밍과 위치에 도달하는 방법이 광학적 가속을 상쇄하는 전략적 방법임을 보여주었다. 공의 광학적 가속도를 상쇄하기 위해 움직임 전략은 각 선수의 움직임 변화가 선수와 환경 사이를 본질적으로 어떻게 정의할 수 있는지를 보여준다(수학적 형식에 대해서는 Harrison, Turvey, Frank, 2016 참조). 접근하는 물체의 수직 광학 가속도는 그것을 가로채기 위해 물체의 거리나 속도를 정신적으로 계산할 필요 없이 충돌까지의 시간 정보를 제공할 수 있다(Michaels와 Zaal, 2002).

이러한 생태물리학적 변수에 중점을 두면 행동을 일으키기 위해 뇌에서 내부적으로 정보를 처리하느라 시간이 소요된다는 전통적인 관점에서의 문제를 피할 수 있다. 실제 사례로는 테니스 랠리를 연구하기 위해 개발된 생태물리학적 변수인 목표 지향적 변위(GDD) 지수가 있다(주목할 만한 연구 참조). 연구자와 현장 지도자에게 중요한 과제는 스포츠에서 지속적이고 즉흥적인 수행자-환경 상호작용을 하는 동안 인지 과정인 지각과 행동이 어떻게 예측할 수 있는지를 알아내기 위해 생태물리학적 변수를 탐구하고 관찰하는 것이다.

의사결정 행동은 수행자-환경의 상호작용으로부터 나타난다

의사결정 행동은 일련의 수행 작업에 대한 계층적 계획이나 표상으로만 나타나는 것이 아니다. 의사결정 행동은 동시적이고 연속적인 어포던스를 지각하고 사용함으로써 나타날 수 있다(Araújo 등, 2017). 어포던스는 특정 행동을 선호하게 하고 다른 행동을 선택하지 않게 만들기도 한다(주목할 만한 연구 참조). 이 개념은 일상 환경이 어포던스를 다양하게 제공한다는 것을 나타낸다(Withagen 등, 2012). 그러나 이러한 어포던스에는 그 행동에 필요한 기술을 가진 자만이 접근할 수 있다. 이것이 바로 준비된 다양한 기법 및 기술 수준과 같은 수행자의 특성이 중요한 이유이다.

키버슈타인과 리트펠트(2015)는 숙련된 의도성을 '풍부한 어포던스 영역에 대한 개인의 선택적 개방성과 반응성'으로 정의했다. 지각하는 행위 중에 수행자의 손, 다리, 귀 또는 눈은 주변을 탐색하면서 환경에서 사용 가능한 정보를 탐색할 수 있다. 이러한 장(즉, 정보)은 활동적인 행위자가 활용할 수 있는 환경적 자원이 된다(Reed, 1993). 예를 들어 백핸드 스트로크가 뛰어난 테니스 선수는 백핸드 스트로크를 사용할 때 위닝 샷을 할 수 있는 기회로 인식하는 반면, 발리(volley)에 능숙한 나른 선수는 모든 공을 네트에 접근하는 기회로 인식할 수 있다. 이처럼 각 선수들은 각자의 고유한 기술을 바탕으로 경기 환경이 제공하는 어포던스에 따라 숙련된 방식으로 주변 환경과 상호작용한다.

이러한 관점에서, 개인에게 행동의 가능성을 열어주는 것은 기술이다. 지각 조율 과정은 기술 없이 어포던스에 접근할 수 없다는 것이다. 이것이 의미하는 바는 어포던스는 경기나 연습을 통해 생성되며, 선수의 기술은 특정 어포던스의 사용을 용이하게 만든다는 것이다(Withagen 등, 2017).

> 행동의 조작이란 수행자가 외부 힘에 대한 즉각적인 반응 외에도 자체적으로 반대 힘을 생성하여 이를 조절할 수 있는 지연 반응이 가능하다는 것을 의미한다. 환경과 의미 있는 상호작용을 하려면 생물학적 운동 시스템이 외부 힘에 대한 즉각적인 반응을 상쇄, 조절 또는 지연시키는 데 사용할 수 있는 생체 내 (대사) 잠재력을 가진 복잡한 내부 구조를 가져야 한다(Araújo 등, 2006).

결과적으로 선수들 간의 이러한 역동적 상호작용(예: 테니스)은 더 큰 규모의 역동성과 결합되어 더 장시간 규모에 걸친 행동 경로의 형성을 유도한다(예: 연구 스포트라이트의 테니스 예시). 장기적인 역동성은 환경 조건을 변경하는 등 단기적인 상호작용에 영향을 미쳐 특정 어포던스를 강조할 수 있다. 행동의 경로는 매번 새롭게 조합되기 때문에 일련의 동작들은 역사적으로 우연적이고 가변적이며, 융통성을 허용한다.

수행 환경에서, 의사결정 행동 패턴은 제약 조건하에서 나타나게 된다. 수행의 제약 조건 변화는 시스템이 보다 구체적인 정보를 이용할 수 있게 됨에 따라 선택 사항이 나타나는 분기점으로 시스템을 이끌 수 있으며, 선수-환경 시스템이 보다 기능적인 행동 경로로 전이하는 것을 제한할 수 있다(예: 코트에서 더 큰 간격으로 달리는 대신 더 작은 간격으로 달리는 것과 같은 행위)(Araújo 등, 2006, 2017)

예를 들어 팀 스포츠에서 수행자가 한 행동 양상(공을 들고 달리기)에서 다른 행동 양상(수비수가 다가올 때 패스하기)으로 움직임을 변경할 때, 행동의 전이가 일어난다. 안정된 행동 상태(즉, 행동 양상) 간의 전이는 경기 상황에서 수행자 행동에 불안정성의 결과로 나타나며, 서로 다른 행동 패턴 간의 전이를 위한 보편적인 의사결정 과정을 제공한다(Kelso, 1995). 이러한 안정성과 불안정성은 독립적으로 발생하는 것이 아니라 제약 조건들과 새로운 정보의 융합에 의해 설정된다. 이러한 의미에서 제어는 수행자-환경 시스템에 있다.

이러한 관점에서 볼 때, '의사결정'은 선수들이 안정적이고 기능적인 솔루션에 도달하기 위해 어트랙터(수행 가능성) 지형을 탐색할 때 나타난다고 볼 수 있다. 선택된 선택지는 주어진 순간에 개인에게 가장 강력한 어트랙터이며, 다른 선택지들은 상대적으로 어트랙터의 강도가 낮은 것으로 간주될 수 있다. 이러한 선택은 개인과 수행 환경의 지속적인 상호작용을 통해서만 나타난다. 개인-환경 시스템이 하나의 어트랙터로 편향되면 나머지 선택지(어트랙터)들은 무시된다. 물론 더 강력한 어트랙터가 있다고 해서 행동 가능한 다이내믹 환경에서 다른 어트랙터의 영향력이 제거되는 것은 아니다(예: Araújo 등, 2014). 역동적인 수행 조건에서 새로운 다른 어트랙터(즉, 다른 선택지)가 등장하여 시스템의 역학에서 새로운 영향력을 발휘할 수 있다.

팀 의사결정

의사결정에 대한 이러한 이해는 팀 인지와 팀 의사결정에 대한 이해로 확장될 수 있다. 경기 중에, 선수들은 주변의 정보 제약을 인식하여 행동을 조직한다. 이러한 관점은 사회적으로 공유되는 어포던스에 대한 지각이 팀 협응 과제 동안 팀원 간의 주요 의사소통 방식의 기반이 된다는 점을 강조한다(Araújo와 Davids, 2016). 생태역학적 관점은 타인이 존재함으로써 개인의 행동 가능성이 집단을 통해서도 확장된다고 보고하였다. 9장에서는 어포던스가 잘 훈련된 선수들이 모인 그룹이 더 잘 지각될 수 있다는 것을 자세히 다룬다(Silva 등, 2013). 운동선수들은 연습을 통해 경쟁 상황 속 상대선수의 어포던스와 그에 대한 자신의 어포던스를 지각할 수 있으며, 자신의 팀원과 상대 팀원의 행동에 기능적으로 적응하고, 자신의 행동을 조율 및 행동 개선을 할 수 있다(Fajen 등, 2009). 또한 팀원 개개인은 자신에게 유리한 경기 상황(어포던스)을 조성하는 방식으로 행동할 수 있다. 예를 들어 상대방이 경기장의 한 구역에서 더 많은 플레이를 하도록 압박함으로써 경기장의 나머지 구역을 확보하여 보다 더 공격적인 플레이를 위한 어포던스를 만들어낼 수 있다. 이러한 과정을 통해 선수들은 특정 경기 상황에 따라 서로 시너지 효과를 내며 경기를 진행할 수 있다.

시너지를 형성하는 선수들의 결정과 행동은 개인의 독립적인 행위라기보다는 역동적인 경기 상황에 따라 순식간에 동기화된 여러 선수들의 협력 활동으로 설명될 필요가 있다(Silva 등, 2016). 예를 들어 축구팀의 플레이에서는 가로와 세로 방향의 움직임이 밀접하게 동기화되는 경향이 관찰된다(Vilar 등, 2013). 관찰된 협응 패턴은 시너지의 필수적인 특성인 팀 내 보상 행동을 보여주었다(Riley 등, 2011). 제9장에는 공유된 어포던스(사회적 집단 또는 팀에서 다른 사람들에 의한 어포던스)가 연습을 통해 어떻게 활용될 수 있는지 제시되어 있다.

결론

이 장에서 우리는 운동선수들의 인지, 의사결정, 행동 사이에 서로 얽혀있는 관계와, 이 관계가 어떻게 스포츠 수행능력을 구성하고 뒷받침하는지에 초점을 맞췄다. 우리는 제임스 깁슨(1966)이 그의 중요한 논문에서 제안한 환경의 지식과 환경에 대한 지식 사이의 구별을 탐구하였다. 또한 인지의 내재적-체화적 차원에 대해 학습하고, 운동선수의 지능의 의미와 그 연관성에 대해 논의하였다. 이와 더불어 중추신경계의 역할과 주체성, 정신적 표상, 의도성, 창의성 및 의식에 대한 생태학적 관점을 제시하였다. 수행자와 환경의 상호작용에서 나타나는 의사결정 행동은 개인과 그룹 차원에서 논의되었다. 실질적인 관점에서, 이러한 구별은 의도적 제약, 지각 및 행동을 조절하는 데 사용되는 정보의 영향력을 이해하는 것에 도움이 되었다.

자가진단 질문

1. 운동선수의 지능이 어떻게 표현될 수 있는지에 대한 예를 나열하라.
2. 인지가 행동을 통해 표현되는 이유를 설명하라.
3. 선호하는 활동의 예를 사용하여 주체성의 개념을 설명하라.
4. 스포츠 과제에서 주어진 문제를 해결할 때 창의성은 어떻게 발현될 수 있는가?
5. 의사결정의 개념과 그 중요성에 대해 설명하라.

CHAPTER 5

기술 획득의 다이내믹 이해

이 장의 목표

이 장을 완료하면 다음을 수행할 수 있다.

- 지각- 운동 영역이 학습 과정에 대한 비유로 어떻게 작용하는지 학습한다.
- 연구자와 현장 지도자가 학습 중 움직임 패턴의 안정성을 관찰하는 데 사용할 수 있는 기술을 설명한다.
- 기능적 등가의 개념을 이해하여 인간의 신경생물학적 시스템이 어떻게 적응하고 창의적일 수 있는지 설명한다.
- 인간의 움직임과 관련하여 축퇴성(또는 다중 안정성) 및 다능성(또는 다기능성)의 개념을 설명한다.
- 인간이 움직일 때 나타나는 다양한 형태의 축퇴에 대한 예를 제공한다.

개인이 새로운 기술을 배울 때 어떤 과정이 발생하는지 고려하는 것은 흥미롭다. 숙련자와 비숙련자를 구별하는 지각 및 운동 수정의 기초는 무엇인가? 개인의 과거 및 현재 학습 경험이 학습에 어떠한 영향을 미치는가? 특히, 기존의 움직임 레퍼토리가 기술 획득의 다이내믹을 촉진하거나 방해하는가? 현장 지도자는 학습이 진행되고 있다는 증거 측면에서 무엇을 찾아야 하는가? 이러한 질문은 기술 획득의 역학을 더 잘 이해하는 데 도움이 된다.

이 장은 행동에서 진화, 혁신 및 창의성을 나타내는 복잡한 생물학적 시스템으로서 인간의 능력을 강조하고 있다. 이 장에서는 기술 획득의 다이내믹을 더 자세히 설명하는 경험적 연구를 설명하려 한다(예: Kostrubiec 등, 2012; Zanone와 Kelso, 1992, 1997). 또한 연구자와 현장 지도자 모두의 관점에서 중요한 관심사인 제약 조건 기반 접근 방식에서 기술 획득을 평가하는 방법에 대해서도 논의한다. 축퇴성 및 다능성의 개념은 제약 조건 간의 다이내믹 상호작용의 결과로 협응이 나타나는 방법에 대한 이해와 관련하여 논의한다. 마지막으로, 우리는 코치, 체육 교사 및 치료사가 기술 획득의 역학에 대한 지식을 어떻게 현장에 적용할 수 있는지를 더 자세히 살펴볼 것이다.

지각-운동 영역의 구성

2장에서 우리는 지각-운동 영역 내에서 인간의 협응 동작이 운동 시스템으로부터 어떻게 나타나는지를 설명하였다. 여기서 운동 시스템은 특정한 어트랙터 상태를 나타낸다. 효과적인 운동기술 획득에 있어서 다이내믹한 어트랙터 영역은 수행하는 과제에 대하여 기능적이며 통합될 수 있도록 변화되어야 한다. 예를 들어 초보 저글러는 초기에 공을 잡거나 던질 수 있으나 두 동작을 같이 하기 어렵다. 따라서 초보 저글러는 두 동작의 지각-운동 영역에 대하여 적응해야 한다. 즉 수행자는 지각-운동 영역을 변화시키기 위해 특정한 정보를 가지고 연습해야 한다. 이것은 '한번 학습이 일어나면, 기억된 형태는 형태 다이내믹pattern dynamics의 안정된 상태인 어트랙터를 구성한다'(Kelso, 1995)는 것과 관련 있다. 실험 연구를 살펴보기 전에 다음과 같은 두 가지의 주요 개념을 이해해야 한다. 첫째, 우리는 학습자가 현재 선호하는 움직임과 원하는 움직임 사이의 상대적 일치가 학습에 어떤 영향을 미치는지 이해할 필요가 있다.

그림 5.1 초보 저글러는 공을 잡거나 던질 수 있으나 처음에는 이러한 두 동작을 결합하는 데 어려움을 겪는다. 이러한 사실은 두 동작에 관한 지각 운동 영역을 경험해야만 적응이 나타난다.

이것은 '특정 행동 정보가 자발적인 자기조직화 경향과 협력하거나 경쟁하는 정도가 결과 패턴과 상대적 안정성을 결정하기' 때문에 관련이 있다(Kelso, 1995). 초기 행동 특성이 수행자에게 요구되는 것과 일치하지 않으면 근접 일치가 있는 경우보다 학습이 더 어려울 것이다. 예를 들어 글쓰기를 하고 있는 아이를 생각해보자. 오른손잡이의 아이가 왼손으로 글을 쓸 때 더 오래 걸릴 수 있다. 의심할 여지없이 학습자의 고유 역학 범위와 작업 역학이 현저하게 유사하거나 다른 경우 운동기술을 획득하는 속도가 다르다는 것을 알아야 한다.

학습 경로는 '분기' 또는 '전이'의 형태를 취할 수 있다(Kostrubiec 등, 2012: 주목할 만한 연구 참조). 예를 들어 학습으로 인한 변화는 완전히 새로운 움직임 패턴(분기) 또는 기존 패턴에서 약간만 수정된 것(전이)의 형태를 취할 수 있다. 숙련된 골퍼가 자신의 스윙을 완전히 재구성할 필요는 없고 현재 협응 패턴(즉, 설정 위치)을 약간만 협응하면 수행(및 이 과정에서 학습)을 향상시킬 수 있는 경우를 이야기할 수 있다. 이 과정은 분기가 아닌 전이를 나타낸다.

다양한 학습 단계에는 지속적인 개선이 포함될 수 있다(Newell 등, 2001; Liu 등, 2006; Pacheco 등, 2017). 이러한 학습 기능이 수년 동안 지속되는 것은 정상이다. '지

주목할 만한 연구

다양한 학습 경로: 분기 vs 전환

이번에 우리는 코스트루비에츠와 동료들(2012)의 연구를 더 자세히 살펴보면, 학습의 결과로 다이내믹 환경에서 발생하는 변화가 분기bifurcation 경로와 전이Shift 경로 두 가지 경로에 기반을 둘 수 있는 방법을 설명하고 있다. 코스트루비에츠와 동료들(2012)의 데이터는 고전적인 양손 협응 손가락 흔들기 작업(2장의 HKB 모델 참조)을 통해 학습자가 서로 다른 본질적 역학을 예시하는 데 사용되었다. (1) 분기: 0° 및 180°에서 두 개의 안정적인 협응 패턴 또는 (2) 시프트: 0°, 90° 및 180°에서 세 가지 협응 패턴. 위상각이란 상대 진동에서 한 손가락이 다른 손가락을 이끄는 정도라 한다(즉, 0°는 동시 손가락 흔드는 반면 180°에서는 손가락 사이에 반 주기 차이가 있음). 그림 5.2는 쌍안정 전이 패턴이 있는 학습자(왼쪽 열)와 교대 경로에서 삼중 전이 패턴이 있는 학습자(오른쪽 열)의 시각적 표현을 제공한다. 패널 a에서 왼쪽 열에 2개의 어트랙터 웰이 있고 오른쪽 열에 3개의 어트랙터 웰이 있음을 확인한다('이전' 아래). 두 학습자 그룹 모두 각 학습자의 기존 레퍼토리에 있는 동작 패턴 사이에 있는 새로운 동작 패턴을 학습하는 연습 단계(패널 b)에 착수했다. 따라서 쌍안정 학습기의 경우 상대 위상이 90°이고 쌍안정 학습기의 경우 135°다. 이러한 새로운 움직임 패턴의 선택에 대한 한 가지 중요한 고려 사항은 학습할 패턴의 관계 속성이 사전 학습 환경에 속하고 학습 작업과 연습 전에 존재하는 학습자의 본질적인 역학 사이에 경쟁이 있음을 확인하는 것이었다(Kostrubiec 등, 2012).

학습 이후(패널 c) 왼쪽 열에서 90° 새로운 웰이 존재하며, 학습이 어트랙터 환경을 질적으로 재구성했음을 보여준다(즉, 쌍안정에서 다중안정 패턴으로의 명확한 변화). 이러한 재구성은 학습 경로 측면에서 분기점으로 간주된다. 그러나 전이 학습자의 경우, 전반적인 어트랙터 지형에서 질적인 변화는 없었다. 3개의 어트랙터 웰은 여전히 존재하지만 90°에서의 최소값이 135°로 전이되었다. 이는 여전히 다중 안정성이 보존된 상태에서 학습이 발생했음을 나타낸다. 어트랙터 우물 중 하나에서 이러한 양적 변화(어트랙터 환경의 질적 변화가 아닌)는 학습으로의 전이 경로로 간주된다(그림 5.2 참조). 코스트루비에츠와 동료들(2012)의 연구는 서로 다른 학습자의 기존 고유 역학이 학습 경로에 어떻게 영향을 미칠 수 있는지에 대한 의미 있는 결과를 제공하고 있다.

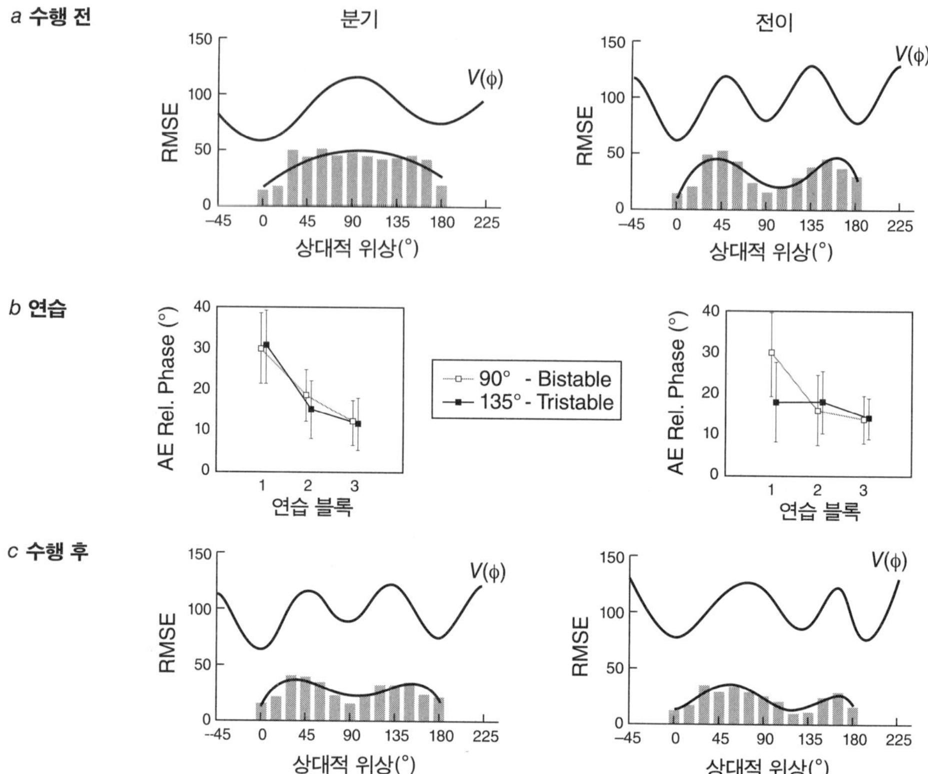

그림 5.2 학습은 패턴 분기(왼쪽 패널) 또는 패턴 전이(오른쪽 패널)의 형태를 취할 수 있다.

Reprinted from V. Kostrubiec et al, "Beyond the Blank Slate: Routes to Learning New Coordination Patterns Depend on the Intrinsic Dynamics of the Learner-Experimental Evidence and Theoretical Model," *Frontiers in Human Neuroscience* 6, no. 222 (2012). This is an open-access article distributed under the terms of the Creative Commons Attribution License 3.0.

적용

본질적인 역학이 학습의 속도와 성격에 영향을 미칠 수 있다는 아이디어의 적용 사례는 클라이밍에서 찾아볼 수 있다(Orth 등, 2018). 이 연구에서 모든 등반가들은 교육 없이 7주 동안(42번 시도) 연습을 했고, 몇 가지 개선 방법을 보여주었다. 연구 결과 개인의 등반 실력이 갑자기 향상된 사람들은 연습 전에는 주로 벽을 바라보았지만, 연습 후에는 벽에 대해 양옆으로 번갈아 바라보는 새로운 협응 패턴을 보여주었다.이는 단일 안정성에서 다중 안정성으로의 전환을 나타내는 것이다. 지속적인 개선을 보인 개인은 그저 수행능력을 개선했을 뿐이다(Orth 등, 2018). 즉 지속적인 개선을 보이는 사람들은 단지 수행능력이 향상되었을 뿐이었지만, 급격한 개선을 보이는 사람들은 새로운 협응 패턴을 개발한다는 것을 함의하고 있다. 이러한 결과는 학습자가 처음부터 아무것도 모르는 백지 상태가 아니라 이미 일정한 운동 협응 패턴을 가지고 있기 때문에 연습과 함께 어떻게 변화하는지에 영향을 미칠 수 있다는 것을 의미하고 있다.

각 운동 환경'의 구성은 하룻밤 사이에 이루어지지 않는다. 따라서 현장 지도자들은 학습자가 운동기술을 획득하는 속도에서 큰 차이가 나타난다는 것을 예상해야 한다(8장 참조)(Chow 등, 2008).

또 다른 중요한 점은 새로운 작업을 학습하는 과정에는 환경의 한 가지 특징만 바뀌는 것이 아니라 잠재적으로 전체 어트랙터 레이아웃이 바뀔 수 있다는 것이다. 어트랙터 웰Attractor well은 외부의 변동에 내성을 보이는 안정적인 영역으로 다이내믹 시스템에서 나타나는 개념이다(2장 참조). 한 개의 어트랙터 웰이 형성됨에 따라 근처의 어트랙터는 안정성이 떨어질 수 있다. 예를 들어 트램펄린 위에서 편안하게 앉아 있는 아이 옆에 다른 아이가 점프를 한다면, 틀램펄린의 변화는 앉아 있는 아이의 안정성을 감소시킬 것이다. 이러한 특성은 상호 연결된 다이내믹 운동 시스템에서도 유사하게 나타날 수 있다. 따라서 기술 획득을 위한 프로그램을 계획할 때, 현장 전문가들은 한 개의 어트랙터를 형성하는 것이 기존의 어트랙터나 기술의 안정성에 미치는 방해 효과를 줄이기 위해 주의해야 한다(그러한 방해 효과가 바람직하지 않은 효과라면). 전문가들은 학습자의 탐색 활동을 조정하기 위해 적절한 제약 조건(일반적으로 제약 조건)을 조작할 수 있도록 학습 활동의 동적인 측면을 고려하는 것이 매우 중요하다(Chow, 2013).

시간 경과에 따른 변화 검색

지각-운동 영역의 변화는 학습자가 새로운 과제 요구에 대한 안정적인 움직임 패턴을 확립하는 데 어려움을 나타낸다. 따라서 운동 학습 연구자와 현장 지도자는 시간이 지남에 따라 형태 변화를 모니터링하는 방법을 찾는 것이 중요하다. 연구에서 학습 중에 전체 지각-운동 영역을 탐색하는 효과적인 방법은 스캐닝 절차를 사용하는 것이다(Zanone와 Kelso, 1992). 이 경험적 기술은 참가자가 상대적 위상과 같은 질서매개변수(1장 참조)를 일부러 변화시키도록 요구하는 것이 필요하다. 질서매개변수의 동자은 관찰함에 따라 관찰자는 안정적 영역과 불안정한 영역(선택한 측정값의 가변성 수준이 다름)에 대한 지각-운동 영역을 효과적으로 스캔한다. 이 스캐닝 기술은 진화하는 어트랙터 레이아웃의 스냅샷을 생성하여 시간이 지남에 따라 영역의 상대적 안정성을 드러낼 수 있다(Button 등, 2001).

자노운과 켈소(1992)는 참가자들이 양손 협응 작업을 획득하는 동안 운동 학습의 다이내믹을 조사하기 위해 스캐닝 절차를 사용했다. 매일 5번의 세션에서 참가자들은 시각 메트로놈 앞에 앉아 두 개의 표시등이 켜지는 시간과 동시에 각 손가락을 구부리도록 지시받았다. 일반적인 세션은 참가자가 손가락 굴곡 사이에서 90°의 새로운 필수 상대 위상(RP) 연습은 5번씩 3개 블록으로 진행하는 것으로 구성되었다. 메트로놈에서 움직임 주파수는 1.75Hz로 설정되었으며, 실제 RP 형태의 결과 지식은 각 시도 후에 제공되었다. 각 일일 세션의 시작과 끝, 훈련 블록 사이에서 RP가 15°의 12단계로 0°에서 180°까지 점진적으로 증가하는 스캐닝 실행이 수행되었다. 패턴 안정성을 평가하기 위해 참가자들은 7일 후 1분간 90° 조건을 재현해야 하는 시험을 보게 되었다.

1일 종료 시점에서 RP 변동성은 여전히 0°와 180°에서 가장 낮았으며 중간 값에서 급격하게 증가했다. RP 변동성의 낮은 값은 지형의 안정성이 보장되는 영역을 나타낸다. 예상대로 동위상 및 역위상 패턴이 가장 안정적이었으며, 후자가 전자보다 변동성이 더 컸다. 또한 참가자 간 가변성은 이러한 필수 단계에서 가장 작았다. 그러나 5일이 끝날 무렵에는 RP 변동성도 90°로 낮아졌다. 90° 영역을 향한 끌림은 90° 양쪽에 있는 곡선의 음의 기울기로 나타났으며, 이는 지형의 역학이 쌍안정에서 삼안정으로 전이되었음을 나타낸다. 지각-운동 환경에 대한 변화가 상대적으로 영구적이라는 점을 시사하고 있다. 0° 및 180° 패턴의 후속 분석에서는 90° 위상이 학습됨에 따라 초기 어트랙터가 덜 안정적(그리고 덜 매력적이 됨)으로 밝혀졌다. 2장에서 언급했듯이 후자의 발견은 경향을 특징짓는 준안정성을 분명히 보여준다. 학습과 함께 변화하는 운동 시스템의 모습이다(Kelso, 1981b).

자노운과 켈소(1992) 연구에서 90° 패턴에 대한 학습 속도는 참가자마다 달랐다. 어떤 사람들은 단 2일 만에 이 패턴에 끌리는 증거를 보인 반면 다른 사람들은 최대 5일이 필요했다. 물론, 학습자 사이의 차이는 모호하게 표현되지만 많은 코치와 교사가 인식하는 부분이다. 운동 학습의 다이내믹 시스템 해석은 학습자가 본질적인 역학의 차이에서 시작하기 때문에 개인 간 가변성이 학습 과정에 내재되어 있을 수 있음을 시사하는 바이다.

그럼에도 불구하고 더 큰 자유도를 포함하는 더 복잡한 움직임을 위한 어트랙터 간의 이러한 구분은 손가락 흔들기 작업(즉, 양손 협응)의 엄격하게 제한된 움직임과는 비교적 덜 명확할 수 있다. 레인 및 연구자들(2010)은 농구 슈팅과 같은 다관절 동작에서 슈팅 거리가 점진적으로 협응될 때 한 동작에서 다른 동작으로의 명확한 전이가 없을 수 있다는 가능성을 제시하였다(즉, 안정적인 프리 - 새로운 선호하는 움직임에 대한 전이 패턴 참조). 이 연구에서 참가자 8명 중 2명만이 움직임 패턴 간의 명확한 전이를 입증한 것으로 나타났다(클러스터 분석을 사용하여 서로 다른 움직임 패턴의 존재를 확인). 참가자들은 작업 목표를 달성하기 위해 단일 동작 패턴과 약간의 변형을 사용할 가능성이 더 높은 것으로 관찰되었다. 이것은 다양한 자유도를 포함하는 다관절 움직임에 대해 가능한 움직임 솔루션을 탐색하고 활용한다는 것을 보여주고 있다. 실제로 인간의 움직임 시스템이 이러한 축퇴성 행동을 나타내는 것은 매우 기능적이다. 그럼에도 불구하고 스캐닝 절차와 같은 체계적인 과정을 사용하면 현장 지도자가 학습자의 적응성을 탐색할 수 있다.

대칭 및 기능적 등가

자노운과 켈소(1997)는 양 손가락 흔드는 과제bimanual finger-waggling task를 통해 새로운 안정된 운동 형태를 위한 두 가지의 학습자 특성을 보여주었다. 첫째, 그들은 학습자들이 연습하고 있는 형태에 대한 대칭적 형태symmetrical partners를 생산할 수 있다고 제시하였다. 예를 들어 연구 참여자가 90° 위상을 학습할 때(예, 주기의 1/4까지 오른손가락이 왼손가락을 선행함), 그들이 연습하지 않았음에도 불구하고 270° 또는 90° 위상 형태를 수행할 수 있었다(예, 주기의 1/4까지 왼손가락이 오른손가락을 선행함). 나는 90° 패턴을 연습하면 270°의 지각-운동 영역에서 나타나는 새롭고 안정적인 패턴이 발생한다고 제안했다. 이 놀라운 발견은 학습이 지각-운동 영역에 대한 전반적인 변화를 가져올 수 있고 특정 연습의 대상이 아닌 경우에도 다른 움직임 패턴의 안정성에 영향을 미칠 수 있음을 보여주었다.

자노운과 켈소의 1997년 연구의 두 번째 결과는 참가사들이 새로 배운 위상 관계를 다른 방식으로 수행할 수 있다는 것이다. 작업 요구 사항은 항상 충족되었지만, 다른 해결책은 양쪽 끝부분 이펙터(손가락)의 부드러운 사인곡선 동작에서부터 부드럽지 않은 불연속적인 동작까지 나타났다. 자노운과 켈소는 이러한 결과를 학습자에게서 나타나는 기능적 등가functional equovalence로 해석하였다. 자노운과 켈소(2002)는 이후에 양팔과 양다리를 이용하여 위상 형태를 연습시키는 것과 관계없이, 학습 형태가 다른 효과기 시스템에 전이될 수 있음을 제시하였다. 이는 레인과 연구자들(2010)이 동일한 결과를 달성하기 위해 다른 동작 솔루션의 가능성을 밝힌 농구 슈팅 실험에서 제안했다. 이러한 기능적 등가는 학습된 협응 다이내믹이 얼마나 추상적이고 보편적일 수 있는지를 나타낸다.

협응의 출현에서 축퇴 및 다능성의 역할

인간 신경생물학 시스템이 협응 및 제어 과정은 각 학습자의 특정 의도, 지각 및 행동 사이에 나타나는 긴밀하게 엮인 과계에 의해 유지된다(4장). 운동 학습은 각 개인의 움직임 패턴 안정성과 유연성 사이의 관계를 지속적으로 세한한다. 생물학적 구조는 이러한 다양한 형태의 축퇴Degeneracy을 이용하도록 진화하였으며, 인간도 예외는 아니다. 다양한 방식(예: 걷기, 뛰기, 기어가기, 수영하기, 기어오르기)으로 서로 다른 근육을 이용하는 인간의 능력은 축퇴의 예 중 하나이다. 축퇴의 의미는 학습자가 과제 목표를 일관되게 달성하기 위해 운동 협응 패턴을 개별적 그리고 기능적으로 협응시킬 수 있는 방법을 강조한다(Seifert 등, 2016). 이것은 협응 패턴 가변성에서 볼 수 있는 적응 및 기능을 형성하는 데 상호작용하는 제약 조건이 얼마나 중요한 역할을 하는지를 보여주는 사례이다(Komar 등, 2015).

축퇴의 형태

메이슨(2010)은 축퇴를 중복성, 분할, 시너지, 융합 네 가지 형태로 나누었다(표 5.1 참조). 중복성redundancy은 원본 구조의 기능이 하나의 복사본에 의해 유지되는 반면, 다른 복사본은 기능적으로 자유롭게 분산되기 때문에 축퇴가 발생할 기회를 만들 수 있다. 인간의 근육은 관절을 가로질러 장력과 움직임을 생성하는 동시에 다른 근육은 다른 기능(예: 버팀대, 보호, 펌프)을 수행할 때 축퇴가 발생하게 된다. 축퇴는 분할parcellation을 통해서도 발생할 수 있다. 이는 먼저 수행하던 기능을 세분화하여 계속 수행하고 기능적으로 더 복잡한 기술이 접목될 때이다(예: 잡기 동작을 손 뻗기와 잡기 등으로 세분화하고, 잡기가 동작과 어떻게 얽혀 있는지를 보여줄 수 있다). 인간의 손이 할 수 있는 기능을 생각했을 때, 손가락의 집합적 단위(예:잡기, 펀치, 쓰다듬기) 또는 손가락의 개별 단위(예: 타이핑, 먹이기, 다듬기)로 기능을 생각할 수 있다. 축퇴는 특정 기능에 대한 분리된 구조 또는 시너지Synergies 집합으로 나타낼 수 있다. 달리기, 뛰기, 수영 또는 자전거 타기와 같이 통합된 결과를 달성하기 위해 여러 팔다리가 함께 작동하면 인간은 축퇴성을 보인다. 이러한 능력은 구조를 형성하는 독립적인 구성 요소의 변화를 위해 시너지 효과가 재구성되어 목표를 달성할 수 있기 때문이다. 예를 들어 인간은 과제의 목표와 상황에 따라 두 발로 뛰거나 한쪽 발로 뛰도록 선택할 수 있다. 축퇴의 최종 형태는 둘 이상의 독립적인 구조가 동일한 기능에 융합converge할 때 존재한다. 이 능력은 대부분의 다관절 작업(오른손이나 왼손으로 문을 열거나, 손에 물건을 들고 있을

표 5.1 다양한 형태의 인간 움직임 축퇴

축중의 형태	예시
중복성	테니스를 치는 동안 한 팔은 라켓을 휘두르고 다른 팔은 균형을 잡아 자세를 유지한다(동일한 구조, 다른 기능).
분할	팀 스포츠에서 팀의 하위 그룹은 과제를 달성하기 위해 유동적으로 함께 행동한다(예: 상대방을 압박하거나 목표를 방어하기 위해).
시너지 효과	장애물을 뛰어넘는 것은 접근 속도와 장애물의 높이와 같은 요인에 따라 한 발 또는 두 발로 할 수 있다.
융합	댄스 루틴에서 극단의 독립적인 구성원은 동시에 움직이도록 동작을 협응할 수 있다.

때 팔꿈치로 문을 열어야 하는 상황)에서 다양한 신체 부위가 환경적 특성에 따라 신체를 움직이는 데 기여하게 된다.

복잡한 지각-동작 시스템에서 축퇴의 존재는 정보가 풍부하고 다이내믹한 환경에서 작업 목표를 완료하기 위해 고려되어야 한다(Seifert 등, 2016). 축퇴는 다양한 시너지 효과가 특정 조건에서는 유사한 기능을 달성할 수 있지만, 다른 조건에서는 별개의 기능을 수행할 수 있는 신경생물학적 시스템에서 높은 수준의 견고성을 제공한다(Riley 등, 2011; Whitacre, 2011). 이러한 의미에서 축퇴는 신경생물학적 시스템의 안정성과 유연성을 지원할 수 있으며, 비판적으로 축퇴는 수행자 또는 학습자에게 다능성의 기반을 제공할 수 있다(Seifert 등, 2016). '다능성Pluripotentiality'은 하나의 구조가 여러 가지 기능을 수행할 수 있는 능력으로 정의할 수 있다(Mason, 2010; Noppeney 등, 2004; Price와 Friston, 2002). 예를 들면, 배드민턴 클리어, 배구 서브, 크리켓 볼링 동작과 같은 다른 동작 기술에서 나타나는 오버헤드 던지기 동작을 고려할 수 있다.

행동을 형성하는 제약 조건의 역할과 관련하여 코마르 및 연구자들(2015)은 하나의 제약 조건하에서 약간 동원된 구조가 다른 제약 조건 아래에서 잠재적으로 더 많이 동원될 수 있을 때 다능성이 나타난다고 지적했다. 예를 들어 평영에서 선수들은 팔과 다리의 협응 패턴을 다양한 속도에 맞추어 적응할 수 있다. 팔과 다리가 밀어내는 힘의 세기를 높이면서 더 높은 수영 속도와 가속도를 만들어내는 방식으로 조정할 수 있다(Komar 등, 2015). 특히, 다양한 속도 조건에서 안정적인 운동학적 협응 패턴이 유지되면서 높은 속도 조건에서 더 높은 속도와 가속도를 발생시키는 방식으로 팔-다리 협응 운동의 다능성이 나타나는 것이다. 적응은 주로 상지와 하지를 완전히 펼친 상태에서 활주할 때 소요되는 시간에서 발생한다(이 단계에서는 팔과 다리 사이의 협응이 유선형 위치에서 움직이지 않는 상태로 유지되기 때문에 이 단계 동안 변경되지 않았음을 의미함). 평영 수영에서 팔-다리 협응에 대한 추가 연구는 축퇴가 협응 패턴에 더 큰 유연성을 반영하기 때문에 다능성이 나타날 수 있음을 강조하였다(즉, 더 빨리 수영하기 위해 더 큰 범위의 수중 저항에 대처하는 것과 같은 더 높은 범위의 기능)(Komar 등, 2015). 이는 활성 항력을 최소화하여 활공을 최적화하기 위한 것이다(Seifert 등, 2014). 숙련된 운동선수가 상대를 창의적으로 앞지르거나 이전에 볼 수 없었던 움직임을 보여 과녁을 맞힐 때 이러한 자발적인 반응을 때때로 볼 수 있다. 간단히 말해서, 축퇴는 여러 시너지 구조를 하나의 기능으로 결합하는 것을 의미하며, 이는 하나의 시너지 구조가 여러 기능에 적용될 수 있다.

주요 개념

움직임이 안정적이면서도 유연할 수 있을까?

움직임이 안정적이면서 동시에 유연할 수 있을까? 이전에 제시된 이론적 아이디어와 최근 새로운 증거들은 그것이 가능하다는 것을 보여준다. 세이퍼트 및 연구자들(2014)이 빙벽 등반을 연구한 결과, 등반 작업에서 특정 환경적 제약 조건의 존재에 따라 안정성(즉, 불안정성에 대한 견고성)과 유연성(즉, 제약 조건에 따른 기능적 가변성)이 동시에 공존할 수 있다는 것을 보여준다. 등반가는 빙벽에 얼음도끼를 휘둘러 특정 고정점을 만들어 기능적 안정성을 보일 수 있다. 등반가는 빙벽의 기존 구멍에 얼음도끼의 날을 걸 수 있을 때 기능적 유연성이 존재하며, 이는 어떤 형태의 지원을 제공한다. 이와 같은 적응 행동은 작업, 환경 및 학습자 간의 상호작용의 결과로 탐색을 위해 시스템 축퇴를 이용할 수 있기 때문에 표면화될 수 있다.

학습 평가

앞에서 제시한 스캐닝 절차는 정교한 측정 도구가 없이는 실제 학습 환경에서 실행하기가 어렵다. 그러나 정기적으로 학습자의 향상 정도를 평가하는 것은 지도자가 연습을 진행하는 데 있어서 매우 중요하다. 일반적으로 지도자들은 동작의 가변성movement variability이 오차error와 관련 있으며, 수행 오차를 최소화시키는 것이 수행의 향상을 보여주는 것으로 간주하곤 한다. 그러나 비선형 교육학에서 지도자는 동작의 가변성을 긍정적인 것으로 간주한다. 운동 시스템에서 가변성은 항상 존재하며 학습자의 탐색 행동을 위한 유용한 길잡이의 역할을 한다. 실제로 제한 요소의 변화는 학습자에게 더 많은 가변성을 유도하도록 도움을 줌으로써 새로운 동작들을 만들기 위한 촉매제 역할을 한다. 자노운과 켈소(1992)는 새로운 어트랙터 상태에서 운동 시스템이 다시 구성되기 전에 중요한 변화를 경험해야 한다고 제시하였다. 특히 학습자가 현재 그들의 어트랙터 기반을 확장하기 위해서 일련의 제한 요소 범위 내에서 연습해야 한다.

제한 요소를 조절하는 것은 운동기술을 학습하고 기술 향상을 평가하기 위해 자연스럽게 이루어지는 과정이다. 특히 제한 요소의 조절은 여기서 언급하고자 하는 비선형 교육학에서 중요한 개념이다. 예를 들어 과제 제한 요소는 행동을 변화시키는 데 직접적인 방법을 제시하며, 연습 초기에 갑작스러운 기술의 전이를 일으킬 수 있다. 연습 후기의 변화는 갑작스럽게는 나타나지 않고, 패턴의 가변성은 학습자의 개선과 적응을 반영할 수 있다(Liu 등, 2006). 유기체 또는 개인 제한 요소를 변화시키는 것은 오랜 시간이 소요될 수 있다.

그리고 장기간 훈련(예, 유연성 및 지구력 훈련 등)을 통해 협응 구조는 천천히 영구적인 적응성을 보일 수 있다. 환경 제한 요소 측면에서 문화와 사회 제한 요소는, 비록 이러한 제한 요소가 인구의 변동에 대해 유전자 제한 요소가 미치는 영향과 같이 몇 가지의 유기체 제한 요소보다 빨리 생성되고 소멸되기도 하지만, 일반적으로 행동에 느리고 더 세밀하게 영향을 준다(Ehrlich, 2000). 예를 들어 운전자는 바쁜 교통 상황에서 빠른 행동으로 적응할 필요가 있으나 운전 방식은 사회적 요구에 의해 급작스러운 영향을 받지 않는 것 같다(6장 참조).

지각-운동 영역이 시간에 따라 어떻게 변화하는지를 고려해볼 때, 영향력 있는 제한 요소가 작용하는 다양한 시간 척도time scales를 고려할 필요가 있다. 뉴웰(1986)에 따르면, 제한 요소는 상대적으로 시간에 종속적이거나 독립적인 특성이 있다. 즉, '시간에 따른 제한 요소의 변화율은 분석과 매개변수의 수준에 따라 다양하다.' 뉴웰과 동료들(2001)은 다음과 같이 지적했다.

© Chris Button

그림 5.3 축구 코치가 학습자에게 다른 유형의 공(럭비공) 치핑을 연습하도록 요청한다. 이와 같은 제약 조건의 변화는 더 많은 가변성을 유도함으로써 새로운 움직임 패턴의 촉매 역할이 될 수 있다. 현장 지도자는 움직임 가변성을 학습자의 탐색적 행동에 대한 유용한 이정표를 제공할 수 있기 때문에 보다 긍정적으로 보아야 한다.

> 운동 학습과 발달에서 시간 척도는 계통발생과 계체발생적 시간 척도의 영향과 인간 동작의 발달에 대한 문화 및 사회에 관련된 영향을 포함하는 것이라고 지적하였다. 이러한 폭넓은 맥락을 통해 몇 가지의 척도가 운동 학습과 발달 연구에 기여하는 역할에 대한 중요성을 확인할 수 있다.

다양한 시간 척도에 작용하는 제한 요소들의 쟁점은 학습자의 향상 정도에 대한 지도사의 판단과 관련성을 갖는다는 것이다. 새로운 협응 형태를 학습할 때, 행동의 영구적인 변화는 과제 제한 요소에 순간적으로 적응하는 것이 아니라 많은 시간이 소요된다. 이에 지도자는 연습하는 동안 몇 가지의 행동이 즉각적인 과제 제한 요소에 일시적으로 적응하는 것과 이러한 제한 요소가 발달 상태와 관련된 유기체 제한 요소와 상호작용한다는 것을 이해해야 한다. 여기서 주요 제한 요소는 발달 상태에서 학습자가 경험하는 특정한 기구, 장소-교육의 효과를 포함한다. 현장 지도자는 제한 요소 내에서 나타난 행동이 일시적 효과 때문이 아니라 학습자의 현재 수행 수준의 안정된 특성을 반영한다는 것을 주의 깊게 관찰할 필요가 있다. 다시 그림 5.3을 참조하면, 학습자는 공중에서 럭비공을 치핑하는 방법을 잘 배울 수 있지만 코치는 또한 개선 사항이 표준 축구공 치핑으로 전이되는지 확인해야 한다.

따라서 학습 평가를 할 때, 행동에 영향을 미치는 제한 요소 관점인 비선형적 접근이 필요하다. 효과적인 학습 환경을 구성할 때 학습자의 운동 협응 패턴에 대한 축퇴를 활용하기 위해 이러한 제한 요소가 조절되어야 한다. 다음에 제시되는 4스텝 계획은 학습 환경 내에서 지도자가 체계적으로 평가를 하는 데 도움을 주는 내용이다.

1. 지도자는 지도하는 동작에 영향을 주는 주요 제한 요소를 확인하라.
2. 제한 요소에서 미세한 변화를 주기 위해 다양한 발달 단계에 있는 학습자의 반응을 조사하라. 이때 학습자의 초기 반응과 단기간의 반응을 관찰하라.
3. 학습자를 적응시키기 위해 제한 요소의 강도와 빈도를 변화시켜라.
4. 어트랙터 안정성의 지표로서 동작의 가변성을 이용하여 학습자의 기술 파지 및 전이 정도를 지속적으로 평가하여라.

학습자의 변화가 없을 때: 틀을 깨고 큰 변화를 시도해라!

현장 지도자는 어떻게 학습자가 효과적인 협응 형태를 만들어가는지에 대해 관심을 가진다. 학습자는 장기간의 반복적인 연습을 하였음에도 불구하고, 수행 향상이 나타나지 않고 어떠한 변화도 보이지 않을 수 있다. 이것을 고원현상performance plateauing effect이라고 하며, 이러한 상태의 운동 시스템은 일시적으로 깊고, 안정된 어트랙터를 가지나 효과적이지 않은 특성이 있다. 즉, 몇 가지의 운동 형태는 너무 안정적인 특성을 나타낼 수 있다.

더욱이 형성된 협응 형태는 주변 어트랙터의 안정성을 약화시키며, 학습자는 대안적인 협응 형태를 사용할 수 없는 문제점을 갖게 한다. 따라서 지도자는 이러한 정체 현상에 있는 수행자의 협응 형태를 변화시키기 위해 어떤 형태의 중재 전략을 제시해야 하는지에 관한 질문에 답을 찾고자 노력해야 한다. 지도자는 이러한 질문에 대해 두 개의 접근을 고려할 수 있다. 먼저 단순화simplicity를 위해서 투핸드로 백핸드 스트로크를 구사하는 테니스 선수의 예를 들어보자. 비선형적 교육을 적용하여 백핸드 쪽으로 오는 공을 처리하기 위해 수행자가 대안적인 샷을 찾도록 어떻게 도와줄 수 있을까? 이를 위한 첫 번째 전략은 동작 가변성을 유도하여 현재의 어트랙터 안정성을 점차적으로 약화시키는 것이다. 이는 전통적인 연습 목표인 시간이 지남에 따라 동작 형태를 안정적으로 만드는 전략(오차를 감소시킴)과 반대되는 전략이다. 지도자는 이러한 전략을 위해 테니스 수행자에게 일상적인 연습 방법을 제시하지만, 테니스 공의 스피드 및 바운드 높이와 같은 제어 변수를 점차적으로 변화시키는 방법을 강구해야 한다. 이는 가변성을 크게 만들기 위해서 실시하는 방법이다.

예를 들어 지도자는 연습에서 공의 궤적을 조절할 수 있는 공 머신이나 공의 비행 특성을 변화시키는 다양한 성질의 공을 사용할 수 있다. 이러한 상황에서 투핸드 테크닉은 변화되는 과제 제한 요소에 따라 달라져야 하는데, 선수는 기존에 자신이 사용한 방법으로는 공을 치기 어렵다는 것을 알게 될 것이다. 예를 들어 공의 바운드가 너무 높으면 공을 일찍 치도록 하는 것, 빠른 리턴을 위해 라켓을 뒤로 들어 올리는 것을 감소시키는 것, 그리고 부가적인 자유도를 풀기 위해 한 손을 라켓에서 놓는 행동은 현재의 안정성을 무너뜨려 수행자에게 중요한 탐색 시간을 제공한다. 이러한 방법을 통해 동작의 장기적인 변화를 이끄는 것은 약간의 시간이 걸릴 수 있다. 그러나 기술을 안정화시키는 데 많은 시간을 투자한다면 이러한 변화는 어렵지 않게 발생할 수 있다.

잘 형성된 테크닉을 변화시키는 두 번째(대안적) 접근은 기능적인 동작 형태를 위해 현재의 어트랙터로부터 시스템을 방해하는 것이다(Newell, 1996). 즉, 지도자는 수행자가 갖고 있는 기존의 테크닉을 사용하지 못하도록 제한 요소를 조절할 수 있다. 앞에서 언급한 투핸드로 백핸드를 하는 것을 막기 위해 인위적으로 오른손잡이는 왼손(왼손잡이는 오른손)으로 공이나 라켓을 들게 할 수 있다. 수행자는 변화된 과제 제한 요소에 의해 원핸드 스트로크를 연습하게 될 것이다. 또한 이러한 기술은 스트로크를 하는 동안 사용하는 팔과 사용하지 않는 팔을 대응시킴으로써 균형 능력을 향상시키는 이점을 가지게 한다(그림 5.4).

이러한 접근법에 있어 학습자와 지도자는 새로운 운동 형태가 나타나고 기존의 어트랙터 상태가 약화됨에 따라 일시적으로 오차가 증가한다는 것을 이해해야 한다. 비록 두 번째 접근이 새롭고 약한 어트랙터 상태로의 전이가 빠르게 나타날 수 있지만, 투핸드 스트로크와 관련된 일관성을 향상시키기 위해서는 시간이 걸린다. 그러므로 동작 가변성을 제공하는 것은 행동의 장기간 변화에 이점을 줄 수 있다. 지도자와 학습자 모두 동작 가변성이 초기에 나타나는 것을 부정적인 것으로서 해석해서는 안 된다. 앞으로 크게 한발 전진하기 위해 약간의 퇴보를 각오해야 한다는 것을 명심할 필요가 있다. 또한 때때로 우리는 완전히 새로운 움직임 패턴(분기)이 아니라 개선(교대)만 볼 수 있다는 점에 유의하라. 그럼에도 불구하고 시스템을 교란시킬 필요성은 그러한 변화에 대한 자극을 제공한다.

© Chris Button

그림 5.4 현장 지도자는 테니스 선수에게 자주 사용하지 않는 손으로 공이나 라켓을 잡도록 요청하여 양손 솔루션이 나타나는 것을 방지할 수 있다.

결론

운동기술을 지도하는 현장 지도자는 학습자의 발달에 중요한 역할을 한다. 제한 요소 중심적 접근을 바탕으로 한 비선형 교육학에서의 현장 지도자의 역할은 다른 이론적 접근을 강조하는 요소와 비교되는 측면을 강조한다. 전통적으로 현장 지도자는 학습자에게 모든 학습자가 원하는 이상적인 테크닉을 따라하도록 지도한다. 이러한 전략은 평가와 피드백의 높은 빈도, 수행 환경을 배제한 기초기술에 초점을 맞춘 연습, 숙련된 수행자를 대상으로 한 모델링을 포함한다. 그러나 이러한 연습은 학습자에게 효과적이지 않은 기술의 파지와 전이를 갖게 한다. 반대로 비선형적 학습에서의 제한 요소 중심적 접근은 현장 지도자가 학습자에게 충분한 시간을 주고 혼자서 적절한 움직임 해결책을 탐색하고 발견하게 유도하는 자율적 역할의 필요성을 언급한다. 따라서 비선형적 학습에서는 학습자의 향상된 상태를 관찰하고 이끌고 촉진하는 것에 주안점을 둔다. (1) 대표성이 되기 위한 학습의 필요성과 관련되고, (2) 제약 조작에 초점을 맞추고, (3) 움직임 효과 또는 움직임 형태를 강조하는 정보 제약을 사용하는 것의 의미를 인식하는 주요 교육학 원칙(또는 설계 원칙), (4) 기능적 가변성의 역할을 중시하고, (5) 정보와 이동 사이의 강력한 결합을 보장(따라서 작업 단순화)할 수 있다 (Chow 등, 2016). 이러한 교육학적 원칙은 학습 맥락에서 적응성, 혁신 및 진화 가능성이 장려될 수 있는 신경생물학 시스템에 존재하는 축퇴 및 다능성의 역할에 대한 우리의 이해를 뒷받침되고 있다. 통찰력 있는 교육 관여(insightful input)와 발견학습 간의 균형을 이루는 것은 최상의 기술 파지와 전이를 위해 필수적인 것이다 피드백 모델링 그리고 간섭 지도(hands-on instruction)는 여전히 제한 요소 구조 내에서 존재하나 중요한 것은 간섭하지 않아야 하는 때를 아는 것이다.

현장 지도자는 학습의 초기 단계에서 초기 동작 특성과 이에 따르는 관련성을 아는 것이 중요하다. 예를 들어 학습자의 현재 동작 특성과 과제에 요구된 동작이 일치하지 않는다면, 학습자가 기술을 향상시키는 시간이 더 오래 걸린다. 지금 우리는 현장 지도자가 다른 비율로 학습을 제한하거나 증진하기 위해 제한 요소를 어떻게 조절하는지에 대해 많은 것을 알고 있다. 더욱이 우리는 하나의 동작에서 다른 동작으로의 전이가 더욱 기능적인 형태를 나타나게 하는 매개체로서 동작 가변성을 어떻게 긍정적으로 간주할 수 있는지를 묘사하였다. 지도사는 연습하는 동안 안정된 협응 상태를 약화시키는 동작 가변성을 강조할 수 있다. 이때의 협응 상태는 다소 기능적이지 않으며 학습자는 더 적절한 해결책을 찾을 수 있다.

현장 지도자의 변화되고 있는 역할이 코칭, 티칭, 물리요법과 같은 전략이 미래에 덜 중요해지거나 더 쉬워진다는 것을 의미하는 것은 아니다. 사실 학습 및 재활 환경을 관리하는 것은 항상도 전적이고 시간 소비적 행위로 남게 될 것이다. 그러나 현장 지도자가 기술 획득의 다이내믹에 대한 이해의 폭을 높일 수 있다면 행동의 장기적인 변화를 만드는 데 효과적일 것이다.

자가진단 질문

1. 학습자의 기술 획득 과정을 설명하기 위해 협응 역학을 사용하는 방법을 설명하라. (팁: 내재적 다이내믹스, 지각-운동 영역, 어트랙터, 안정성, 내성, 축퇴성, 다능성 등의 용어를 사용하라.)
2. 기능적 능가를 통해 운동 작업을 배울 수 있는 경우의 예를 제공할 수 있나?
3. 현장 지도자는 초보 스키어의 초기 협응 특성을 어떻게 평가하는가?
4. 비선형 교육학에서 수행이 정체되는 고원 단계에 있는 학습자를 돕기 위해 사용할 수 있는 대안적 전략은 무엇인가?

실험실 활동

행동의 축퇴성

실험실 활동을 사용하여 작업 완료 시 축퇴가 어떻게 나타날 수 있는지 더 잘 강조할 수 있다.

실험적 문제

- 먼저 개별 운동 작업(예: 고정된 대상을 향해 공을 차는 것)을 식별한다.
- 그 후, 규칙(또는 제약)이 점진적으로 포함될 수 있다(예: 주로 사용하지 않는 발로만 차기, 공의 크기 변경, 뛰기 허용 안 함).
- 학습자는 동일한 작업 목표를 달성하기 위해 다른 이동 솔루션을 사용하면서 목표를 맞추기 위해 공을 차는 작업 목표를 완료하려고 시도한다. 얼마나 많은 다른 해결책을 제시할 수 있나?

장비 및 자원

- 개별 이동 작업을 위한 장비 선택
- 열린 실험실 공간 또는 체육관
- 비디오카메라

비디오카메라를 사용하여 작업 목표를 달성하기 위한 다양한 이동 솔루션의 시연을 캡처한다. 녹화를 보면서 이러한 이동 솔루션이 효과적인지 설명할 수 있나?

CHAPTER 6

상호작용하는 제약 조건이 비선형 교수법을 지원하는 방법

이 장의 목표

이 장을 완료하면 다음을 수행할 수 있다.

- 학습자에게 영향을 미치는 개인, 작업 및 환경적 제약을 식별하고 설명한다.
- 인간 발달의 생물생태학적 모델을 형성하는 분석 수준을 나열한다.
- 비선형 교육학 및 이 접근 방식이 학습자를 둘러싼 제약 조건 간의 상호작용을 이해하는 데 도움이 되는 이유를 설명한다.
- 비선형 교수법 접근 방식을 뒷받침하는 주요 설계 원칙을 설명한다.

체육 및 스포츠 코칭 현장 지도자는 자신을 둘러싼 사회문화적 제약에 의해 개인의 경험과 특성이 형성된 학습자와 매일 대면한다. 여기에는 사회, 그룹 또는 팀을 지배하는 역사적 및 전통적 관행이 포함된다. 운동 선호도, 개인차 및 비선형 발달 속도는 개인의 생리학, 해부학 또는 심리학만큼이나 학습자가 발달한 사회적 환경의 기능이다. 이 장에서 우리는 학습 중 사회문화적 제약의 중요성을 강조하고 현장 지도자와 연구자가 그들의 영향력에 대한 더 큰 인식으로부터 이익을 얻는다고 주장한다. 제약 조건의 상호작용을 이해하면 학습 과정을 긴급하고 비선형으로 다시 개념화해야 한다. 결과적으로 우리는 비선형 교수법이라고 불리는 것이 현장 지도자에게 미치는 영향을 논의한다(Chow 등, 2007; 2016).

행동 분석의 생태적 규모

과학자들이 새로운 기술을 배우는 방법과 같은 유기체의 행동을 이해하려고 시도할 때 적절한 분석 척도를 채택하는 것이 중요하다. 깁슨 및 연구자들과 같은 저명한 심리학자들은 생태적 접근을 개발하면서 이 사실을 인식했다. 생태학은 '유기체와 그 환경의 상호 관계와 관련된 과학의 한 분야'로 정의된다(Merriam-Webster.com: 온라인 사전). 따라서 생태학적 관점에서 예를 들어 인간의 행동은 인간이 부분적으로 설계하고 운영하는 환경의 맥락에서만 이해할 수 있다(3장 참조). 틀림없이 스포츠 및 운동 심리학의 연구와 실습은 유기체 중심의 방법론과 이론화(즉, 개별 수행자의 내부 정신 상태 및 과정을 설명하는 데 집중하는 좁은 초점을 특징으로 함)에 의해 지배되었다(Araújo와 Davids, 2009). 너무 오랫동안 문화적 규범, 전통적 관습, 중요한 타인의 영향과 같은 환경의 중요한 요소는 쉽게 무시되어왔지만, 우리는 그것들이 운동 학습에 상당한 영향을 미친다는 것을 너무나도 잘 알고 있다. 예를 들어 부모나 보호자가 어릴 때부터 위험한 상황에서 자녀를 보호해주었다면 자녀는 새로운 학습 문제에 대처하는 데 불편함을 느낄 수 있다. 사회문화적 제약을 더 자세히 살펴보자.

사회문화적 제약

다양한 수행 영역(예: 임상, 체육, 음악, 스포츠 코칭)에서 지각-운동 전문 지식을 획득하는 것은 복잡하고 상황에 맞는 과정이다. 이론적으로 운동 학습에 대한 제약 조건 기반 접근 방식은 주로 개인 및 작업 제약 조건에 대한 경험적 연구에서 주요 통찰력을 제공했다. 그러나 클락(1995)이 제안한 것처럼 사회문화적 환경 제약을 좀 더 관찰할 필요가 있다. "문화는 운동을 형성하는 환경적 제약으로 작용한다. 이러한 제약은 물리적인 것보다 더 미묘할 수 있지만 그럼에도 불구하고 배우에게 항상 존재하는 주변 환경이다"(Clark, 1995).

인간이 기술을 배우고 연습하는 환경은 사회문화적 요인에 의해 영향을 받는다. 예를 들어 심사위원이나 청중의 존재는 선수들에게 상당한 영향을 미칠 수 있다(또는 그렇지 않을 수 있다). 마찬가지로 서로 다른 클럽, 지역 또는 국가의 문화는 사람들이 움직이고 행동하는 방식을 형성할 수 있는 발자취를 남긴다. 사회문화적 제약은 항상 스포츠와 신체 활동 참여에 상당한 영향을 미쳤다. 예를 들어 선진국을 괴롭히는 비만 위기는 신체 이미지에 대한 사회적 기대에 의해 더욱 강조될 수 있으며, 점점 더 많은 사람들이 신체 활동에서 멀어지고 좌식 생활 방식으로 이동하게 된다(Lewis 등, 2008). 사람들이 자신의 체형에 대해 얼마나 편안함을 느끼는지는 문화와 사회가 체형에 대해 가질 수 있는 광범위한 가치에 의해 간접적으로 영향을 받는다(Swami, 2015). 또

주목할 만한 연구

'네이키드 사커Naked Soccer'가 브라질의 스타 플레이어를 육성하는 방법

브라질인으로서 루이즈 우에하라는 항상 축구에 대한 열정이 있었고 그의 고국이 어떻게 재능 있는 숙련된 축구 선수들이 많이 배출했는지 탐구하였다. 그의 박사학위는 이 주제로 연구하였으며, 브라질의 특유한 사회문화적 맥락을 논의한 결과를 제시하였다. 전문 저널(Uehara 등, 2018)에 기고된 한 기사에서 브라질은 펠라다pelada의 연습 활동이 많은 선수의 배경에 영향을 미친다고 보고하였다. 펠라다는 코칭, 감독, 심판이 없는 픽업 축구의 한 형태다. 문자 그대로 번역된 펠라다는 알몸을 의미하며 맨발의 연극(그리고 아마도 펠라다가 자주 연주되는 맨발의 환경)을 의미할 수 있다. 브라질에서 펠라다 게임은 잘 정돈된 축구장이 아닌 거리나 황무지에서 할 수 있음에도 불구하고 경쟁이 치열하다. 많은 브라질 축구 전설(호나우지뉴와 네이마르 주니어 포함)이 어린 시절에 펠라다를 하면서 많은 시간을 보냈다고 보고한다는 사실은 펠라다가 재능을 개발하는 데 이상적인 수단이 될 수 있음을 암시한다. 그들의 기사에서 우에하라 및 연구자들(2018)은 펠라다의 여러 요소를 기술 획득 원칙에 연결하고 '벌거벗은 축구'가 지각-운동기술 개발에 강력한 가능 제약이 될 수 있다고 결론지었다. 저자는 역사 기술, 사례 연구, 관찰 기록을 포함한 다양한 연구 방법론을 사용하여 많은 브라질 축구 선수들이 '아름다운 게임'을 마스터하는 방법을 배운 전형적인 사회문화적 환경을 설명한다.

다른 예로 여성들의 스포츠 참여가 사회적 규범에 의해 제재되었기 때문에 특정 스포츠(예: 축구, 테니스, 럭비, 육상)의 참여가 저조하다는 것이다. 하지만 최근 수십 년 동안 이러한 성별 편향적 태도가 누그러진 반면 인체에 대한 이상주의적 태도는 특히 서구 및 현대화된 국가에서 강화되고 있다.

다른 유형의 제약과 마찬가지로 사회문화적 영향이 운동기술 획득에 영향을 미친다는 것을 유의해야 한다. 예를 들어 우에하라 및 연구자들(2014)는 브라질 사회에 공통적으로 긍정적인 영향을 미치는 수많은 요소(예: 거리 축구, 카포에라, 무술 스타일, 삼바)를 확인했다. 이 나라에서 역사적으로 뛰어난 축구 선수를 배출했다(주목할 만한 연구 참조). 또한 로웰 및 연구자들(2018)은 역사적인 산업 작업 관행이 영국의 럭비 리그와 같은 팀 스포츠의 전문 코칭에 어떤 영향을 미쳤는지 논의했다. 스포츠에서 이러한 관행 중 일부는 최근 수십 년까지 체육 교육 요강의 배경을 제공했던 군국주의적 훈련으로 추적할 수 있다(Moy 등, 2015). 이 매혹적인 연구는 스포츠 및 체육 교육의 작업 관행이 진공 상태에서 존재하지 않고 사회문화적, 역사적 경향 및 전통에 의해 지속적으로 제약을 받고 있음을 강조한다. 실제로, 춤, 의례 및 기타 대중적인 오락과 같은 다른 국가에 존재하는 문화적 관행과 전통이 어떻게 다른 국가에서는 같은 정도로 존재하지 않을 수 있는 기술 획득 기회를 가능하게 하는지 쉽게 확인할 수 있다. 게다가 사회문화적 제약은 여러 세대에 걸쳐 지속되는 경우가 많으며 그 지속적인 영향을 과소평가할 수 없다(Rothwell 등, 2018).

학습자의 발달에 영향을 미치는 환경적 제약은 다양하고 무형이며 서로 얽혀 있고 역동적이다(Davids 등, 2013). 결과적으로, 생태학적 영역 분석은 인간의 행동 적응에 대한 이해를 향상시키기 위해 다양한 연구 방법론을 요구한다. 운동 학습 연구는 실증주의적 실험실 기반 연구 패러다임의 오랜 역사에서 나오는 상대적으로 좁은 범위의 연구 도구로 전통적으로 지속되었다(Uehara 등, 2014). 이러한 도구는 고유한 개인적 제약이 기술 획득 과정에서 작업 관련 요소와 어떻게 상호작용하는지 조사하는 데 적합해 보인다(Araújo와 Davids, 2011). 그러나 광범위한 사회문화적, 역사적 제약에 대한 연구에는 다른 방법론이 더 기능적일 수 있다. 실제로 인터뷰 및 관찰 분석(Uehara 등, 2014), 문서 및 전기 분석(Rees 등, 2016; erson와 Maivorsdotter, 2016), 해석적 현상학적 분석을 포함하여 최근 여러 연구에서 이러한 접근 방식을 설명하기 시작했다(de Bruin, 2018).

인간 발달의 생물생태학 모델

브론펜브레너Urie Bronfenbrenner는 환경과 사회문화적 제약의 깊은 영향을 진정으로 인식한 발달심리학자였다. 일반적으로 생물생태학적 모델은 인간의 발달을 자연과 양육 사이의 상호작용의 결과로 간주한다(Bronfenbrenner, 1995). 수행자와 맥락 간의 상호작용은 행동과학의 전통적인 연구 접근법에서 흔히 나타나는 개인 중심적 편향을 제거할 수 있는 생태학적 역학을 형성한다(Davids와 Araújo, 2010).

생물생태학적 모델은 전문성 발달에 대한 사회문화적 제약을 조사하기 위한 이론적이고 방법론적인 틀로 사용되지만, 기술 획득에 대한 일반적인 이론으로 사용될 수 없다. 실제로 아라우호 및 연구자들이 설명했듯이 '이 모델은 스포츠 전문 지식의 [일반] 이론이라기보다 지식을 조직화하기 위한 틀에 더 가깝다'(2010). 따라서 나중에 설명하겠지만 생물생태학적 모델은 인간 발달에 영향을 미치는 관련 제약을 식별하기 위한 방법론적 지침을 제공하는 데 사용되어야 한다. 우리가 아는 한, 생물생태학적 모델은 인간 발달에 대한 전체론적, 종단적, 맥락적 개요를 제공한다는 점에서 독특하다. 브론펜브레너의 모델은 인간 발달을 제약하는 네 가지 핵심 요소인 과정, 개인, 맥락 및 시간의 상호작용에 기반한다(PPCT). 이 과정process은 인간 발달의 주요 제약으로 인식된다(Krebs, 2009). 브론펜브레너와 모리스(2006)는 "이 구성은 시간을 거쳐 작용하며 인간 발달을 주로 생성하는 주요 메커니즘으로서, 유기체와 환경 간의 특정 형태의 상호작용인 근접 과정proximal processes을 포괄한다"(p. 795)라고 말했다. 근위 과정은 발달하는 개인에게 긍정적인 영향과 부정적인 영향을 모두 생성할 수 있다. 예를 들어 엘리트 스포츠 아카데미에 다니는 젊은 운동선수는 그 과정에서 성장할 수도 있고, 충격적인 경험으로 인해 완전히 그만둘 수 도 있다(Abbott 등, 2005). 분명히 각 개인은 고유한 경험과 특성을 통해 근접 과정에 영향을 미칠 수 있는 능력이 있다.

생물생태학적 모델의 두 번째 구성 요소는 사람person으로, 사람과 환경이 상호작용하는 동안 발달한 생물심리학적 특성을 통해 분석된다(Bronfenbrenner와 Morris, 1998). 구체적인 예로서 스타틴과 매그너스(1990)는 여성의 발달 과정을 통해 생물학적 성숙 속도를 평가하여 사람-환경의 상호작용을 설명하였다. 그들은 초경을 시작한 사춘기 이후 여학생들의 행동 패턴(사회적 적응)이 연령이 높은 남학생들과 수준이 비슷하다고 보고하였다. 이는 개인 발달에 대해 생물학적 요인의 역할을 이해하려면 정신적 요인과 환경적 요인을 동시에 고려해야 한다는 점을 제시하고 있다.

모델의 세 번째 구성 요소는 맥락context이다. 인간 발달에서 맥락은 개인과 환경 특성의 공동 기능으로 강조된다. 이는 사람들이 생활하는 관경(가족, 학교, 동네 등)의 물리적, 사회적, 문화적 특징뿐만 아니라 개인이 태어난 현대적인 삶과 역사적 맥락도 포함된다(Moen 등, 1995). 스타인 버그 및 연구자들(1995)은 자녀의 발달에 대한 양육 스타일을 분석할 때 맥락의 중요성을 인식했다. 그들은 권위주의적 양육의 효과성을 제시했는데, 청소년들은 부모가 이러한 방식으로 행동할 때 일반적으로 더 나은 결과를 얻을 수 있다고 했다. 그러나 어떤 맥락에서는 다른 맥락보다 더 효과적으로 작용할 때도 있다. 일부 환경에서는 부모의 통제 범위를 벗어난 근접한 과정들이 권위주의적인 양육의 이점을 뛰어넘을 수 있다(Steinberg 등, 1995). 예를 들어 빈곤과 범죄가 발생하는 동네에서 살아가는 아이들은 더 넓은 특정한 사회적 요인들에 영향을 받을 수 있기 때문이다.

생물생태학 시스템의 마지막 구성 요소는 시간time으로, "'개인이 살아가는 역사적 시기와 문화적으로 정의된 나이, 역할 기대 및 인생 동안 발생하는 기회와 관련된 생물학적 및 사회적 전환의 타이밍'을 분석할 수 있다"(Bronfenbrenner, 1995). 브론펜브레너와 모리스(2006)는 시간을 미시 시간, 중간 시간, 거시 시간의 세 가지 수준으로 분류했다(그림 6.1). 이러한 시간 척도는 특정 순간 근접한 시간micro과 관련된 급속한 불연속성을 구별한다. 며칠, 몇 주, 몇 달에 걸친 다른 상호작용의 규칙적인 주기성meso, 수명 기간 동안 발생할 수 있는 다른 에피소드의 보다 점진적인 진화macro.

생물생태학적 모델은 '미시체계microsystem'(예: 가족 지원), '중간체계mesosystem'(예: 훈련 시설), '외체계exosystem'(예: 인구통계) 및 '거시체계macrosystem'(예: 국가적 역사적 맥락)의 네 가지 하위 시스템 측면에서 환경을 개념화한다(Krebs, 2009 참조). 이러한 하

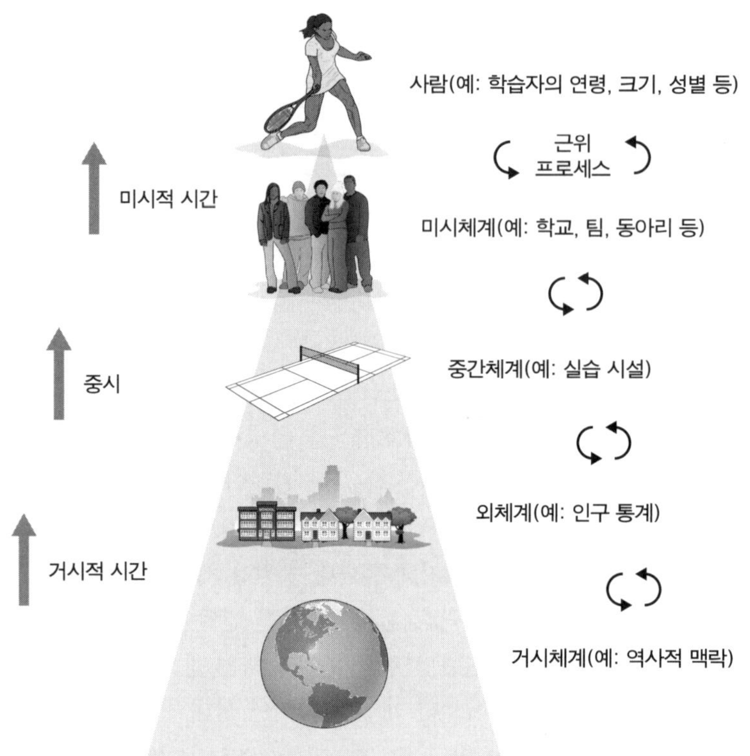

그림 6.1 인간 발달의 생물생태학 모델 다이어그램.

위 시스템은 중심에 개인이 있고 각 하위 시스템이 다른 하위 시스템을 구축하고 영향을 주어 생태 환경을 형성하는 동심원 구조에 맞는 것으로 생각할 수 있다(그림 6.1 참조). 미시체계는 발달하는 사람이 활동, 역할, 환경의 즉각적인 물리적, 사회적, 상징적 특징과의 대인관계에 직접적으로 관여하는 가장 긴밀한 수준이다. 중간체계는 미시체계들의 시스템이다. 사람이 한 미시체계에서 다른 미시체계로 이동할 때 중간체계가 생성된다. 중간체계는 발달 중인 개인이 속하는 두 개 이상의 환경 사이에서 발생하는 상호작용을 의미한다. 예를 들면 직장과 가정 내에서 받는 동시에 상호작용에 영향을 받는다는 것이다. 외체계는 성장하는 개인이 참여하는 환경을 포함하고, 해당 개인이 포함되지 않은 환경, 즉, 간접적으로 영향을 미치는 환경을 이야기한다(Bronfenbrenner, 1979; Krebs, 2009). 아동과 청소년의 성장에 간접적으로 영향을 미칠 가능성이 있는 외체계는 부모의 직장, 가족의 사회적 네트워크 및 동네 커뮤니티이다. 이와 관련하여 기술 습득 분야의 이전 연구자들은 동네 커뮤니티의 특성(예:도시의 인구 규모)이 주민들의 스포츠 전문성 습득에 영향을 줄 수 있다고 보고하였다(Côté 등, 2006).

마지막 수준은 거시체계로 미시체계, 중간체계 및 외체계 모두를 포함하는 체계이다. 이 시스템은 브론펜브레너에 의해 '주어진 문화, 하위 문화 또는 더 넓은 사회적 맥락의 미시적, 중간, 외적 체계 특성의 전반적인 패턴'으로 정의되었다(2005). 이와 같이, 거시체계 수준에는 운동 학습의 맥락 내에서 고려되지 않지만, 성장 중인 개인에게 불가피한 영향을 미치는 정치, 역사, 경제, 사회문화 등의 다양한 영향을 포함한다. 예를 들어 광범위한 거시체계는 특정 스포츠와 국가를 특징 짓고 결속하는 역사적인 플레이 스타일, 문화, 계층화를 설명하고 해석하는 데 도움이 될 수 있다(예: 뉴질랜드-럭비 유니온, 브라질-축구, 오스트레일리아식 축구, 인도-크리켓, 미국-농구, 러시아-체조, 북유럽의 동계스포츠, 동북 아프리카-마라톤, 자메이카-단거리달리기).

학습의 비선형적 성격

많은 학자들이 연구 설계에 생물생태학적 모델을 적용하려고 시도했지만(Moen 등, 1995) 기술 획득 과정을 조사하는 데 거의 사용되지 않았다(Krebs, 2009). 질적 연구 방법에 익숙하지 않아 스포츠 과학 분야에서 브론펜브레너의 모델을 적용하는 데 어려움을 겪었을 수 있다(Mullineaux 등, 2001). 그러나 크렙스(Krebs, 2009)에 따르면 '생물생태학적 모델은 새로운 연구 설계를 사용하여 운동선수의 개인 특성을 평가하기 위한 더 나은 조사를 수행할 수 있는 가능성을 제공한다'고 보고하였다. 이 책 전반에 걸쳐 제안했듯이 인간 발달은 많은 상호작용 요인의 영향을 받는 복잡한 과정이다. 이러한 복잡성은 필연적으로 시스템 출력의 비선형성 가능성을 가져온다. 실제로 상황화의 매개변수 내에서 생태학적 분석은 선형적 결정론적 초점으로 유지될 수 없다. 이러한 이유로 브론펜브레너는 환경 속성을 "선형 변수를 기준으로 구분할 수 없지만 시스템 용어로 분석할 수 없다"고 주장했다(Krebs, 2009). 1장에서 설명한 것처럼 비선형 시스템은 점진적이거나 예측 가능한 방식으로 발전하지 않지만 대신 예측하기 어려운 갑작스러운 점프, 일시 중지 또는 좌절을 경험할 수 있다. 사회문화적, 역사적 사건과 전통은 스포츠 맥락에서 기술, 경험, 지식을 습득하는 방법을 뒷받침하는 삶의 형태를 제공할 수 있다(Rothwell 등, 2018). 현장 지도사의 주요 과제는 환경적 제약이 스포츠의 기술과 전문성을 향상시키는 작업 및 개인적 제약과 어떻게 상호작용하는지 이해하는 것이다. 다음으로, 우리는 세 가지 범주의 상호작용 제약이 비선형 다이내믹 시스템으로서 인간의 기술을 향상시키기 위한 교육학적 방법론(비선형 교육학)을 제공할 수 있는 방법을 조사한다.

비선형 교수법이란? 주요 설계 원칙

충분한 증거는 인간 학습이 본질적으로 비선형적이라는 견해를 뒷받침하므로 교육 및 코칭 방법론은 이러한 비선형성을 설명해야 한다(Chow와 Atencio, 2012). 렌쇼 및 연구사들(2010)에 따르면, 제약 조건 접근 방식(CLA~Constraints-led approach~)과 같은 운동 학습의 구체화된 모델(Port와 van Gelder, 1995)은 마음, 몸, 환경이 각각 지속적으로 영향을 미치는 것으로 간주한다. 이러한 관점에서 운동 학습은 각 개인에게 작용하는 주요 제약 조건을 충족시키는 움직임 패턴을 습득하는 과정이다(Renshaw 등, 2009).

그러나 CLA는 운동 학습 영역에서 기술을 획득하는 방법에 대한 이해를 촉진할 뿐이다. 그것은 인간을 위한 비선형 역학 시스템으로 간주되는 운동 학습 프로그램을 설계하기 위한 원칙적인 교육학적 틀을 제공하지 않는다. 비선형 및 복잡성 현상에 기반한 비선형 교수법 접근 방식은 최근 몇 년 동안 현장 지도자에게 CLA를 사용한 교육 및 코칭을 뒷받침하는 핵심 원칙을 제공하기 위해 점점 더 지지를 받고 있다(Chow 등, 2016). 성과를 평가하는 방법, 관행을 구성하는 방법, 지침을 전달하고 피드백을 제공하는 최선의 방법에 대한 적절한 정보는 특히 관련이 있다(Chow 등, 2013; Ovens 등, 2013). 비선형 교수법은 인간 학습의 비선형성을 이해함으로써 구성되는 원칙에 의해 뒷받침되는 개인을 위한 대표적이고 촉진적인 학습 경험을 설계할 필요성을 강조한다(그림 6.2). 비선형 교수법의 최근 작업은 핵심 질문을 해결하기 위해 기본 이론

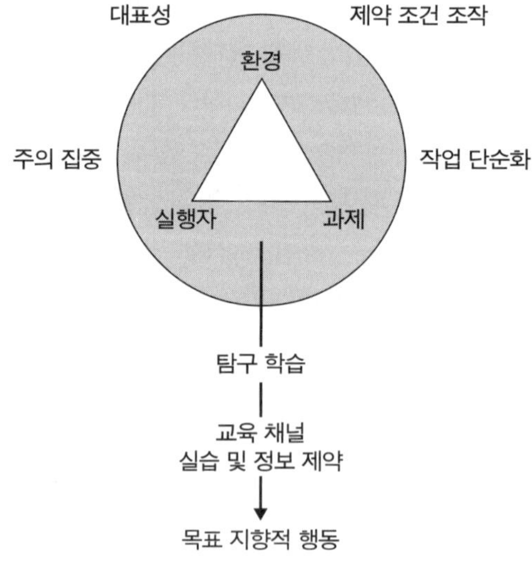

그림 6.2 비선형 교육학의 교육학적 원리.

Adapted from J.Y. Chow, "Nonlinear Learning Underpinning Pedagogy: Evidence, Challenges, and Implications," *Quest* 65, no. 4 (2013): 469-484.

원칙을 채택할 수 있음을 보여주었다. 교수 및 학습을 지원하는 데 사용할 수 있는 설계 원칙은 무엇인가?(Chow 등, 2009)

대표 학습 설계에 위치

비선형 교수법은 학습이 실제 상황에 있는 틀을 제공한다(Chow, 2010). 지식 습득은 학습자와 환경 간의 상호작용의 결과로 발생한다. 바라브와 로스(2006)는 학습자가 의미 있는 관계를 구성하기 위해 정보의 형태로 물질적 내용, 패턴 및 불변한 속성을 제공함으로써 생태학적 분석을 강조하였다. 데이비스와 수마라(2006)는 선수들의 학습이 '상향식' 방식으로 이루어져야 한다고 제안했으며, 이는 학생들에게 초점을 맞춘 더 높은 수준의 상황 및 진정한 학습을 반영한다.

파젠, 라일리와 터베이(2009)는 운동선수가 자신과 팀 동료의 행동 능력을 기반으로 지능적이고 정보에 입각한 결정을 내릴 수 있도록 현실적인 학습 환경에 배치되어야 한다고 지적한다. 예를 들어 골퍼들이 자신의 스윙을 발전시키기 위해 골프 연습장에서 많은 시간을 연습하는 방법을 생각해보자. 이 활동이 골퍼가 실제로 플레이하는 환경을 어느 정도 대표하는지 의문을 가질 수 있다. 대표적인 학습 설계는 골퍼가 코스를 탐색하는 동안 직면하는 자연스러운 도전을 지속적으로 경험할 필요가 있다고 주장한다. 골프에서 이러한 도전에는 다양한 설정 위치, 조명 및 날씨 영향, 사용할 클럽 결정, 그린에 가장 잘 접근하는 방법 및 퍼팅 전략 등이 포함된다(Stöckl 등, 2011). 티에 있는 공을 반복적으로 휘두르는 것은 골프 공을 치는 고도로 정밀한 작업 요구에 도움이 되는 것처럼 보일 수 있지만, 골프 스포츠는 이 활동보다 훨씬 더 많은 것을 포함한다. 지능적인 골퍼는 자신이 플레이하는 각 샷의 맥락이 얼마나 중요한지 이해할 것이며, 이러한 인식은 확실히 골프 연습장 내에서 재현되지 않는다!

작업 단순화

동작 기술 학습에서 기능적 정보-동작 결합을 확립해야 할 필요성은 비선형 교육학적 접근 방식의 초석 중 하나다(3장 참조). 정보와 이동 간의 순환 관계는 어포던스의 개념과 이동 제어에서의 역할을 이해하는 데 핵심이다. 초점은 개인과 개인이 환경(사회적 또는 물리적) 내에서 작업할 때 행동 기회가 어떻게 개인에게 고정되는지에 있다. 비선형 교수법은 기능적 어포던스 확립의 중요성을 기반으로 하며 이러한 행동 기회는 학습자가 대표적인 현장 학습 상호작용에 배치될 때 의미 있게 생성될 수 있다. 정보-운동 결합을 유지하기 위해 체계적으로 작업 요구 사항을 수정하는 것을 작업 단순화라고 한다(그림 6.2). 여기에는 일반적으로 도전적인 수행 작업을 연습 세션에서 달성하기가 쉽지만 행동을 안내하는 주요 어포던스를 수정하지 않고 수행하는 것이 포함된다.

쾨르너와 스털러(2018)는 경찰관을 위한 자기 방어 훈련의 비선형 교육학을 지지하는 작업 단순화의 가치를 인식했다. 예를 들어 그들은 자기 방어의 비선형 교육학에서 '위기가 정상이 되도록' 훈련 시나리오에 기습 공격, 높은 공격성 역학 및 심리적 압력과 같은 요소를 포함해야 한다고 지적한다(Körner와 Staller, 2018). 모의 공격 시나리오 내에서 경찰관은 환경 정보의 주요 소스(예: 잠재적 범죄자의 신체 언어, 무기의 존재, 자신의 각성 수준)를 인식하고 그러한 정보에 대한 적절한 대응을 결합하는 방법을 배워야 한다.

제약 조건 조작

제약 조건 조작의 역할은 비선형 교수법의 중요한 측면이다. CLA와 기술 획득에서의 역할(Renshaw 등, 2010)에 대해 많은 글이 작성되었으며 코치가 운동선수를 위한 특정 학습 기회를 적극적으로 형성할 수 있는 방법에 대한 이해를 제공한다. 이는 주요 제약 조건이 서로 상호작용하여 인지, 지각 및 행동을 사용하여 스포츠에서 수행 및 학습을 지원하는 방법에 대한 깊은 이해를 기반으로 하는 학습 설계 원칙을 포함하는 비선형 교육학의 주요 구성 요소다. 일반적으로 학습자가 다양한 움직임 행동을 탐색하고 획득하도록 자극하기 위해 현장 지도자가 작업 제약을 조정한다(Chow와 Atencio, 2012). 제약 조건 조작이 어떻게 채널 학습자가 다양한 움직임 행동을 나타낼 수 있는지에 관한 논문(예: Tan 등, 2012; Lee 등, 2014)에서 수많은 예가 조사되었다. 플레이 공간의 크기를 변경하여 테니스에서 긴 플레이를 할 수 있다(예: Fitzpatrick 등, 2018). 코치나 현장 지도자에 의한 제약 조건의 조작은 학습 시스템에서 선호하는 새로운 안정적인 움직임 동작으로의 전이 및 획득을 장려하기 위한 비선형 교수법의 강력한 방법이다.

탐색 학습: 기능적 가변성 활용

비선형 교수법의 중요한 측면은 조정 획득을 향상시키는 기능적 움직임 가변성의 역할과 관련이 있다. 왜냐하면 움직임 가변성은 인간 학습에서 비선형성의 특징으로 간주되기 때문이다(5장 참조)(Chow 등, 2011). '노이즈'는 탐색 활동을 증폭시키고 학습자가 특정 작업 목표에 대한 개별화된 기능적 솔루션을 발견하도록 안내할 수 있다(Newell 등, 2008; Schöllhorn 등, 2009). 비선형 교수법은 개별 운동선수의 지각-운동 작업 공간에 대한 탐색적 학습과 광범위한 검색을 지원하기 위해 학습 환경에서 섭동

그림 6.3 낙하산의 추가 저항으로 훈련 중인 러너.

주입(예: 연습 조건의 가변성을 장려하는 형태)의 중요한 역할을 통합하고 인식한다. 이는 학습자가 틀에 박혀 있고 기술 정체 상태에 있을 때 특히 관련이 있다(5장). 새로운 행동 방식으로의 전이를 장려하기 위해 코치는 학습자가 새로운 협응 패턴을 시도하고, 도전할 수 있도록 지침이나 장비와 같은 작업 제약을 변경하여 연습에 동요를 통합할 수 있다(그림 6.3 참조). 예를 들어 수영 코치는 종종 오리발, 패들, 심지어 낙하산과 같은 장치를 사용하여 학습자의 탐색적 기술 변경을 유도한다(Schnitzler 등, 2011). 이와 관련하여 베이커 및 연구자들(2003)은 고도로 숙련된 선수들은 기술 고원이 형성되는 것을 방지하기 위한 전략으로 작업 난이도를 스스로 수정한다고 언급했다.

주의 집중 향상

비선형 교수법의 또 다른 측면은 운동의 의식적이고 명시적인 제어를 감소시키는 것처럼 보이는 주의의 외부 초점에 기반한 지침의 영향을 포함한다. 외부 초점은 '수행자의 주의가 행동의 효과로 향하는 것'이며, 내부 초점은 '행동 자체에 주의를 기울이는 것'으로 비교할 수 있다(Wulf, 2007). 학습자에 대한 지침은 환경에 대한 움직임의 영향(즉, 행동의 결과) 또는 행동을 생성하는 것과 관련된 신체 움직임(즉, 사지 부분)에 각각 주의를 집중하도록 안내함으로써 다양할 수 있다(Wulf와 Lewthwaite, 2016). 그러나 다양한 주의 집중의 영향에 대한 이전 연구 결과 중 많은 부분이 숙련된 선수들에게 더 큰 관련성이 있는 것으로 보인다는 점도 주목해야 한다. 초보자와 아동은 주의 지침의 외부 초점에 다르게 반응할 수 있으며 이러한 지침의 인식된 이점은 설득력이 없을 수 있다. 베일락 및 연구자들(2002)는 압력이 절차화된 기술의 수행을 방해하는 기술 중심 과정에 대한 관심을 증가시킨다는 명백한 모니터링 가설을 제안했다. 이 가설은 내부 초점을 사용할 때 초보자에게서 수행의 결과가 더 나아질 수 있음을 시사한다. 예를 들어 초보 테니스 선수는 간단한 지시(예: 네트 너머로 공을 보내는 데 집중)에서 이점을 얻을 수 있는 반면 숙련된 선수는 기술 실행의 특정 요소(예: 발 배치, 백스윙)에 집중해야 할 수 있다. 따라서 주의 지침의 외부 초점의 이점은 작업 제약이 있거나, 학습자에 따라 달라질 수 있다(Peh 등, 2011). 주의 집중 위치에 관계 없이 비선형 교육학 관점에서 기술을 개발하기 위한 강력한 도구가 될 수 있다.

교사와 학습자에게 이것은 무엇을 의미하는가?

요컨대, 비선형 교수법의 초점은 개인에 있으며 분명히 학습자 중심의 접근 방식이다. 인식은 학습자에게 학습 및 수행 과정을 기반으로 개별화된 동작 솔루션을 획득할 수 있는 기회가 제공되어야 한다. 각 개별 학습자는 고유한 상호작용 작업과 언제든지 그에게 영향을 미치는 환경 제약을 충족해야 한다. 이러한 제약 조건을 캡슐화하여 현장 지도자는 대표성, 제약 조건 조작, 주의 집중, 기능적 가변성 및 관련 정보-운동 결합 유지를 통합하는 설계 원칙을 개발해야 한다. 그런 다음 이러한 설계 원칙은 실습 설계, 제약 조건 조작, 모델링, 지침 및 피드백(드물게 사용)의 주요 교육 채널을 통해 전달되어 기능적 목표 지향 행동이 나타날 수 있도록 한다. 비선형 교수법은 경쟁적인 수행 상황을 시뮬레이션하고 개별 학습자에게 적절하게 제공되는 학습 활동을 뒷받침하는 설계 원칙과 메커니즘을 제공한다.

대표적인 학습 설계 실습

현장 지도자는 게임 기술이 실제 또는 수정된 게임 설정에서 어떻게 사용될 것인지를 나타내는 현장 상황을 기반으로 학습 활동을 설계해야 한다. 축구에서 패스는 수비수가 있는 상태에서, 예를 들어 필드 마킹과 골 지역을 사용하는 등 경기력의 중요한 측면을 시뮬레이션하는 조건에서 연습해야 한다. 개인 스포츠에서도 같은 철학이 적용

주요 개념

대표적인 학습 설계

표현의 교육학적 원리는 구조화된 연습 환경의 정보-동작 결합이 관련성이 있고 수행의 상호작용을 대표하도록 보장한다. 이것이 의미하는 바는 학습할 수행의 상호작용과 관련 정보 소스 및 어포던스가 연습 작업 시뮬레이션에 존재해야 한다는 것이다.

된다. 서퍼들은 파도 속에서 보드 위로 올라가는 기술을 연습해야 한다. 수행 시나리오에서 동작과 환경 사이의 복잡한 결합이 필요한 경우 마른 땅에서 보드에 웅크린 자세로 점프하는 연습을 통해 얻을 수 있는 것은 거의 없다. 스프링보드 다이빙 연습은 이륙 및 공중 이동이 손으로 물에 들어가는 어포던스와 상호 연결될 수 있도록(거품 피트에 발부터 먼저 들어가는 것이 아니라) 주로 마른 땅 연습 지역이 아닌 수영장에서 이루어져야 한다.

대표적인 학습 설계를 수립하는 사례는 학교 환경 밖에서의 운동 학습 조사에 의해 명확하게 뒷받침된다(Pinder 등, 2011). 작업 분해(연습의 용이성을 위해 작업을 미시적 구성 요소로 나누는 것) 대신 작업 단순화(정보와 이동 사이의 연결 유지) 아이디어를 사용하면 표현을 더욱 향상시킬 수 있다(Davids 등, 2008). 이 생각은 선수가 과도한 훈련에 노출될 위험이 있는 경우 비교적 부담이 적은 팝오프(모의 미니점프)가 연습 뛰기보다 좋지만, 멀리뛰기 선수들에게 점프를 위해 발 구름판을 치지 않고 뛰기 연습을 권장해서는 안 된다는 것을 의미한다. 또한 다른 선수(예: 수비수) 없이 구성된 연습 과제나 인위적이고 인공적인 방식으로 구성된 연습 과제는 학습자가 부적절한 방법을 습득하게 되고, 기능적이지 않게 만들 수 있다.

현장 지도자의 관점에서 연습 작업을 수정하면 학습자가 수행의 상호작용에서 사용할 수 있는 주요 지각 정보에 액세스하고 이를 적절한 조치와 결합할 수 있다. 탄과 연구자들(2012)은 표현의 목적이 학습자가 관리 가능한 연습 환경에서 전술적 인식을 개발하고 적절한 결정을 내리고 기술을 연습할 수 있는 기회를 경험하는 것임을 발견했다. 이러한 기술은 상황 학습이 권장되는 건전하고 대표적인 학습 설계에서 분명하게 나타난다.

내재적으로 동기를 부여하는 학습 환경 조성

실무자가 학습자에게 본질적으로 동기를 부여하는 학습 환경을 제공하는 것이 무엇보다 중요하다. 차우 및 연구자들(2013)은 비선형 교육학적 접근 방식이 학습자가 학습 동기를 부여하는 맥락을 제공할 수 있음을 발견했다. 자기 결정 이론(Deci와 Ryan, 2000)에 의해 뒷받침되는 신체 활동과 스포츠 매체를 통해 아동을 교육하는 것을 목표로 하는 커리큘럼의 핵심 요구 사항은 선택한 활동과 교육학적 접근 방식을 보장하는 것이라고 제안되었다. 자율성, 능력 및 관련성이라는 기본적인 심리적 요구를 지원한다(Chow 등, 2013). 핵심 질문은 비선형 교육학의 틀 내에서 본질적으로 동기를 부여하는 학습 환경을 어떻게 만들 것인가 하는 것이다.

차우 및 연구자들(2013)은 또한 교수법이 자율성, 유능성 및 관련성을 추구할 수 있는 기회를 촉진해야 하며, 이는 과제 목표와 관련하여 노력, 끈기 및 문제 해결과 같은 내재적으로 동기 부여된 행동으로 이어질 것이라고 강조했다. 적합하고 관련된 작업 제약을 조작함으로써 현장 지도자는 개별 학습 요구에 맞는 수행 설정에 위치한 학습 활동을 설계할 수 있다. 이러한 개인차가 충족되면 학습자가 심리적 요구를 충족할 수 있는 기회가 더 커질 것이다. 소규모 그룹(예: 작은 규모의 게임)에서 작업하면 제약 조건과 질문을 적절하게 조작하여 문제 해결 기회를 제공한다. 학습자-과제 상호작용에 초점을 맞추면 자율성(예: 스스로 결정을 내림으로써), 역량(예: 수정된 활동에서 성공적으로 과제 목표를 달성함으로써) 및 관련성(예: 기회를 통해) 소규모 게임에서 동료 간의 상호작용을 위해 더 쉽게 달성할 수 있다(또한 비선형 교수법이 내재적 동기를 뒷받침하는 방법에 대한 논의 Renshaw 등, 2012 참조).

결론

인간은 움직임이 구성되는 방식에 영향을 미치는 복잡하고 다층적인 환경에서 기술을 수행하고 배운다. 사회적 및 문화적 요인은 기술 획득에 미묘하지만 지속적인 영향을 미치며 그 중요한 역할을 인정해야 한다. 제약 조건은 다양하고 역동적이며 상호작용하기 때문에 주어진 상황에서 제약 조건을 식별하는 것이 압도적으로 보일 수 있다. 브론펜브레너의 생물생태학적 모델(그림 6.1)은 학습자 또는 학습자 그룹에 대한 상호작용 제약을 식별하고 모델링하는 데 유용한 틀을 제공한다.

지난 10년 동안 인간 움직임 과학 문헌의 발전은 학습 동작 기술에 내재된 역동성과 복잡성을 설명하는 교육학적 접근 방식을 뒷받침하는 강력한 증거를 제공했다(Chow 등, 2016; Ovens 등, 2013; Renshaw 등, 2015). 현장 지도자가 학습 맥락에서 교수 개입을 계획할 때 학습자 간의 개인차를 고려해야 한다는 인식이 높아지고 있다(Chow와 Atencio, 2012). 개인 및 교육적 관행에 초점을 맞추려면 학습자, 작업 및 환경 제약 사이에서 발생하는 역동적이고 복잡한 상호작용을 충족시켜야 한다. 개별 학습자가 행동을 적응시키는 방법에 대한 연구는 상황에 맞는 환경에 내포되어 있다

(Chow, 2010; Jess, Atencio와 Thorburn, 2011). 학습자를 환경 내에 있는 것으로 조사하면 학습자가 중요한 정보-운동 결합을 설정하는 방법에 대한 중요한 통찰력을 더 잘 이해할 수 있다.

행동 변화에 존재하는 복잡성은 학습을 다양한 움직임 패턴 및 새로운 협응 패턴의 출현 사이의 갑작스러운 전이가 학습 맥락에서 비정형이 아닌 전형적인 비선형 과정으로 보도록 권장한다(Chow 등, 2011; Liu와 Newell, 2015 참조). 비선형 교수법은 현장 지도자에게 체계적이고 이론적으로 기반을 둔 방식으로 실습 설계를 알릴 수 있는 핵심 원칙을 제공한다(Davids 등, 2008).

자가진단 질문

1. 사회문화적 제약은 유기체 및 과제 제약과 어떻게 다른가?
2. 스포츠 또는 신체 활동 내에서 자신의 발달과 관련하여 생물생태학적 모델의 핵심 요소를 설명하라.
3. 현장 지도자에게 대표적인 학습 설계의 개념을 설명하라.
4. 코치는 비선형 교수법 원칙을 사용하여 학습자의 내재적 동기를 어떻게 개발할 수 있을까?

CHAPTER 7

학습 재정의: 학습 설계를 위한 실무적 요인

이 장의 목표

이 장을 완료하면 다음을 수행할 수 있다.

- 뉴웰의 모델에 따라 개인의 운동 학습 단계를 식별한다.
- 생태역학 접근 방식에서 제공하는 세련된 3단계 모델을 설명한다.
- 대표적인 학습 설계 측면에서 기술 이전 이해를 돕는다.
- 유지, 이전 및 기술 변형을 통해 학습 평가하는 방법을 이해한다.

1장부터 4장까지 우리는 생태역학의 이론적 아이디어와 현장 지도자가 정보-운동 결합 및 인지와 같은 주요 개념을 더 잘 이해할 수 있는 방법에 대해 논의했다. 다음 5장에서 다음과 같이 설명했다. 이러한 이론은 운동 학습에 대한 제약 주도 접근 방식을 뒷받침하고 기술 획득을 기술 적응으로 재정의할 수 있다(Araújo 및 Davids, 2011). 이러한 아이디어는 운동 학습에 대한 전통적인 접근 방식과 매우 분명하게 대조를 이룬다. 20세기 대부분 동안 연구자들은 학습을 개인의 지각 및 운동능력이 신경생리학적 적응을 통해 점진적으로 변경되었다(Davids 등, 2008). 메모리 구조를 통한 움직임 패턴 표현의 생성과 저장에 중점을 두었다. 개인이 움직임의 최적의 표현을 구성하고 필요에 따라 협응할 수 있다고 가정하면 학습은 성공적인 것으로 간주될 수 있다(Schmidt, 1975).

움직임을 지원하는 신경 구조의 존재를 부정하지는 않지만(Araújo와 Davids, 2011), 역학 접근법은 개인이 제약 조건에 적응하는 방법을 배우는 과정에 더 중점을 둔다. 한 맥락에서 다른 맥락으로 기술을 전달하는 기초가 되는 기술 적응은 연습의 핵심 측면이며 제약 주도 접근법, 가변 연습, 그리고 세계적으로 비선형 교육학을 통해 달성될 수 있다. 이 장에서 칼 뉴웰Karl Newell(1985)이 처음 제안한 운동 학습의 고전적인 모델에 따라 지각-운동 영역이 어떻게 진화하는지 설명한다. 상당한 가치가 있고 번스타인의 통찰력을 바탕으로 뉴웰의 모델은 생태심리학에서 정보 규제에 대한 새로운 아이디어를 포함하도록 업데이트될 수 있다(Jacobs와 Michaels, 2007). 따라서 우리는 21세기를 위한 학습의 3단계 모델의 재개념화를 제안한다.

이 장의 마지막 장에서 우리는 보유 및 이전 효과에 대해 논의함으로써 기술 획득의 역학을 추가로 설명한다. 특히 다양한 전달 차원(원격 대 근접, 특정 대 일반, 측면 대 수직)과 더 중요하게는 특수성을 고려해야 하는 이유를 설명한다. 근거리 이동과 원거리 이동의 구분보다는 이동의 구분이 더 중요하다.

뉴웰의 운동 학습 모델

먼저 학습자가 적응 행동을 찾기 위해 탐색하는 세 단계를 고려해 설명하겠다. 다양한 기술 수준의 공연자 간의 차이점을 어떻게 특성화할 수 있을까? 뉴웰(1985)은 신체의 기계적 자유도에 대한 번스타인(1967)의 통찰을 기반으로 모델을 공식화했다. 이 모델은 협응과 제어 사이의 관계를 이해하기 위한 좋은 기반을 제공하며, 사람들이 변화하는 제약에 적응하면서라 운동 시스템 자유도가 시간이 지남에 따라 어떻게 재구성될 수 있는지 이해하는 데 유용하다. 우리는 뉴웰의 모델을 이해하기 위한 수단으로 배구를 예로 들어보겠다.

1단계: 협응 패턴 조합

뉴웰(1985) 모델의 첫 번째 단계는 사용 가능한 많은 운동 시스템 자유도에서 적절한 협응 패턴을 연결하는 것과 관련이 있다. '협응 구조'를 생성하기 위해 학습자는 다리, 엉덩이, 몸통 및 팔과 같은 관련 신체 부위 간에 적절한 상대적 동작을 조합한다. 예를 들어 초보 배구 선수는 중요한 물체(서브하지 않는 손에 들고 있는 배구공), 표면(코트), 장애물(네트) 및 전략적 목표(네트를 넘어 상대 코트의 특정 지역으로 공을 보내는 것)와의 상호작용에 의해 생성되는 지각-운동 환경을 탐색한다. 코치의 개입이 없는 경우 학습자는 작업 목표를 달성하기 위해 상대적으로 안정적인 움직임 패턴을 찾기 때문에 넓고 다양한 영역을 탐색할 수 있다.

배구 선수는 공을 공중으로 던져 손으로 타격하는 동작을 시도한다. 연습을 통해 사용 가능한 운동 시스템 구성 요소, 특히 던지는 팔, 치는 팔 및 다리에서 기본 협응 패턴이 나타난다. 학습 초기에 이 기본 패턴은 학습자가 성공적인 서브 동작을 시도하기 위해 던지고, 때리고, 발을 밟는 협응을 시도한다. 점진적으로 성공적인 협응 패턴이 연습 중에 정기적으로 나타나기 시작한다. 배구 서브는 특정 동작 제약 조건에서 어트랙터(던지고, 때리고, 발을 밟는 하위 구성 요소로 구성됨)는 더 안정적이다. 선수가 연습 중에 다른 동작 패턴을 개발하고 습득함에 따라 다양한 어트랙터 또는 기능적 협응 패턴이 점차 더 다양한 볼 궤적과 함께 스파이크, 디그(상대팀 서브 외 공격에 대한 수비) 및 서브와 같은 관련 기술 능력이 높아진다.

5장에서 언급한 것처럼 기존 패턴과 학습 패턴 사이에 '변화'가 발생할 수 있다. 즉, 다양하게 존재하는 기능적 협응 패턴(어트랙터)이 다목적 도구처럼 다른 작업에 기능적으로 적응될 때 긍정적인 전달이 발생한다. 이 과정의 좋은 예는 테니스 선수가 테니스 공을 서브하기 위한 기본적인 오버핸드 움직임 패턴(어트랙터)을 개선하여 배구에서 오버핸드 서브 동작 개선에 도움을 준다. 운동 시스템 고유 역학과 전문적인 역학 사이의 밀접한 일치는 유사한 도구와 장비를 필요로 하는 전문적 요구 사항을 가진 많은 작업에서 존재할 수 있다. 일반적으로 기존 어트랙터가 주변 어트랙터와 경기 동안 불안정해시면 새롭고 너 기능적인 시스템 조직으로 형성됨에 따라 지속적인 협응이 발생한다.

학습 초기에 또는 더 성숙한 성인이 새로운 활동을 시작하려고 할 때 완전히 새로운 어트랙터 상태가 발달하여 안정적인 상태의 수가 증가하고 운동 패턴에서 갑작스럽게 '분기점'(5장 참조)을 유발할 수 있다(Kostrubiec 등, 2012; Zanone와 Kelso, 1992). 따라서 초보 배구 선수가 테니스를 쳐본 적도 없고 손으로 던지는 일도 거의 하지 않은 어린아이라면, 그 아이는 다소 지각능력이 없는 운동 환경에서 새로운 어트랙터를 구축해야 한다. 그러나 짧은 기간의 연습 후 학습자의 본질적인 역학은 일반적으로 적응할 수 있는 적절한 어트랙터를 생성하게 된다. 이것은 특히 나이가 많은 아동과 청소년에게 해당된다. 결국, 대부분의 복잡한 동작 루틴은 움켜쥐기, 잡기, 때리기, 가로채기, 스테핑, 자세 제어, 균형, 부력 및 이동을 포함하여 유아기 초기에 발견되는 기본 움직임 패턴의 일부 요소를 포함한다(Hulteen 등, 2018).

협응 단계에서 탐색 후 합리적인 해결 방법이 발견된 후에는 학습자들이 일반적으로 여러 개의 자유도를 결합하여 통제 문제를 더 작은 수로 줄이기 위해 여러 개의 자유도를 결합하려는 시도를 보인다. 학습자는 일관성을 필요로 할 수 있으며, 종종 기본적이지만 고정된 운동 패턴에 집중하게 된다. 이것은 바로 번스타인(1967)이 수행자가 다양한 운동 시스템의 다양성을 더 관리 가능한 구성 요소로 축소할 때 관찰되는 현상이라고 하였다. 배구 서브는 선수들이 너무 많이 움직일 필요가 없고, 전략적인 변화가 적게 요구되며, 작전이 변경되지 않은 한 성공적으로 이루어질 수 있다.

리우와 뉴웰(2015)은 움직임 협응의 새로운 패턴을 배우는 것이 이미 알고 있는 협응 모드를 새로운 움직임 요구에 맞게 확장하는 방법을 배우는 것과는 다른 과정임을 발견했다. 개별 학습자에 대한 자세한 운동학적 분석은 새로운 패턴의 움직임 협응 연습이 패턴 간 전이 중에 더 높은 변동성을 동반할 수 있음을 보여주었다. 대조적으로, 기존 패턴의 미묘한 규모는 일반적으로 그러한 행동을 유도하지 않는다(Liu와 Newell, 2015). 배구 서브와 관련하여 이러한 가변성은 평발 서브와 스텝 또는 점프 서브 사이의 전이 과정에서 드러날 수 있다. 이러한 전이는 보다 기능적인 협응 패턴이 나타나는 초기 징후이다.

2단계: 협응 구조의 통제력 확보

뉴웰(1985) 모델의 두 번째 단계는 제어 단계이다. 일단 신체 부위 간의 관계와 서브 동작의 기본 협응이 확립되면 개인은 완성된 협응 구조와 수행 환경 사이에 더 긴밀한 적합성을 확보해야 하는 문제에 직면하게 된다. 가장 분명한 것은 상대방이 공을 돌려받기 어려운 위치에 서브를 넣는 것이 중요하다. 다른 요소에는 천장 높이, 바닥 표면(예: 비치 발리볼의 경우 고르지 않은 모래) 및 주변 조명과 같은 코트의 특정 변형이 포함될 수 있다. 통제력을 얻기 위해 학습자는 다양한 상황에서 적응적으로 기능하기 위해 서브를 위한 협응 구조를 탐색해야 한다. 이 탐색 중에 플레이어는 환경 요구와 관련하여 협응 구조의 중요한 매개변수에 대한 값을 변경하여 조립된 움직임 패턴을 조사한다. 2장에서 움직임 시스템의 가변성은 피할 수 없고 어디에나 존재한다는 점에 주목했다. 리우 및 연구자들(2006)에 따르면, 이 학습 단계는 일반적으로 어트랙터 안정성이 다양한 상황에서 적응력을 강화하기 위해 조사됨에 따라 움직임 패턴의 미묘하고 세련된 변화를 특징으로 한다.

지각-운동 환경을 탐색하면 협응 구조를 직접 조정하는 과정인 지각 피드백을 생성하고 획득하게 된다. 학습자가 원하는 운동학적 결과를 얻고 일련의 작업 제약 조건을 충족할 때까지(Fitch 등, 1982). 배구 서브에서 선수는 공의 질량과 상대 선수의 위치와 같은 정보를 사용하여 기본 협응 패턴을 조정할 수 있다. 자전거 타는 법을 배울 때 아동은 핸들바의 강성과 앞바퀴 방향의 변화율에서 햅틱(터치) 정보를 선택하여 조향을 위한 협응 구조를 조정할 수 있다. 이러한 정보원을 획득하기 위해서는 지각적 탐색이 필요하며, 3장에서 설명했듯이 깁슨(1979)은 실제로 탐색 행동이 행동을 유도하기 위한 관련 정보원을 발견하는 데 중요하다고 주장했다.

제어 단계에서 이전에 조립된 협응 구조가 점진적으로 해제될 수 있을 만큼 유연하고 연습 시험에 대해 약간 다른 구성으로 재구성될 수 있는 경우 탐색 및 검색 과정이 촉진된다. 초보 배구 선수의 경우 팔과 다리의 움직임을 조절하는 두 개의 협응 구조가 결국 하나의 더 큰 단위로 재구성된다. 제어 단계는 협응 구조가 환경 정보 소스 또는 수행자의 의도에 의해 재구성될 수 있도록 더 개방되도록 운동 시스템 자유도의

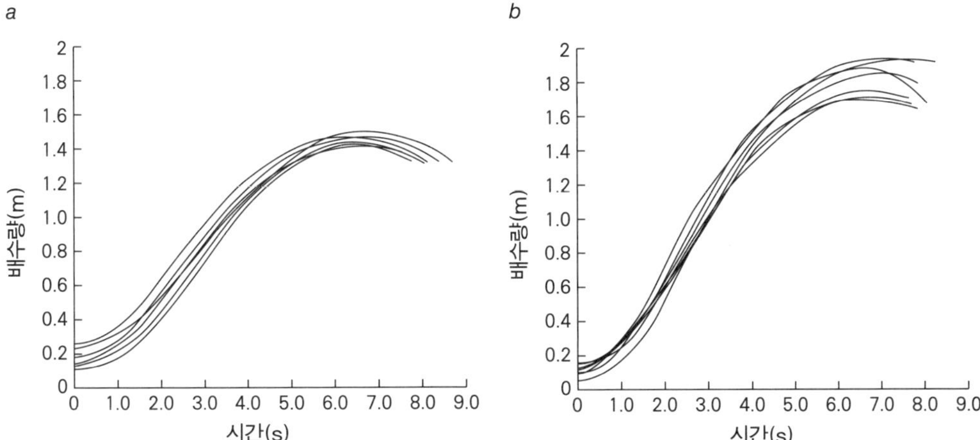

그림 7.1 (a) 서비스 조건(공을 놓는 것과 공을 치는 것), (b) 공을 놓는 조건 중 한 명의 대표 대상에 대한 공 배치에 대한 시간 변위 프로파일. y축의 변위 데이터는 미터 단위로 보정된다.

재구성을 특징으로 한다.

인간 운동 맥락에서 적응적 행동이 필요한 이유는 운동 시스템의 준안정성 metastability에 의해 강화된다(Kelso와 Engström, 2006). 2장에서 언급한 준안정성은 신경생물학 시스템에서 다이내믹 형태의 안정성을 의미하며, 시스템 부분은 기능적 움직임 목표를 달성하기 위해 특별히 서로 달라붙으면서 고유한 정체성과 작동의 유연성을 유지한다(2장 연구에 대한 스포트라이트 참조). 준안정성은 경향을 이용함으로써 숙련된 선수들은 공 던지기의 궤적, 경쟁 스트레스 및 피로와 같은 계획되지 않은 변화로 인해 발생하는 수행 조건의 미묘한 변화에 점차적으로 대처한다. 게임의 전술적 요구 사항에 따라 숙련된 선수들은 의도적으로 동작을 변경할 수 있다. 예를 들어 짧은 공 던지기는 파워 스트라이크와 연관될 수 있고, 긴 토스에는 덜 강력한 공이 동반될 수 있다. 선수들이 새로 인지된 자유도를 제어하려고 시도함에 따라 환경 이동에 의해 생성된 지각 정보가 중요해진다. 학습자가 안정적인 어트랙터 영역과 관련된 지각 결과에 점점 더 맞춰감에 따라 자유도에 대한 더 큰 제어가 시각 또는 음향 변수와 같은 환경 정보에 일시적으로 넘겨진다.

이 과정은 타격 동작이 있거나 없는 숙련된 배구 선수의 공 던지기 협응 동작을 예로 들 수 있다. 그림 7.1은 공 던지기가 타격에 어떻게 적용되는지 보여준다. 공을 칠 필요가 없을 때 토스는 다른 방식으로 구성된다. 제약 조건으로 작용하는 다양한 정보 소스는 작업별 협응 구조의 자기조직화를 촉진한다. 서로 다른 맥락에서 작동하도록 협응될 수 있는 강력한 정보와 운동 결합의 형성에 의해 암시되는 것이다.

주목할 만한 연구

동결 협응 구조

베리켄 및 연구자들(1992)의 고전적인 학습 연구는 연습을 통해 운동 시스템 재구성을 조사하는 초기 정보를 제공했다. 연구팀은 5명의 초보 스키어에게 7일 동안 슬라롬과 유사한 움직임을 스키 시뮬레이터 기계에서 배우도록 요청했다. 이 기간에는 60초 동안 140회 시도가 수행되었다. 연구자들은 구체적인 과제 지시를 하지 않고, 스키 플랫폼과 상체 및 하체의 관절에 마커를 사용하여 움직임의 진폭과 주파수를 기록했다. 연구자들은 관절이 과제 수행에 적극적으로 참여하지 않는 경우, 기록된 관절 각도의 평균과 운동 범위가 낮을 것이라 주장했다. 또한, 학습자가 주요 관절 사이에 강한 결합을 형성함에 따라 관절 사이의 관계가 높을 것이라고 주장하였다.

데이터는 학습 초기에 움직임 기간 동안 평균 관절 각도 주변의 변동성(표준 편차 또는 SD로 추정)이 낮다는 것을 보여주었다. 관절의 각도 운동 범위가 낮았고, 관절 간의 상호 상관관계 값이 높았다. 이러한 결과는 자유도를 제어하기 위해 자유도를 고정한다면 예상할 수 있는 결과이다. 그러나 학습자들이 관절의 움직임을 더 적극적으로 사용할 수 있도록 이러한 강한 결합을 해제하려는 시도가 있는 증거가 있었다.

연습을 통해 고관절, 무릎 및 발목 각도의 크기가 증가했으며 고관절과 무릎, 고관절과 발목 사이의 교차 상관관계가 감소했다. 협응에 대한 학습 효과의 신속성은 평균 관절 각도의 평균에서 가장 큰 변화가 총 시도 횟수(n = 140)의 시도 1과 8 사이에 발생했다는 사실에 의해 강조된다. 무릎 관절의 평균값은 임상 시험에서 가장 큰 증가를 보였으며, 무릎 관절은 연습 중 학습자가 슬라롬 동작을 제어하는 데 가장 큰 영향을 미쳤다.

응용

수행자가 임시 작업 제약 조건을 충족하기 위해 자유도를 해제하는 상황을 생각해본다. 예를 들어 가파른 블랙 런을 넘어야 하는 초보 스키어에게 어떤 협응 패턴을 기대할 수 있을까? 고급 스키어들은 깊고 울퉁불퉁한 모굴 경기장이나 가루 같은 눈의 제약을 어떻게 해결할까?

3단계: 숙련된 제어 최적화

뉴웰(1985) 모델의 최종 단계는 협응 구조의 숙련된 최적화를 가리키며, 수행을 점차적으로 유연하고 활용 가능한 환경 정보에 적응하여 효율성과 통제력을 향상시키는 것이다. 이러한 기능 수준에서 선수들은 움직임으로부터 자신의 힘을 활용하여 유연하고 효율적인 행동을 하는 데 능숙해진다. 예를 들어 배구 서브 통제를 실험함으로써 기능을 최적화하는 데 도움이 될 수 있다. 선수가 다양한 작업 제약 조건하에서 서비스를 제공하는 문제에 대한 최적의 솔루션을 찾으면 이동 패턴의 힘, 지속 시간 및 진폭을 변경할 수 있다. 예를 들어 서브-리셉션 작업에서 파울로 및 연구자들(2018)은 배구에서 누가 어떻게 서브를 받았는지 조사했다. 연구자들은 공의 초기 속도, 공의 궤적 높이, 공과 리시버 사이의 거리가 프로 배구 선수의 다양한 패턴으로 이어진다는 것을 보여주었다. 특히 서브의 최대 높이가 더 높고 리시버와 서버의 의도된 목표물 사이의 종 방향 거리가 더 짧을수록 더 높은 초기 속도가 오버핸드 패스를 사용할 가능성을 높였다. 반대로 리시버가 볼과 타깃에 대한 정렬을 줄이면(즉, 리시버가 볼을 가로채는 경우 네트 반대쪽을 향할 때) 언더핸드 측면 패스를 사용할 가능성이 높아진다. 그러나 언더핸드 측면 패스의 사용은 낮은 품질의 리시브와 관련이 있었으며, 이는 다양한 서브 조건에서 다양한 리시브 패턴을 훈련하는 것이 도움이 될 것임을 시사한다 (Paulo 등, 2018).

뉴웰이 최적이라는 용어를 사용한 것은 에너지 효율성이 수행 중 움직임 패턴의 출현을 지배하는 중요한 요소임을 시사한다. 뉴웰(1985)에 따르면 에너지 효율성은 '협응 및 제어의 선험적 구성 원리'이다(p. 304). 기술 또는 최적의 조직은 협응 구조의 구성 요소가 정량적으로 협응되어 수행자가 이동 중에 팔다리의 반응력을 사용할 수 있을 때 발생한다. 사지 움직임의 수동적, 관성 및 기계적 특성은 부드러움과 유동성을 특징으로 하는 숙련된 움직임에서 완전히 활용된다. 이 단계에서 추가 자유도가 해제됨에 따라 협응 구조가 안정된다. 이 안정화는 환경 정보에 의해 제한되는 제어 가능한 매개변수의 수를 증가시키고 보다 유연한 움직임을 초래한다(Bernstein, 1967).

예를 들어 숙련된 배구 서브에서 이러한 증가된 유창함은 수행자가 이전에 자극되지 않은 근육 스트레칭-단축 주기 동안 힘줄에서 방출되는 탄성 에너지를 활용할 수 있도록 한다. 따라서 반사 관여의 결과로 타격하는 손과 팔의 가속 단계가 증가할 수 있으며 몸통 회전과 결합되어 서빙 동작에서 힘을 생성할 수 있다. 최적화를 통한 서빙 동작은 에너지를 매우 효율적으로 사용된다. 이것이 관찰자들이 종종 엘리트 선수들의 행동 실행을 힘들이지 않은 것으로 묘사하는 이유이다. 전문 암벽 등반가(Cordier 등, 1996; Seifert 등, 2014)와 빙벽 등반가(Seifert 등, 2014). 특히 전문 등반가는 본질적으로 내부 힘(즉, 근육의 힘)을 사용하기보다는 외부 힘(즉, 중력)을 더 활용하여 몸을 진자처럼 휘두르고 높은 홀드에 도달하고 잡는다.

최적의 숙련된 수행 수준의 추가 특성에는 갑작스럽고 미세한 환경 변화에 대한 즉각적인 적응이 포함된다(Newell, 1996). 적응성은 다양한 제약 조건하에서 안정성(즉, 지속적인 행동)과 유연성(즉, 가변적인 행동)을 모두 반영한다. 적응성은 일정한 조건이나 환경 따위에 알맞게 변해 적응한 동작을 의미한다. 일련의 제약 조건에 대한 적응 동작은 섭동에 대한 안정성을 나타내는 반면 적응 동작은 다이내믹으로 상호작용하는 제약 조건에 대한 기능적 솔루션을 보장하는 유연성을 반영한다. 예를 들어 빙벽 등반가의 작업 목표가 얼음 표면에 얼음도끼를 고정하는 것이라면 특정 고정 장치를 만들기 위해 빙폭에 대해 얼음도끼를 휘두르는 것과 같은 기능적 안정성을 보여줄 수 있다. 그러나 빙벽이 이미 그 구조에 존재하는 구멍의 형태로 지원을 제공한다면, 빙벽 등반가는 빙벽의 기존 구멍에 얼음도끼의 날을 걸어 얼음 표면에 대한 지원을 제공함으로써 기능적 유연성을 입증할 수 있다(Seifert 등, 2014).

따라서 최적의 기술 수행 단계에서도 사람들이 창의적인 작업 솔루션(Orth 등, 2017; Withagen와 van der Kamp, 2018) 또는 패턴을 검색함에 따라 발견 학습이 중요한 역할을 하고 에너지를 효율적으로 사용한다. 학습의 모든 단계에서 수행자는 자신에게 부여된 제약을 충족하기 위한 가장 기능적인 솔루션을 찾고 있다. 탐색과 혁신은 여전히 전문가 수준에 존재하며 개인이 행동 시스템 경계(즉, 어포던스 경계)를 늘리는 과정을 반영한다. 그렇게 하면 그들은 기술의 범위 또는 적어도 유연성이 증가할 수 있다.

학습의 단계 모델은 보편적인가?

운동 학습에 대한 뉴웰과 번스타인의 통찰은 다관절 동작을 연습하는 동안 학습자가 신체의 수많은 근육, 관절 및 부분을 협응하는 방법을 이해하는 데 매우 유용하다. 그러나 역학 시스템 이론과 생태심리학의 개념에 대한 이해가 수년에 걸쳐 등장함에 따라 이 모델이 기술 획득 과정의 단순화를 나타냄이 분명해졌다.

최근에 연구자들은 학습의 결과로 운동 시스템 자유도의 변화에 대한 번스타인(1967)의 원래 통찰을 재고했다. 특히, 뉴웰 및 연구자들(2001)은 번스타인의 원본 저술의 일부 번역에서 암시하는 것처럼 협응 단계에서 제어 단계로의 전이가 선형적이고 영구적인 과정이 아님을 스스로 인정한다. 보다 최근에는 학습자가 운동 시스템의 준안정성 경향을 이용함에 따라 시스템에 작용하는 제약 범위에 따라 운동 시스템 자유도가 재구성된다는 것이 분명해졌다(Chow 등, 2006; Liu 등, 2006, Newell 등, 2005; Orth 등, 2017; Seifert 등, 2015). 고도로 숙련된 수행자조차도 특정 수행 상황에서 작업 제약 조건을 충족하기 위한 기능적 패턴으로 간주되는 경우 협응 단계로 다시 전이하고 경직된 움직임(일반적으로 초보자의 특징)을 보일 수 있다(템프라도 및 델라슈의 배구 서브 데이터 참고 Grasta 등, 1997).

뉴웰과 베일런코어트(2001)는 운동 시스템의 변화 과정에 대한 번스타인의 원래 개념화가 아마도 너무 협소하다고 주장했다. 운동 시스템 재구성이 충족되어야 하는 제약 조건의 특성 변화로 인해 발생하는 기계적 자유도의 증가 및 감소를 초래할 수 있다는 점을 인식하지 못했다. 때때로 협응 패턴에 사용되는 운동 시스템 자유도의 감소는 특정 작업 제약 조건에서 수행하는 전문 운동선수에게 기능적일 수 있다. 어떤 상황에서는 정확성을 과도하게 강조하거나 신뢰할 수 없는 환경 정보(예: 크리켓 또는 테니스 경기 중 조명이 약하거나 미끄러운 보행 또는 운전 표면 또는 중요한 사람 앞에서 공연하는 등)로 인해 운동 문제가 더 어려워진다.

이러한 유형의 강렬한 연습 상황과 경쟁에서 불안과 흥분과 같은 감정 상태의 변동은 정보 탐지의 정확성을 감소시킬 수 있다(Bootsma 등, 1992). 예를 들어 와인버그와 헌트(1976)는 매우 불안한 상태에서 던지는 사람의 주동근과 길항근의 에너지 비용이 많이 들고 억제적인 공동 수축을 위해 순차적인 근육 활동의 감소를 보고했다. 우리는 관찰된 근육 긴장의 증가를 자유도를 다시 동결하고 통제력을 되찾기 위한 시도에서 협응 구조를 재구성하려는 노력으로 해석할 수 있다. 또한 노화 및 질병과 같은 자연적 과정으로 인해 운동 시스템 자유도의 구성이 변경되면 특정 협응 솔루션에 사용되는 숫자가 증가하거나 감소할 수 있다.

축구 발차기에 대한 연구는 학습자가 운동 시스템 자유도를 사용하여 다양한 거리에서 힘 제어를 변경하면서 높이 장벽 너머로 공을 차는 과제 목표를 충족하는 다양한 접근 방식을 채택하는 방법을 명료하게 설명했다. 차우 및 연구자들(2007)은 일부 학습자가 축구에서 기능적 치핑 동작을 검색할 때 비순차적인 방식으로 연습에 대한 운동 시스템 자유도의 참여를 늘리거나 줄인다는 것을 발견했다(공 차기에 대한 자세한 내용은 2장 참조). 베르투제슈와 룬가렐라(2004)는 운동 시스템 자유도를 번갈아 동결 및 해제하는 전략이 운동 협응을 획득하는 가장 성공적인 방법일 수 있다고 제안하기까지 했다. 이 아이디어는 추가 연구에서 평가가 필요하지만, 그럼에도 불구하고 운동 시스템 자유도 참여의 증가 또는 감소는 작업의 제약과 어느 한순간의 사람의 자연 상태에 달려 있음을 시사하는 증거가 있다(Newell 등, 2003).

요약하면, 학습의 3단계 모델은 현장 지도자가 비교적 쉽게 인식할 수 있는 학습자의 일반적인 특성을 포함하는 유용한 지침이다. 하지만 실제로는 각 개별 학습자가 고유한 방식으로 단계를 진행할 수 있으며 작업 특성도 강한 영향을 미친다. 게다가 뉴웰과 번스타인의 아이디어는 학습 중에 움직임이 어떻게 재구성되는지에 더 초점을 맞추고 정보가 행동을 조절하는 방법에 대해서는 덜 집중한다. 그럼에도 불구하고 3단계 모델은 진행적인 학습 과정의 일반적인 형태를 제공하는 데 여전히 가치가 있다.

재정의된 학습, 생태역학 접근

3장에서 언급한 바와 같이, 생태역학 틀은 역학 시스템 이론보다 더 나아가 생태적 규모에서 운동 학습을 고려함으로써(즉, 제약 조건이 학습 중 지각-행동 결합을 형성하는 방식을 이해함으로써) 생태심리학의 이론적 가정을 통합한다. 따라서 의도에 대한 교육, 관심에 대한 교육(조율) 및 보정(Fajen 등, 2009; Jacobs와 Michaels, 2007)과 같은 과정은 자유도의 기능적 재구성으로 이어지고 뉴웰의 모델에 통합될 수 있다. 운동 학습(Davids 등, 2012; Renshaw 등, 2015). 이러한 방식으로 생태역학 틀은 수정된 3단계 학습 모델인 검색 및 탐색, 발견 및 안정화, 개발을 지원한다(표 7.1 참조).

검색 및 탐색

이 단계는 작업 목표를 달성하기 위해 시스템 자유도(예: 인체의 구성 요소 및 하위 시스템 수)를 탐색하는 것으로 구성된다. 모든 상황에서 많은 인식과 행동이 가능하기 때문에 학습자는 수행 맥락에서 달성해야 하는 것을 지정하기 위해 의도를 교육해야 한다(Jacobs와 Michaels, 2007). 인터넷 검색을 위한 검색 엔진(예: Google)과 마찬가지로 학습자는 검색을 필터링하고 목적에 맞는 솔루션으로 안내하기 위한 정보가 필요하다. 실제로 특정 상황에서 특정 인식과 행동은 다른 것보다 더 기능적이며 경험을 통해 학습자는 작업 목표를 달성하기 위해 인식과 행동을 선택하는 능력을 향상시킨

표 7.1 생태역학 프레임워크의 수정된 3단계 학습 모델

학습 단계	스킬 개발 특성	지각 학습 특성	행동 특성
1. 검색 및 탐색	작업 목표 달성을 위한 자유도 탐색: 특정 작업 목표를 달성하기 위해 내부 및 외부 자유도 검색	작업 목표 달성을 위한 자유도 탐색: 특정 작업 목표를 달성하기 위해 내부 및 외부 자유도 검색	기본 목표는 일반적으로 충족됨, 많은 오류, 비효율적, 적응 불가능
2. 발견 및 안정화	다양한 작업 솔루션 탐색 및 안정화: 임시 수행 솔루션 식별 및 재현 시도	조율: 적절한 지각과 정보 출처의 사용	다양한 목표 충족, 동작의 변화에 따른 일관성 증가, 다양한 상황에 더 잘 적응
3. 개발	지각-운동 자유도 활용: 상황적 요구에 즉각적인 적응	검증: 작업을 정보에 맞게 조정	효과적이고 효율적인 목표 달성, 다양한 상황에서 최적의 수행능력을 보임

Adapted from Davids et al. (2012).

다. 따라서 학습자는 작업 목표를 달성하는 방법을 찾기 위해 내부 및 외부 자유도를 구성하는 방법을 검색한다. 렌쇼 및 연구자들(2015)이 언급했듯이 의도 교육은 단순한 정보 안내 과정이 아니다. 의도는 추가 작업을 위해 관련 정보 변수를 기능적으로 탐색(행동)하고 인식하도록 학습자의 주의를 유도한다. 의도 교육은 시스템 자유도의 지속적인 재정렬을 통해 학습자의 목표와 작업 목표의 수렴을 가져올 것이다.

따라서 학습의 첫 번째 단계는 작업 목표를 달성하려는 학습자의 의도를 충족시키는 협응 구조의 조립을 포함한다(뉴웰의 모델이 제안한 대로). 이 초기 학습 단계에서는 움직임을 안내하는 데 사용되는 정보나 패턴 자체가 반드시 가장 효율적이거나 효과적인 움직임 방법일 필요는 없다. 대신, 학습자는 검색 및 탐색을 통해 솔루션을 소프트 어셈블(임시 사용)하여 작업을 완료할 수 있다.

발견 및 안정화

연습을 통해 학습자는 이전에 과장된 자유도 수축을 재구성하여 목표 지향적 행동 중에 작업 솔루션을 발견하고 안정화한다(Davids 등, 2012; Renshaw 등, 2015). 이 과정은 주의 교육으로 구성된다. 이는 어떤 의미에서 의도를 바꾸지 않고도 학습자가 더 유용한 정보 변수에 지각적으로 적응하게 된다는 것을 의미한다. 제이컵스와 마이클스(2007)에 따르면 학습자가 인식하려는 속성을 지정하는 정보 변수를 감지하면 주의가 효과적으로 교육된다(비지정 변수가 다른 속성을 지정할 수 있는지 여부에 관계없이). 다시 말해, 연습을 통해 학습자는 한 상황에서 부분적으로만 유용할 수 있는 정보 소스(즉, 지정하지 않음)에서 다양한 상황에서 더 유용한(즉, 지정) 정보 소스로 수렴한다. 따라서 이 단계는 발견된 수행 솔루션의 안정화뿐만 아니라 이러한 솔루션의 한계를 탐색하고 결과적으로 새로운 정보-운동 결합을 찾는 것이다(Davids 등, 2012).

따라서 두 번째 단계에서 학습자의 목표는 동작 솔루션을 더 잘 제어하는 것이다. 여기에서 변수 지정에 대한 조율을 통해 학습자는 환경 요인에 따라 이동하는 방식을 조절할 수 있다. 움직임을 더 잘 제어하면 선호하는 정보-움직임 결합이 일시적으로 안정화되고 따라서 원하는 작업 결과를 달성하는 데 더 일관성이 있다. 그러나 절대적인 안정화가 목표가 아님을 상소하는 것은 관련이 있다. 대신 안정성과 유연성 사이의 효과적인 균형이 바람직하다. (안정된) 솔루션을 발견하면 학습자는 적절할 때 안정성과 유연성 중에서 선택할 수 있다.

개발Exploitation

연습을 통해 학습자는 효과적으로 움직이는 방법을 보다 정확하게 지정하는 더 넓은

주요 개념

학습은 단계적이라고 생각할 수 있지만 단계적이지는 않다.

학습의 일부 특성은 3단계 모델에서 잘 포착되지만 그렇지 않은 특성도 있다. 학습은 규범적이거나 동질적인 과정이 아니며 단계에 따라 개인차가 발생한다(Newell 등, 2003). 따라서 교육 의도, 지각 동조 및 보정과 같은 과정이 세 단계 모두에서 발생하고 다시 발생할 수 있다(Araújo 등, 2009). 또한 탐색은 초보자만을 위한 전략이 아니라 전문가를 위한 전략이기도 하다. 사실, 초보자는 배우기 위해 탐색하지만 상급자는 탐색하는 방법을 배우고 전문가는 효율적으로 탐색한다. 따라서 단계를 통한 개인의 진행은 예측 가능하거나 연속적이지 않다. 즉, 배움의 과정에서는 시작, 중간, 끝이 있지만 각 단계를 탐색하는 방법은 우리 자신의 여정과 같다.

범위의 정보 변수에 적응하게 된다(Jacobs와 Michaels, 2007). 이 과정을 보정이라고 하며 지각-운동 시스템을 정보로 확장하는 것으로 생각할 수 있다. 위드겐과 마이클스(2002)는 행동의 교정이 기능적으로 조직되어 있다는 가설을 세웠다. 즉, 교정은 행동을 수행하는 데 사용되는 해부학적 구조가 아니라 행동이 제공하는 기능에 특정하다는 것을 의미한다. 따라서 숙련된 행동은 동일한 기능을 효과적으로 수행하기 위해 행동을 수정하는 능력에 해당한다(축퇴성 속성 참조).

이 마지막 단계에서 학습자는 상황적 요구와 효과적인 목표 달성에 즉각적인 적응을 위해 시스템 축퇴를 활용하는 데 매우 효율적이 된다. 5장에서 정의한 바와 같이, 지각-운동 시스템의 축퇴는 구조적으로 다양한 신체 구성 요소가 유사한 기능을 수행하거나 유사한 결과를 산출하는 능력이다(Edelman와 Gally, 2001; Seifert 등, 2016). 예를 들어 세이퍼린 및 연구자들(2014)은 초보자와 고도로 숙련된 빙벽 등반가 모두 얼음 폭포의 기존 구멍에 얼음도끼의 날을 걸 수 있지만 고도로 숙련된 등반가만이 미세한 정보 변수(예: 깊은 구멍, 아래쪽을 향한 구멍, 단단한 얼음으로 둘러싸인 구멍)로 반응함을 보여주었다. 그리고 이 정보를 사용하여 행동에 영향을 미친다. 따라서 구멍이 깊으면 등반가는 구멍에 걸기만 하면 되지만, 구멍이 작아 보이고 깨지기 쉬운 얼음으로 둘러싸여 있으면 등반가는 얼음도끼를 구멍에 휘둘러 더 많은 앵커를 설정한다. 요컨대, 유사한 기능(예: 얼음도끼의 날 고정)을 달성하기 위해 등반가는 지각-운동 시스템 축퇴를 이용한다. 전문가는 자신의 행동을 안내할 수 있는 정보 변수에 대해 초심자보다 더 유연하고 조율되고 보정되기 때문에 축퇴의 속성을 더 잘 활용할 수 있다.

학습의 주요 특징: 대표적인 학습 설계의 문제

이제 운동 학습을 위한 생태역학 틀에 대한 이전 논의에서 발생한 몇 가지 실용적인 고려 사항을 재검토하는 것이 도움이 된다. 이 장에서는 기술 파지 및 전이와 관련하여 대부분의 현장 지도자가 직면하는 대표적인 학습 설계에 대한 이러한 이론적 아이디어의 의미를 조사한다.

파지

파지Retention는 특정 연습 조건이 주어지면 인간이 수행하는 작업의 유형에 관계없이 일반적으로 움직임 패턴의 일부 본질을 유지할 수 있다는 사실을 나타낸다(Newell, 1996). 이는 학습자의 고유 역학에서 이전에 형성되어 행동에 약간의 안정성을 제공할 수 있는 상태가 좋은 어트랙터의 흔적이 있을 수 있기 때문이다(2장 참조). 상태가 좋은 어트랙터는 외부 간섭에 저항하는 다이내믹 시스템의 안정적인 영역임을 상기하자. 예를 들어 인간의 움직임 시스템에서 상태가 좋은 어트랙터는 수영 스트로크를 특징짓는 사지 사이의 안정적인 패턴이거나 아마도 수년 동안 연습 없이 자전거를 탈 수 있게 해주는 상체와 하체의 협응일 수 있다. 이러한 운동 학습의 특성은 부상이나 질병으로부터의 재활에 특히 중요하다.

인지 학습 이론에서 기술을 파지할 수 없는 것은 시간이 지남에 따라 관련 운동 프로그램에 대한 정보의 열악한 검색 또는 저하(망각) 때문이다(Schmidt 등, 2018). 생태역학 틀에서 표현력 저하로 인해 기술이 잊혀지는 것은 아니다. 오히려 연습 부족으로 인해 본질적인 역학이 불안정해지고 수행 방식이 더 다양해진다. 또한 이전의 운동 기능을 발생시킨 제약 조건이 크게 변경되었을 수 있다. 예를 들어 학습자의 신체적 특성은 노화 또는 성장 및 발달의 결과로 다를 수 있다. 장비의 재료 구성 등 스포츠 기술의 급격한 변화로 인해 원래 획득 기간에 비해 수행 환경이 낯설 수 있다. 따라서 기술은 원래 다양한 제약 조건에서 습득한 경우 파지될 가능성이 더 크다. 물론 연습량 감소와 같은 다른 요인은 시간, 파지 기간 및 그 시간 동안 수행된 활동도 원래 움직임 패턴의 안정성에 영향을 미친다. 원래의 어트랙터는 다른 어트랙터의 형성에 의해 더욱 약해지기 때문에 수행자가 장기간의 연습 없이 미래에 이 안정적인 동작을 재현할 수 있는 가능성이 줄어든다.

흥미롭게도 최근 몇 년 동안 학습을 통합하는 활동(예: 연습 후 수면의 시기와 품질)에 대한 관심과 함께 기술 파지에 대한 새로운 관심이 나타났다. 통합은 특히 기술이 중단되거나 손실되기 쉬운 사후 연습 기간 동안 기술을 확실하게 학습하도록 하는 과정이다. 연습 직후 수행되는 작업이 학습 내용을 방해하거나 증가시킬 수 있다는 연구 결과가 나오기 시작했다(Walker 등, 2002). 통합에 대한 연구는 비교적 초기 단계에 있으며 현상의 많은 측면이 아직 밝혀지지 않았다. 통합의 개념은 현재 생태역학적 관점에서 설명하기 다소 어렵지만 우리는 이를 무시하지 않고 대신 기술 통합의 메커니즘을 조사하기 위한 추가 연구를 요청한다.

전이

전이Transfer는 이전 연습이나 기술 수행이 새로운 기술 획득에 미치는 영향을 의미한다(Magill, 2006). 중요한 질문은 탐구적 활동을 통해 습득해야 할 기술(Nourrit 등, 2003; Pacheco와 Newell, 2015; Teulier와 Deignières, 2007; Chow 등, 2008)과 작업 및 환경 제약 조건이 조작될 때 나타나는 학습과 기존 기술 간의 관계에 대한 것이다(Zanone와 Kelso, 1997; Kelso와 Zanone, 2002). 기술 전이는 특정 제약 조건하에서 이전 경험이 원래 학습된 환경과 다른 제약 조건일 때 성과물에 영향을 미치는 경우 발생한다(Newell, 1996; Rosalie 및 Müller, 2012). 이러한 이유로 연습 과제 제약 조건에서 발전된 생태학적 제약 조건의 측면을 시뮬레이션해야 한다. 실제로 실전 상황에서 선수들이 자신의 연습 성과가 전이되기를 기대하는 경우가 많다. 전이의 본질은 기존의 움직임 패턴을 다른 생태학적 제약 조건에 적응시킬 수 있기 때문이다(Issurin, 2013). 기존 기술은 학습자가 새로운 협응 패턴과 정보-운동 결합을 식별하는 데 사용할 수 있는 기초 역할을 한다(Newell, 1996; Zanone와 Kelso, 1997). 특히 학습을 다른 수행 조건으로 전이하는 능력은 다양한 협응 경향과 이를 규제하는 정보-운동 결합을 탐색할 수 있는 기회와 관련이 있다(Newell 등, 1989; Newell와 McDonald, 1992).

긍정, 중립, 그리고 부정적 전이

연습 중 탐색은 수행에 대한 긍정적, 중립적 또는 부정적인 전이 효과로 이어질 수 있다. 암벽 등반에서 포지티브 트랜스퍼는 등반가가 현장 등반(즉, 새로운 루트 등반)을 수행할 때 기존 기술을 이전할 수 있음을 의미한다. 최근 세이퍼린 및 연구자들(2015, 2018)은 손으로 쥐기 속성을 조작했을 때 학습 속도와 운동 탐색 및 기술 이전(예: 새로운 경로 등반)의 정도를 조사했다. 연구원들은 수평 및 수직 잡기 패턴을 허용하는 양날 홀드 경로를 통한 복잡한 작업과 수평 모서리 홀드 경로를 통한 간단한 작업을 비교했다. 양날 홀드 루트(수평 엣지 홀드 루트와 비교)에서 등반가가 훈련을 받았을 때 등반 유창성에 긍정적인 전이가 일어났다. 이 긍정적인 전이는 특히 기존 경험을 사용하여 새로운 등반 경로에서 여러 홀드 선택에 빠르게 적응할 수 있는 더 숙련된 등반가에게서 발생했다(Orth 등, 2018). 이 예는 등반가의 효과적인 탐색 능력을 개발하는 야외 환경에서 클라이밍의 풍부함을 재현하기 위해 학습 상황을 설계할 때 복잡성과 대표성을 유지해야 할 필요성을 뒷받침하고 있다.

전이 관점Transfer Dimensions

전이는 대상 과제의 유사도가 높을 때 근거리 전이 과제와 대상 설정이 조건과 상황이 다를 때 원거리 전이 과제 사이에 발생할 수 있다(Baldwin와 Ford, 1988; Barnett와 Ceci, 2002; Issurin, 2013). 현장 지도자의 문제는 유사성의 정의가 모호하기 때문에 하나의 작업과 다른 작업 간의 유사성 정도를 결정하는 것이다. '유사성Similarity'은 두 작업 간의 복잡성 정도(즉, 측면 대 수직 전송)와 관련될 수 있지만 이미 배운 기술에 대한 새로운 기술의 근접 성과도 관련될 수 있다. 수평 이동(도메인 확장)은 서로 다른 방식으로 지각, 운동 및 인지 영역에 도전하고 관련되는 동일한 수준의 복잡성을 가진 두 가지 작업을 나타낸다. 학습자가 더 높은 기술 수준을 달성할 수 있도록 하는 보다 복잡한 기술을 획득하기 위해 획득한 기술과 능력을 활용할 때 수직 이동(매개변수 또는 제약 조건 협응)이 발생한다.

전통적으로 학습된 기술의 특수성 또는 일반성의 정도는 특정 절차 또는 보다 일반적인 문제 해결 원칙이 새로운 작업을 달성하는 데 관련되는지 여부에 대한 질문이다. 특정 절차는 피상적인 특징으로 설명된 일련의 특정 단계로 특징지어질 수 있는 반면, 일반 원칙은 더 깊고 구조적 또는 인과적 이해로 특징지어질 수 있다(Barnett와 Ceci, 2002). 일반화는 학습에서 습득한 지식, 기술 및 능력이 다양한 환경과 상황에 적용될 수 있음을 전제로 한다. 생태역학 틀에서 전송의 특이성 또는 일반성은 정보 처리를 의미하는 것이 아니라 오래된 어트랙터가 있는 상태에서 새로운 행동을 위한 어트랙터를 설정하는 방법 측면에서 고려된다(Seifert 등, 2016). '특정 전이Specific transfer'는 개인의 기존 내재적 역학(즉, 수행 성향 또는 경향)이 학습해야 할 새로운 과제의 역학과 협력cooperate하여 성공적인 수행 행동의 출현을 촉진하는 연습 과제 제약 조건에서 나타날 수 있다. 반면에 '일반 전이general transfer'는 내재적 역학 및 과제 역학이 밀접하게 협력하지 않을 때 발생할 수 있으며, 선수 개개인은 현재의 내재 역학의 일부로 존재하는 일반적인 능력만 발전시킬 수 있는 잠재력을 가지고 있다. 예를 들어 예측과 시각적 탐색과 같은 지각적 기술, 힘 또는 자세 안정성과 같은 인지적 역량을 비롯한 일반적인 능력들이 이에 해당된다. 따라서 일반적 전이는 수행 행동을 지원하는 과정이 새로운 수행 제약 조건하에서 사용될 때 발생한다. 다른 말로 하면, 일반적인 전이는 학습자가 탐색적 또는 전이적 행동을 사용하기 위해 기존 협응 기능을 적응시키는 데 도움이 되는 과정에 의해 지원한다(Newell, 1996).

요약하면, 전이의 특이성과 일반성은 각 학습자의 고유한 역동성과 상호작용할 때 직면하는 환경 및 과제 제약의 특수성과 공통성에 의해 영향을 받는다. 앞서 언급했듯이 어트랙터는 내적 역학 내에서 경쟁하고 협력할 수 있으며 기존 어트랙터가 새로운 기술을 배우기 위한 기반을 제공할 때 긍정적인 전이가 발생한다. 새로운 어트랙터가 이전 어트랙터와 요소를 공유하는 경우 현장 지도자는 긍정적인 전이를 기대할 수 있다. 예를 들어 창던지기와 크리켓 공을 던지는 어트랙터는 호환된다. 부정적 전송은 기존 어트랙터가 환경에서 새롭게 떠오르는 어트랙터 사이트에서 시스템을 멀리 끌어당기는 데 너무 많은 영향을 미칠 때 발생한다. 예를 들어 스키와 아이스 스케이팅의 초기 기술을 배울 때 필요한 체중 분포 변경과 같은 경쟁 기술은 수행능력의 향상으로 이어질 수 있다.

주목할 만한 연구

암벽 등반과 빙벽 등반 간 전이의 특수성

루보비치 세이퍼트 및 연구자들(Seifert 등, 2013; 2016)은 실내 등반 벽에서 정기적으로 연습하는 등반가의 내재적 역학이 얼어붙은 폭포(아이스폴)에서의 클라이밍 제약 조건과 협응하는지 상충하는지 조사하였다. 실내 등반 벽에서 유사한 질감의 홀드로 이루어져 있으며, 이는 손가락으로 일관된 내부 환경에서 그립을 잡을 수 있도록 한다(예: 상승하는 동안 주변 온도는 동일하게 유지됨). 빙벽 등반에서 빙벽의 특성상 발(아이젠)과 손(얼음도끼)에 도구를 사용해야 하며 수행 조건(예: 날씨, 온도, 표면)은 등반 도중 및 등반 사이에 크게 변할 수 있다. 실내 등반 벽에서의 이전 경험과 빙벽에서의 수행 사이의 일반적인 전이가 명백할 것으로 기대할 수 있다. 이것은 지각-행동 결합의 출현, 중력의 환경적 제약에 대한 체중 관리, 탐구적인 손가락과 발 동작을 통한 표면 특성의 발견으로 밝혀진 수행에 대한 기본적인 이점으로 이어질 것이다. 특정 전송 과정은 등반가가 표면을 오르기 위해 특정 도구를 사용하는 방식으로 빙벽 등반에서 다이내믹 및 상호작용 제약 조건하에서 정기적인 연습을 통해 개선되는 특정 지각-행동 결합의 안정성을 향상시킨다. 구체적인 전이는 등반가, 얼음 도구 및 얼음 폭포와 같은 높은 결합도의 수행자-환경 시스템의 출현을 나타낸다. 실내 등반에서 이러한 도구들은 표면을 올라가는 데 아무런 역할을 하지 않지만, 빙벽 등반가에게는 얼음폭포 환경에 특정한 물리적 특성(밀도와 두께)을 탐구하기 위해 필요하다. 이를 통해 얼음의 파괴 가능성을 추정할 수 있다.

응용

일부 연습 작업 제약 조건의 설계는 다른 것보다 더 구체적으로 수행 환경의 속성을 시뮬레이션하여 학습 속도를 촉진한다. 예를 들어 많은 등반가들이 빙벽을 오를 때 초보자도 감지할 수 있는 구멍과 계단을 만들어 얼음 도구를 적절한 위치에 고정하는 것을 용이하게 한다. 그렇게 함으로써 초보 등반가는 행동에 대한 정보 변수(예: 얼음에 있는 기존 구멍)에 더 잘 적응하게 되고 얼음 도구 및 빙벽과 더 잘 상호작용함에 따라 환경 속성을 기능적으로 활용한다(Seifert 등, 2014).

기술 전이의 기저에는 조정calibration 및 재조정recalibration 과정도 포함된다. 바그먼과 반 노먼(2011)은 잡기 작업(예: 다양한 조건에서 막대기를 잡는 작업)에서 잡는 위치(막대기의 끝과 중간)와 막대 길이(막대기의 전체 길이와 부분 길이)의 변화를 통해 재조정의 전이가 발생한다고 주장하였다. 잡은 물체의 특정 속성에 대해 재조정 대신, 막대 세트 전체의 속성에 따라 재보정이 수행된다. 만약 조정이 막대 세트 전체의 속성에 기반한다면, 잡기 위치의 변화를 통해 조정 전이가 발생하게 된다(Withagen와 Michaels, 2002). 세이퍼트 및 연구자들(2016)은 실내 암벽 등반과 빙벽 등반 간의 전이 기술을 설명하기 위해 유사한 해석을 제안했다. 재조정의 전달은 기능적으로 실내 등반은 벽(손가락과 발이 체중을 지탱하는 데 사용됨)과 빙벽 등반은 얼음도끼가 체중을 지탱하고 제어하고 팔다리를 사용하는 환경 사이에서 기능적으로 발생한 것으로 보인다.

전이 및 대표 학습 설계

브룬스윅(1956)은 유기체-환경 관계 수준에서 심리적 과정 연구를 옹호하기 위해 체계적 설계systematic design의 대안으로 대표 설계representative design라는 용어를 제안했다. 이는 지각 변수가 유기체의 일반적인 환경에서 샘플링되어 적응되고, 행동이 일반화될 수 있는 환경 자극이 되어야 함을 의미한다. 대표적 설계의 정의는 실험 과제 제약 조건이 연구의 특정 초점을 형성하는 성과 또는 훈련 및 학습 환경의 과제 제약 조건을 대표한다. 대표적 설계는 유기체와 환경의 구체성을 강조하며, 이는 전통적인 행동 과학 접근법에서 종종 무시되는 요소이기도 하다.

행동을 지원하기 위해 환경의 정보를 사용하는 수행자의 능력은 지각-행동 결합이라고 하는 지각과 운동 과정 사이의 정확하고 효율적인 관계에 근거한다(Pinder 등, 2011). 예를 들어 딕스 및 연구자들(2010)은 일반적인 비디오 시뮬레이션과 현장 연구 설계에서 축구 골키퍼의 움직임과 시선 행동을 비교했다. 이 저자들은 페널티 킥 동안 제자리(대표적인) 인터셉트 동작 조건과 비교하여 언어 또는 모의 움직임이 필요한 작업 제약 사이에 상당한 차이를 보여주었다. 이러한 결과는 학습 및 훈련 설계의 높은 대표성이 학습 상황과 새로운 상황 사이 또는 훈련 환경과 경쟁 사이의 지각-행동 결합 및 기술 이전을 선호한다는 것을 시사한다. 또 다른 예에서 파인더 및 연구자들(2011)은 실제로 볼 프로젝션 머신을 사용하면 수행 환경에서 주요 정보 소스를 제거하고 크리켓 배팅에서 인터셉트 동작의 타이밍과 제어에 상당한 영향을 미칠 수 있다고 제안했다. 특히 볼링머신에 비해 볼러를 대면할 때의 연습 과제 제약에서 유의미한 차이가 관찰되었기 때문이다. 기계를 마주했을 때 타자들은 백스윙, 앞발 움직임, 다운스윙, 앞발 배치의 초기 시작을 보였다. 따라서 볼러가 공을 던질 때 지각과 행동 과정 사이의 기능적 결합을 지원하는 특정 기술 전이를 기대할 수 있는 반면, 기계가 공을 던질 때는 일반적인 기술 전이가 발생할 것으로 예상된다.

잠재적으로 생명을 구할 수 있는 기술 습득은 대표적인 학습 설계를 통해 보다 효과적으로 이루어질 수 있다. 아이들은 수영을 수영장에서 배워야 할까? 아니면 익사 위험이 더 큰 야외 수영장에서 배워야 할까?(Button, 2016) 기냘드 및 연구자들(현재 보도 중)은 야외 환경 대신 실내 수영장에서 학습할 때 더 낮은 전이가 예상될 수 있다고 제안한다. 이는 실내 수영장은 수온 변동이 없고, 다소 안정된 상태를 유지하고 있어 연습 시 위험 요소와 관련된 의사결정을 더 적게 필요로 한다. 사실 실내 수영과 야외 수영 간에는 일반적인 기술 전이가 기대될 수 있다. 바다에서는 해류, 이안류, 파도 및 온도가 변동될 수 있다. 이러한 변수로 인해 수영을 중단하고 파도를 피하기 위해 잠수하거나, 흐름에서 이익을 얻기 위해 물에 뜨거나, 두 파도 사이의 시간을 추정하기 위해 물을 밟게 할 수 있다. 따라서 바다, 강, 호수와 같은 다양한 야외 수중 환경은 역동적이고 현재의 변수(예: 파도, 조류, 이안류, 장애물, 낮은 가시성)이기 때문에 수상 안전 기술은 기본 이동 기술로 간주되어야 한다. 수행자-환경 결합을 선호한다(Button, 2016). 실제로 모든 수중 환경(수영장과 자연환경 모두) 간에 전이 가능한 다양한 생존 기술을 획득하는 방향으로 수중 기술 교육에서 급진적인 변화가 제안되었다(Stallman

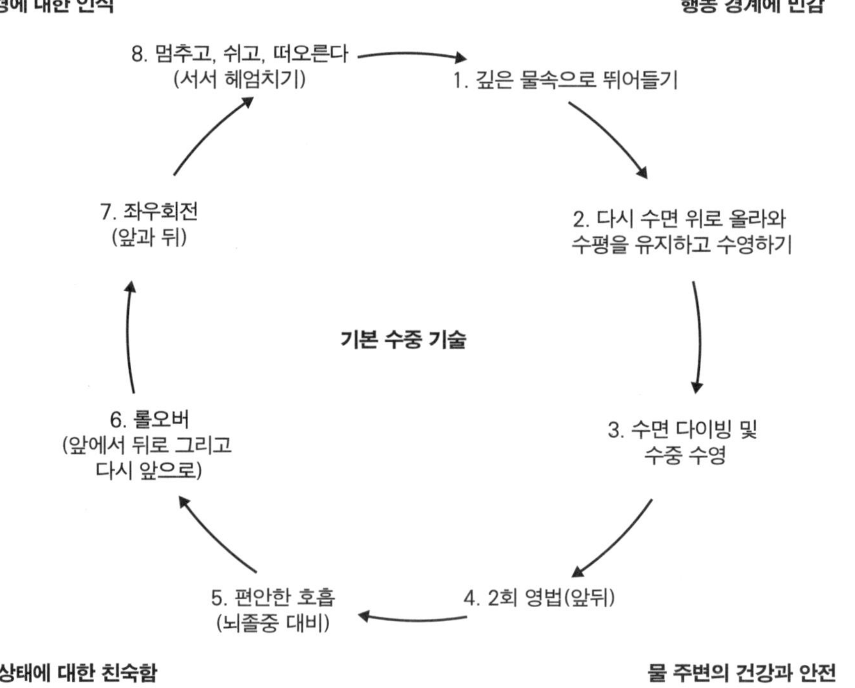

그림 7.2 스톨먼(2008)의 권장 사항에 기초한 8가지 핵심 기본 수중 기술의 모델. 수중 기술을 획득해야 하는 상황에 대한 인식을 입증하기 위해 모델에 네 가지 핵심 인지 요소가 추가되었다.

등, 2008). 특히, 스톨먼 및 연구자들(2008)은 익사의 일반적인 원인(즉, 위험을 인식하지 못함, 의도하지 않은 침수, 수면으로 돌아가기 어려움, 물에서 방향을 잡을 수 없음, 공황, 피로)이 야외 수중 환경에서 수영하는 것을 더 잘 나타낸다. 이러한 기술이 환경과 자신의 행동 경계에 대한 인식으로 보완되면 수중 기술 교육학의 기본 기반이 만들어진다(그림 7.2 참조).

요약하면 대표적인 학습 상황을 설계하기 위해 현장 지도자는 다음 요소를 신중하게 고려해야 한다. 첫째, 움직임 동작에 대한 상호작용 제약은 무엇이며 실제로 어떻게 표현되는지 알아야 한다(즉, 동작 충실도 및 현실감). 둘째, 특정 수행 환경(즉, 관련 어포던스)에서 정보 변수를 적절하게 샘플링하여 인식과 행동 과정 간의 기능적 결합을 보장하는 것이 중요하다. 마지막으로, 연습 중에 작업 목표를 향한 진행이 분명할까(Araújo와 Davids, 2015)? 실습 설계자는 (1) 수행자의 행동의 성공 정도가 상황에 따라 제어되고 상황 간에 비교되고(기술 이전 지원), (2) 수행자들은 학습 맥락에서(움직임 반응, 의사결정 등) 행동을 수정함으로써 성과 환경에 존재하는 정보와 비교 가능한 정보를 기반으로 특정 목표를 달성할 수 있다(Pinder 등, 2011).

결론

생태역학 틀을 사용하여 각 개인이 변화하는 다양한 제약에 적응함에 따라 지각-운동 환경 전반에 걸쳐 특정 기능적 움직임 패턴을 검색하고 안정화하는 것과 관련된 지속적인 다이내믹 과정으로 운동 학습을 재정의할 수 있다. 이러한 방식으로 기술 적응 또는 전이에 중점을 두고 다양한 학습 시간 척도를 고려해야 한다(Newell 등, 2009).

책을 읽으면서 지금까지 읽은 정보 중 일부가 다양한 성과 맥락에서 기술 획득과 어떤 관련이 있는지 재고하고 숙고하는 것이 유용할 수 있다. 다음은 생태역학 프레임워크의 중요한 교육학적 의미이다.

- 실습에 소요된 시간이 반드시 전문지식 습득과 기술 전수를 보장하는 것은 아니다. 연습 중에 운동선수가 해야 할 일은 훈련장에서 보낸 시간보다 더 정확한 기술 획득 지표이다(Davids, 2000). 연습의 미세구조를 모니터링하여 연습 세션 간의 질적 차이를 이해할 필요가 있다.
- 현장 지도자는 실습 설계 중에 각 학습자에 대한 주요 제약 사항을 주의 깊게 식별하고 조작하여 신속한 개발, 기술 획득 및 전이를 촉진할 수 있다. 계획된 조작으로 인해 동작이 점프하거나 기술 수준이 갑자기 전이될 수 있다. 이것은 영아의 걸음걸이의 출현 또는 사라짐을 관찰하는 연구에서 예시된 운동 이

정표를 건너뛰는 영아와 유사하다. 이런 점에서 행동은 각 학습자로부터 나올 날개에서 기다리고 있을 수 있다(Thelen와 Smith, 1994).

- 가장 작은 분석 단위는 개별 환경 결합이다. 동작 수행의 가변성은 신중하게 해석해야 한다. 때로는 높은 수준의 가변성이 환경에 적응하는 데 도움이 되고, 다른 경우에는 낮은 수준이 수행 안정성을 높이는 데 도움이 된다. 어떤 경우든 제약 조건에 대한 적응성과 수행 결과의 안정성 또는 개선에 의문을 제기해야 한다.
- 스포츠 성과 및 기술 획득의 복잡성을 이해하기 위해 현장 지도자와 스포츠 과학자는 단일 분야 관점의 한계를 인식해야 한다. 과학자 팀은 수행의 다양한 기능적 수준(예: 인지, 사회적, 생리학적, 생체역학)에 대한 제약을 분석하기 위한 다학제적 접근 방식을 개발해야 한다.
- 비선형 교수법은 생태학적 역학의 개념을 학습 촉진 방법을 알려주는 설계 원칙으로 전이하는 실용적인 접근 방식이다.

자가진단 질문

1. 기술 획득을 위한 생태역학 틀은 학습의 정의에서 전통적인 접근 방식과 어떻게 다를까?
2. 참여하고 있는 운동 활동과 현재 사용할 수 있는 기술 목록을 통해 자신의 학습 경험을 반영한다. 잘 학습된 안정적인 행동을 위한 어트랙터로 밸리를 표시하여 가상의 지각-운동 환경을 매핑한다. 산봉우리와 울퉁불퉁한 지형을 스케치하여 동요에 더 취약한 덜 안정적인 기술을 묘사한다. 지형을 구성하는 데 도움이 되는 몇 가지 영향력 있는 제약 조건을 나열한다.
3. 강이나 바다에서 연습할 때와 수영장에서 수영하는 어린아이들의 협응력은 어떻게 다를까?
4. 유지, 특정 대 일반 이동 및 이동 변동성이 어떻게 생태역학 틀에서 학습 과정을 나타낼 수 있는지 설명한다.

CHAPTER 8

개별화된 실습 환경 설계

이 장의 목표

이 장을 완료하면 다음을 수행할 수 있다.

- 학습자 개인의 차이에 대한 주요 원인 중 일부를 나열한다.
- 고유 역학과 과제 요구 간의 적합성이 학습 속도에 어떻게 영향을 미치는지 설명한다.
- 개인차에 기여하는 다양한 요인을 제약 조건 모델과 연결한다.
- 감정 참여 및 주의 집중과 같은 영향력 있는 요소가 학습 과정에 어떤 영향을 미칠 수 있는지 논의한다.
- 현장 지도자가 개인과 협력하여 학습자 중심의 실습 환경을 설계하는 방법을 제안한다.

개인차는 학습 과정의 가장 분명한 특징 중 하나이지만 때로는 교육적 실천에서 가장 간과되는 측면이기도 한다. 사람들은 서로 다른 속도와 방식으로 배운다. 그들은 기술과 경험, 신체적, 정서적, 심리적, 지각적 능력과 같은 다른 차원에서 다른 강점과 약점을 가지고 있다. 실제로 사람들이 스포츠, 직장 및 가정에서 일반적인 운동 문제에 대한 자신의 해결책을 찾는 경향이 있다는 사실은 비선형 교육학에 관심이 있는 사람들에게는 놀라운 일이 아니다. 운동선수가 부상에서 회복하거나 환자가 치료에서 재활함에 따라 개인차도 예상된다. 이 장에서는 현장 지도자가 개인차와 개별화된 학습 환경 설계에 대한 의미를 인정하는 방법과 이유에 초점을 맞춘다.

다양한 요인이 학습자의 개인차에 기여한다. 한 가지 중요한 점은 학습자가 기술 습득 과정에서 감정적으로 참여한다는 것이다. 이 장에서는 현장 지도자가 고려된 방식으로 실습 환경을 설계하여 학습자의 감정을 유용하게 활용하는 방법에 대해 설명한다. 우리는 제약 조건 주도 접근 방식을 사용하여 학습자의 자기 조절 기술을 향상할 수 있는 방법에 대해 논의한다. 이 기술은 경쟁적인 성과 환경의 역동적인 변화에 적응하기 위해 활용하거나 유지할 수 있는 하위 스포츠 및 신체 활동에서 사용할 수 있다. 또한 학습자가 연습하는 동안 적절하게 주의를 집중하기 위한 몇 가지 실용적인 전략을 강조한다. 마지막으로 현장 지도자들이 개인차에 대립하기보다는 개인차와 함께 협력할 수 있는 방법에 대한 제안을 제공한다. 이 장의 주요 메시지는 학습자 간에 내재된 차이가 있으며 현장 지도자는 개인의 요구를 충족시키기 위해 적절한 수준에서 학습자들과 협력해야 한다는 것이다. 주요 제약 조건을 면밀히 관찰하고 조작함으로써 현장 지도자는 학습자가 허용 가능한 안전 경계 내에서 개별화된 적응형 움직임 솔루션을 검색하고 활용하도록 장려할 수 있다.

기술 획득의 개인차

많은 운동 전문가들에게 가장 큰 도전 중 하나는 개인차를 인정하고 학습자 그룹을 위한 연습 활동을 설계하는 것이다. 즉, 학습 과정을 개별화하는 것이다. 학습자를 위한 학습 과정을 개별화하는 것은 개인이 제약 조건 사이의 연속적이고 역동적인 상호작용에 민감한 비선형 교육학의 중심 측면을 형성한다. 5장과 7장에서 논의된 바와 같이, 새로운 운동 기능의 작업 요구 사항은 때때로 기존의 내재적 역학(즉, 학습자가 새로운 행동과 유사한 움직임 패턴을 가진 행동을 연습했을 때)과 밀접한 관계를 제공한다(즉, 학습자가 새로운 동작과 유사한 움직임 패턴을 가진 동작을 연습하는 경우). 이는 즉각적이고 상대적으로 성공적인 성과로 이어진다. 실제로 작업과 내재적 역학 사이의 밀접한 적합성은 일부 운동선수들이 어릴 때부터 놀라운 기량을 발휘하는 스포츠에서 성장을 설명할 수 있다. 이러한 경우에는 유전적 제약 사항(예: 지구력에 대한 선호도)이 작업(예: 피로 없이 장거리 수영 능력)과 다른 개인적 제약 사항(예: 부력에서의 개인 차이)과 조화롭게 일치하여 해양 수영과 같은 특정 스포츠에서 성공하기 위해 필요한 조건과 부합하게 된다(Davids와 Baker, 2007). 반대로, 일부 학습자들에게 내재적 역학과 특정 작업 요구 사항(예: 스쿼시나 테니스에서 공을 치는 것) 간에 충돌이 발생할 때 문제가 될 수 있다. 기술 수행의 경우, 과거의 안정된 움직임 패턴을 불안정하게 만들어야 새로운 패턴을 얻을 수 있다. 같은 스포츠 내에서, 잘 사용하지 않는 손으로 기술을 수행하려는 학습자의 시도가 어떻게 방해받을 수 있는지도 고려해야 한다. 스위넌(2002)는 '새로운 기술 습득을 위해서는 기존에 사용했던 기술 패턴의 출현을 억제해야 한다'고 주장하였다.

이 책에서 설명한 것처럼 수행자의 목표 지향적 움직임은 학습 맥락에서 주요 제약 간의 상호작용으로 나타난다. 그렇기 때문에 코치와 현장 지도자는 모든 학습자가

주요 개념

학습에 적합성

일부 학습자는 학습 초기에 성공적인 동작 패턴을 생성하고 다른 학습자는 훨씬 더 오랜 시간이 걸리는 이유는 동작 시스템의 고유한 역학과 과제 요구 사이의 적합성과 관련이 있다. 둘 사이에 잘 맞는 경우 긍정적인 전이가 발생할 가능성이 더 크다. 과제 역학과 학습자의 내재적 역학이 충돌하는 경우 부정적인 전이가 발생한다. 실용적인 의미에서 연습을 위해 적절하게 확장된 장비를 제공하면 내재적 역동성과 과제 역학 사이의 적합성을 향상시키고 다른 인근 어트랙터의 경쟁 경향을 줄일 수 있다. 또한 사지 세그먼트의 신체 스케일링이 유사한 데모를 제공하면 연습 중에 운동 시스템 자유도를 재구성하려는 학습자에게 더 정확한 상대 동작 정보를 전달할 수 있다. 예를 들어 체조나 피겨 스케이팅, 실제로 대부분의 스포츠에서 학습 환경을 설계할 때 모델의 성별과 전문성 수준을 신중하게 고려해야 할 수 있다.

추구해야 하는 최적의 움직임 구성(예: 테니스의 포핸드 드라이브를 위한 고전적인 기술 또는 이상적인 골프 스윙)을 염두에 두지 않는 것이 중요하다. 모든 학습자는 학습 맥락에 서로 다른 능력을 부여하며 수행 문제를 다른 방식으로 해결할 수 있다. 많은 상황에서 다양한 제약 조건이 개인마다 다른 방식으로 상호작용하기 때문에 움직임 행동의 출현은 개인에게 특정한 경향이 있다. 우리가 움직이고 배우는 방식의 차이는 어린이들 사이에서 가장 뚜렷히 나타나지만, 성인으로 이어지면 인생 전반에 걸쳐 지속될 것이다. 개인 간의 차이에는 다양한 요인들이 생기게 된다.

개인차에 미치는 요인

개인의 학습 능력과 속도의 차는 다양한 요인들에 의해 발생된다(표 8.1 참조). 애커먼(2014)은 이러한 출처가 (1) 생리학, (2) 형태학, (3) 적성, (4) 필요성, (5) 기질(성격), 그리고 (6) 태도가 개인 간의 학습 능력과 속도의 차이에 영향을 미친다고 하였다. 이 장의 범위 내에서 학습의 개인차에 기여하는 다양한 차원들을 상세히 다룰 수는 없다. 대신, 우리는 운동기술 습득과 관련된 예시들을 중점적으로 학습자, 과제 및 환경 제약 조건에 대해 논의할 것이다. 그런 다음 현장 전문가들이 개인차를 다루는 핵심 문제에 대해 논의할 것이다.

학습자 제약 조건: 이전 경험 아마도 개인차에 가장 큰 영향을 미치는 것은 그 움직임이나 그 움직임이 수행될 환경에 대한 이전 경험일 것이다. 이전 경험은 학습자에게

표 8.1 학습에서 개인차의 원인

수행자	과제	환경
사전 경험	목표	문화
유전적 속성	정보	의식
인체 측정법	장비	사회적지원
관심 집중	조언	기후
동기부여	복장	경제

과제의 목표 및 동작 패턴을 적응시킬 때 필요한 과제 관련 정보에 대한 지식을 제공할 수 있다. 이를 통해 학습자는 동작 패턴을 적절하게 조정해야 할 과제 관련 정보를 얻을 수 있다. 예를 들어 이전의 경로 경험 때문에 산악 자전거를 타는 사람은 적극적으로 탈 수 있는 반면, 경로 경험이 없는 사람은 일반적으로 조금 더 조심스럽게 타게 된다. 숙련된 등반가들이 지상의 시작 위치에서 바위 표면을 오르는 경로를 미리 보려고 하는 것도 비슷한 이유이다. 미리보기에서 지각 정보를 얻는 것은 지면의 관점에서 식별된 표면 특징에 적응함으로써 긍정적인 방식으로 등반하는 데 도움이 될 수 있다(Button 등, 2018). 실제로, 감각 환경의 사전 경험은 뇌의 시각 피질에서 가소성을 향상시켜 이후의 상황에서 해당 환경에 적응하는 뇌의 능력을 향상시키는 것으로 알려져 있다(Hofer 등, 2006).

분명히, 이전 경험은 과제에 대한 기억된 정보를 생성할 수 있다. 생태역학적 측면에서 보면, 암기된 정보의 영향은 이동 패턴의 단계를 유도하고, 상대적으로 강력한 방법으로 내재적 역학을 변화시킬 수 있다(Tallet 등, 2008). 신경 구조에서 강하게 패턴화되어 암기된 정보는 오랜 기간 동안 특정한 방식으로 인식하고 행동하는 개인의 능력을 제한할 수 있다. 따라서 오랜 연습 없이도 잘 익힌 기술은 뇌의 다른 부분 간에 강한 상호작용을 통해 쉽게 수행될 수 있는 것이다. 이처럼 잘 알려진 현상은 '자전거를 타는 것처럼'이라는 통속적인 말로 요약되는데, 이 말은 오랜만에 기술을 빨리 획득하는 것이다.

수행자 제약: 유전적 속성 유전적 제약이 개인차에 미치는 영향을 어떻게 이해할 수 있을까? 인간은 상대적으로 제한적으로 유전된 단순한 행동 패턴(예: 반사)과 아직 개발되지 않은 많은 운동 능력을 가지고 태어난다. 일란성 쌍둥이가 아닌 이상 DNA에 기록된 유전 정보는 유일하며, 이는 학습과 운동기술 수행능력에 영향을 미치게 된다.

타고난 운동선수에 대한 일반적인 설명은 그들의 유전적 프로필이 그들이 선택한 스포츠에 매우 적합해 보인다는 것을 암시한다. 점점 인기를 얻고 있는 후생 유전학 분야는 어떻게 유전적 속성이 환경 조건에 의해 억제되거나 잠금 해제될 수 있는지 설명한다. 예를 들어 동일한 훈련과 연습 자극에 노출되었을 때, 일부 선수들은 다른 선수들보다 더 큰 변화와 성과를 얻는 것처럼 보인다(Epstein, 2013). 실제로, 유전적 제약이 인간의 운동 능력 변화에 어떻게 영향을 미치는지 운동 과학과 스포츠 의학에서 관심을 갖고 있는 주제이다(예: Johnston 등, 2018).

쌍둥이 연구는 종종 기술 학습 속도가 주로 유전적(즉, 유전적) 요인에 의해 결정된다는 것을 입증하는 데 사용되었다. 예를 들어 폭스 및 연구자들(1996)은 일란성 쌍둥이(유전적으로 동일한)가 이란성 쌍둥이(두 그룹의 쌍둥이)보다 서로 간의 연습 차이가 덜 나타났다고 밝혔다. 즉, 일란성 쌍둥이는 유전적으로 동일하기 때문에 기술 습득에 있어 서로 간의 차이가 상대적으로 낮게 나타나고, 이란성 쌍둥이는 유전적으로 다르기 때문에 기술 습득에 서로 간의 차이가 더 뚜렷하다는 것을 의미한다. 이러한 연구 결과는 유전적인 영향이 기술 습득에 일부 영향을 미칠 수 있음을 시사하는 바이다. 보다 최근의 연구에서는 기술 학습 능력의 감소가 특정 유전자 발현에 크게 영향을 받는 도파민성 전달과 같은 신경영양 인자와 관련될 수 있음을 보여주었다. 예를 들어 카테콜메틸트랜스퍼라제(COMT) 효소와 도파민 수용체(DRD2) 유전자의 유전적 다형성은 개인의 운동 학습 차이와 관련이 있었으나, 이는 과제에 따라 달라질 수 있게 나타났다(Reis 등, 2009; Roohi 등, 2014).

종합적으로, 우리의 부모와 조상이 우월한 학습 능력을 가지고 있었다면, 우리는 우월한 유전자를 물려받았을 가능성이 높다는 것을 시사한다. 그러나 유전 분야의 연구는 아직 초기 단계에 있으며, 환경과 유전학의 상대적인 영향력에 대한 논란은 여전히 논쟁거리이다(Yarrow 등, 2009). 이 문제는 오랜 기간 동안 계속되어온 유전과 환경에 대한 논쟁이었다. 이 논쟁은 수행능력의 정확한 비율을 유전적 특성과 환경적 영향력이 어느 정도 설명되는지에 대한 논쟁이다(예: Davids와 Baker, 2007). 과학에서 이에 대해 많은 논의가 이루어졌으며, 오랜 시간 동안 해결이 어려웠다. 이는 유전과 환경이 모두 행동에 영향을 미치기 때문이다(Ackerman, 2014; Johnston와 Edwards, 2002; Ridley, 2004). 일반적으로 성공적인 결과는 (특정 환경의) 유전적 제약과 사회문화적 제약이 상호작용할 때 향상된다는 것을 알고 있다. 특정 스포츠가 선호하는 능력에 대한 유전적 성향이 더 강하고 학습 및 연습을 위한 우수한 조건을 촉진하는 환경적 제약을 경험하는 운동선수는 최고 수준의 성과에서 성공할 가능성이 더 높다(보장되지는 않음). 즉, 학계의 연구자들은 유전적인 영향이나 환경적인 영향을 너무 독립적으로 강조하거나 중요성을 과장하는 것이 아닌 서로 상호작용하며 행동에 영향을 미치고 있음을 이해하고 있다(예: Davids와 Baker, 2007; Moreau 등, 2019).

수행자 제약 조건: 인체 측정법 개인의 본질적인 역학은 신체의 구조적 구성에 의해 부분적으로 결정된다. 각 사람은 협응된 움직임을 생성하기 위해 자신의 시스템 구조를 효과적으로 활용하는 방법을 배워야 한다. 사지 분절의 길이, 관성 및 강성과 같은 요인은 선호하는 움직임 패턴의 기초를 형성하는 물리적 특성을 나타낸다. 생체 역학 모델링 목적을 위해 시스템 구조는 일반적으로 기계식 스프링, 스트럿 및 레버의 복잡한 구성으로 간주되었다. 예를 들어 인간의 다리는 연결된 추와 같은 다른 물리적 시스템의 동작을 결정하는 동일한 보편적 운동 법칙의 적용을 받는다. 무생물의 경우 초기 상태, 물리적 특성 및 외부 힘을 아는 것만으로도 동작을 예측하기에 충분하다. 그러나 이는 근육 내부 에너지원(즉, 근육 내부)을 가진 생물적 대상에는 적용되지 않는다. 이러한 대상들은 필요에 따라 힘을 생성할 수 있는 에너지원을 내장하고 있다. 따라서 인간의 근골격계에는 기계적 모델과 중요한 차이점을 가지고 있다. 예를 들어 근육 수축을 유도하는 내부 에너지원은 단순한 모델로는 쉽게 설명되지 않는 억제 및 흥분 특성을 모두 제공한다(Waldvogel 등, 2000). 움직임을 생성하고 유지하기 위한 관절의 내부 저항을 극복하는 것은 주로 뼈에 부착된 힘줄의 상대적인 위치와 같은 개별적인 요인에 의해 결정된다. 또한 근육과 결합 조직의 점탄성은 각 수축에서 생성되는 힘이 초기 상태(예: 위치, 이전 스트레치, 온도 및 대사 물질 가용성과 같은 수많은 요인에 의해 코드 결정됨)에 따라 다르다는 것을 의미한다(Zajac, 1989). 실제로 번스타인(1967)이 인식한 인간 운동 시스템의 생물학적 복잡성은 신경 신호와 운동 출력 사이의 단순한 일대일 관계가 존재할 수 없으며 존재하지도 않는다고 주장하였다(Berkinblit 등, 1986).

시스템 구조의 다양한 특성은 시간의 흐름에 따라 변화한다. 연속적인 수축이 이어지면서 근육은 피로를 느끼기 시작하고 자극에 대한 반응이 덜 효율적으로 변화하게 된다(Gandevia 등, 1996). 상당히 오랜 시간이 지나면 개인의 유연성과 유연함은 점차 약해져 노화가 되면서 근육과 결합 조직의 긴장감이 증가된다(Berkinblit 등, 1986).

빠르게 진화하는 인체 측정 과학은 인간 개인의 측정을 포함하며 이를 통해 사람의 크기, 형태 및 기능적 능력을 결정할 수 있다. 웨어러블 센서, 3D 신체 스캐닝, 기능적 MRI(fMRI)와 같은 측정 및 추적 기술의 발전은 개인 간의 구조적 차이에 대한 점점 더 정교한 통찰력을 제공하고 있다. 과학자들의 과제는 인체 측정 데이터를 보다 포괄적인 고유 역학 이론에 연결하는 것이다.

수행자 제약: 심리적 특성 뇌는 인간에게 알려진 가장 복잡하고 정교한 생물학적 기관이다. 사실, 세상에 대한 우리의 인식, 우리의 행동을 주도하는 욕망과 감정, 특히 우리를 개인으로 정의하는 성격을 조절하기 위해 뇌가 어떻게 작동하는지에 대해 아직 배워야 할 것이 많다. 그러나 우리가 뇌 기능에 대해 알지 못하는 엄청난 양에도 불구

하고(Bizzi와 Ajemian, 2015), 지각과 감성이 내재적 역학에 어떻게 영향을 미치는지에 대한 현재의 이해를 반성하는 것은 가치가 있다.

생태심리학은 우리에게 자각은 최소한의 간접 인지를 포함하고 있음을 알려준다. 왜냐하면 행동을 지원하는 정보는 일반적으로 우리 환경(예: 질감, 흐름, 경사 ,반사 등)에 풍부하게 존재하기 때문이다(Gibson, 1979). 내재적 역학에 대한 중요한 고려 사항은 이러한 속성을 감지하고 인식하는 각 사람의 능력에 있다. 우리의 지각 기관은 평생 동안 지속적으로 발전하고 성숙하므로 그 기능과 통합은 개인마다 상당히 다를 수 있다. 실제로 시각 및 전정계 기능의 발달 지연은 발달 협응 장애와 같은 상태에 대한 잠재적 설명 요인으로 제시되었다(Wilson 등, 2013). 또한, 우리가 우리의 행동을 조절하는 데 사용할 수 있는 지각 정보가 풍부할 경우 특정 지각 정보(예: 시각 정보)에 대한 의존도를 낮출 수 있다. 효과적인 상대 또는 불리한 환경 조건은 운동선수가 기능적 방식으로 행동을 규제하기 위해 의존하고 필요로 하는 정보에 대한 액세스를 차단할 수 있다. 다양한 규제 정보 소스에 대한 조치를 협응하면 선수가 역동적인 수행 환경에서 유연성을 유지하는 데 도움이 된다. 예를 들어 하지의 체감각 정보(예: 햅틱 및 고유 수용 시스템 피드백)에 더 잘 적응하면 축구 선수가 자신이 있는 공간에 적응할 수 있으므로 시각 시스템이 공과 같은 물체를 가로채는 접근 방식을 추적하지 않아도 된다(Hasan 등, 2016).

세계에 대한 우리의 인식이 우리의 행동 능력에 의해 형성된다는 것은 이제 잘 확립되었다(Gibson, 1979; Proffitt 등, 2003). 도로의 폭이나 다가오는 자동차 소리와 같은 세상의 물리적 속성은 물리적 환경을 탐색하는 동안 우리에게 지속적으로 제시되는 경험, 여유, 결정을 형성하는 데 도움이 된다. 교통이 접근하기 전에 필요한 거리를 횡단하는 행동 능력이 있다면 도로는 횡단 가능한 것으로 간주될 수 있다. 따라서 나이가 많거나 부상을 입은 사람은 건강한 사람보다 횡단 거리를 더 길게 인식할 가능성이 높다(Cordovil 등, 2015). 거리 추정과 같은 구현된 인지는 최근 몇 년 동안 더 많은 관심을 받고 있으며 의사결정과 행동의 차이가 존재하는 이유를 이해하는 데 도움이 된다(Withagen와 van Mermeskerken, 2009).

감정은 의사결정 중에 인식, 행동 및 의도에 영향을 미치며 생성된 감정의 강도는 개인에 대한 자극의 중요성을 반영한다(즉, 시각 피질에 대한 반응 강도 형성)(Pessoa와 Adolphs, 2011). 감정은 또한 기억력(긍정적이든 부정적이든)을 강화하고 개인 및 그룹 목표가 영향을 받을 때 보호하고 예측할 수 없거나 위협적인 상황(예: 실패가 팀에서 선택되지 않거나 중요한 경기)(LaBar와 Cabeza, 2006). 서로 다른 개인의 인지, 인식 및 행동을 제한하기 위해 기술 기반 차이가 감정과 어떻게 상호작용하는지에 대한 데이터를 고려해볼 가치가 있다. 초보 빙벽 등반가의 성과를 비교한 결과, 초보자의 개인 내 동작 선택(예: 발 차기, 얼음에 낚아채기)과 사지 협응 모드가 전문가보다 변동성이 적다는 사실이 밝혀졌다(Seifert 등, 2014). 초보 등반가는 얼음 표면과 매우 안정적인 상호작용을 제공하는 팔과 다리로 X 자세를 의도적으로 채택하는 경향이 있다. 이러한 협응 패턴은 안정감을 제공하기 때문에 초보자에게 기능적이었다. 그러나 이러한 매우 안전한 패턴의 채택은 전문가 위치의 가변성 수준에서 알 수 있듯이 빙벽을 빠르게 오르는 목표에 적합하지 않았다. 에너지 효율성과 경쟁력 있는 성과는 얼음 표면과의 상호작용에 대한 두려움의 함수로 특정 협응 경향이 나타난 초보 수행자의 목표에서 우선 순위가 아니라는 것이다. 이 감정은 당연히 그들의 특정 인지, 인식 및 행동에 대한 주요 제약이었다. 우리는 정서적 학습 설계에 관한 다음 장에서 실습 중 정서적 참여라는 중요한 주제로 돌아갈 것이다.

과제 제약: 과제 제약은 개인의 고유한 역학이 매핑되는 행동 정보의 한 형태로 간주될 수 있다. 과제를 완료하기 시작할 때마다 우리는 이미 중요한 과제 관련 목표를 설정했다. 초기 학습자의 경우 과제 목표는 원하는 결과를 안전하게 달성하는 것만큼 간단할 수 있다(예: 넘어지지 않고 정비된 주행의 바닥까지 스키를 타는 것). 고급 학습자의 경우 과제 목표는 더 정교하고 다양하며 도전적일 수 있다(예: 경로의 낯선 영역을 탐색하면서 효율적으로 하단으로 스키를 타는 것). 1차 과제 목표는 성취나 결과를 지향할 수 있으며, 이 경우 상대적으로 안정적일 수 있지만(예: 경주에서 우승) 2차 과제 목표도 활동 전반에 걸쳐 나타나고 변경될 수 있다(예: 경주에서 어려운 단계를 통해 다른 주자의 페이스를 유지하도록 돕기 위해). 우리가 더 숙련됨에 따라 설정한 목표는 일반적으로 시간이 지남에 따라 바뀌며 물론 개인마다 상당히 다를 수 있다.

과제 목표를 설정할 때 수행자는 일반적으로 과제 요구의 어려움과 도움의 가용성을 고려한다. 가다그노울리와 리(2004)는 필요한 과제의 이러한 차원 사이에 곡선 관계가 있음을 지적했다. 학습자의 역량 수준에 따라 과제의 도전이 학습과 성과 개발을 촉진하기에 이상적인 영역이 존재하는 것으로 보인다. 전문가가 증강 정보를 너무 많이 또는 너무 적게 제공하거나 과내가 너무 쉽거나 너무 어려운 경우 학습자에게 적절하게 챌린지 포인트가 설정되지 않아 학습자의 전반적인 진행이 지연될 수 있다(Pinder와 Renshaw, 2019).

사람들이 실수를 하면 일반적으로 신체와 환경이 인식되는 방식의 변화를 반영하기 위해 다음 동작 시도를 변경한다. 디드리히센 및 연구자들(2010)은 이 과정을 오류 기반 학습이라고 한다. 그러나 이 접근 방식은 오류가 발생하지 않을 때 학습이 발생할 수 있는지 여부에 대한 질문을 제기한다. 실제로 오류 없는 학습은 시행착오 전략을 사용할 때처럼 학습자가 가설을 생성하고 테스트할 필요가 없는 암묵적 학습을 촉진하는 데 도움이 될 수 있다(예: Poolton 등, 2005). 실제로 암시적 학습은 스트레스를 받거나 피곤한 상황에서 생성된 것보다 더 강력한 움직임 패턴을 생성할 수 있다

주목할 만한 연구

과제 목표 및 개인차 변경

많은 과제 목표가 일시적이라는 사실은 개인차의 중요한 원인이 될 수 있는 이유를 설명한다. 리 및 연구자들(2014)은 참가자들이 서로 다른 교육적 제약 조건에서 테니스 포핸드 스트로크를 배워야 하는 학교 기반 실험에서 이 기능을 잘 보여주었다. 한 그룹의 아이들(선형 교육 그룹)은 과제 목표가 주로 모델 움직임 패턴을 재현하는 것인 처방 요법에 따라 기술을 배웠다. 또 다른 어

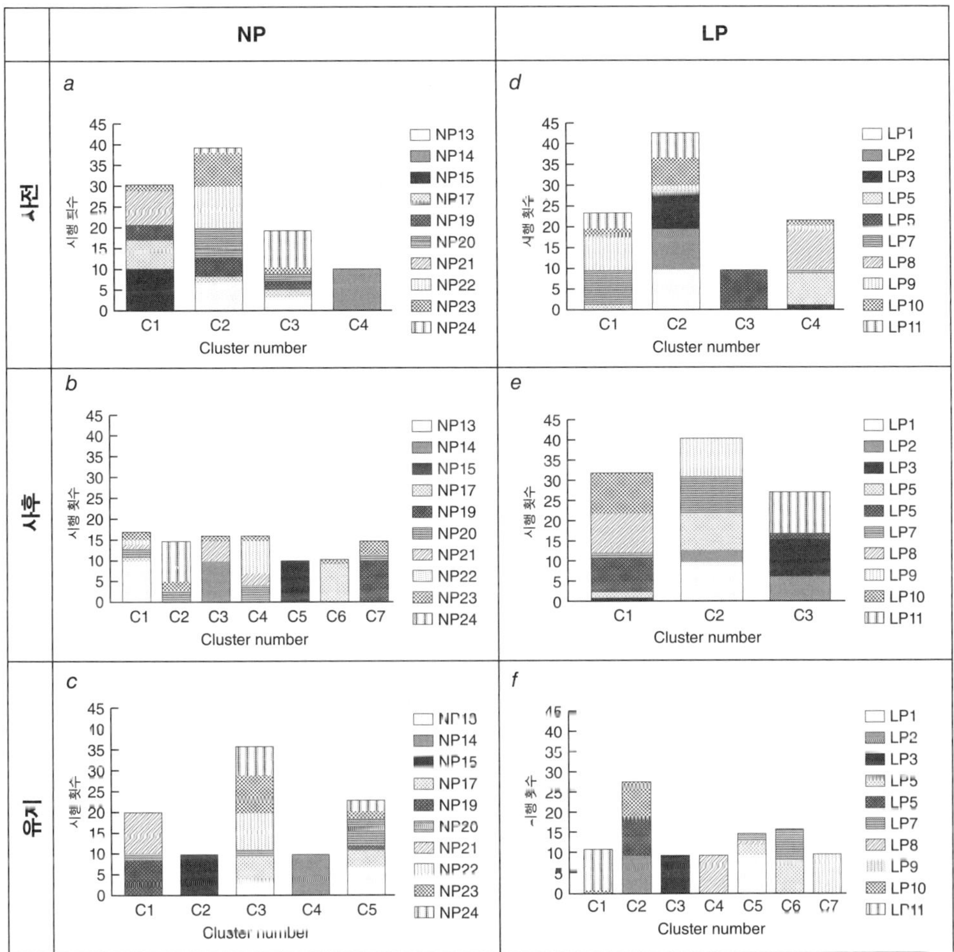

그림 8.1 각 클러스터에서 참가자(LP 및 NP)의 시도 및 분포 수. 각 막대는 6개의 데이터 세트[NP: 사전(a), 사후(b), 유지(c)]에서 특정 대상 시행에 대한 각 운동 클러스터에서 발견된 참가자의 시행 횟수 및 분포를 나타낸다. LP: 사전(d), 사후(e), 유지(f). C1에서 C7은 이동 클러스터를 나타낸다.

Reprinted by permission from M.C.Y. Lee, J.Y. Chow, J. Komar, C.W. K. Tan, and C. Button, "Nonlinear Pedagogy: An Effective Approach to Cater for Individual Differences in Learning a Sports Skill," *PloS ONE* 9 no. 8 (2014): e104744. This article is under the Creative Commons License 4.0.

린이 그룹(비선형 교육학 그룹)은 수업에서 수정된 과제 제약에 대한 적응성과 조율이 강조된 미니 게임에서 뇌졸중을 학습했다. 두 그룹 모두 120분의 연습 후 동일한 기술 수준을 획득한 반면 비선형 교육 그룹은 사후 테스트에서 더 많은 동작 패턴과 개인차를 보여주었다(그림 8.1).

비선형 교수법 전략으로 가르친 아이들은 제약 조건을 조작하여 과제 목표를 변경하도록 권장되었으며, 이는 전반적인 성과 수준의 감소 없이 더 많은 혁신과 창의성을 개발했다. 과제 목표 변동 함수로서의 개인 간 차이는 축구 칩핑(Chow 등, 2007), 농구 슈팅(Rain, Davids, 2010), 수영(Seifert 등, 2011)과 같은 다양한 다른 스포츠 기술에서 확인되었다.

(Button 등, 2011).

개인차의 또 다른 중요한 원인은 사람들이 운동기술을 수행하는 동안 사용하는 장비와 의복에 내재되어 있다. 예를 들어 테니스 라켓의 크기, 무게, 선수 간 반응의 미묘한 차이는 학습에서 다른 결과로 이어질 수 있다. 특히, 개인의 신체적 용량에 비례하여 확장된 장비는 더 나은 학습 결과를 초래하는 것으로 보인다(Buszard 등, 2014). 또한 의복과 안전복 착용의 상대적인 적합성과 특성(예: 열 보호, 쿠션, 대비)이 다양한 방식으로 움직임에 영향을 미칠 수 있다. 최근 한 연구 결과에 따르면 도로 근로자와 자전거 타는 사람의 의복에 움직이는 관절에 전략적으로 부착된 역반사 스트립은 다른 유형의 의복에 비해 지나가는 차량 운전자에 대한 개인의 눈에 띄는 정도를 크게 향상시킨다(Wood 등, 2014).

환경 요인

지구의 특정 지역이나 국가가 일부 사람들의 눈에는 특정 스포츠에서 가장 높은 기술 수준을 가진 동의어인 이유는 무엇일까? 예를 들어 브라질과 축구 경기, 뉴질랜드와 럭비 유니온, 자메이카와 단거리 달리기, 스칸디나비아 및 스노우 스포츠, 미국과 농구, 그리고 크리켓 내에서 남아시아의 스핀 볼링. 때때로 스포츠 조직은 그들의 DNA를 참조하여 특정 스타일력(예: 축구 클럽 FC 바르셀로나 및 특정 스타일의 경기 중 볼 소유권 지배)으로 동일시하는 것을 좋아한다. 환경은 미묘하지만 개성을 키우는 중요한 방식으로 과제 제약 및 고유 역학과 상호작용할 수 있다(6장 참조). 환경은 사회문화적 영향(예: 가족, 코치, 동료 그룹 영향, 의례)뿐만 아니라 연습 및 성과(예: 기후 변화, 근거)를 위한 물리적 조건으로 광범위하게 생각할 수 있음을 상기해야 한다. 우리가 일하고 노는 물리적 환경은 우리에게 유사하게 영향을 미치는 보편적인 요소를 제공한다. 예를 들어 중력, 주변 온도 및 빛과 같은 물리적 에너지 흐름은 지리적 위치 내의 개인 그룹 간에 유사하다. 그러나 우리가 움직이는 방식의 차이를 일으키는 것은 이러한 에너지 흐름 중 일부에 대한 우리의 민감성과 반응성이다. 변화에 대한 환경 제약의 잘 연구된 예는 순응 및 수행 측면에서 고도에 대한 개인의 반응과 관련이 있다(Mazzeo, 2008). 여전히 완전히 명확하지 않은 이유 때문에 일부 개인은 다른 사람(비반응자)보다 고도에서의 훈련에 훨씬 더 효과적으로 적응한다(반응자라고 함). 아직 완전히 결정되지 않은 유전적 요인이 개인이 온도와 고도와 같은 환경적 특징에 반응하는 방식의 차이에 크게 책임이 있는 것 같다(Jedlickova 등, 2003).

전 세계의 기후 변화는 또한 다른 연습 환경을 야기한다. 예를 들어 아라우호 및 연구자들(2010)은 브라질 판자촌(파벨라)의 전형적인 건조하고 울퉁불퉁하고 불규칙한 표면이 적어도 부분적으로는 유명한 브라질 축구 선수와 관련된 화려하고 혁신적인 플레이 스타일에 기여할 수 있다고 제안했다. 동일한 주제에 대해 우에하라 및 연구자들(2014)는 최근 브라질 축구 선수들의 발전에 대한 수많은 사회문화적 제약(예: 삼바 음악 및 춤, 무술의 일종인 카포에라, 비공식 축구 게임의 일종인 펠라다, 그리고 가난)의 영향을 고려하고 있다. 친구, 가족, 코치의 중요한 사회적 영향을 고려하기 시작하면, 우리 각자는 우리가 어떻게 그리고 왜 우리가 하는 방식으로 움직이는지에 상호작용적으로 영향을 미치는 고유한 환경적 제약 조건을 가지고 있다는 것이 분명해진다. 요약하면, 환경은 각각의 사람이 그녀가 수행하고 실천하는 맥락을 형성하는 특정한 물리적, 사회문화적 변수의 혼합에 어떻게 반응하는지에 대한 관점에서 개인의 차이에 기여할 수 있다.

정서적 학습 설계

이전 장에서는 개인차의 원인이 되는 수많은 요인들이 논의되었다. 아마도 이러한 요소들 중 가장 영향력 있는 것 중 하나는 수행자가 어떤 일에 감정적으로 관여하는 정도이다. 이것은 정서적 학습으로 알려져 있다. 생태학적 역학은 분명히 학습자를 학습의 중심에 둔다. 모이 및 연구자들(2015)의 최근 연구는 의미 있는 감성적 학습 설계를 지원하는 이론적 및 경험적 접근법을 이해할 수 있는 실행 가능한 출발점을 제공했다. 데키시 라이언의 자기결정이론(SDT)(2000)과 유사하게, 이 이론과 관련된 개념과 아이디어는 인간의 기본적인 심리적 욕구를 이해하는 데 초점을 맞추고 있다. 나중에 SDT가 지지하는 역량, 자율성 및 관련성의 세 가지 심리적 요구를 해결하는 데 생태역학 접근법이 미치는 영향을 조사하려는 경험적 연구를 공유한다.

허들링에 관한 연구에서 모이 및 연구자들(2016)는 특히 비선형 교육학 접근 방식이 잠재적으로 더 높은 자체 보고 수준의 내재적 동기 부여로 이어질 수 있는 방법을 조사하는 데 관심이 있었다. 초보 참가자(허들 경험이 없음), 중급 참가자(약간의 허들 경험 있음) 및 숙련된 참가자(학교 수준의 대표자)는 비선형 교육학 접근 방식 또는 보다 전통적인 교육 스타일에서 허들 수업을 배웠다. 비선형 교육학 접근법은 효과적인 제약 조건 조작과 움직임 선호도에 초점을 맞춘 지침의 제공을 강조했다(예: 학생들에게 주어진 유일한 과제 지침은 장애물을 빠르게 넘고 각 장애물 사이에서 세 단계를 밟으려고 하는 것이었다). 또한 학습자들은 다음과 같은 제약 조건의 명확한 척도를 제시받았다. 장애물 높이 또는 간격 거리의 과제 제약 조건은 레인을 통해 점진적으로 증가해(예: 레인 4: 간격 6m 및 높이 68cm, 레인 5: 간격 6.5m 및 높이 68cm, 6레인: 간격 6.5m, 높이 76cm 등), 학생들은 연습을 시작할 레인을 선택할 수 있었다(자율성에 대한 높은 확률). 참가자들은 비선형 교육 장애 수업 동안 전통적인 교육 방식과 달리 상당히 높은 수준의 자기 결정력과 내재적 동기 부여를 보고했다. 이것은 자율성, 역량, 관련성이라는 세 가지 핵심 심리적 욕구를 충족시켰기 때문에 비선형 교육학 수업을 받은 학생들이 수업에 더 큰 즐거움과 흥미를 느꼈다는 것을 보여주는 명확한 증거이기 때문에 유의미한 결과이다.

헤드릭 및 연구자들(2015)은 대표적인 학습 경험 설계에서 정서적 제약을 고려하는 것도 중요하다고 강조했다. 두 가지 핵심 원칙은 (1) 수행 환경의 실제 제약 조건을 시뮬레이션하는 감정이 풍부한 학습 경험을 설계할 필요성과 (2) 서로 다른 학습 단계 또는 기간이 개별화된 감정 및 협응 경향과 어떻게 연관될 수 있는지 고려하는 것이다. 실제적인 측면에서, 이러한 원칙들은 연습의 설계가 선수들로부터 이끌어낼 수 있는 가능한 감정들을 대표해야 한다는 것을 나타낸다. 예를 들어 축구에서 동점골이나 결승골을 쫓는 것과 같은 연습에서 실제 경기 시나리오를 만드는 것은 불안감이나 심지어 아드레날린 수치를 높일 가능성이 있는 감정을 생성할 것이다. 또한, 현장 전문가들은 개별 운동선수들이 서로 다른 학습 단계(정서적 제약 조건의 일일 또는 주간 변동)를 통해 진행됨에 따라 (감정적 지위 측면에서) 변화를 인식해야 한다. 분명히, 초보자들은 숙련된 운동선수들이 하는 것과 다른 성공 또는 실패에 대한 감정적 반응을 가지고 있다.

주의사항: 남은 시기

현장 전문가는 지침을 과제 제약 조건으로 사용하여 탐구를 촉진하고 학습자가 개별화된 솔루션을 찾도록 장려할 수 있다. 실제로 뉴웰과 랑가나탄(2010)은 학습자가 기능적 움직임 솔루션을 찾기 위한 탐색 과정으로 움직임 기술의 연습을 설명한다. 학습자에게 이동 솔루션을 부과하는 대신 지침은 검색을 지시하는 정보 제약으로 작용한다. 운동 학습에 대한 최근 연구는 주의 집중(Wulf, 2007, 2013), 즉 내적 주의 집중과

외적 주의 집중에 기반한 지침의 효과를 조사했다. 월프 및 연구자들(1999)은 '움직임 동작 자체에 주의를 기울이는 것'과 비교하여 학습 중에 수행되는 '동작의 움직임 효과에 수행자의 주의를 기울이는 것'으로 주의의 외부 초점을 정의했다. 내부 초점. 간단히 말해서, 동작을 생성하는 동안 관련된 신체 움직임(신체 부분) 또는 환경(동작의 결과)에 대한 동작의 영향에 학습자의 주의를 집중하도록 지침을 수정할 수 있다.

월프 및 연구자들(1998)은 복잡한 운동 기능에 대한 다양한 유형의 지침 제공의 효과를 조사했다. 구체적으로, 본 연구의 성인 참가자들은 스키 시뮬레이터에서 슬라럼 유형의 움직임을 수행해야 했으며 과제의 목표는 가능한 최대 진폭의 진동 동작을 만드는 것이었다. 참가자들에게는 그들이 서 있는 플랫폼에 어떻게 힘을 가해야 하는지에 대한 지침이 제공되었다. 외부 포커스 그룹은 플랫폼의 바깥쪽 바퀴(오른쪽)에 힘을 가하도록 요청했고, 내부 포커스 그룹은 플랫폼이 각 방향으로 이동하는 동안 바깥쪽 발(오른쪽)에 힘을 가하도록 요청했다. 방향(오른쪽). 또한 대조군은 진폭이 큰 움직임을 만들어내도록 노력하는 것 외에는 지시를 받지 않았다. 모든 참가자는 각각의 정보 제약하에서 2일 동안 과제를 연습했으며 하루 후 지침 없이 평가를 받았다. 외부 그룹은 가장 큰 진폭을 생성한 반면 내부 그룹은 가장 작은 진폭을 생성했다. 통제 집단은 내부 집단보다 더 잘 수행했다. 파지 검사 결과 외부 그룹이 훨씬 더 큰 진폭을 나타냈으며 내부 그룹과 제어 그룹 간에는 최소한의 차이가 있었다. 교육의 다양한 주의 집중의 영향을 조사한 많은 관련 연구에서 유사한 결과를 발견했다. 이러한 연구에는 골프에 대한 울프 및 연구자들(1999, 2010)의 던지기 과제, 쉬커 및 연구자들(2013)의 실행 과제, 그리고 폴스카이아 및 연구자들(2015)은 자세 제어에 대한 인지 과제를 수행했다. 앤디 및 연구자들(2017)는 유추를 제공받은 청년 및 노인 모두 명시적 지침을 받은 참가자보다 성과가 우수하다는 것을 발견했다.

그렇다면 외부에 주의를 집중하는 지침이 유리한 이유는 무엇일까? 번스타인(1967)의 4단계 통제 수준(1단계: 톤, 2단계: 시너지, 3단계: 공간, 4단계: 행동)에 대한 설명에 따르면, 협응과 통제에 대한 책임은 수행의 성교함(음색 및 시너지 수준)이 증가할 때 중앙 신경계의 낮은 수준에 위임된다. 이를 통해 학습자는 필요한 작업에 가장 기능적인 자기조직화 운동 시스템 역학을 활용할 수 있다(Profeta와 Turvey, 2018). 학습자가 외부 주의 집중으로 지시를 받고 움직임의 효과에 주의를 기울이면 낮은 수준의 제어에 거의 방해가 되지 않는다. 반면 움직임 형태에 초점을 맞추면 움직임을 보다 의식적으로 제어할 수 있어 기능적 움직임 결과가 줄어들 수 있다(Peh 등, 2011).

주의 집중 지침은 개인의 고유한 역동성을 표현할 수 있는 정도에 영향을 줄 수 있다. 예를 들어 배드민턴 학습자가 외부에 초점을 맞춘 지침을 제공받은 경우 내부에 초점을 맞춘 지침을 제공받은 참가자보다 자신의 개별화된 서브 행동을 사용하는 증거가 더 많이 나타났다(Peh, 2018). 구체적으로, 내적 주의 집중을 사용하는 많은 참가자들은 좋은 서브에서 일반적으로 기대되는 처방되고 효과적인 서브 동작과 유사한 움직임 패턴을 생성했다(예: 서브 동작에서 주요 단서로서 팔꿈치 관절에 대한 강조). 특히, 외부 주의 집중을 사용하는 학습자들은 서빙 과제에 대한 성과 결과에서 여전히 성공적이었다. 이러한 관찰 결과는 학습자에게 축퇴성이 존재하며, 참여자들에게 서로 다른 주의 집중을 이용한 지침이 제공되었음에도 불구하고 과제의 요구에 부합함에 따라 참여자들의 고유한 조정 행동이 기능적 운동 해법으로 자기조직화됨을 보여주었다. 아마도 복잡한 다이내믹 시스템의 본질적인 특성은 과제, 환경 및 학습자 자신으로부터 지속적인 상호작용 제약 조건에 의해 형성된 학습 환경 내의 기능적 이동 솔루션 탐색에서 학습자에게 유연성과 적응성을 제공했을 것이다(Chow 등, 2016).

주의 집중 지침과 관련된 이 과제 본문의 집합적인 결과는 현장 전문가가 민감해야 하며 다양한 정보 제약이 기술 획득에 미칠 수 있는 영향을 인식해야 함을 시사한다. 학습을 향상시키는 데 중요한 요소는 서로 다른 정보 제약 조건이 제공될 때 학습자가 어떻게 여유를 얻을 수 있는지 이해하는 것이다. 우리가 보기에, 정보-이동 결합을 강화하는 것은 필수적이며, 환경의 지각 정보에 초점을 맞추는 것은 수행자가 대표적이고 기능적인 경제성을 구축할 수 있도록 하는 데 중요하다. 따라서 수행자가 독립적인 실체가 아니라 환경-태스크-수행자 시스템에서 퍼즐의 일부라는 것을 이해하기 위해 현재에 존재하고 남아 있는 것에 중점을 둔다.

전문가가 개인차를 다루는 방법

많은 상담사, 심리치료사, 물리치료사, 라이프 코치, 개인 트레이너, 스포츠 심리학자들은 학습자들이 제시하는 복잡한 문제들을 이해하는 유일한 효과적인 방법이라는 것을 빠르게 깨달았고, 결과적으로 그들은 큰 그룹과 함께 일하는 데 거의 시간을 보내지 않는다. 비선형 교육학에서 개별 학습자에 초점을 맞춰야 한다는 주장에도 불구하고, 많은 현장 전문가들은 많은 학습자 그룹과 매일 작업할 수밖에 없다. 예를 들어 교사와 코치가 연습 세션 동안 30명의 학생 그룹에 대한 단독 책임을 지는 것은 드문 일이 아니다. 이러한 현장 전문가들이 관리해야 하는 여러 가지 요구를 고려할 때, 많은 사람들이 이 책이 옹호하는 손대지 않는 접근법의 실현 가능성에 의문을 제기하는 것은 놀라운 일이 아니다. 그러나 전문가는 그룹의 다른 학습자에게 동기를 부여하지 않고 몇 가지 간단한 전략을 사용하여 개인에게 다시 초점을 맞출 수 있다.

널리 적용되는 철학을 버리고 학습자 중심의 접근 방식으로 전이

우리는 전문가들이 먼저 모든 사람이 움직일 수 있는 최적의 방법이 없고 실제로 '교과서 기술'이 없다는 것을 인식해야 한다고 주장한다. 이러한 만능 철학은 전통적인 교육학을 지배해왔다. 과거의 전략 대신, 각 개인은 그가 채택해야 할 최적의 솔루션을 형성할 고유한 제약 조건을 가져온다. 여기서 최적이라는 용어는 현재 시스템의 본질적인 역학을 기반으로 특정 개발 및 경험 단계에서 수행자가 사용할 수 있는 가장 기능적인 이동 솔루션을 의미한다. 최적이라는 용어의 개념화는 개인을 지칭하며, 모든 학습자가 열망해야 하는 특정 조정 모드가 존재한다는 것을 의미하지는 않는다. 학습자 중심의 접근법은 현장 지도자가 각 학습자를 연습 환경의 중심에 배치하는 방법을 고려할 것을 요구한다. 물론, 이것은 큰 그룹(예: 학교 체육 환경에서 40명의 아이들 또는 한 팀에서 30명의 선수들)과 함께 일할 때 매우 어려울 수 있지만, 다음 제안들은 그것이 불가능하지 않다는 것을 보여줄 것이다!

사례 연구: 테니스 서브

초기 학습자 그룹에게 표준 서브 기술을 시연하는 대신 수행 문제(예: 네트를 넘어 목표 영역으로 공을 치는 것)를 제시하고 해결책을 개발하는 데 도움이 되는 활동을 설정한다. 많은 초기 학습자들이 처음에 (전통적인 간접 행동이 아닌) 간접적인 기술로 이 해결책에 접근할 가능성이 매우 높지만, 이것이 이 단계에서 효과적으로 서비스를 제공하는 방법을 배우기 시작하는 데 반드시 잘못된 방법인가? 학생들이 안정화되거나 비효율적인 해결책에 의존하는 것을 막는 한 가지 방법은 학습자들이 공을 목표 영역에 맞추는 세 가지 방법을 고안하도록 요구하는 것이다. 또 다른 방법은 목표 지역의 크기와 위치, 그물의 높이를 수정하는 것이다. 또한 학습자의 발달 상태에 따라 학습자가 사용할 수 있는 장비(예: 라켓 길이 및 질량)를 변경할 수 있다.

탐구와 창의성을 위한 기회 제공

많은 연습 활동에서 전통적으로 강조되는 것은 특정한 움직임 패턴의 재현과 모든 사람이 동일한 목표를 향해 나아가야 하는 요구 사항이다. 그러나 만약 그 중점이 탐구와 제약에 대한 적응의 과정으로 옮겨진다면, 개인의 차이는 자연스럽게 관찰될 것이고 번창할 수 있을 것이다. 이것은 개인이 선호하는 패턴을 안정화하는 것을 막아야 한다는 것을 의미하는 것이 아니라, 기능적 해결책을 이용하고 반복하기 전에 개인이 선호하는 패턴(및 다른 가능한 해결책)을 찾을 수 있도록 허용해야 한다는 것을 의미한다.

사례 연구: 수영

역사적으로 수영은 자유영, 배영, 평영, 접영과 같은 고전적인 스트로크의 재현에 중점을 두고 가르쳐왔다. 이처럼 수영 수업은 지시, 피드백, 시연, 그리고 많은 반복과 같은 직접적인 교수 전략에 의해 지배되는 경향이 있다. 대안으로, 수구, 수중 하키, 그리고 심지어 술래잡기와 같은 수중 게임을 하는 것은 학습자들이 물을 통해 움직이는 다른 방법을 만들 수 있는 더 많은 기회를 제공한다. 이러한 활동과 게임을 하는 동안, 다른 중요한 수중 기술(예: 물 밟기, 다이빙, 방향 바꾸기)은 연습에 재미있고 잠재적으로 경쟁력 있는 요소를 추가하는 동시에 수영에 대한 요구 사항과 혼합된다. 버튼(2016)은 이전 가능한 수영 기술을 연습함으로써 잠재적으로 생명을 구할 수 있는 중요한 이점은 개인이 변화하는 조건과 다른 수중 환경에 더 잘 적응할 수 있다는 것을 상기시킨다(7장 참조).

특정 개인에 맞게 관련 제약 조건 조작

학습 중에 개성이 나타나는 데 도움이 될 수 있는 분명한 전략 중 하나는 작업 제약 조건의 조작이다. 앞에서 논의한 바와 같이 과제 제약 조건은 개인차에 가장 크게 기여하는 요소 중 하나일 수 있으므로 학습자가 선호하는 스타일을 검색하고 찾을 수 있는 강력한 수단을 제공할 수 있다. 과제 목표, 규칙, 장비 및 하위 그룹 생성과 같은 영향력 있는 제약 조건은 각각 현장 지도자가 수정하여 학습자가 자신의 기술 수준에 적합한 방식으로 학습자를 도울 수 있다.

사례 연구: 댄스 루틴 배우기

특정 유형의 춤(예: 컨템포러리, 힙합, 즉흥 댄스)이 개성을 장려하는 반면, 다른 그룹 댄스 스타일(예: 발리우드, 라인 댄스)은 연주자들이 동작의 요소들을 동기화해야 한다. 무용수들에게 영향력 있는 업무 제약은 무엇인가? 새로운 루틴을 배우는 데 있어서, 댄서들은 종종 음악에 맞춰 다른 동작들을 순서대로 배열해야 한다. 음악의 템포를 수정하는 것은 잠재적으로 (음악을 느리게 함으로써) 작업 요구를 단순화하고 (음악을 빠르게 함으로써) 더 도전적으로 만드는 방법을 강사들에게 제공한다. 게다가, 음악 순서의 일부를 침묵시키고 음악이 돌아올 때까지 댄서들이 계속하도록 요구하는 것은 참가자들이 그들의 역할을 얼마나 잘 배웠는지를 시험하는 데 유용한 전략이다. 앞에서 논의한 바와 같이, 강사는 개인이 선호하는 운동 스타일을 찾을 수 있도록 과제 목표(예: 자신을 더 많이 표현하고 주도적으로)를 수정할 수도 있다.

안전, 공간 및 시간 고려 사항

운동 실천가들은 종종 다른 사람들이 감독되지 않거나 공간이나 시간의 제약에 대해 안전에 대한 우려를 언급함으로써 개인에 대한 집중 부족을 변명하기 때문에 이러한 중요한 물류 요소를 염두에 두어야 한다. 따라서 현장 지도자들이 이러한 요소들에 적절한 관심을 할당할 수 있도록 계획과 위임에 대한 기술을 개발하는 것이 매우 중요하다. 계획은 학습자의 하위 그룹이 함께 활동을 연습할 수 있는 충분한 공간을 보장하는 것을 포함할 수 있다. 또한 모든 학습자가 실습에 참여할 수 있는 조치(예: 그룹 멘토와 리더에게 위임)를 시행하는 것이 특히 젊은 학습자에게 필요할 수 있다. 안전은 개인이 자신의 행동 경계와 활동의 위험 수준을 판단할 수 있을 때 달성된다. 이러한 특성은 기술 획득의 중요한 특성이므로 허용 가능한 한도 내에서 학습자의 책임에서 완전히 제거되어서는 안 된다. 학습자는 운동선수 발달의 중요한 부분인 비정형 놀이 환경에서 학습 기회를 활용할 수 있으려면 이러한 안전 경계를 찾고 발견해야 한다(Phillips 등, 2010).

사례 연구: 암벽 등반

활동으로서 암벽 등반은 많은 내재된 위험을 내포하고 있으며 경험이 없는 등반가들의 대규모 그룹에 대한 교육에는 적합하지 않다. 그렇기는 하지만, 암벽 등반의 많은 요소들은 개성과 안전에 중점을 두고 단체로 연습할 수 있다. 예를 들어 비교적 안전한 측면은 등반을 미리 보고, 하네스와 매듭을 준비하고, 가능한 한 토프핑(학습 등반가가 바닥의 레이어에서 상단의 앵커 시스템을 거쳐 등반가로 이어지는 로프에 의해 항상 고정됨)과 같은 최소한의 위험으로 연습할 수 있다. 실내 등반 구역은 일반적으로 다양한 기술 수준을 충족하는 동시에 등반자가 넘어질 경우 쿠션이 있는 바닥 표면을 제공한다. 궁극적으로 등반은 도전적인 환경 내에서 자신의 행동 능력을 테스트하는 것이며, 현상 지도자가 안전을 훼손하지 않고 이러한 도전을 제시하는 연습 환경을 설계할 수 있는 다양한 방법이 있다. 실내 표면의 등반 경로를 설계하면 학습자가 유연하게 경로를 안전하고 빠르게 횡단하기 위해 돌출부를 잡고 서는 다양한 방법을 탐색할 수 있다(Seifert 등, 2015).

습관화 효과에 대한 고려

습관화는 평소보다 더 많은 오류를 보여주면서도 동작 타이밍과 조율이 잘 안 될 수 있는 공연 전 워밍업 기간이 필요한 것을 말한다. 사람이 오랜 기간(예: 몇 주 또는 몇 달) 동안 연습한 후 짧은 휴식(예: 몇일)을 취할 때 발생한다. 습관화 효과는 사람이 심각한 부상이나 질병에서 회복하고 걷거나 자전거를 타는 것과 같은 일상적인 과제를 수행할 때 관찰될 수 있다. 또 다른 예는 프로 선수들이 휴가나 부상 후에 완전한 훈련에 복귀할 때 관찰할 수 있다. 복귀할 때는 업무를 재조정하거나 적응해야 하는 경우가 많으며, 이러한 필요는 기술에 따라 달라진다(전문가들은 더 적은 적응 기간이 필요하다). 습관화 효과는 때때로 소위 녹슬기 때문으로 여겨진다. 사람들이 과제 상황에 맞게 재조정함에 따라, 그들의 초기 수행은 정상적인 것보다 더 높은 수준의 변동성을 가질 수 있다.

스포츠 행동의 많은 예들은 골프와 야구에서 스윙 연습, 테니스에서 경기할 준비를 할 때 새로운 공을 튕기는 연습, 다양한 밀도의 물에서 수영하는 것과 같은 단기적인 특정 상황에 대한 습관화를 반영한다. 과제 탐색은 사람들이 새로운 수행 목표 또는 새로운 조건의 형태로 낯선 과제 제약에 직면할 때 발생할 수 있다(Gauthier 등, 1986). 후자는 자동차 경주와 테니스와 같은 스포츠에서 투어링 전문가들이 직면한 특별한 문제이다. 그들은 다른 표면과 서킷에서 경기를 해야 한다(예: 세계의 다른 지역의 잔디 코트에서 경쟁하기 위해 여행하기 전에 한 대륙의 클레이 코트에서 공연하는 테니스 선수들). 켈소(Kelso, 1992)는 그러한 상황에서 운동 가변성의 귀중한 역할을 인식하고 "이러한 의미에서, 새로운 형태의 행동 조직은 심각하게 제한될 것"이라고 주장했다(p. 261).

사례 연구: 부상 후 경기 복귀

부상에서 회복하는 선수들은 연습 일정 측면에서 특별한 고려가 필요하다. 예를 들어 팀 스포츠 선수들은 일반적으로 팀을 이루어 함께 훈련하지만, 부상에서 회복할 때는 종종 개인화된 훈련 프로그램이 제공된다. 이 일반적인 관행은 재활 선수에게 더 치열한 경쟁 요구에 맞게 신체를 재조정할 수 있는 추가 기회를 제공한다. 완전한 지각 및 운동 능력이 점차 회복됨에 따라 선수들은 그룹 훈련으로 돌아갈 수 있지만 기민한 코치는 개별 초점을 유지해야 한다는 것을 알고 있다.

학습자에게 책임 할당

궁극적으로, 운동 실천가에게 중요한 도전은 학습자가 스포츠나 신체 활동에 계속 참여하는 것을 탐구하고 자율적이고 자급자족하도록 장려하는 것이다. 이는 제2장에서 더 자세히 논의한 자기결정론(Deci와 Ryan, 2000)의 원칙에 따라 운동선수들이 연습과 훈련 중에 자신의 삶을 통제하고 열심히 일하도록 동기를 부여하는 중요한 측면이다. 자기 통제는 또한 현장 지도자가 학습자의 개인적 차이를 활용할 수 있는 중요한 수단이다. 학습자가 피드백을 받을 때와 같은 학습 과정의 요소에 대한 책임을 학습자에게 할당하는 것(예: Chiviacowsky, 2014; Janelle 등, 1997)은 자율성과 역량에 대한 운동 학습과 인식을 촉진하는 것으로 나타났다. 만약 학습자들에게 과제 난이도, 진행률, 피드백 모드와 일정과 같은 학습 과정의 요소들에 대한 어느 정도의 통제력이 주어진다면, 그들은 현장 지도자가 항상 그들을 위해 이러한 결정을 내리는 경우보다 학습 중에 자신의 필요와 요구 사항에 더 잘 적응할 가능성이 있다.

사례 연구: 모의 훈련

시뮬레이터 훈련은 의료, 항공, 응급 서비스와 같은 직장에서 운동기술을 개발하는 일반적인 방법이다. 시뮬레이터는 일반적으로 개인이 혼자 연습할 수 있고 환경과 과내가 다양한 기술 수준에 맞게 수정될 수 있기 때문에 학습에서 자기 통제를 촉진하는 효과적인 환경이다. 예를 들어 시뮬레이터 내에서 봉합 기법을 연습하는 수습 외과 의사는 피드백을 받을 때(예: 시험 블록 후), 다음 난이도로 진행할 때(예: 한 번에 90% 숙련도에 도달할 때) 피드백을 받는 방법(예: 과제 완료에 소요되는 시간)을 선택할 수 있는 자유가 주어질 수 있다. 예를 들어 무작위 순서로 연습하는 여러 기술과 연습 일정을 지정한다. 또 다른 인기 있는 기술 기반 학습 접근법은 과제 및 학습 환경의 제약 조건을 디지털로 시뮬레이션하기 위한 가상현실(VR) 시스템의 사용과 관련이 있다. 실제로, 개별 학습자가 비교적 쉽고 저렴한 비용으로 VR의 보다 몰입적인 환경에서 상호작용할 수 있는 새로운 디지털 기술(예: Oculus Rift와 HTC Vive)의 사용에서 빠르게 성장했다. 스포츠에서 VR 시스템의 접근성과 이동성 증가로 인해 개발 중인 운동 경기력에 대한 적용에 대한 관심이 높아지고 있다(Stone 등, 2019). 교육에서 이러한 새로운 기술을 사용하면 다양한 학습자를 위한 연습 과제와 일정을 개별화할 수 있는 방법이 될 수 있지만, 향후 사용은 명확한 이론적 틀에 의해 지원되어야 한다(다음 장을 참조).

스포츠 훈련에서 VR 시스템을 사용하는 생태역학 이론

스포츠 훈련에서 VR 시스템의 핵심 문제인 생태역학 이론을 채택하는 것은 개별 선수들이 디지털 수행 환경에서 핵심 변수와 상호작용할 수 있는 기회를 제공하고 있다. 중요한 과제는 학습자가 가상 세계에 몰입하면서 학습 중에 인식, 인지, 행동을 지속적으로 통합할 수 있는 역량을 개발하는 것이다(Stone 등, 2019). VR 훈련 프로그램의 학습자는 특정 과제 목표를 달성하기 위한 구체적인 의도, 인지하고 사용할 수 있는 지각 변수 및 연습 중 규제할 조치를 가져야 한다.

스포츠 훈련에서 VR 시스템의 사용은 상당한 가능성을 제공하며 개별 제약 조건 결합 과정을 촉진하는 데 도움이 될 수 있고(Seipert 등, 2013), 각 개인이 고유한 기능적 방법으로 유사한 수행 문제를 해결할 수 있다. 실제로, 이러한 유형의 교육 설계는 표준 단일 크기 적합 연습 일정을 근절하는 데 도움이 될 수 있다. 스포츠 현장 지도자는 VR 시스템을 사용하여 운동선수가 신체 훈련에 참여하기 전에 신체 연습 맥락에서 벗어나 작업 및 환경 제약을 개별화할 수 있다. 이러한 개별화된 접근법은 기량, 조건 및 경기 영역의 전략에 대한 신체적 작업의 보조 역할을 하는 전문적으로 맥락화된 훈련으로 운동선수 연습을 보완하는 과정인 강화 훈련의 지시문 아래에서 고려될 수 있다.

적응형 가변성을 활용하여 (정서적, 심리적, 지각적 및 물리적 하위 시스템의) 운동선수 자기 조절을 향상시키는 것은 VR 시스템을 사용하는 것이 잠재력이 있는 개별화된 관행에서 또 다른 중요한 수행 영역이다. VR이 시뮬레이션할 수 있는 경쟁 및 수행 측면에는 골프에서 퍼팅을 하거나 축구에서 페널티 킥을 할 때 선수들에게 악영향을 미치도록 설계된 군중 소음이 포함된다. 또 다른 예로, 등산객들은 기구로 된 등반벽과 접촉할 때 근접 촬영한 3D 영상을 통해 산 표면의 순수한 규모에 민감할 수 있다. 그러나 주의가 필요하다. 우리가 설명한 것처럼, 실제 실무에서 VR 학습 설계의 대표성이 부족하면 수행 환경에 대한 시뮬레이션의 충실도가 떨어지고, 기술 획득을 억제하며, 경쟁 환경 수행을 약화시킬 수 있다.

따라서 생태역학 이론적 근거는 코치가 시뮬레이션된 경쟁적 성과 환경에서 선수들에게 지속적인 상호작용을 매개변수화시킬 수 있는 훈련 설계를 할 때 가능하다고 한다. 경험이 풍부한 현장 지도자는 자신의 경험적 지식을 기반하여 선수들의 개별화된 훈련을 가장 중요시하는 것을 확인했다. 이는 각 선수가 과제와 환경 제약 조건의 조작에 다르게 반응하기 때문이다(Green-wood 등, 2012). 하지만 훈련은 개별화도 중요하지만, 노력, 시간, 인적 자원(효과와 효율성) 측면에서 비용이 많이 들 수 있다. 실제로 현장에서 개별화된 훈련법을 활용하는 것을 어렵다. 연습과 학습에 대한 잘못된 접근법은 운동선수들의 개인적인 성과와 세련되고 미세한 협응 과제를 놓치고 있는 부분이다. 따라서 현재 일부 코칭 기관들에서만 선수 중심의 접근법을 제공하고 있다(예: 아이스 스케이트 선수들을 위한 개인화된 코칭 프로그램을 제공하는 기관인 Athlete Centreed Skating, https://acskating.com 참조).

VR 학습 프로그램은 주요 상호작용 제약 조건을 조작하여 개별 선수가 상대적으로 고유한 수행 솔루션을 이해하고 개발할 수 있도록 설계되어야 한다. 이는 관련 물리적 연습 과제에 참여하기 전에 가상 환경에 대한 탐색을 장려한다. VR 시스템이 운동선수 발달에 효과적으로 사용되기 위해서는 학습자 개개인의 신체적, 생리적, 인지적, 정서적 특성을 활용하여 성과 문제를 해결하는 방법을 형성하는 고유한 상호작용을 촉진해야 한다(Araújo 등, 2006). 우리가 이 장에서 설명했듯이, 개인의 기술 개발 속도는 다른 시간 척도로 진행될 가능성이 높다. 따라서 VR 훈련 시스템은 기술 개발에 영향을 미칠 수 있는 다양한 개인의 학습, 성장 및 성숙 속도를 고려할 수 있다. 이러한 개별화된 학습 접근법은 각 선수의 디지털 학습 환경을 실시간으로 직접 식별하고 협응할 수 있는 연속 알고리즘이 제공하는 특정 피드백으로 달성할 수 있다.

개인화된 훈련 프로그램을 개발하는 데 특히 중점을 두는 것은 부상 후 운동선수 재활에 VR을 사용하는 것을 포함할 수 있다. VR 시스템의 사용은 재활 프로그램을 다양하게 하고 현재 방법을 지배하는 반복적인 근육 운동 요법의 지루함을 방지할 수 있다. 예를 들어 선수들이 골격근 시스템에 과도한 물리적 하중을 가하지 않고 문제 해결을 수반하는 인지, 지각 및 미묘한 움직임의 결합을 협응하도록 함으로써 과다 사용과 반복적인 변형 손상을 줄일 수 있다. 프로 스포츠에서 부상당한 선수는 팀 성적에 직접적으로 기여하지 않을 수 있기 때문에 조직의 비용이 많이 든다. 이 비용은 세심한 재활 과제를 가속화하거나 선수를 급히 복귀시켜야 하는 부담으로 이어질 수 있어 부상 재발의 위험에 처하게 된다. 재활 절차는 신체 운동에 광범위하게 초점을 맞출 수 있지만 지각, 인지 및 의사결정 능력과 같은 심리적 구성 요소도 수행 재활의 중요한 특징이다(4장). VR은 1인칭 관점에서 경쟁적 성과 시나리오 시뮬레이션을 통한 자기 조절뿐만 아니라 지각 능력, 의사결정 및 인지의 예리함을 유지함으로써 선수 성과의 기능을 향상시킬 수 있다(Craig, 2013). VR 시스템 훈련에서, 행동 충실도를 낮추는 것은 경기자를 경쟁 속도로 되돌리는 동안 재부상의 위험을 줄임으로써 재활 기간 동안 유익할 수 있다. 실제로, 재활의 이러한 측면은 팀 스포츠에서 게임 컨디셔닝이라고 불리며, 일부 경기력 유지 또는 통합은 재활의 매우 구체적인 단계에서 전혀 배우지 않는 것보다 나을 수 있다. VR 수행 시뮬레이션은 다른 선수들과의 신체 접촉 가능성을 제거하며, 운동선수는 부상을 입지 않은 팔다리에 사용을 신중하게 적용하여 운동 시스템의 자유도를 줄이고 재부상 위험을 크게 줄일 수 있다.

요약하면, VR의 사용은 물리적 연습을 대체하기 위한 것이 아니라 지정된 훈련의 보조 소스로서 그것을 보완하기 위한 것이다. 이러한 방식으로, VR은 다음을 수행함으로써 개별화된 훈련 프로그램의 효과와 효율성을 강화할 수 있다.

- 코치와 선수가 파악한 구체적인 훈련 시나리오를 개별화하여 경기 또는 연습 경기장에서 벗어나 성과를 향상시킨다.
- 팀 스포츠 선수가 시각적 탐색 활동(스캔 동작)을 개발할 수 있도록 도와줌으로써 코트 또는 필드에서 팀 스포츠 선수의 인식을 개선
- 경기에서 특정 감정적 맥락을 시뮬레이션하는 디지털 연습 조건에서 선수의 경기력 자기 조절 개선
- 부상당한 선수가 다른 선수들과 함께 연습에 복귀하기 전에 재활 치료

결론

이 장에서는 행동의 가변성을 특정 맥락 내에서 수행자에 대한 고유한 제약 조건을 충족하려 시도하였고, 현장 전문가는 선수들의 개인차를 위한 생태역학적 방법에 대해 논의하였다. 우리는 또한 실천에 대한 비선형 교육학적 접근법 내에서 이 이론적 관점의 적용에 대해 논의했다. VR 시스템과 같은 기술적 발전과 새로운 분석 방법은 연습 중에 운동 시스템 자유도가 재구성되는 방법에 대해 관심을 가질 때 관련 초점을 제공하는 움직임 가변성의 구조에 대한 더 자세한 이해를 얻는 데 도움이 되었다. 이러한 기술은 개별 선수들이 경쟁 환경이 설계된 디지털 시뮬레이션에서 자기 조절, 더 나은 지각 인식, 경기 상황 등의 연습이 훈련에 도움이 될 수 있을 것이다. 또한 부상을 입은 상태에서 기능을 복구하는 데 도움이 될 수 있다.

개인의 고유 역학과 일련의 과제 역학의 잠재적으로 고유한 일치 때문에, 개개인마다 다른 방식으로 시스템 가변성을 활용할 수 있다. 상호작용 제약 조건에서 수준별 분석 방법은 스포츠 및 신체 활동의 의사결정을 이해하는 데 도움이 될 핵심적 이론이다. 그룹과 함께 일할 때, 현장 지도자들은 개별적인 문제와 학습 속도를 무시하기보다는 이 사실이 그들의 교육 방법을 알려주도록 해야 한다. 스포츠 팀을 위한 연습을 어떻게 설계할 것인가 하는 문제는 다음 장에서 우리의 관심을 어디로 돌리게 할 것인가 하는 것이다.

자가진단 질문

1. 학습자 간의 개인차에 기여하는 가장 영향력 있는 요소는 무엇인가?
2. 정서적 학습 설계 개념의 실질적인 의미를 설명하라.

3. 체육 교사가 일반적인 수업 계획 내에서 개별 학습자 초점을 채택하는 방법에 대해 토론하라.
4. VR 시스템을 사용하여 스포츠에서 개별화된 훈련 프로그램을 강화하는 방법은 무엇인가?

실험실 활동

제약 조건을 통한 개인차 유도

실험실 활동을 사용하여 개별 역량이 신체와 활동의 척도를 어떻게 협응하는지 강조할 수 있다.

실험 문제

- 개별 과제(예: 도달, 파악 또는 상승 과제, 수용성 과제) 또는 주기적 과제(예: 수영, 달리기, 자전거 타기)를 식별한다.
- 그 후, 수행에 영향을 미칠 다양한 인체측정학 특성을 시뮬레이션하기 위한 제약 조건을 점진적으로 포함한다.
  - 무거운 배낭을 메면 도달 인식이 바뀌고 점프 능력이 감소하여 비만인의 경험을 시뮬레이션한다.
  - 손에 거품 공을 쥐는 것은 여러분의 전체 손을 사용할 수 없을 것이기 때문에, 손가락 몇 개만으로 등반 능력을 제한할 것이다. 이것은 어린이가 성인과 유사한 환경 및 직무 설계 내에서 행동해야 할 때 발생하는 행동 능력의 차이를 이해하는 데 도움이 될 것이다.
  - 패들과 핀을 착용하는 것은 여러분의 수영 능력에 영향을 미칠 것이다. 왜냐하면 여러분은 더 높은 추진 표면적을 경험할 수 있기 때문이다. 이는 특히 손 방향과 경로가 비효율적이거나 비대칭 발차기 동작의 경우 높은 능동 항력을 극복하기 위해 더 많은 힘을 필요로 할 수 있다. 종종 남성보다 신체 치수가 작고 힘이 약한 여성들이 왜 약간 변형된 기술(예: 뇌졸중 비율과 뇌졸중 길이 관리, 운동 협응, 활공)로 수영하는지 보여줄 것이다
- 신체 특성을 인위적으로 수정하는 방법(예: 장비나 옷을 입거나 물체를 잡는 방법)을 찾고 움직임 협응 패턴을 수정하여 과제 목표를 완료하려고 시도한다.

장비 및 자원

- 이산 또는 순환 이동 과제를 위한 장비, 물체 및 의복 선택
- 개방된 실험실 공간, 체육관 또는 수영장
- 비디오카메라, 측정 테이프 및 체중계를 사용하여 신체 특성을 인위적으로 수정한 상태와 초기 상태에서 추정 및 과제 능력을 측정하고 비교한다.

CHAPTER 9

스포츠 팀을 위한 연습

이 장의 목표

이 장을 완료하면 다음을 수행할 수 있다.

- 복잡한 시스템의 자기조직화 경향에서 시너지 효과가 발생하고 그것이 스포츠 팀에서 어떻게 나타나는지를 설명한다.
- 글로벌 대 로컬 및 로컬 대 글로벌 자기조직화 경향을 구분한다.
- 복잡계 시스템의 구성 요소(예: 스포츠 팀의 선수) 간의 상호 적응이 무엇인지 설명한다.
- 서로 다른 개별 수행능력이 상호 적응의 결과로서 어떻게 팀 행동을 발생시키는지 설명한다.
- 이론적 구성을 적용하여 팀 스포츠에 대한 연습 원칙을 도출한다.

이 장은 이 책 이전에 소개된 핵심 이론적 개념을 활용하여 팀 스포츠에서 실전 과제를 설계하는 방법에 대한 개요를 제공하려 한다. 이는 내재적인 자기조직화 성향, 개별 구성 요소 간의 시너지 형성, 창발Emergence 및 선수 간의 상호 적응과 같은 요소를 포함한다. 다양한 요소로 구성된 사회 집단에 속한 개별 유기체 간의 국소적 상호작용은 간단한 상호작용 규칙에 의해 지원된다. 앞서 언급한 바와 같이, 자기조직화는 지속적인 운동선수-환경 간 상호작용의 기초이며 뇌에 위치한 전용 중앙 제어기를 포함할 필요가 없다(2장). 환경의 제약 조건이 변화함에 따라, 자기조직화 경향은 개별 시스템 구성 요소(예: 스포츠 팀의 선수 간 상호작용) 간의 협응된 동작의 다이내믹 패턴으로 표현되는 시스템 변경을 형성할 수 있다.

복잡계 시스템의 다양한 자유도에도 불구하고 상호작용에서 풍부하고 일관된 행동 패턴이 나타날 수 있다. 코치와 연습은 팀에서 특정 전술 포메이션이 나오도록 장려함으로써 이러한 행동 패턴에 어느 정도 영향을 미칠 수 있다(예를 들면 아이스하키의 페이스오프와 같은 세트 플레이 상황에서 가장 분명하게 나타날 수 있음). 그러나 인간과 환경의 상호작용인 본질적인 경향은 자기조직화에 기초하고 있으며, 이는 팀 스포츠 연습에서도 이용될 수 있다. 경기가 본격화되면 골문 쟁탈전과 같이 선수 간의 조직력이 나타나며 예측이 어렵다.

'시너지'는 일관된 행동 패턴을 지원하기 위해 복잡한 시스템의 여러 개별 자유도 사이에서 협응된 임시적인 결합이다. 일반적으로 시너지 형성은 특정 기능을 달성하기 위해 나타날 수 있는데, 예를 들어 선수 간의 패턴을 형성하여 스포츠 과제 목표를 달성할 수 있다(목표를 방어 또는 공격). 시너지 효과는 기능적이며 환경적 제약이나 연습을 통한 수행 맥락에 잘 적응하는 것이 중요하다. 농구의 빠른 점프슛, 축구의 오버헤드 킥과 같은 동작 목표를 달성하기 위해 조화로운 협응 패턴이 형성되어 개개인의 시너지 형성이 가능하다. 팀 스포츠에서 선수들이 수비 또는 공격 하위 단계에서 공동 목표를 달성하기 위해 전술적으로 경기장의 변화에 적응함에 따라 시너지 형성도 일어날 수 있다(Araújo와 Davids, 2016a). 스포츠 팀에서는 선수들 간에 시너지 효과가 나타나 경기 지역의 한 부분에서 잦은 2대 1 상황을 만들거나 축구에서 두 명의 수비수와 마주했을 때 4명의 공격 선수가 위치를 조정할 때 나타날 수 있다(Passos 등, 2011)(그림 9.1 참조). 시너지 효과는 시간이 지남에 따라 힘이 변하는데, 이를 위치 효과라

Courtesy of Jonathan Monteiro.

그림 9.1 공격 팀이 공을 점유하고 수비 팀을 상대로 필드 내 특정 영역에서 수적 우위를 창출한 축구 경기를 공중 관점에서 조망함.

고 한다. 이는 결정적인 패스의 순간에 접근하는 것과 같이 경기의 특정 단계에서 플레이어 간의 시너지가 기능적으로 더 강해지는 것을 의미한다(Passos 등, 2018).

이 장에서는 스포츠 팀 선수들의 기술과 전문성을 향상시키기 위한 연습 과제 설계를 이해하기 위해 자기조직화 경향과 시너지 형성에 대한 아이디어의 관련성을 살펴본다. 많은 경쟁자와 협력자 간의 시너지 형성은 인지, 행동, 인식의 긴밀한 통합을 기반으로 한다(4장 참조). 이렇게 긴밀하게 얽힌 관계는 훈련 중에 개발되고, 경기 중에 활용되어 선수들의 정교한 조정, 조직화 및 빠른 적응을 뒷받침할 수 있다. 생태역학은 인지(팀 스포츠에서 전략적 및 전술적 행동과 같은 많은 활동에 내포된)가 선수-환경 상호작용의 필수적인 부분이며, 의도한 작업 목표를 달성하기 위해 기능적 행동을 규제하는 데 생태학적으로 특정된 정보를 사용하는 능력으로 정의되는 개념이다. 인지는 경쟁에서 의도한 수행 결과를 달성하기 위해 어포던스를 실현하는 능력(행동에 대한 기회 또는 초대 수락)을 지속적으로 체계화한다.

글로벌 대 로컬 및 로컬 대 글로벌 자기조직화 경향

자기조직화 경향은 운동선수와 스포츠 팀을 포함한 모든 복잡한 적응 시스템에서 사용할 수 있는 시너지 형성을 뒷받침하며, 특히 제약을 받을 때 두드러진다. 시너지 형성, 유지 및 해체를 형성하는 제약의 유형은 코치, 현장 지도자 및 기타 운동 교육자와 관련이 있다. 지속적인 피드백 루프들은 시스템이 제약된 조건에서 자기조직화될 때 중요한 역할을 한다. 개별 요소 간 상호작용 동안 시너지 효과는 전체에서 지역 또는 지역에서 전체로서의 자기조직화 성향에 의해 제약을 받게 된다(Riley 등, 2011). 시스템 자유도 구성의 전체 대 개별은 외부 제약 조건이 조직된 패턴에서 개별 구성 요소의 참여(또는 비참여)를 규제할 때 나타난다. 팀 스포츠에서 외부 에이전트(예: 코치, 트레이너, 강사 또는 물리치료사)는 외부 피드백 고리들에 크게 의존하여 선수 간의 다이내믹 패턴 형성을 선제적으로 제한한다. 스포츠 팀의 시스템 구성 요소에 대한 전제에서 개별 관리는 언어적 지시, 지시 및 신호, 이미지, 명령 및 전술과 같은 수단에 의해 제한될 수 있다(그림 9.2). 이 정보를 전달하는 방법은 신중하게 관리해야 하며, 이 과정은 이 장의 뒷부분에서 논의할 것처럼 우리가 엘리트 스포츠 '조직의 방법론 department of methodology'이라고 부르는 구성원들에 의해서 가장 잘 수행된다

또한 개별 대 전체 조직 경향을 활용하여 시스템 자유도 간에도 시너지가 형성된다. 이러한 유형의 결합적 경향은 과소평가되며 일반적으로 스포츠 현장 지도자들 사이에서 강조되지 않는다. 팀 게임에서 시너지 형성에 대한 이러한 유형의 제약은 외부 관리자의 특정 지시가 아니라 협력하는 선수와 경쟁하는 선수 간의 일정한 지역 안에

서의 상호작용을 통해 나타난다. 이는 스포츠 팀의 각 개인 간의 지속적인 상호작용을 통해 나타난다(예: 바로 인접한 선수와의 거리와 방향을 조정). 스포츠에서 수행자 간의 상호작용은 진행 중인 동작을 적용하기 위한 예상 과정과 함께 내적 및 외적 피드백 고리의 역할을 기반으로 한다. 이러한 일정한 지역 안에서의 상호작용은 환경 정보에 의해 조절된다. 여기에는 팀과 플레이어의 하위 그룹 간, 그리고 개별 선수 간의 동기화된 움직임에서 배치에 대한 간단한 조정이 포함되어 있어 경기 영역의 전술 패턴의 깊이, 너비 및 길이 모양을 제공한다(Duarte 등, 2013).

많은 연구에서 전통적인 코칭 방법에 외재적 피드백 고리에 의해 제한되는 개별 선수들 간의 시너지 형성은 전체에서 개인으로의 성향이 스포츠 교육과 팀 준비에 유용한 역할을 한다고 시사하고 있다. 그러나 종종 선수들의 행동 조정에 과도하게 사용되고, 과대평가된 방법을 통해 강요된다(Williams와 Hodges의 2005년 축구 선수의 대한 연구와 레이드 및 연구자들의 2007년 테니스 선수에 대한 연구). 오히려, 스포츠 팀에서 자기조직화 경향을 활용하는 보다 효율적이고 효과적인 방법은 경기 중 행동과 움직임을 지속적으로 조정하도록 지도된 지능적인 팀 수행자(주요 개념 참조) 간의 사용 가능한 개인 대 전체 상호작용 경향을 활용하는 것일 수 있다(Passos 등, 2016).

개인과 전체 간의 상호작용을 촉진하고 그에 따라 지능적인 팀 수행자를 개발하려면 학습 환경을 설계하는 혁신적이고 비전통적인 방법이 필요하다. 실제 기술에 적응하는 과정에서는 학습자가 기능적 수행 해결책을 수집할 때 과제와 환경적 제약에

주요 개념

지능형 팀 수행자

팀 스포츠에서 가장 높은 성과 수준에서 필요한 유연성과 어포던스를 촉진하기 위해 연습과 훈련 과정을 팀 선수들 간의 자발적인 상호작용에서 시너지 형성을 활용하는 수단으로 개념화해야 한다. 스포츠 현장 지도자들은 선수들이 지능적인 팀 수행자가 되는 데 필요한 리더십 자질, 자율성 및 조정 능력을 개발할 수 있도록 사려 깊고 충분한 고려를 통해 제약 조건을 구현해야 한다. 스포츠 현장 지도자의 주요 역할은 특정 선수 그룹과 함께 다양한 경기 모델을 개발하고 자기조직화 경향을 활용하기 위해 경기 원칙을 예리하게 이해하는 것이다(Button 등, 2012). 경기 원칙은 경쟁 경기 중에 선수 상호작용을 지속적으로 안내하고 즉각적인 이벤트, 전이 및 도전 과제에 대한 전술적 해결책을 찾는 데 도움을 줄 수 있는 일련의 본질적인 의도를 나타낸다. 이러한 이벤트는 (1) 날씨의 변화, (2) 상대팀의 전술 변화, (3) 피로, 선수 부상, 교체 및 퇴장, 점수 변화(예: 리드를 관리하거나 경기를 추격해야 함)와 같은 경기 상황으로 인해 수행자의 하위 그룹에 신속한 재구성이 필요할 수 있다. 지능적인 팀 수행자는 종종 경기에서 이러한 순간들을 먼저 예측하고 인식하여 팀의 다른 사람들이 집단적으로 대응하도록 돕는 선수들이다.

대한 탐구가 필요하다. 고지와 현상 시도자는 학습자의 적응력과 발전할 수 있는 어포던스를 개발하는 것이 필요하다(Davids 등, 2016). 이 과정의 결과 자기조직화를 통해 필연적으로 여러 가지 해결책과 실패가 나타난다. 수행 실패는 기능하지 않는 정보의 출처를 확인하는 데 도움이 되며, 발견된 해결책은 선택된 어포던스에 대한 검색을 적응형 해결책으로 제한하는 데 도움이 된다.

'창발Emergence'은 자기조직화 과정이 스포츠 팀에서 선수의 지역적 상호작용을 어떻게 뒷받침하는지 이해하는 데 중요한 개념이다. 창발은 개별 플레이어의 행동으로 환원될 수 없는 시스템 속성(예: 플레이 영역의 특정 부분에 있는 공격 플레이어의 과부하)으로서 시너지의 자발적인 창발에서 관찰될 수 있다. 창발은 다른 플레이어의 움직임과 골, 바스켓, 트라이 라인, 엔드 존 및 필드 표시와 같은 사물의 위치와 같은 주변 정보로 구성된 개별 시스템 구성 요소의 지속적인 상호 적응에 기초한다. 팀 게임에서 수행자들의 지속적인 상호작용에서 창발하는 과정을 더 잘 이해하기 위해, 먼저 진화 시스템에서의 상호 적응의 기본 개념을 설명한다(Passos 등, 2013).

진화 시스템의 상호 적응

진화적 분석 척도에서의 '상호 적응Coadaptation'은 다른 종(예: 포식자-먹이 관계)과 환경에 의해 가해지는 압력에 반응하여 수년에 걸쳐 종의 특성과 행동이 어떻게 변하는지를 의미한다. 성공적으로 기능하려면(예: 번식, 먹이 주기, 영역 방어, 포식 방지) 개별 유기체는 이러한 목표 달성을 방해할 수 있는 환경 변화에 지속적으로 적응해야 한다. 자연에서 다른 유기체들은 발생하는 제약 조건에 지속적인 상호 적응 과정을 통해 그들의 종 내에서 적합성(신체 단련)을 향상시키는 도구를 개발했다.

진화적 용어로 여겨지는 신체 단련 개념은 개인(또는 그룹 또는 팀)이 특정 환경의 어포던스를 특징으로 하는 생태학적 틈새에 기능적으로 적응했는지를 설명한다. 생물학적 종은 환경과의 지속적인 상호작용으로 인해 적응해야 하며, 이는 기능적 행동에 대한 결과와 함께 끊임없이 변화하는 공진화 과정을 초래한다(Kauffman, 1995). 이러한 지속적인 시스템 역학 때문에 상호 적응은 진화와 변화의 엔진이다. 상호 적응의 과정은 유기체와 환경의 관계를 다른 방향으로 유도하며, 그중 일부는 수행 환경에서 신체 단련을 향상시킬 수 있고(수행 해결책 제공), 다른 것들은 신체 단련이나 기능의 부족으로 인한 수행 저하 및 소멸로 이어질 수 있다(수행 실패). 이러한 의미에서 생물학적 유기체의 본질적인 상호 적응 기능은 다른 종들과 경쟁하고 환경적 변화를 일으키며 집단적으로 개인과 협력하여 생존 능력을 높일 수 있다. 성공적으로 적응하기 위해 생물학적 유기체는 환경의 정보 제약과 상호작용할 필요가 있다.

복잡한 시스템인 스포츠 팀도 다른 팀보다 우위를 점하기 위해 지속적인 상호 적응을 보여야 한다. 가장 성공적인 스포츠 팀은 자신의 지위를 위협할 수 있는 환경적 요인을 확인하고 신속하게 대응하는 팀이다. 예를 들어 그들은 라이벌 팀의 변화하는 강점과 약점에 적응하고 외부 혼란(예: 규칙 변경 및 전술적 발전)에 강한 플레이 스타일을 개발해야 한다. 이런 점에서 스포츠 팀은 적자생존을 위한 투쟁에서 다른 생물체와 다를 바 없다.

어포던스 사용

개발 기술의 적응은 생물학적 기능의 증가로 이어지기 때문에 환경의 특징과의 상호작용은 새로운 어포던스를 인식하고 사용할 수 있는 기회를 제공한다(Kauffman, 1995). 스포츠에서 관련 어포던스(즉, 과제 목표와 관련된)의 사용은 코치가 촉진하는 경기를 통해 과제 및 환경 제약에 상호 적응하는 각 개인 역량의 주요 특징이다. 어포던스는 개인-환경 시스템의 관계적 특성이며, 개별 수행자의 역량(효과성)과 물질, 표면, 물체, 기타 및 사건의 행동 관련 속성 사이에 존재하는 행동 특정 관계를 파악한다(Gibson, 1979). 스포츠에서 이 개념화를 사용하면 피트니스라는 용어는 우리가 일반적으로 연관짓는 것과는 다른 의미를 갖는다. 이러한 의미에서 피트니스는 선수의 경기 행동의 기능과 경쟁 경기 환경의 끊임없이 변화하는 요구 간의 관계에 기초한다.

팀 경기의 어포던스를 사용하기 위해서는 선수 개개인이 경기력을 향상시키기 위해 다양한 능력을 사용할 수 있어야 한다. 일부는 물리적 자원(예: 속도, 힘, 유연성)에 투자할 수 있는 반면, 다른 일부는 지각 능력(예: 커버된 공간에 대한 인식 증가 또는 정보 출처에 대한 시각적 관심의 질 향상)을 강조한다. 일부 개인은 위험한 행동(예: 혁신적이고 기발한 놀이)을 수행함으로써 기능을 향상시키는 반면, 다른 개인은 신중하게 수행하고 보수적으로 움직이며 위험한 결정을 피하려고 할 수 있다(그림 9.2 참조). 종합적으로, 이러한 행동은 스포츠 팀의 전반적인 기능과 경쟁력을 향상시킬 것이다. 이러한 방식으로 상호 적응은 개인이 동일한 수행 목표를 달성하고 다양한 수행 해결책에 도달하기 위해 시스템 축퇴를 활용할 때 혁신과 창의성을 향상시킬 수 있다(8장 참조).

소규모 및 조건부 경기의 상호 적응

팀 스포츠에서 경쟁하는 것은 주요 과제 제약 조건에서 사용 가능한 정보에 지속적으로 영향을 받는 개별 운동선수의 상호 적응에 기반한다. 팀 동료 간의 협동은 SSCG(소규모 측면 및 조건부 게임)를 구현하여 개발할 수 있다(Davids 등, 2013). SSCG의 연습 설계는 정보의 풍부함과 불확실성, 선수에게 필요한 적응적 가변성이라는 점에서 많은 전통적인 훈련 및 연습 동작(예: 그림자 놀이)과 다르다. 수행자는 인식과 행동을 지속적으로 사용하여 문제를 해결하고 환경에서 어포던스를 사용하기 위한 결정을 내림으로써 다양한 SSCG의 상황적 문제를 해결할 수 있다. 경기 중 경기 원칙은

© Human Kinetics

그림 9.2 선수는 동일한 과제 목표를 달성하기 위해 시스템 축퇴를 성공적으로 이용한다. 농구에서 선수들은 다양한 슛 기술을 사용하여 골대 가까이에서 슛을 하거나 멀리서 슛을 하여 득점할 수 있다.

선수들이 서로 상대적으로 경기 구역의 경계, 표시, 득점 목표에 따라 배치하는 것을 말한다. SSCG에서 이러한 상호 적응적 움직임은 팀 동료와 상대 팀 간의 지속적인 상호작용 중에 나타나며 팀 스포츠 수행자에게 인식되고 사용될 수 있는 가장 큰 정보와 어포던스를 제공한다.

복잡한 적응 시스템으로서의 스포츠 팀의 비선형성은 경기 중에 참가자들이 해당 팀의 새로운 특성(경쟁 및 협력 선수들을 결정, 의도 및 행동 형태)을 예상해야 함을 의미한다. 팀 스포츠 경기 중 환경 변화가 생물학적 시스템에 어떤 영향을 미칠지 완전히 예측할 수 없는 것처럼 다른 선수들이 밀리초milliseconds, 초seconds의 시간 척도에서 동료들과 상대의 행동이 가하는 압박에 어떻게 적응할지 미리 완전히 예측하는 것은 어렵다. 예를 들어 인식과 행동을 위한 이 시간 척도에서 공격자는 자신을 가까이 방어하는 수비수의 관심을 피하기 위해 필드에서 지속적으로 위치를 변경하고 종종 속임수를 사용하여 오인을 유발한다. 이러한 방식으로 그들은 다른 플레이어에게 행동을 제공하고 자신의 행동을 통해 팀원과 상대방의 특정 행동을 유도한다(Vilar 등, 2014). 이러한 지속적인 상호 적응에 대한 연구는 어포던스에 대한 환경 정보의 중요성을 강조했으며(예: 도달 가능한 공간, 다른 수비수까지의 거리, 경기장 내 공의 궤적, 목표 목표까지의 각도 및 사이드라인까지의 거리와 같은 미묘한 정보), 경쟁하고 협력하는 팀 경기 선수의 의사결정 및 행동 구성을 위한 것이다(표 9.1 참조).

제임스 깁슨이 언급했듯이 "행동은 행동을 제공한다. 모든 [행동 유형]은 다른 사람이나 다른 사람이 무엇을 제공할 수 있는지에 대한 인식에 달려 있거나 때로는 그것을 잘못 인식하는 데 달려 있다"(1979). 깁슨의 이 인용문은 팀 스포츠를 염두에 두고 쓴 것은 아니지만 그것은 수행 행동을 이해하는 데 놀라울 정도로 관련이 있다. 연습 과제 설계는 선수가 상호작용하고 어포던스 환경의 특정 경로를 탐색하도록 유도하는 이러한 환경 및 작업 제약의 측면을 충실하게 시뮬레이션해야 한다고 제안한다. 스포츠 현장 지도자가 유익한 학습 경험을 설계하는 데 도움이 될 수 있는 팀 스포츠의 기술 획득에 대한 연구의 주요 특징은 무엇인가?

스포츠 조직(단체)은 그들의 직무에 일관성 있고 통합되어 있으며 증거에 기반을 두고 있는지 확인해야 한다

고강도의 운동 수행을 요구하는 스포츠에서 많은 유형의 전문가들은 성공으로 이어질 수 있는 이점을 확인하기 위해 운동 수행능력을 최대한 자세히 분석하였다. 실제로 올림픽 및 국제 수준의 스포츠 팀 코치, 현장 지도자, 스포츠 과학자, 트레이너, 성과 분석가, 심리학자를 포함하는 지원 직원을 고용하는 것이 일반화되었다. 모든 현장 지도자가 팀으로 함께 협력하여 학습 설계 원칙을 조직화된 방식으로 구현하도록 하기 위해 엘리트 스포츠 조직은 방법론 부서의 업무를 지원하는 실질적인 이론적 체계를 개발해야 한다. 우리가 생태역학이 이러한 정보를 제공하는 것은 놀라운 일이 아니다.

학습 설계는 팀 스포츠 선수들이 경쟁적인 수행 상황에서 조직화된 상호작용을 구성하고 관리하기 위한 정보를 찾는 데 도움이 되어야 한다는 것이 분명해졌다. 훈련과 연습에서의 상호작용은 운동선수들이 다양한 수행 중에 구체적이고 일시적이며 의도된 시너지를 형성하는 데 도움이 될 수 있다. 방법론 부서는 경기 원칙 및 특정 훈련(게임) 모델에 참여시켜 선수의 자기조직화 경향을 적절하게 제한하는 수행 모델 접근법을 구현할 수 있다. 훈련 모델은 성과 목표(성공적으로 경쟁)를 달성하기 위해 팀원(로컬)의 특정한 자기조직화 상호작용을 포착하는 통합 배경(글로벌)으로 구현될 수 있다. 훈련 모델은 유연하고 역동적이어야 하며 스포츠 팀이 복잡한 적응 시스템이라는 관점과 매우 일치해야 한다. 훈련 모델에 대한 이러한 개념은 제한적이지만 코치의 선호하는 플레이 스타일, 스포츠 조직의 경쟁 목표, 팀 개인의 특성에 국한되지 않는

나. 이러한 수준의 적응적 유연성에 도달하기 위해 스포츠 팀은 방법론 부서의 구성원 간 그리고 그들과 선수 간의 높은 수준의 즉각적인 의사소통이 필요하다. 스포츠 팀은 현장에서 지능적인 팀 수행자(주요 개념 참조)를 필요로 하며, 변화하는 경쟁 제약 조건에 즉각적이고 지속적으로 적응하는 것이 함께 경쟁하는 기본적인 부분이라는 공통된 이해가 필요하다.

팀 스포츠에서 제약 조건의 조작은 학습과 발전에 장벽을 만들어서는 안 된다

이 책의 초판에서 스포츠 현장 지도자들의 중요한 과제는 개인 운동선수를 위한 학습 기회와 학습 경험의 질을 향상시키기 위해 핵심 과제 제약을 조작하는 것이라고 언급하였다(Davids 등, 2008). 이 아이디어는 전문성을 높이고, 기술을 획득하며, 재능을 개발하기 위해 많은 시간을 집중적이고 전문화된 훈련과 연습이 필요하다는 명백한 진술과 구별된다(Davids 등, 2016). 연습 과제 설계의 중요한 특징은 공간, 사용 가능한

표 9.1 팀 스포츠 종목별 선수 구성에 영향을 미치는 과제의 제한 요소의 실증적 증거

과제 제약	스포츠	연구
공과 경쟁 팀의 가로 및 세로 변위	풋살	Travassos, Araújo, Duarte와 McGarry (2012)
참가 선수 수	풋살	Vilar, Araújo, Davids, Correia와 Esteves (2013)
다양한 패스 방향과 방향으로 설계 연습	축구	Travassos, Duarte, Vilar, Davids와 Araújo (2012)
슈터와 골키퍼의 접촉 시간	축구	Shafizadeh, Davids, Correia, Wheat와 Hizan (2015)
선수 수 및 경기장 크기	럭비 유니온	Silva와 colleagues (2015)
수비수 사이의 시작 거리	럭비 유니온	Correia와 colleagus(2012)
공간 점유(선수 수, 선수와 골대 사이의 대인 거리)	농구	Esteves와 colleagues (2015)
서브 동작 방법	배구	Paulo, Araújo와 Davids (2018)
코트에서 선수들의 상대적 위치	테니스	Carvalho와 colleagues (2013)
코트의 중심선과 네트의 중심선까지의 선수 거리	테니스	Carvalho와 colleagues (2014)

시간, 필드에서의 위치, 득점 목표까지의 각도, 경기장 표시와 관련된 위치와 같은 수행 맥락에서 정보의 미묘한 변화 및 수정으로 정의되는 제약 조건 조작이다. 많은 증거들은 이러한 제약 조건이 팀 스포츠에서 선수 조직에 영향을 미치기 위해 상호작용한다는 것을 보여준다(표 9.1에 요약).

그러나 현장 지도자들은 단순히 제약 조건이 수정될 수 있다는 이유로 그것들을 수정하지 않도록 주의해야 한다. 연습 프로그램에서 코치와 현장 지도자가 과도하게 제한하거나(어포던스 분야를 좁히는 경우) 또는 과도하게 제약하는 경우(초보자에게 특정 분야가 아닌 어포던스 환경을 검색하도록 요청하는 경우) 학습 및 개발 장벽이 나타날 수 있다. 학습은 과도하게 제한될 때 발생할 가능성이 높지만 학습 곡선의 가파른 상승은 효과적인 진전을 제한하고 시간의 비효율적인 사용을 야기할 수 있다. 제약 조건을 효율적으로 조작하기 위해 숙련된 코치는 수행에 대한 관련 제약 조건을 확인하고 적절한 방법으로 조작하며 학습자의 기술 수준을 대상으로 하도록 해야 한다. 이러한 유형의 기술과 제약 조건 조작의 정확성은 학습 환경을 설계하는 스포츠 현장 지도자의 깊은 경험적 지식에 근거한다.

경기에서 조정된 전술적 경기 패턴은 단순히 팀 선수들 간의 자발적인 자기조직적 상호작용에서 비롯되지 않는다

연구 데이터와 이론은 본질적인 자기조직화 과정이 어떻게 자발적인지를 보여준다(예: Kelso, 1995). 이 아이디어는 강력하지만 스포츠 팀의 전술적 행동이 시스템에서 자발적으로 나타날 수 있다는 가정으로 잘못 해석되지 않으려면 설명이 필요하다. 사실, 자기조직화 경향은 자발적이고 창발적이지만 주변 제약(복잡한 적응 시스템으로서 스포츠 팀의 내부와 외부 모두)에 지속적으로 영향을 받는다는 것에 주목하는 것이 중요하다(예: Vilar 등, 2013; Passos 등, 2009). 여기서 자기조직화의 자발성에서 선수는 항상 자신을 믿어야 하지만, 팀 스포츠 선수들이 즉시 손발이 맞아 경기에서 매우 효과적인 수행력과 조직화를 만드는 것을 의미하지 않는다.

자기조직화 경향은 실제로 선수들이 함께 훈련할 때 경쟁 환경의 제약에 의해 지속적으로 형성되어야 한다. 예를 들어 매우 부유한 프로 농구 팀에서 각 포지션에서 최고의 선수를 뽑아 팀을 구성한다 하여도 팀의 성공은 보장되지 않는다. 모인 선수들은 이 장의 앞부분에서 설명한 개인 대 전체 상호작용을 통해 함께 훈련하고 연습하고 기민한 전술 인식을 개발해야 한다. 그럼에도 불구하고 선수들이 자신의 행동을 효과적으로 조정할 수 있는 경기 지능을 보여주지 않으면 개별 선수들은 팀으로 뭉쳐지지 않을 수 있다. 코치는 선수 간의 기능적 상호작용을 개발하고 팀의 집합적인 전술 능력을 향상시키는 데 중요한 역할을 한다.

수행 목표를 달성하기 위해 연습 환경에서 공유 어포던스를 사용한다

팀 스포츠에서 공유 어포던스는 수행 환경에 존재하는 집단 행동을 위한 기회이며, 훈련과 연습의 목적은 수행 목표 달성을 위한 사용을 촉진하는 것이다(Araújo와 Davids, 2016a). 팀 스포츠 연습에서 현장 지도자들은 주요 선수들을 안내하는 경로로서 경기의 핵심 원칙을 중심으로 경기와 과제을 설계할 수 있다. 팀 스포츠의 경기의 원칙은 보편적이다(예: 너비와 깊이를 사용하여 상대 영역을 공격하기 위해 경기장에서 앞으로 전진). 파소스 및 연구자들(2013)은 제약 조건 조작이 스포츠 현장 지도자가 선수를 특정 분야의 어포던스로 안내하는 데 사용할 수 있다고 제안했다. 예를 들어 농구에서 지역 수비를 연습하는 팀 동료를 위한 어포던스 분야는 (1) 공격자 대 수비수의 수(과부하 및 저부하 시 행동 기회 탐색), (2) 공격자와 수비수 사이의 시작 거리, (3) 수비수들 사이의 초기 공간, (4) 볼이 턴오버되기 전에 골대에서의 슛을 완료하는 데 허용된 시간. 학습자는 수행 환경에서 사용할 수 있는 어포던스를 인지하고 사용하는 데 도움이 되는 연습 과제에서 수행에 대한 정보를 접해야 한다는 점에 유의해야 한다. 정보는 코치, 현장 지도자 또는 스포츠 과학자의 지시로 보강될 수 있지만, 이러한 보충적 언어적 지시 및 시각적 이미지를 사용하는 방법에 대한 생태역학적인 명확한 근거가 있어야 한다. 이에 대해서는 다음에 다룰 것이다.

실무에서 보완적인 언어적 설명과 피드백을 보조 지침으로 사용한다

스포츠에서 수행자의 의도는 과제 목표를 달성하기 위한 인식과 행동의 사용을 구성한다. 팀 경기에서 이러한 의도는 경기의 시간 제약과 관련된 인식과 행동을 뒷받침하는 맥락과 관련 정보가 포함될 수 있다. 경기 상황의 세부 사항에 관계없이 경기 원칙은 선수가 수행 목표를 달성할 수 있도록 도움을 준다. 연습 경기와 과제는 이러한 원칙에 초점을 맞출 수 있으며, 코치는 시각 및 음향 매체(예: 비디오 분석, 선수들을 넛지nudge하는 언어적 설명)를 통해 의사소통하면서 학습자를 위해 간략하게 강조할 수 있다. 목표는 코칭 과정의 이 부분에서 언어적 독백을 피하는 것이지만, 대신 언어적 정보를 사용하여 학습자를 연습 맥락에서 추가적인 탐구를 위해 관련 행동 어포던스 분야로 안내하는 것이다. 의도는 보는 상황에 대처하는 기껏해야 문의 형태로 행동에 대한 안전한 언어적 설명을 사용함으로써 학습자에게 지식과 정보를 전달하지 않는 것이 가장 확실하다. 연습 설계의 주요 과제는 학습 환경 내에서 팀 동료 간의 암묵적인 의사소통을 지속적으로 개발하여 합의된 의도와 원칙을 구축하는 것이다.

도너 스포츠가 선수 발전에 유용할 수 있는 방법

팀 스포츠 훈련에서 상호 적응적coadaptive 움직임을 촉진하면 학습자는 수행 환경에서 다른 선수들과 지속적인 상호작용을 통해 재능을 향상할 수 있다(Bernstein, 1967). 재능은 선수가 시너지 형성, 시스템 자유도 재구성, 변화하는 작업 제약 조건을 충족하기 위해 다양한 정보 소스를 탐색할 수 있어 보다 유연해질 수 있도록 돕는다(Chow, 2013). 이 장에서 우리는 다양한 스포츠 경험이 학습자가 재능을 개발하는 데 도움이 될 수 있다고 제안한다. 아이들은 어려서 목표 팀 스포츠와 특정 관계가 없는 것처럼 보일 수 있는 다양한 신체 활동과 스포츠를 하는 동안 재미와 즐거움을 경험해야 한다(Wormhoudt 등, 2018). 주요 아이디어는 이후 전문화를 위해 더 많은 기능적 학습 능력을 지원하면서 다양한 특정 및 비특정 연습에 대한 노출을 통해 보다 숙련된 개인을 개발하는 것이다(Güllich, 2018).

파쿠르와 풋살은 다른 팀 스포츠에 대한 원조 스포츠로 볼 수 있을까?

협응, 균형, 회전 능력, 신체 인식, 근력 및 반응 속도를 포함한 관련있는 기능적인 운동 특성은 탐색 학습을 지원하는 원조 스포츠Donor Sport 활동과 운동선수의 주요 목표 스포츠 사이에서 공유되는 어포던스 환경을 통해 강화될 수 있다(Wormhoudt 등, 2018). 이상적으로, 원조 스포츠 활동은 해당 스포츠에서 요구되는 것과 동일한 기본적인 움직임 기술을 많이 사용해야 하지만, 해당 스포츠와 관련된 특정 기술이 운동선수에게 충분히 개발되지 않은 경우에도 유용할 수 있다(Wormhoudt 등, 2018). 예를 들어 스트래포드 및 연구자들(2018)은 파쿠르 스포츠가 협응, 타이밍, 균형, 민첩성, 공간 인식 및 근력과 같은 운동기술을 개발하기 위한 대표적인 적응 플랫폼을 제공할 수 있다고 제안했다.

원조 스포츠 환경에서 수행능력 향상을 도와주는 어포던스는 선수의 주요 운동능력 발달에 기여할 수 있는 기회를 제공한다. 또한 원조 스포츠에 참여하면 인식, 인지 및 정서적 자기 조절 향상과 같은 잠재적인 심리적 이점을 얻을 수 있다. 예를 들어 선수들은 경쟁적인 훈련 상황에서 스트레스와 불안을 조절하는 방법을 배우고, 이는 선수들이 압박 속에서도 차분하게 경기 성과를 내야 하는 주요 목표 스포츠에 전이될 수 있다. 이렇게 팀 스포츠에서는 원조 스포츠를 통해 목표와 유사한 지각-행동 요구 사항을 전이하고 향상시킬 수 있다. 이러한 아이디어들은 개발의 초기 다양화 단계에서 여러 스포츠를 하는 것과 비교하여 원조 스포츠가 기능적 행동, 대표 과제 및 행동 방법을 규제하기 위해 이용 가능한 특정 정보를 포착함으로써 해당 스포츠와 더 큰 수준의 일치성과 대응성을 제공한다는 것을 시사한다(목표 달성과 관련됨). 예를 들어 양궁은 고유한 정적 특성 때문에 축구와 같은 단체 경기를 위한 원조 스포츠가 아닐 것이다. 반면 풋살은 공을 다루는 기술과 지각력을 향상시키는 역동적인 경향 때문에 축구의 원조 스포츠로 간주될 수 있다. 이러한 관계는 차후 전문화된 훈련 중에 활용할 수 있으며, 너무 많은 초기 전문화와 관련된 입증된 위험을 피할 수 있다. 다음으로, 우리는 두 가지 잠재적인 원조 스포츠에 대해 더 자세히 논의해보도록 하자.

'파쿠르Parkour'는 연습자들이 자신의 운동 능력(예: 달리기, 오르기, 점프, 한 다리 및 두 다리로 착지, 높이뛰기, 균형 잡기, 스텝, 허들, 사족보행, 구르기)을 탐색하여 환경적 특성(틈, 장애물, 표면 및 경사면)을 넘는 가장 혁신적이고 효과적인 곡예 스포츠이다. 팀 스포츠에서 운동수행을 위해 운동선수의 전문화에 중요하다고 간주되는 능력들은 움직임의 유동성, 안전한 착륙과 낙하 전략, 격차와 장애물을 협상하는 창의성, 그리고 관련된 의사결정과 같은 것들은 파쿠르에 의해 원조될 수 있다. 파쿠르 스타일의 활동을 연습 환경에 통합하면 경기력 향상 어포던스와 적응적 기능 움직임 능력이 중복으로 인해 팀 스포츠를 하는 젊은 선수들에게 운동 능력과 기술 전이를 발전시킬 수 있다. 파쿠르와 같은 활동을 연습하는 것은 연습자가 거리, 간격 크기 및 표면 특성을 판단하며 주의를 기울이고, 문제를 해결하며, 결정을 내리고, 환경적 특성을 혁신적으로 넘어서야 한다. 환경에서 공유된 어포던스의 네트워크는 운동선수들이 목표로 삼고 있는 팀 스포츠와 파쿠르에 고유하고 다양한 환경 특성을 샘플링하는 데 더 적응하게 됨에 따라 운동기술 개발의 기회를 제공하는 특정 행동을 유발할 수 있다. 우리가 실내 및 실외 설치물과 다양한 방식으로 상호작용하는 파쿠르 스타일의 훈련을 언급하고 있음을 다시 한 번 강조할 필요가 있다. 우리는 모험적이고 능숙한 방식으로 무방비로 노출된 환경과 상호작용하는 것을 목표로 하는 프리런이나 베이스 점프와 같은 파쿠르의 극단적인 표현을 말하는 것이 아니다. 이들은 전혀 다른 활동이다.

파쿠르식 훈련의 한 가지 매력은 여러 팀 스포츠로 전이할 수 있다는 것이다. 예를 들어 많은 팀 볼 스포츠는 선수들이 공의 위치, 방향 및 속도에 관하여 상대의 움직임에 따라 몸의 위치를 신속하게 조정해야 하는 유동적이고 역동적인 움직임 패턴을 필요로 한다(Esteves 등, 2015). 파쿠르 현장 지도자들은 수행 환경 내에서의 움직임 탐색의 유동성과 역동성의 중요성을 강조한다. 예를 들어 수행 환경에서 물체의 위치 및 방향과 같은 제약 조건을 넘는 데 필요한 정확한 발 위치를 들 수 있다. 이러한 유형의 활동은 목표(예: 장애물 또는 상대 선수)에 대한 발 위치 및 방향을 개발하기 위해 접촉하는 팀 스포츠의 훈련 및 워밍업 단계에 구현될 수 있다. 파쿠르는 또한 농구 및 피구와 같은 팀 스포츠에서 중요한 기술로 제안되는 정지, 시작, 회전, 커팅 동작을 효과적으로 사용하는 선수의 능력을 개발하는 데 도움을 줄 수 있다. 균형을 회복하고, 방향 전이를 시작하며, 신체적 도전에 따른 자세 제어 수단으로서의 안전한 착륙 전략은 부상을 예방하는 데 중요하다(Taylor 등, 2017). 파쿠르는 점프 후 착지 기술을 개발하고 발바닥과 하지에서 고유수용성 및 촉각 정보에 대한 인식을 향상시키는 데 도움이 될 수 있다. 이것은 팀 스포츠에서와 마찬가지로 파쿠르가 신체적 도전을 겪은 후 균형과 자세 제어를 회복하는 능력을 필요로 하기 때문에 중요하다. 파쿠르를 통해 제공되는 움직임 탐색의 풍부한 자원은 선수들이 공의 소유권을 되찾기 위해 서로 태클을 하는 그리드 아이언 풋볼, 럭비 리그, 럭비 유니온과 같은 스포츠에서 선수가 강제 착지로부터 회복하는 데 도움이 된다(Passos 등, 2016).

파쿠르는 기술 학습에 대한 전통적인 드릴 기반 접근법에서 주창된 것처럼 특정 스포츠의 움직임 기술 개발에 초점을 맞추기보다 움직임 탐색에서 즐거움을 강조하고 창의성을 촉진한다. 즐거움과 창의성을 강조하면 지루함이 줄어들고 운동 협응과 제어가 향상된다. 왜냐하면 운동선수가 파쿠르 중에 만나는 모든 장애물은 별도의 방식으로 넘어서야 하기 때문이다. 표면 또는 장애물과의 상호작용에는 명확한 해결책이 없을 수 있으므로, 운동선수들은 의미 있는 방법으로 상호작용하기 위해 창의력을 사용해야 한다. 청소년 팀 육성 프로그램의 스포츠 현장 지도자는 파쿠르의 탐색적이고 창의적인 특성을 활용하여 신체 조절을 가능하게 하는 동시에 즐거운 방식으로 자기 조절 능력을 개발하고 운동기술을 향상시킬 수 있다. 이러한 아이디어들은 훈련장의 설계가 다양한 수준에서 운동 시스템 자유도의 재구성을 제한하는 기능, 제한 또는 경계를 포함하도록 훈련장의 근본적인 변화가 필요할 수 있음을 시사한다(Bernstein, 1967; Sparrow와 Newell, 1998). 재정적 제약이 문제가 되지 않는 경우, 스포츠 아카데미는 파쿠르 훈련 환경을 구축하거나 정기적으로 방문해야 한다(Wormhoudt 등, 2018). 파쿠르식의 훈련은 다양한 스포츠 체험 환경에서 유도-발견 학습을 활용하여 운동 개발 및 기술 이전을 위한 매개체 역할을 할 수 있다. 이 접근법은 필수 탐색 활동이 부족하고 너무 반복적이며, 드릴 기반일 수 있는 초기 전문화의 부정적인 영향을 상쇄할 것이다.

'축구를 위한 원조 스포츠 풋살' 파쿠르는 수많은 팀 스포츠에 대한 적합한 원조 스포츠가 될 수 있지만, 풋살은 축구에 대한 명백한 원조 스포츠이다. 풋살은 큰 경기장이 아닌 작은 코트에서 진행되는 5대 5의 소규모 경기이다. 축구공보다 작고 무거우며 바운스가 적은 공으로 경기한다(Araújo 등, 2004). 결과적으로, 풋살 선수들에게 중요한 것은 볼 컨트롤과 조작이다. 좁은 공간에서 다양한 유형의 볼 터치(예: 부드럽게 발을 사용하여 공을 상대방으로부터 보호), 발의 다른 부분(예: 발바닥, 측면, 발등, 발가락)을 사용하고, 공을 패스, 슈팅 및 드리블 타이밍을 조정하는 단계를 포함한다. 이것을 축구와 비교하면 더 많은 근력과 유산소 지구력이 필요한 증가된 공간과 게임 시간으로 인해 총체적인 움직임의 수행에 더 중점을 둔다. 풋살은 공을 빠르고 정확하게 움직이거나 공 소유권을 되찾기 위해 수비 균형을 유지해야 하는 필요성과 관련하여 협응, 지각-행동 결합, 반응, 리듬 및 균형 측면에서 일반적인 개인의 민첩성을 촉진한다.

이러한 차이점에도 불구하고 풋살은 축구와 많은 공통점을 가지고 있어 원조 스포츠가 될 수 있는 좋은 후보이다(Travassos 등, 2018). 가장 분명한 것은 두 스포츠 모두 일반적으로 공을 발로 움직여 경기장 위에서 움직이며, 공통적인 목표는 상대방보다 더 많은 골을 넣는 것이다. 집단적 시스템 관점에서 볼 때 두 스포츠 모두 공격과 수비의 균형을 필요로 하며, 팀 동료와 상대팀 사이의 시공간 관계의 변화에 따라 정밀한 조정이 필요하다. 이러한 요구는 선수들의 공간적 지향성과 경기 중 공간과 시간을 기능적으로 관리하는 능력의 개발을 촉진한다. 선수의 끊임없는 위치 변화는 커버되는 공간과 팀 동료 및 상대방과의 관계에서 가변성이 증가하여 경기 사이에 대한 더 넓은 인식을 제공한다. 풋살 팀은 축구 팀보다 선수 수가 적기 때문에 풋살은 더 넓은 범위의 기술 및 전술적 능력 개발에 기여한다. 또한 풋살은 11인 축구 경기보다 기술을 발휘하고 공을 다룰 수 있는 더 많은 기회를 제공한다(Davids 등, 2013; Fenoglio, 2003). 풋살은 축구에 비해 경기 중 시각적 탐색 활동(스캔 행동)을 사용할 수 있는 기회를 최대 3배까지 증가시킨다(Oppici 등, 2017). 게다가, 모든 선수들은 경기 중에 필요한 기술을 수행하고 공이 있든 없든 집단적인 전술적 행동에 참여하기 위해 두 발을 모두 사용해야 한다.

마지막으로, 풋살은 사용하는 공의 종류, 풋살 코트 표면의 특성, 심지어 착용하는 풋살 신발의 종류에 따라 동작의 지각-운동 적응이 다르기 때문에 실제로 전달 효과를 촉진한다. 또한, 초기 단계에서 풋살을 시작함으로써, 발전하는 축구 선수들은 발달하는 지각-운동 환경을 풍부하게 할 다양한 공격 및 수비 전술 행동을 탐구할 기회를 갖게 된다. 이러한 환경은 원조 스포츠와 목표 스포츠 간의 전이를 강화하기 위해 선수들이 활용할 수 있는 운동 패턴과 행동을 발전시키는 데 기여할 수 있다. 두 스포츠의 상호보완적인 특성은 초기 다양화를 통해 기술 습득에 활용될 수 있으며, 성과 중심의 기회, 스포츠 간의 행동 대응 및 목표에 대해 발전을 나타낼 수 있다. 이러한 주제는 12장에서 다시 살펴볼 것이다.

결론

이 장에서 우리는 같은 경기장에서 협력, 경쟁 및 상호 적응을 하는 여러 스포츠 선수들이 복잡하고 역동적인 시스템으로 유사하다는 것에 논의하였다. 팀 스포츠에서 선수나 선수의 조직은 코치와 전술 지시와 같은 외부 요인(글로벌 대 로컬 상호작용)과 선수 간의 지속적인 내부 자기조직화 경향(로컬 대 글로벌 상호작용)에 의해 영향을 받는다. 협응적 움직임(시너지)의 풍부한 패턴은 팀 스포츠를 둘러싸고 있는 제한적 기능으로 나타난다. 경기장에 있는 운동선수 팀은 종종 경기장 밖의 현장 지도자 팀(예: 코치, 분석가, 물리치료사 및 팬)의 지원을 받으며, 우리가 논의한 바와 같이 방법론 조직과는 생태역학 체계를 수용하여 일관되고 성공적인 수행을 위한 기능적 발판을 제공할 수 있다. 현장 지도자는 경기에서 중요한 순간을 식별하고 이를 활용하기 위해 집단 행동을 선동할 수 있는 지능적인 팀 수행자를 개발하기 위한 전략을 찾아야 한다. 마지막으로, 우리는 팀 스포츠 선수들을 발전시키기 위한 방법으로 원조 스포츠의 새로운 아이디어에 대해 논의했다. 원조 스포츠는 해당(대상/목표) 스포츠와 공통점이 있는 움직임과 지각 능력을 가진 파쿠르와 같은 활동이다. 원조 스포츠를 연습하면 특정 수행 특성을 강조하고 개선하는 데 도움이 될 수 있으며, 따라서 선수 경력 초기에 많은 양의 반복적이고 전문적인 연습에 참여하는 위험을 줄일 수 있다.

자가진단 질문

1. 농구팀의 선수들이 경기 중에 자발적으로 조직과 포메이션을 변경하여 상대의 가장 약한 선수를 이용한다고 상상해보아라. 이 적응은 글로벌 대 로컬 과정 또는 로컬 대 글로벌 과정을 나타내는가? 당신의 대답을 정당화해라.
2. 팀 스포츠 코치에게 팀 선수들의 조정과 의사소통을 개선하기 위해 사용할 수 있는 실용적인 전략을 제안한다.
3. 학습자가 보다 지능적인 팀 수행자가 되도록 장려하는 연습과 게임을 어떻게 설계할 수 있는가? 세 가지 팀 스포츠의 예를 들어 답을 설명한다.
4. 이 장에서 풋살은 축구를 위한 원조 스포츠 역할을 할 수 있다고 제안했다. 다른 스포츠나 신체 활동을 위한 후보 원조들을 생각할 수 있는가?
5. 이러한 원조 스포츠가 학습자가 특정 해당(목표, 대상) 스포츠에 더 잘 적응하는 데 도움이 되는 이유를 설명한다.

실험실 활동

팀 내 상호 적응

실험실 활동을 사용하면 공동 과제를 완료할 때 상호 적응 및 공유 어포던스가 어떻게 나타날 수 있는지 더 잘 강조할 수 있다.

실험적 문제

- 경쟁적인 방법(예: 상대방과 드리블하여 가능한 한 빨리 목표물에 도달)으로 달성할 수 있지만 집단적인 방법(예: 드리블 대신 패스로 목표물에 도달)으로 더 높은 결과(더 빠르고 정확하게)로 달성할 수 있는 과제를 식별한다.
- 그 후 규칙(또는 제약 조건)을 점진적으로 포함하여 개인 행동(예: 드리블)을 배제하고 어포던스 및 상호 적응을 공유하기 위해 집단 행동을 촉진(강제)할 수 있다(예: 모든 선수는

공을 한 번 또는 두 번 터치해야 경기장을 가로질러 목표물에 도달하지만 각 선수는 단계만 밟을 수 있다). 선수 수, 스텝 수, 경기장의 크기, 타깃 수와 크기, 상대 수, 상대 역할 등을 변경하여 공유 어포던스의 풍부한 환경을 설계할 수 있다.

- 계속해서 목표에 도달하기 위한 과제 목표를 달성하고 동일한 과제 목표를 달성하기 위해 서로 다른 대인 조정 조직(기구, 구조)을 사용해야 한다.

장비 및 자원

- 공동 과제를 위한 다양한 장비(공, 표적), 선수, 필드 선택
- 개방된 연구실 또는 체육관
- 비디오카메라 또는 GPS

비디오카메라와 GPS를 사용하여 다양한 대인 조정 조직(구조)을 캡처하여 과제 목표를 달성하고 어포던스가 공유되는 방식을 식별한다. 제약 조건이 변경될 때 선수가 어떻게 적응하는지 그 방법을 설명한다.

CHAPTER 10

운동선수를 위한 수정된 지각 훈련

이 장의 목표

이 장을 완료하면 다음을 수행할 수 있다.

- 다양한 지각-운동 훈련perceptual-motor training 방법들을 확인하고, 지각-운동 훈련이 어떻게 학습에 도움이 될 수 있는지를 설명할 수 있다.
- 지각-운동 훈련을 평가하는 다양한 방법들의 장단점에 대해 논의할 수 있다.
- 현장 지도자에게 학습자의 시각을 조작하는 방법과 이러한 접근을 위한 권장 사항을 전해줄 수 있다.
- 시범의 효과에 영향을 미치는 다양한 요인들에 대해 설명할 수 있다.

이 책의 전반에 걸쳐 우리는 탐색search과 발견discovery이 중요한 학습 과정임을 알렸다. 그러나 현실적인 측면에서, 전적으로 발견 학습에만 기초하는 접근을 추구하는 것은 현명하지 못하다. 완전히 체계가 없이 수행되는 구조화되지 않은 연습 환경은 기술을 배우는 데 걸리는 시간의 측면에서 비효율적일 수 있으며(Daly 등, 2001), 학습자에게 신체적, 정신적으로도 해로울 수 있다. 이것이 우리를 포함한 많은 저자들이 학습자가 주어진 과제 목적에 부합하는 기능적 협응 해결책을 탐색하도록 유도하는 전략을 제안하는 이유이다(Correia 등, 2019).

2008년에 나온 이 책의 초판 이후, 디지털 기술이 상당히 발전하게 되면서 운동선수들의 지각 능력을 측정하고 발전시킬 새롭고 흥미로운 기회들이 생겨났다. 이 장에서는 지각 훈련 기법들을 사용하여 연습 중인 학습자의 탐색 활동을 유도하고 제한하는 방법들을 검토한다. 특히, 우리는 지각 훈련의 일종으로서 가장 인기 있는 코칭법 중 하나인 시범demonstration에 대해서도 논할 것이다. 이를 통해 학습자가 주요 정보원에 적응하는 것에 영향을 미치는 몇 가지 요인들이 있음이 밝혀질 것이다. 우리는 또한 학습을 위해 시각적 정보(예: 시야 차단)를 조작하는 접근들에 대한 근거를 검토한다. 정보가 학습자에게 어떤 방식으로 주어지는지를 떠나서, 우리의 목표는 숙련된 행동으로 가는 과정에서 지각-운동 축퇴degeneracy를 촉진하기 위해 수정된 지각 훈련(MPTModified Perceptual Training)을 사용하는 것이다(Seifert 등, 2013).

수정된 지각 훈련이란 무엇이며 왜 해야 하는가?

3장에서 논의한 것처럼, 다양한 지각 정보원들이 동작을 조절하는 데 사용된다. 빛, 소리, 압력, 온도, 관성과 같은 다양한 형태의 정보는 운동선수들에 의해 지속적으로 감지되고 그들의 움직임 패턴을 조정하기 위해 사용된다. 수정된 지각 훈련은 인간이 (목표 달성과 관련된) 관련 정보원에 적응하는 방법을 배우는 과정에 영향을 미칠 수 있고, 수행의 향상을 가져올 수 있다. MPT는 코치나 학습자로부터 지각 능력을 향상시키기 위해 사용될 수 있는 여러 전략들을 포함한다. 인기를 끌었던 전략 중에는 스포츠-특이적 비디오 리뷰sport-specific video review와 반응 시간 훈련reaction-time training이 포함되며, 가상현실virtual reality, 뇌 훈련brain training 및 웨어러블 모니터링 장치wearable monitoring devices와 같은 새로운 접근 방식들이 주목을 받고 있다.

수정된 지각 훈련에 대한 검토는 해들로우와 동료들(2018)에 의해 수행되었다. 그들은 현장 지도자들이 현장에서 활용 가능한 다양한 수단들의 효과를 평가하는 데 도움이 될 새 틀을 제안하였다. 이들은 다음의 세 가지 가정들이 수정된 지각 훈련의 유용성에 기초가 된다는 점을 주목하였다. (1) 목표로 하는 지각 기술은 다른 기술들과 구별이 가능한 것이어야 하고, (2) 이러한 기술은 훈련을 통해 향상이 가능한 것이어야 하며, (3) 해당 지각 기술의 향상은 실제 경기 환경으로 전이가 되어야 한다는 것이다. 그동안의 많은 연구들이 처음의 두 가정을 다루었지만, MPT에 따른 전이 효과에 대한 조사가 부족한 실정이었다. 그렇다면 먼저 MPT가 어떻게 효과적인 접근법이 될 수 있는지 그 이유에 대해 함께 고찰해보자.

정보를 수정하는 것이 여러 가지 방식(예: 고정, 섭동, 스케일링)으로 지각-운동 커플링perception-action coupling을 불안정하게 할 수 있다는 것은 잘 알려진 사실이며, 이를 적절히 활용하면 학습자의 학습을 도울 수 있다(Chow 등, 2016). 현장 지도자들에게 중요한 사실은, 정보가 실습 중인 학습자로 하여금 지각-운동 위상공간perceptual-motor landscape의 특정 영역에 탐색을 시작하도록 지름길을 제공할 수 있다는 것이다. 반면에, 정보는 어떻게 활용하느냐에 따라 지각-운동 연결을 산만하게 하고 약화시킬 가능성 역시 가지고 있으므로, 이러한 정보는 언제나 현명하게 사용해야만 할 것이다.

예를 들어 학습자의 탐색 활동을 제약하기 위해 이미 과제 목표와 관련된 피드백을 자연스럽게 이용할 수 있는 경우, 학습자에게 운동기술을 수행하는 방법에 대한 추가적인 지침을 제공하는 것은 대개 도움이 되지 않는다(Hodges와 Franks, 2001). 게다가, 학습자에게 동시 발생적 움직임과 관련된 자세한 지침과 관련 피드백을 한꺼번에 제공하는 것은 과도한 처방이 될 수 있다. 이는 특히나 시공간적 요구가 높은 복잡한 과제에서 더욱 그러하다.

현대의 과학 기술은 스포츠 과학자들과 경기력 분석가들에게 선수들에 대한 대량의 정보를 제공하였다. 그러나 여기에는 운동 학습을 촉진하기 위해 선수들에게 너무 많은 보강 정보를 제공할 위험이 숨어 있다. 일반적으로, 운동기술 연습 중에 제공되는 정보는 수행을 향상시키지만, 이러한 정보의 제공이 철회된 이후의 파지 검사에서 수행의 저하가 나타날 수 있다. 현장 지도자는 정보 과잉 및 외부 정보 사용에 대한 의존성을 피하기 위해 정보를 조작하는 방법(예: 기존의 정보원을 축소 또는 강조, 추가하는 방법)을 신중하게 고려해야만 한다. 그러나 분명 누군가는 보강 정보를 통해 다른 사람들보다 더 많은 학습 이익을 볼 수 있다(Magill, 1994). 예를 들어 과제 목표를 이해하기 위해 고군분투하는 초기 학습자들은 지시를 받거나 시범을 보는 것으로부터 이익을 얻을 수 있다. 더욱이, 부상이나 질병으로 인해 운동 및 감각능력이 저하된 사람들은 그들의 변화된 기능 수준 때문에라도 추가적인 정보가 필요할 수 있다.

또한 수정된 지각 훈련은 학습자에게 동기를 부여하고, 학습자의 자기 평가 촉진에 도움이 될 수 있다. 어린아이들을 대상으로 물구나무 기술을 학습시킨 한 연구(Potdevin 등, 2018)에서는, 비디오 피드백을 받은 그룹(중재 그룹), 그리고 그들과 동일한 훈련을 받았지만 피드백이 없는 그룹(대조군 그룹)을 비교하였다. 비디오 피드백을 받은 중재 그룹에서는 운동기술이 개선되었고, 연습 후 설문지로 조사된 자기 평가 점수와 동기부여 수준 모두에서 향상이 나타났다. 흥미로운 것은, 학습자에게 중요 지점의 움직임 변화를 강조하는 비디오 피드백을 제공하는 것이 학습자로 하여금, 요구되는 움직임 과제를 보다 효과적으로 수행하는 데 필요한 관절 각도의 식별 및 수정에 유용했다는 것이다.

평가 기법

지각 능력을 평가할 수 있는 여러 가지 가능한 방법들이 있다. 다음의 방법들이 비록 완벽한 것들은 아니나, 이러한 예시들은 새롭게 떠오르는 디지털 기술들이 지각-운동 행동을 관찰하고 더 발전시킬 수 있는 새롭고 흥미로운 가능성을 어떻게 열어주고 있는지를 보여준다(Apelbaum와 Erickson, 2018). 평가 기법들은 종종 정보를 생성하는 데 있어 움직임의 역할을 무시하거나 경시한다는 점을 유의하라. 우리가 이 책의 이전 장들에서 설명했듯이 기술은 이제 지각perception과 운동motor을 따로 구분하지 않는다. 명심하라. 기술은 지각-운동perceptual-motor이다.

시각 기능의 디지털 평가

최근 몇 년 동안, 컴퓨터나 장치 등을 이용하여 학습자를 다양한 자극에 대해 반응해야 하는 상황에 노출시키는 수많은 소프트웨어 프로그램들과 앱이 등장했다. 실제로, 수많은 '시각 및 뇌 훈련' 도구들이 온라인에서 열정적으로 홍보되고 있으며, 이러한 도구를 이용한 트레이닝이 스포츠와 여러 수행 영역들에서의 시각적 기능을 개발하는 데 도움이 된다고 주장하고 있다. 그러나 그러한 도구들의 효과에 대한 구체적인 증거가 부족하여 해당 도구들을 가치 있는 학습 보조 도구로 수용하는 데에는 아직 다소 논쟁의 여지가 있다(Apelbaum와 Erickson, 2018). 잠재적으로 수익성이 높은 이 시장에 계속해서 더 많은 도구들이 들어올 것으로 보인다. 실제로 최근 수십 년간 레크리에이션 비디오 게임이 거둔 큰 성공을 감안할 때, 이러한 관심과 성장은 앞으로도 지속될 것으로 보인다.

시각-운동 반응 시간

시각적 자극에 빠르게 반응하는 것은 많은 숙련된 운동선수들이 보여주는 주요 속성이다. 이에 따라 시각-운동 반응 시간을 평가하고 훈련하기 위한 몇 가지 도구들이 만들어졌다. 예를 들어 바탁 반응-시간 트레이너Batak reaction-time trainer와 같은 트레이닝 장비들은 선수들에게 고정된 위치에서 무작위로 켜지는 버튼을 가능한 한 빨리 누르도록 요구하는데, 이 외에도 다이나비전Dynavision과 웨인 세케이딕 픽세이터Wayne Saccadic Fixator를 포함한 다수의 유사 제품들이 있다. 이러한 도구들이 다른 운동 및 신경학적 측정 기술들과 결합하여 스포츠에서의 뇌진탕을 감지하도록 개량된 것은 놀라운 일이 아니다(Wilkerson 등, 2018). 이는 분명 고도의 수행능력을 요구하는 스포츠의 수많은 코치들의 흥미를 끄는 부분이겠으나, 시각-운동 반응 시간 훈련을 실제 수행 환경과 직접 연결하는 데에는 아직 더 많은 근거들이 필요하다(Apelbaum와 Erickson, 2018).

중앙시Foveal Vision: 안구 운동 기록 장치

안구 운동은 선수들이 환경을 눈으로 스캔하는 방식을 보여준다. 안구 운동을 측정하는 방법에는 안구 운동을 제어하는 안구 근육들에 근전도 센서를 배치하는 것을 포함한다. 그러나 휴대용 측정 장비의 부족으로 시선 행동 패턴 연구가 제한되고, 연구는 참가자들의 움직임을 연구 환경에 제한하는 비현실적인 방식으로 한정되고 있다. 딕스 및 연구자들(2010)이 우리에게 상기시켜주었듯, 운동선수들을 이렇게 비현실적인 환경에 반응하도록 강요하게 되면 그들이 환경을 스캔하는 방식을 변형시키게 된다(주목할 만한 연구: '축구 골키퍼들은 무엇을 보는가?' 파트 참조).

안구의 움직임을 측정하는 비디오 기반 기술은 그 휴대성과 편리함 때문에 많은 연구자들에게 사랑받고 있다. 이 장비는 소형화된 카메라가 장착된 한 쌍의 안경과 비디오 영상을 저장하기 위한 기록 장치로 구성되어 있다. 이 장비는 동공과 각막의 반사, 이 두 가지 눈 외형의 통합을 통해 특정 장면 내에서 '중앙시'의 위치를 감지한다. 중심와fovea는 망막에서 가장 높은 수준의 시력을 제공하는 작은 영역이다. 휴대용 안구 운동 기록 장치는 동공과 각막 사이의 벡터를 비교하여, 장치의 소프트웨어가 시선의 위치를 계산한다. 여분의 카메라는 참가자의 시점을 기록하고 이 시점은 안구 운동 비디오와 매칭된다. 시각 응시 지점을 강조하는 위치 커서는 디지털화되어 소프트웨어에 의해 촬영된 장면 위에 덧붙여진다.

휴대용 안구 추적기는 상대적으로 휴대가 용이하여 자연스러운 환경에서 등반가(Button 등, 2018) 또는 크리켓 선수(Croft, Button, 그리고 Dicks, 2010)의 시선 행동 패턴의 조사를 가능하게 한다(그림 10.1 참조). 그러나 여기서 안구의 움직임을 기록하는 휴대용 장치의 사용과 관련하여 다양한 한계들이 남아 있다는 점(van Maarseveen 등,

Courtesy of James Croft.

그림 10.1 위 그림 속의 암벽 등반가는 착용자가 주변의 환경을 탐색할 때 시선을 고정하는 위치를 기록할 수 있는 휴대용 안구 운동 추적기mobile eye tracker를 착용하고 있다.

주목할 만한 연구

축구 골키퍼들은 무엇을 보는가?

매트 딕스 및 연구자들(2010)은 휴대용 안구 운동 기록 장치를 사용하여 페널티 킥에 직면했을 때 축구 골키퍼들이 어떤 정보에 주의하는지 알아보고자 하였다. 과제 제약 조건이 안구 운동 전략에 어떤 영향을 미치는지를 알아보기 위해, 골키퍼들은 일련의 제시 조건 및 반응 양상에서 동일한 페널티 킥을 취하는 상대방을 관찰했다. 골키퍼들에게 제시된 5가지 조건은 다음과 같았다. (1) 비디오 시뮬레이션 속 음성 반응해야 하는 조건(VSV), (2) 비디오 시뮬레이션 속 페널티 킥에 대하여 조이스틱의 움직임으로 반응해야 하는 조건(VSM), (3) 실제 페널티 킥 상황에서 음성으로 반응해야 하는 조건(ISV), (4) 실제 페널티 킥 상황에서 예상되는 골 위치로 팔을 뻗으며 간단한 몸의 움직임으로 반응해야 하는 조건(ISM), (5) 실제 페널티 킥 상황에서 인터셉션(공을 중간에 가로채는 기술)까지 포함된 조건(ISI). 사실상 이 5가지 조건들 중 ISI 조건이 가장 현실적인(또는 실제와 유사한) 조건이었다.

연구 결과는 골키퍼들이 제한된 움직임(예: 언어 반응, 조이스틱 움직임, 단순화된 신체 움직임)을 포함하는 모든 지각 판단 조건에서 공의 위치에 대한 정보보다 페널티 킥을 하는 선수의 움직임에서 얻은 정보에 더 많은 시간을 할애함을 보여주었다. 대조적으로, 골키퍼가 페널티 세이브를 시도해야 하는 ISI 조건(가장 현실적인 조건)에서는 페널티 킥을 차는 상대의 상대적 움직임에 시선을 고정하는 시간 못지않게 공의 위치에 시선을 고정하는 데 상당한 시간이 할애되었다. 이러한 결과에 따라, 본 연구는 시선과 행동이 선택된 과제 제약 조건에 따라 다르게 기능함을 시사하며, 앞으로의 연구들이 실제 수행 환경을 고려한 실험 조건에서 수행되어야 할 필요성이 있음을 보여준다.

적용

현실적인 움직임 상황을 고려하지 않고서 수행되는 지각 기술 훈련에 대한 본 연구의 시사점을 고려해보라. 해당 연구의 결과는 안구의 움직임 전략이 학습자에게 부여된 과제 제약에 전적으로 특이적이라는 것을 시사한다. 그런고로, 축구 골키퍼가 전형적인 상황에서 페널티 킥을 방어하는 연습을 할 수 있도록 지각-운동 훈련 세션을 설계하는 방법을 고려해보자.

2018)과 적어도 시선의 데이터가 어떻게 얻어지고 분석되는지에 대해서 유의할 필요가 있을 것이다. 우리는 분명 지각 기술을 평가하기 위해 안구 추적 데이터에만 의존해서는 안 되지만, 그것은 향후 연구할 가치가 있는 매력적인 주제가 분명하다.

시각적 정보 조작

수정된 지각 훈련은 주요 정보를 강조하거나(예: 시범 또는 시각적 대조를 통한 개선), 이를 차단 또는 차폐하거나(예: 눈을 감고 연습하는 등), 정보 변경(예: 대상의 크기 또는 거리 조작)을 포함하는 등 다양한 형태를 취할 수 있다. 이 장에서는 훈련에서 시각적 정보를 조작하기 위한 일반적인 전략들에 대해 고찰해보겠다.

차단 기법

스포츠는 선수의 상당한 시각적 능력을 요구로 하며, 시각 정보의 차단이 운동 수행능력과 정확도를 저하시킨다는 것은 잘 알려져 있다(Davids 등, 2005). 실제로, 시력을 떨어뜨리거나 저하시킨 조건에서의 훈련 전략은 상당한 연구적 지지를 받고 있다. 비록 배구, 축구, 농구 연습 중에 눈가리개나 시각 차단용 안경을 사용하는 것을 이상하게 생각할지 모르지만, 최근 몇몇 연구에서 선수들이 시각 정보를 대신할 다른 인지 정보원에 주의를 기울이도록 하기 위해 정보원을 차단하는 아이디어를 제시하고 있다. 예를 들어 배구에서는 블로커에게 세터의 손에 공이 닿을 때의 청각 정보를 탐색하도록 가르치기 위해, 농구에서는 선수들이 공을 튕기며 그들의 손을 쳐다보는 것을 막기 위해, 축구에서는 선수들로 하여금 공을 드리블하는 동안 머리를 들고 주위의 시각적 정보를 탐색하는 것을 가르치기 위해, 그리고 골프에서는 선수의 주의를 골프 스윙의 고유수용성감각에 집중시키기 위해 눈가리개나 허리 주위에 착용하는 돌출된 장비, LCD 스트로보스코프 안경과 같은 차단 장치들이 눈과 손의 협응을 발달시키기 위해 다양한 스포츠에 사용되어왔다. 중요한 점은 지도자가 정보를 제거하거나 추가함으로써 학습자가 적절한 정보와 움직임 사이의 연결 능력을 향상시키는 것을 도울 수 있다는 것이다

시범: 시각적 주의 지시

학습자에게 주어진 제약 조건들은 학습자의 탐색을 제한한다. 학습자가 충족시켜야 할 제약 조건이 많을수록 자기주도 학습이나 발견 학습의 기회가 줄어든다. 이와 관련하여, 기술의 시각적 시범은 학습자의 탐색 활동을 안내하는 교육학적 제약 조건(과제 제약 조건의 하위 요소)으로 개념화되어야 한다. 예를 들어 태권도 도장의 학생들은 이전에 사범이 보여준 발차기에 의해 그들의 연습에 있어서 제약을 받을 수 있다. 그러나 만약 학습자에게 시범을 보여주지 않고 단순히 상대의 발차기로부터 자신을 방어하라고만 지시한다면, 이 경우 학습자의 탐색 활동이 모델의 시범에 의해 구체적으로

주목할 만한 연구

시야의 제한은 수행능력 향상에 어떻게 도움이 되는가

베넷 및 연구자들(1999)은 한 손으로 공 받기 실험에서 아이들을 대상으로 공 받기 능력을 보는 사전검사를 거쳐, 10% 이하로 공을 받아낸 아이들만으로 세 그룹을 구성했다. 첫 번째 그룹(시각 제한 집단RV-restricted vision)의 아이들은 헬멧에 불투명한 가리개를 부착하여 시야를 제한하여 연습시켰다. 헬멧은 공을 받는 팔을 볼 수 없도록 고안된 것이다. 연구자들은 아이들이 시각 정보가 없는 상황에서 공을 받는 팔로부터의 고유수용성 정보와 같은 대안이 되는 정보원들을 탐색하게 될 것이라 예상하였다. 이 그룹RV group은 120번의 연습 이후에 정상적인 시각 조건으로 테스트되었다. 두 번째 그룹(시각허용집단VA-vision available)은 연습에서는 시각 정보를 허용하도록 하였으나, 그 후 20회의 테스트는 시각 정보를 차단한 조건RV condition에서 시행하였다. 마지막으로 대조군 그룹control group은 처음부터 끝까지 정상적으로 시각 정보를 허용한 조건에서 같은 횟수로 연습하였다.

세 그룹 모두 연습 이후 공을 받는 횟수가 증가했다. 특히 흥미로운 것은 RV 그룹이 VA 그룹과 비교하였을 때 눈에 띄게 큰 향상을 보였다는 것이다. RV 그룹은 정상적인 시각 조건으로 옮겨서 실시한 전이 검사에서 공을 받는 수행력이 떨어지지 않았다. 반면에, VA 그룹은 시각 정보를 차단한 전이 검사에서 수행력이 낮게 나타났다. VA 그룹이 시각 정보의 차단에 대해 민감하게 반응하였다는 것은 이 그룹의 아이들이 시각에 많이 의존하고 있다는 것을 뜻하며, 따라서 시각 정보가 제한되었을 때에 적응하기 어려워한다는 것을 의미한다. 또한, RV 그룹은 날아오는 공에 대한 초기의 시각 이미지, 공을 받는 팔의 고유수용감각, 공을 투사하는 기계로부터의 소리 정보 등의 다른 정보원에 주의를 기울이게 되었으며 이로 인한 효과를 얻었다고도 해석할 수 있다.

적용

요약하면, 위의 연구는 초보자에게 적절한 정보원에 주의를 기울이도록 지도하기 위한 지도 전략으로 보조 장비의 사용을 지지하는 것이다. 초보자가 아닌 경험이 많은 학습자들에게 이러한 조정에 의해 장기간의 운동 수행에 유사한 효과가 나타날 것인가가 앞으로 연구되어야 할 흥미로운 논제이다. 시각 정보를 제한하는 다른 형태의 연습 활동에는 어떠한 것이 있을까? 하나의 예로, 부상 후 재활의 측면에서 환자에게 '자세 조절, 균형, 목표 지점으로의 이동'과 같은 움직임을 형성하도록 돕는 중요한 정보원들(예: 청각, 촉각, 시각)에 주의를 기울이도록 하는 것을 들 수 있다.

지시되지 않았기 때문에 낮은 수준의 제약이 나타날 수 있다.

운동 패턴을 시범 보이는 부모, 숙련자, 코치와 같은 모델을 모방하는 것은 일상생활에서 흔히 발생하는 활동이며 운동기술을 획득하는 데 유용하다(De Maeght와 Prinz, 2004). 관찰 모델링으로 알려진 관찰 학습은 학습자가 다른 사람의 행동을 관찰하는 직접적 결과로 다른 사람의 행동 패턴을 채택하거나 모방하는 과정을 말한다(Ashford 등, 2006). 관찰 학습은 초기에 모방에 관한 사회심리 연구의 주된 연구 주제였으며(예: Bandura, 1969), 최근 신경과학, 로봇 공학 및 인공 지능과 같은 분야에서 다시 그 인기를 얻고 있다(Jeon와 Lee, 2018). 관찰자는 주변인, 학습자, 학생, 팀 구성원, 상대 선수를 포함한다. 그리고 피관찰자는 시범자, 수행자, 모델이 될 수 있다. 일부 댄스 강사들은 거울을 활용하여 학습자들이 스스로의 움직임에 대한 시각적 피드백을 얻을 수 있도록 돕기도 한다. 이 외에도 물리치료사, 스포츠의학 전문가, 체력관리 코치, 체육교육 지도자, 교사, 그리고 코치 등 많은 현장 지도자들이 관찰 학습법을 사용하고 있는데 그들이 관찰 학습법을 사용하고 있다는 사실은 관찰 학습의 중요성이 널리 인식되고 잘 이해되고 있음을 시사한다.

다양한 이론들이 관찰 학습의 효과를 설명하고 있음에도 불구하고, 학습 현상에 있어서 시각의 과정을 설명하는 데 기초를 둔 스컬리와 뉴웰(Scully, 1986; Scully와 Newell, 1985)의 시지각 관점. 이러한 관점에 따르면 관찰 학습으로 나타나는 운동 행동의 변화는 모델로부터의 상대적 운동relative motion 정보에 대한 지각에 따라 달라지며, 관찰자는 이러한 정보를 사용하여 안정적인 협응 패턴을 수집하게 된다. 상대적 운동이라는 용어는 주위 환경에 대한 행위자의 사지 구성뿐만 아니라 사지 내, 그리고 사지 간의 특정한 시공간적 관계와 관련이 있다. 생물학적 운동에 관한 연구들(Johansson, 1973)은 상대적 운동이 관찰자가 걷기, 사이클링, 체조와 같은 다양한 형태의 인간 움직임을 확인하고 분류하는 데 사용하는 주요한 시각 정보원임을 보여주고 있다.

학습자가 상대적 운동을 지각할 때(즉, 서로 관련이 있는 신체 분절의 움직임을 지각할 때), 상대적 운동은 학습 과세에 필수적인 협응 형태를 형성함에 있어서 정보 제한 요소informational constraint로서 작용한다. 정보 제한 요소는 지각-운동 영역 내에서 최적의 과제 해결을 위하여 학습자의 탐색을 유도한다(Warren, 1990). 이러한 상대적 운동 정보의 관찰이 운동 학습에 있어서 적절한 협응 문제 해결을 위하여 탐색을 유도한다는 몇 가지의 증거가 있다. 예를 들어 워드 및 연구자들(2002)은 테니스 과제에서 시각 탐색 전략, 예측, 그리고 생물학적 운동 지각 간의 관계를 알아보았다. 연구진들은 테니스 선수에게 비디오 영상과 포인트-라이트point-light 이미지에서 제시하는 포핸드와 백핸드 드라이브샷에 운동 반응을 하도록 요구하였다. 여러 스트로크를 수행하기 전에 반사 마커를 수행자의 주요 해부학적 위치에 부착하여 포인트-라이트 이미지를 만들었다. 포인트-라이트 이미지 제시는 배경과 구조적 정보가 제거되었으나 동영상에서 제시되는 것과 같은 상대적 운동 형태를 보여준다. 동영상 제시와 비교하여 포인트-라이트 이미지를 볼 때, 수행자는 적은 빈도의 시선 고정(포인트-라이트 5.8 : 비디오 영상 7.2), 오랜 시간 동안의 시선 고정(597msec : 457msec), 적은 수의 시선 고정 위치(3.8 : 4.6)를 갖는 시각 탐색을 사용한다. 이러한 시선 고정의 차이에도 불구하고 포인트-라이트 이미지를 제시받은 수행자는 동영상을 보는 것과 같이 움직임 추정 movement approximation을 도와주는 많은 상대적 동작 정보를 지각할 수 있었다.

비록 움직임 없이도 일부 운동 학습이 발생할 수 있다는 주장이 있지만(McCullah와 Weiss, 2001), 관찰 학습의 관점은, 그러한 식의 분리보다는 구두 지시와 시각적 이미지, 신체적 연습 등을 포함한 다양한 학습 전략들의 혼합을 권장한다. 향후 연구들의 주요 목표는 이러한 방식의 정보 전달이 어떤 방식으로 학습자와 상호작용하여 학습자의 탐색 활동을 제한하는지를 이해하는 것일 테다.

내재적 다이내믹스에 대한 상대적 운동 정보의 효과

혼 및 연구자들(2002)는 칩 패스를 비디오 및 포인트-라이트 이미지 형태로 제시하여 여자 축구 선수들의 탐색 행동 변화를 보고하였다. 통제 집단과 비교하여 포인트-라이트 집단과 비디오 집단은 학습 차이를 보이지 않았다. 그러나 흥미롭게도 포인트-라이트 집단은 비디오 집단보다 더 많은 선택적 시각 탐색 전략을 보였다. 시각탐색의 차이는 주로 관련이 없는 배경 구조의 환경 정보를 제거함으로써 나타난 결과이며, 이와 같은 탐색 전략의 다양성은 수행자가 기술 획득을 위한 정보를 어떻게 습득하는지를 나타내준다.

앞에서 제시한 워드 및 연구자들(2002)과 혼 및 연구자들(2002)의 연구는 모델의 상대적 운동에 대한 주요 정보 제한 요소가 협응 문제를 해결하기 위해 학습자의 탐색을 유도하며 시각 탐색 활동을 이끌 수 있다는 것을 제시해준다. 따라서 시각적으로 정보를 제공하는 동안 코치와 지도자는 학습자의 기술 획득을 위해 정보의 특성을 확인할 필요가 있다. 뉴웰의 운동 학습 모델(1985)과 관련하여 시각적 시범을 통한 새로운 협응 형태의 통합을 위해 상대적 운동 정보를 전달하며 초기의 기술 학습을 촉진시켜야 한다(Scully와 Newell, 1985). 뿐만 아니라 학습 후기에 과제의 목적이 이미 형성된 협응 형태를 세련되도록 하는 것이라면 관찰 모델링은 움직임의 최적 조절을 위해 다이내믹한 특성을 지각하도록 도와야 한다(예, 힘, 타이밍, 또는 지속시간을 다양하게 하는 형태로).

이와 관련하여 최근 스포츠 의류 및 장비 분야에 흥미로운 적용이 나타나고 있다. 옷과 신발을 착용자에게 유리한 동작 특성을 강조하거나, 위장하도록 설계할 수 있게 된 것이다. 예를 들어 최근 유행하는 밝은 색상의 축구화와 럭비화는(전통적인 검은색 디자인과는 대조적으로) 상대 선수의 주의를 선수의 발에 집중시키는 방식으로 도움이 될 수 있다. 실제로, 스메톤 및 연구자들(2018)는 던지기 동작의 상대적 움직임 특성을 위장시켜주는 옷을 입은 스포츠 선수(네트볼 선수 및 핸드볼 선수)가 상대 선수의 예측 반응을 방해할 수 있었음을 보여주었다. 아마도 스포츠에서의 최신 패션 트렌드에는 눈에 보이는 것 그 이상의 무언가가 있다 할 수 있을 것이다.

시범자의 특성

시범자의 시범이 학습자의 탐색 활동을 제약한다면, 우리는 시범자의 특성이 학습자의 연습 활동에 중요한 관련성을 가질 것으로 기대할 수 있다. 운동 학습 과정에 있어서 시범자의 시범은 탐색에 영향을 주기 때문에, 탐색을 촉진시키기 위해서 시범자의 특성을 주의 깊게 선택할 필요가 있다. 예를 들어 스키를 배우는 아이들은 성인의 수행보다 또래의 수행을 관찰함으로써 학습 유용성이 증가할 수 있는데 이것은 학습자와 시범자의 정신적 그리고 신체적 제한 요소psychophysical constraints 유사성과 밀접한 관련이 있다. 성인 시범자와 어린 학습자 간의 사지 길이 및 힘, 질량 중심의 차이로 인해 성인의 시범이 어린 학습자의 움직임 문제를 해결하는 데 유용하지 않을 수 있다.

기존의 증거는 특히 학습자와 시범자 사이에 기술 차이가 있을 때 동료 그룹 모델을 사용하는 것이 운동 학습에 도움이 된다는 것을 보여주었다. 드 아리프롱그빌 및 연구자들(2002)은 아이들이 수영 과제를 학습하는 데 있어서 숙련된 또래 시범자의 시범이 더 효과적으로 학습을 일으킨다고 제시하였다. 초보 기술을 가진 시범자는 숙련된 또래 시범자만큼은 학습자의 자기효능감에 영향을 주지 않았다. 또 다른 연구에서 성별의 차이가 가져오는 효과를 발견하기도 했는데, 그것은 성별이 같은 커플 집단보다 성별이 다른 커플 집단에서 지도 및 과외, 모방 등의 시범 및 시범 관찰이 더 많이 일어났다는 점이다. 또한, 실험 결과는 성별이 서로 다른 커플 집단 특히 남학생들에게서의 유의미한 수행능력 향상을 보여주었다.

이에 반하여 초보 시범자의 시범을 통하여 긍정적 효과를 볼 수 있다는 관점도 있다. 즉, 초보 시범자의 시범을 관찰하는 학습자는 숙련된 시범자의 시범을 관찰할 때보다 문제 해결과 목표 성취에 있어서 더욱 적극적이라는 것이다(Hodges와 Franks, 2002). 뿐만 아니라 학습자는 연습 기간 동안 다양한 정보를 얻고 장단점을 발견하여 도움을 크게 받는다. 이러한 요소들은 시범자의 시범을 관찰하는 학습자에게 단지 이상적인 기술의 모방만이 아닌 명백한 운동 학습의 효과를 가져다줄 것으로 보인다.

학습자에 대한 시범자의 심동학적 제약, 특히 시범자와 학습자가 어린이와 성인 경우와 관련된 추가적인 연구가 필요해 보인다. 또 다른 흥미로운 이슈는 장애를 가진 운동선수들을 위해 시범을 보이는 시범자들이 이 장애를 가진 학습자들과 동일한 신체적 특성을 가질 필요가 있는지 여부이다. 부상이나 장애가 있는 시범자의 시범은 부상이나 장애가 있는 학습자의 연습을 용이하게 만들어줄 수 있을까? 학습자가 시범자의 시범을 탐색할 때, 이러한 학습자의 탐색 활동을 최적으로 제한하기 위해서는 시범자와 학습자 간의 제약 조건 일치성이 상대적으로 높아야 할 것이다. 시각적 시범을 통해 얻을 수 있는 이점을 향상시키기 위해서는 시범자의 특성을 학습자의 특성에 맞게 조정할 필요가 있는 것으로 보인다.

피드백과 학습자에 의해 조절되는 피드백 제공 시기

21세기 초부터 확산된 디지털 기술들(예: 스마트폰, 웨어러블 센서), 예컨대 스마트폰에 부착된 고화질의 비디오카메라는 움직임에 대한 시각적 정보를 매우 편리하고 간단한 방식으로 수집 및 기록하여 학습자에게 움직임에 대한 피드백을 제공해주는 실용적 도구가 되어주었다. 저널 및 연구자들(1997)은 다음과 같은 두 가지의 연구 문제를 제시하였다. 첫째, 비디오 피드백은 다른 피드백보다 좋은가? 둘째, 학습자는 언제 피드백을 받으며 얼마만큼의 피드백을 받는 것이 유리한가? 저널 및 연구자들은 이러한 연구 문제에 대한 답을 얻기 위해 잘 사용하지 않는 비(非)우세 손으로 정확하게 공을 던지는 과제를 이용해 실험을 하였다. 수행지식(KP)이 결과지식(KR)보다 유용한지를 확인하기 위해서 세 개의 집단이 비디오 피드백에 의한 수행지식 정보를 받았으며, 다른 한 집단은 결과지식 정보를 받았다. 이뿐 아니라, 저널 및 연구자들(1997)의 또 다른 관심은 학습자가 요약 형태로 수행지식을 받아도 되는지에 관한 것이기도 하였다. 이에 수행지식을 받는 집단의 한 집단은 매 다섯 번의 시행 후에 요약 형태로 수행지식을 받았다. 또한 그들은 학습자들이 수행지식이 제공되는 스케줄을 선택함으로써 학습자 스스로가 원할 때 수행지식이 제공되는 집단(자기통제 피드백 집단)과 학습자의 의지와는 관계없이 자기통제 피드백 집단이 한 쌍이 되어 같은 시행에 정보를 받는 요크 집단yorked으로 나뉘었다. 습득 단계에서의 모든 시행은 녹화되었고, 이들은 목표 지점에 공이 떨어지는 것을 보면서 수행지식 정보를 받았다.

저널 및 연구자들(1997)에 의해 제시된 투구 폼 점수form score는 비디오 피드백의 유용성을 보여준다. 결과지식(KR) 집단은 수행지식(KP) 집단보다 투구 폼 점수가 낮게 나타났다. 정확 점수 또한 결과지식 집단이 가장 낮게 나타났다. 습득 시행에서 요약 집단과 자기통제 피드백 집단은 유사하게 수행 향상을 보였다. 그러나 피드백을 제시하지 않은 경우에서 자기통제 피드백 집단의 폼 점수가 더 높게 나타났다. 마지막으로, 요크 집단은 KP를 필요할 때 이용할 수 없기 때문에 학습 효과가 높지 않게 나타났다. 자기통제 피드백 집단과 같은 시행에 KP를 제시받았음에도 불구하고(시행의 11%), 요크 집단은 파지 단계에서 높은 수행을 보이지 않았다.

저널 및 연구자들(1997)의 연구는 코치 및 지도자와 수행자들 모두에게 몇 가지의 정보를 준다. 첫째는 움직임 폼 점수와 결과 점수의 유사성을 통하여 학습자가 좋은 폼을 성취하려고 집중할 때, 부수적으로 결과가 좋게 나타나는 경향이 있다는 것이며, 둘째로는 움직임 관련 피드백이 제공될 때, 학습자가 스스로 조절할 수 있게 하는 것이 중요하며, 자기통제 피드백은 동기부여를 높게 해주고 효과적인 학습 전략을 이끌 수 있게 한다는 것이다. 또한 저널 및 연구자들의 연구는 많은 자유도를 갖는 과제에 있어서 결과지식 자체만은 학습을 최적화시키는 데 충분하지 않다는 것을 보여준다. 기술의 가장 중요한 요소를 향상시키기 위해서 학습자는 움직임 관련 피드백을 통하여 효과를 얻는다. 마지막으로, 뉴웰(1996)이 지적했듯이, 시범은 학습자에게 운동에 대한 운동학적 정보kinematic information를 제공한다. 그러나 주로 운동역학적 피드백kinetic feedback에 의해 조절되는 정확하게 던지기와 같은 과제들은 다른 형태의 피드백으로부터도 도움을 받을지 모른다.

증강된 지각 훈련

현 시대는 디지털 정보화 시대라 불리며, 전통적인 산업구조는 디지털 정보 전송에 기반한 경제 구조로 전이되었다 해도 과언이 아니다. 최근 수십 년간, 수많은 기술의 발전으로 인해 인간은 이전 세대에서는 불가능했었던 방식으로 정보를 기록하고, 공유할 수 있게 되었다. 여기에는 GPS를 활용한 위치 및 활동 추적기, 동작 분석 기능이 탑재된 비디오 게임(예: 마이크로소프트 키넥터 또는 닌텐도 Wii), 3D 스크린, 스마트폰이나 라켓, 의류에 부착하는 동작 센서 기능이 탑재된 장치, 그리고 연습 시뮬레이터 등이 포함된다. 10년 전과는 달리, 사람들이 인터넷과 소셜 미디어를 통해 정보를 공유하는 것이 이제는 비교적 간단한 작업이 되었다. 인터넷에서 동영상과 사진, 그리고 다른 미디어들을 공유할 수 없었던 시대를 기억하는 것은 이제는 어려운 일이 되었다. 오늘날 이러한 활동들은 많은 사람들의 삶에서 상당한 부분을 차지한다. 분명히, 움직임 패턴을 기록하고, 분석하고, 공유할 수 있는 이러한 향상된 기술들은 운동 학습 과정에 상당한 영향을 미칠 잠재력을 가지고 있다. 허나, 이러한 영향을 지지할 연구 증거가 있는가?

페어로우(2013)는 운동 학습을 위한 최신 기술의 적용 효과에 대한 리뷰를 작성하였다. 그는 높은 수준의 수행 조건에서 연습을 용이하게 하기 위한 최신 기술이 적용된 장비들의 사용이 증가했지만, 이러한 장비들의 효능을 다루는 연구가 비교적 적은 점을 지적하였다. 실제 트레이닝 현장에서 이러한 장비들의 적용이 현실적인 정보-움직임 커플링 즉, 환경 및 과제 특이성을 충족할 수 있는가는 여전히 중요한 이슈로 남아 있다.

운동 학습 분야에서의 이러한 괴리감은 장기간에 걸친 운동 학습 중재에 대한 효과를 분석해야 하는 경우 더욱 와닿는 부분이다. 그럼에도 불구하고, 이러한 장비들을 이용한 연습이 실제 수행 중에 나타나는 지각-운동 커플링의 개발에 미치는 영향을 확인하는 풍부한 증거들이 있다. 연구 증거들은 이러한 개입이 운동선수들의 지각-운동 커플링의 형성 및 안정화에 도움이 될 수 있음을 시사한다. 예를 들어 스톤 및 연구자들(2015)은 투수 대신 공을 발사해주는 피칭 머신에 공이 날아오기 전 상황이나 공을 던지는 투수의 동작에 대한 시각적 정보를 제공하는 비디오 영상을 통합하여 선수의 타격 및 포구 능력을 향상시킬 수 있음을 보여주었다. 그동안의 피칭 머신을 이용한 타격 연습들은 공을 던지는 사람의 동작에 대한 시각 정보가 제거되어 있었기 때문에 이는 일반적이지 않은 접근이다(Pinder 등, 2011). 펀척 및 연구자들(2013)은 이전 연구에서 이러한 방식의 정보 조작을 통해서 한 손으로 날아오는 공을 잡는 과제를 수행하는 동안 나타나는 손의 움직임과 눈의 움직임을 변경할 수 있음을 보여주기도 하였다(Panchuk 등, 2013).

스톤 및 연구자들(2015)은 참가자들의 전신 수준에서 다양한 운동학적 데이터들을 기록하면서 참가자들에게 날아오는 공에 대한 정보뿐 아니라 공을 던지는 투수의 움직임이 담긴 비디오 영상을 함께 제시하였다. 참가자들은 (1) 날아오는 공과 함께 공을 던지는 투수의 움직임이 담긴 비디오 영상을 함께 볼 수 있는 조건과 (2) 오직 비디오만 볼 수 있는 조건, (3) 날아오는 공만 볼 수 있는 조건의 이 세 가지 실험 조건에서 한 손으로 공을 잡기 위해 시도할 것을 지시받았다. 연구 결과는 날아오는 공과 함께 공을 던지는 투수의 움직임이 담긴 비디오 영상이 함께 제시된 조건에서 공을 잡기 위한 움직임의 조절이 주로 하지를 통해 일어남을 보여주었다. 또한, 스톤 및 연구자들(2015)은 공이 날아오기 전에 공을 던지는 투수의 움직임이 담긴 비디오 시각 정보를 이용할 수 있을 때 움직임이 더 일찍 시작되어 공을 잡는 능력이 보다 더 안정적이고 우수하게 나타남을 확인하였다. 연구자들은 또한 날아오는 공에 대한 정보 없이 투수의 움직임이 담긴 비디오 영상만이 제시되었을 때, 포수가 위치를 조정하지 않고 다른 조건들에서만큼 다리를 구부려 무게중심을 낮추는 것을 관찰하였다.

스톤 및 연구자들(2015)의 연구 결과는 첨단기술(예: 비디오가 있는 볼 프로젝션 머신)이 어떻게 트레이닝에 통합되어 필요한 정보원을 강조할 수 있는지를 보여주기 때문에 중요하다. 단, 이러한 첨단기술의 실무 적용은 생태역학의 원칙, 즉 날아오는 공의 궤적에 대한 정보뿐만이 아니라, 공을 던지는 투수의 행동에 대한 정보의 통합을 바탕으로 지각-운동 커플링을 안정화하기 위한 전형적인 과제 제약 조건과 함께 제공되어야 한다(7장 참조).

결론

연습은 학습자가 다양한 과제 제한 요소하에서 움직임 문제에 대한 적절한 협응 해결책을 발견하는 탐색 과정으로 설명될 수 있다. 수정된 지각 훈련은 학습자의 주의를 끌기 위해 지각 정보를 조작하는 데 사용되는 다양한 전략들의 총칭이다(Hadlow 등, 2018). MPT 메소드의 이점은 학습자의 탐색 활동을 효율적으로 주요 정보원으로 유도할 수 있다는 것이다. 이제 연구자들은 MPT를 탐색하기 위해 다양한 뇌 스캔 기법(예: Jeon과 Lee, 2018)과 안구 운동 추적 기법(예: Dicks 등 2010), 정성적 또는 정량적 움직임 분석 방법들을 동원하는 등, 전통적인 측정법들을 포함하는 광범위한 접근을 시도할 것이다. 이러한 트렌드를 검증하고 새로운 도구와 그것의 효용성을 판단할 수 있는 근거 있는 이론적 모델을 확립하기 위해서 메타 분석과 같은 연구들을 광범위하게 검토할 필요가 있다(Hadlow 등, 2018).

비디오로 녹화된 시범이나 다른 사람의 기술 수행을 관찰하는 것은 MPT의 인기 있는 형태 중 한 가지다. 비록 학습자가 시범자의 행동을 완벽하게 모방하지는 못할지라도, 시범은 학습자가 적절한 협응 해결책을 더 빠르고 안전하게 찾는 데에 도움을 줄 수 있다. 시범자는 학습자의 신체적 연습 활동을 안내하는 가능한 협응 해결책을 보여준다. 다시 말해, 시범의 역할은 학습자들이 관련 협응 해결책을 찾을 수 있도록 돕는 것이다. 이렇듯, 학습자는 시범을 보거나 증강 피드백을 얻는 방법과 시기를 선택함으로써 이익을 얻을 수 있다(Janelle 등, 1997). 시뮬레이터, 착시 의류, 가상현실 게임 등 최근 수십 년간 나타난 이러한 신흥 기술들은 MPT의 연구와 실무 적용, 이 둘 모두에 대한 관심을 높이고 있다(Appelbaum와 Erickson, 2018). 디지털 정보화 시대 덕분이랄까, 미래의 트레이닝은 현재 우리에게 익숙한 것들과는 완전히 다른 방식이 될지도 모른다.

자가진단 질문

1. 현장 지도자의 중재 없이 발견학습을 하는 학습자의 장단점을 제시하라.
2. 자신이 잘 아는 스포츠 종목의 운동기술을 선택해 해당 운동기술의 상대적 운동 특성을 파악하라, 그리고 학습자가 해당 운동기술을 배울 수 있도록 도울 시범을 계획하라.
3. 현장 지도자는 시범이 포함된 연습 계획을 세울 때, 어떠한 요인들을 고려해야 하는가?
4. 현장 지도자들에게 학습자-조절 피드백은 어떻게 효과적인 전략이 될 수 있는가?

CHAPTER 11

현장에서의 연습 설계

이 장의 목표

이 장을 완료하면 다음을 수행할 수 있다.

- 효과적인 기술 획득을 지원하는 데 필요한 현장 경험 지식과 실증적 발견 사이의 중요한 관계를 이해할 수 있다.
- 연습 설계에 있어 코치와 교사의 역할을 수행한다.
- 제약 기반 접근법을 다양한 스포츠에 어떻게 적용될 수 있는지 인정한다.
- 자기 실무를 향상시키기 위해 제시된 사례 연구에서 새로운 정보를 얻는다.

제약 조건 간의 상호작용은 본질적으로 다이내믹이며 운동 행동 형성을 구축하는 데 중요한 역할을 한다. 우리가 이미 앞 장에서 보았듯이, 학습자가 시간과 시도에 걸쳐 동일한 정확한 운동 솔루션을 반복하는 것은 현실적으로 불가능하다. 여기서 전문가의 역할은 명확한 운동 형태를 규정하기보다는 학습자들로 하여금 탐색적 행동을 촉진하여 운동 과제 목표를 달성하게 하는 것이다. 동일한 관점에서 전문가는 학습자-환경 상호작용을 설명할 수 있는 적응적이고 강력한 기술 학습을 위한 요소를 제공하고, 연습 환경의 설계자로서 전문가는 움직임을 이끌어내기 위해 행동 관련 정보가 풍부하게 들어 있는 어포던스를 잘 설계해야 한다(Rietveld와 Kiverstein, 2014).

전문가들은 그들의 실제 경험이 새로운 연구에 의해 최신화되는 새로운 연구에 의해 최신화되고 새롭게 이론을 통합하려 할 때 중요한 도전에 직면한다고 하였다. 특히 그동안 현장에서 적용해온 것과 과학적 증거에 의해 제공되는 새로운 인사이트들이 서로 상충될 때 어려움은 배가된다. 이때, 이론과 적용의 상호작용은 양방향 과정이며 이론 또한 기존의 관행에 의해 형성될 수 있다는 것을 이해하는 것이 중요하다. 실제로, 전문가들과 연구자들의 목표가 더욱 잘 일치한다면, 양측이 실전과 이론을 결합하는 이상을 실현해낼 수 있을 것이다. 예로는, 전문가들이 이론과 실증적 발견으로부터 얻은 새로운 인사이트를 적용하여 자신의 실무 관행을 개선할 때이며. 추가로, 연구자들은 감정을 대표적인 학습 설계의 기본 원리로 고려하게 되는데, 이는 운동 학습 이론에서 학습자의 감정 상태에 대한 고려가 비교적 적다는 전문가들의 지적 때문이었다. 이 장에서는 다양한 수행 환경, 스포츠 및 학습 상황에서 생태학적 역학의 아이디어가 어떻게 적용될 수 있는지를 보여주기 위해 전문가들이 기여한 사례 연구들을 제시한다.

사례 연구

다음 사례 연구는 다양한 스포츠 유형(예: 개인, 팀, 실내, 실외)의 다양한 현장 전문가(예: 엘리트 코치, 코치 교육자 및 체육 교사)들에 의해 작성되었으며, 다음 사례 연구들의 공통된 요소는 효과적인 연습 환경을 설계할 때 (종종 제약 조건 주도 전략을 통해) 생태역학 이론적 접근 방식을 적용하는 것이다.

아이스 스케이팅

개릿 루캐쉬 Garrett Lucash

나는 미국 피겨 스케이팅 챔피언이자, 국가대표 팀 소속 선수였으며, Athlete Centered Learning과 Athlete Centered Skating(ACS)의 공동 설립자이다. 선수와 지도자 생활 중의 훈련을 통한 경험 비교와 분석 과정에서 나는 운동선수의 발달과 운동기술 획득 연구와 관련해 강렬한 호기심이 생겼다. 그 과정에서 얻은 지식들을 통합하여 ACS의 커리큘럼을 개발했으며 지속적인 발전을 위해 노력하고 있다.

피겨 스케이팅은 조기 전문화를 극도로 요하는 스포츠이다. 선수들은 기술적 요소만이 아닌 예술적 관점까지도 고려한 고난이도 기술들을 선보여야 하므로 훈련의 대부분을 새로운 기술 획득에 할애하게 되며 연습-약점 보강-경기 과정의 반복을 통해서 이루어진다. 피겨 스케이팅 교육학에서는 선수의 전문기술은 반복을 통한 선형적인 연습 구조와 더불어 이상적인 움직임 패턴을 추구하는 연습을 통해 완성된다는 전통적인 개념에 뿌리를 두고 있다. 그와는 대조적으로 ACS에서는 생태역학 원칙에 확고한 기반을 두고 있으며, 이 원칙에 의하면 선수의 전문기술은 움직임에 대한 탐구, 비선형성 연습 구조와 적응성을 통해서 형성된다고 정의한다.

우리의 목표는 피겨 스케이팅 선수 생활은 물론, 은퇴 후 성공적인 삶을 설계하기 위해선 선수에게 자신감, 능력, 회복탄력성을 배양할 수 있는 훈련 환경을 구축하는 것이 중요하다. 우리는 당연시 여겨지는 전통적인 훈련 방식에 도전했으며 기존의 틀에서 벗어나는 방식을 고수했다. 우리의 개혁적인 커리큘럼을 설계하는 과정에서는 몇 가지 주요 목표가 포함되었다. 첫째, 연습에서 학습이 극대화될 수 있도록 고유한 정보가 풍부한 경험이 될 수 있게끔 하는 것. 둘째, 선수를 자신의 학습(즉, 자기주도적이고 탐구적인 학습)의 능동적인 주체로 변화시키는 것이다.

첫 번째 목표(즉, 정보가 풍부한 연습 경험을 제공)를 달성하기 위해서는 일반적인 연습 구조와 개별 기술 훈련에 가변성과 색다름을 추가하는 방법을 사용하는 데, 이를 기반으로 ACS 소속 선수들은 다양한 속도, 보폭과 움직임 패턴들을 활용해서 준비 운동을 하고 점프와 스핀을 연습하게 되며 단순하고 사전에 계획된 시퀀스로 연습하거나 순서가 무작위인 시퀀스들이 적절히 조합된 훈련을 받는다.

선수들은 연습하고자 하는 기술은 매번 동일한 방식과 정해진 순서대로만 연습해야만 한다는 낡은 관념에서 벗어나야 하지만 완벽해지기 위해서 집착해서는 안 된다. 왜냐하면 완벽이라는 목표는 달성하기 불가능하고 결과적으로 심리적으로 부정적인 영향을 주기 때문이며, 대신에 그들은 적응력을 기르기 위해서 심혈을 기울이는데 적응력은 현실적으로 달성 가능하며 심리적으로 고무되기 때문이다.

이어서 두 번째 목표인 선수들을 학습의 능동적인 주체로 변화시키기 위해서, 코치가 선수에게 일방적으로 피드백을 제공하는 평가 개념을 버리고 코치와 선수가 대화를 하는 상호작용 피드백 과정을 채택했으며, 이를 현장에서 적용하는 과정에서 우리는 선수들이 연습 과제를 수행하면서 마주하게 되는 역경을 헤쳐나갈 때 지도자로서 직접적인 개입을 늦추고, 줄이기도 하고, 아예 하지 않기도 하며 때때론 선수들이 움직임을 실패할 수 있는 여지도 허락하는 연습 환경을 조성하였다. 가장 큰 변혁은 선수들에게 '어떤 느낌이었어?', '어떤 변화를 줘보려고 한 거야?', '다음은 어떤 기술을 연습해볼까?', '개선하기 위해서 어떤 방법을 사용해볼까?'와 같은 질문들을 함으로써 선수들은 훈련에 대해 더욱 깊이 있게 사고하게 되었으며, 책임감이 강해졌고, 자기주도적 형식의 학습을 하게 되었다.

지도자와 선수가 양방향으로 소통하는 방법을 사용함으로써, 선수는 단순히 기술의 정의를 지도자가 규범적으로 정한 움직임 패턴 청사진을 복제해서 구현하는 과정으로 인식하지 않게 되었으며, 시간이 지남에 따라, 기술은 선수들이 당면한 과제(과제 제약)를 해결하기 위해 고유하고 맥락에 맞는 방법(수행자 제약)으로 통합할 수 있는 주요 개념의 집합으로 변형되었다. 각 주요 개념은 이제 움직임 자체가 아닌 움직임의 결과를 통해 명시된다. 위 방법을 사용하는 것의 이점은 소통을 통해 피드백을 즉각적으로 관찰이 가능하다는 점이며 실제로 ACS 선수들에 의하면 기술을 이해하고, 기억하고, 실행하고, 다른 상황에서 적용하기 용이하다고 한다(전이 효과). 기술의 결함들을 각기 따로 분리해서 여러 번의 교정을 통해 숙련도를 올렸던 기존의 방식은 이제 하나의 주요 개념만을(또는 유추함으로) 통해 통합되어 학습될 수 있으며 아마도 가장 중요한 것은, 주요 개념에 뒷받침되는 행동들을 관찰하기 쉽다는 것이다.

ACS는 훈련 다양성을 더욱 높이기 위해 창의적인 과제와 게임을 도입하여 피드백을 나누는 과정을 보완했으며, 우리는 대화를 언제, 어떻게, 누구(코치나 선수)와 시작할 것인지, 기술 연습의 시도 횟수, 과제나 경기의 강조점을 다양하게 하며, 때때로 여러 선수들을 그룹을 지어 훈련하고 코치들은 선수들의 평가 판단력을 기르고 훈련을 보다 사회적 상호작용에 가깝게 만들기 위해서 뒤로 한 발짝 떨어져서 관찰한다. 이런 유형의 코칭은 연습의 단조로움과 코치들에 대한 선수들의 의존도를 감소시켰으며, 선수들은 집중력을 유지하고 연습에 더 오랜 시간을 투자할 수 있게 된다.

또한, 우리는 코치의 역할이 단순히 본인들의 역량을 발휘하는 데 그치지 말고 선수들로 하여금 지혜를 얻고 촉진될 수 있도록 확장되어야 한다고 굳게 믿는다. ACS 프로그램의 가장 큰 도전은 전통적인 코칭 관행과 거의 정반대라는 것이었으며, 결과적으로 시대의 흐름을 거스르는 것이 어려웠지만, 우리가 하는 일에는 가치가 있다고 믿기에 더욱 열심히 소통하고, 교육하고, 실험하고, 철학하고, 홍보하고, 네트워크를 형성하기 위해 노력하였다. 비록 반대도 많고 쉽지 않은 길이지만, 이것이 바로 우리가 스포츠 경기력을 이전에 볼 수 없었던 수준으로 끌어올리기 위해서 사용하였던 방법이다.

암벽과 빙벽등반

루도빅 세이퍼트 Ludovic Seifert

나는 프랑스 루앙 대학의 운동제어 및 학습 교수이며, 국제 산악 가이드 협회 연맹에서 인증받은 산악 가이드이다. 나는 프랑스 알파인 클럽 연맹의 지방에 연고지를 둔 주니어 산악인들을 지도한다. 현장 전문가로서, 전 암벽과 인공 등반벽을 오르는 연습이 등산, 혼합 경로 등반(즉, 암벽과 얼음의 조합, 그림 11.1 참조) 및 빙벽 등반에 어떻게 도움이 될 수 있는지에 대해 항상 관심이 있었다. '실내와 실외 환경에서의 연습의 기술 전이가 어떻게 이루어지는지, 암벽 등반과 빙벽 등반과의 기술 전이는 어떻게 일어날까?'라는 질문을 항상 가지고 있었으며 실제로 내가 사는 노르망디 지역(프랑스 북부 해안 근처)에는 산도 없고 눈도 없고 얼음도 없어 등산객들은 주로 암벽과 인공 등반 벽을 타고 훈련을 한다.

내가 있는 노르망디에서는 훈련에 사용할 수 있는 자원이 한정적이라서 과제 제약 조건(예: 다양한 유형의 피켈 사용), 수행자 제약 조건(예: 장갑을 끼거나 맨손으로 등반), 환경 제약 조건(예: 혼합 경로, 얼음 및 암석이 섞인 경로와 같은 다양한 지표면의 변화)을 조정함으로 제약 조건 주도 접근 방식(CLA)을 활용하며 등반가들은 제약 조건들을 고려해 능숙하게 조정함으로써 움직임 패턴 레퍼토리를 늘리고 확장하는 방법을 배울 수 있다.

환경 제약의 다양성을 활용하는 것은 등반가들이 다양한 움직임 해결책을 탐색하도

그림 11.1 A 암벽과 얼음이 혼합된 등반 루트(혼합 루트 등반).

록 장려하는 데 매우 중요하다. 예를 들어 나는 항상 등산가가 다양한 움지임과 자세, 그리고 길을 탐험할 수 있도록 복잡한 모양의 얼음 폭포를 훈련 코스로 주로 정하곤 한다. 빙하가 빽빽할 때, 등반가들은 아이스 툴을 강하게 스윙해서 고정시켜야 하며, 반대로 빙하가 낡은 구멍과 움푹 패인 곳이 있을 때, 에너지를 절약하기 위해 블레이드를 빈틈에 거는 방법을 학습하게 된다. 이때, 바위 사이에 빈틈들이 있기 때문에 때때로 왼손과 오른손을 번갈아 사용해서 지그재그로 움직이기도 하는데, 연습 시 과도하게 정직한 경로만을 사용하는 예와 같은 실전과 거리가 먼 연습 환경(관련 정보 제약이 없는 경우)은 얼음의 특성(예: 온도, 두께, 밀도, 색상, 소리, 모양, 기울기)에 대응해서 움직임을 조절하는 적응력을 향상시키는 데 한계가 있다.

이를 해결하고자 연습에서 CLA를 사용할 때는 구조적 특성(예: 크기, 모양 및 홀드 사이의 거리)보다는 기능적 특성(즉, 등반가의 역량에 알맞은 환경)을 더욱 고려해 환경에 제약을 받지 않고 실력을 발휘할 수 있게 하는 데 목적을 두고 있다. 또한 나는 등반가들로 하여금 바위를 오를 수 있는지 혹은 없는지 판단하게 하는 방법을 선호하는데, 실전에 빗대어 설명하사면 선수가 마주하고 있는 벽의 표면의 질감, 마찰력, 방향에 집중을 기울여 몸을 지탱하며, 강하게 목표하는 방향으로 옮겨갈 수 있는지에 대한 일련의 의사결정 과정을 훈련하는 것이다.

등반가들이 기능적 정보(즉, 행동을 촉진하고 효과적인 의사결정에 중요한 정보)에 대한 지각적 적응을 발달시키는 것을 돕는 것이 중요하며, 단지 훈련에 가변성을 포함하기 위한 목적으로 가변적인 연습이 수행되어서는 안 된다. 가변성은 과제와 관련된 지각 정보를 강조하며 불필요한 행동 습관을 형성하는 것을 억제하는 데 도움이 될 수 있으며, 야외 등반과 등산에서 특히 중요한데, 등반가들은 지속적으로 변화하는 등반 조건, 날씨, 피로, 잠재적인 낙상에 대해 적응해야 하기 때문이다. 환경(실내에서 실외로, 바위에서 얼음으로) 간의 기술 전이는 적응력을 반영하는 전문 능력의 핵심적인 특징이다. 따라서 코치는 코스를 설정할 때, 풍부한 어포던스를 제공할 수 있는 코스(즉, 다른 맥락으로 이전될 수 있는 다양한 성공 방법)를 선택해서 연습을 설계해야 한다.

해머던지기와 창던지기

진프라슨 그리괄 Jean-FrancoisGregoire

나는 현재 스포츠 과학과 교수로 재직 중이며 과거에 체육 교사 및 육상 투척 종목 해머던지기 선수로 활동했는데, 1995년까지는 선수로 활동하였으며, 이후부터는 코치로 커리어를 이어나가고 있다. 코치이자 운동선수로서, 나는 항상 선수들이 스포츠에서 성공하기 위해 필요한 움직임을 쉽게 획득할 수 있도록 던지기 기술을 단순화하는 방법을 찾는 과제이자 도전에 흥미를 느껴왔으며 여기서는 두 개의 던지기 종목인 해머던지기와 창던지기를 사용하여 기술 획득을 강화하기 위해 어떻게 제약 주도 접근법(CLA)을 채택했는지 설명하려 한다.

해머던지기는 선수-환경의 상호성(즉, 선수-해머 시스템)을 강조하는 화려한 운동이며, 해머던지기의 목표는 제한된 공간 내에서 선수가 일련의 회전 후 해머 투척 속도를 최대화하는 것이다. 정석으로 알려진 해머던지기 기술 획득 과정은 한 바퀴 회전 후 던지기를 배우고 두 바퀴 회전 던지기, 그리고 이어서 회전을 늘리는 방법으로 알려져 있다. 추가로, 해머가 없이 맨몸으로 힐-플랜트 움직임 드릴을 사용하여 연습을 하곤 했는데 근래에 들어 이러한 접근 방법은 효율성이 떨어진다는 의견들이 분분했으며 동시에 선수 또한 해머 없이 힐 플랜트 움직임 드릴만으로 실제 움직임에서 필요한 회전을 구사할 수 있는 능력은 만들 수 없다고 하는 목소리가 커져왔나. 이를 해결하기 위해서 작업 단순화를 사용하여 첫 번째 연습부터 바로 선수가 여러 번 회전을 하고 목표 영역을 향해 해머를 던지는 것을 적용해볼 수 있으며(움직임의 질에 초점을 맞추지 않은 상태에서), 이때 팔을 뻗은 상태에서 해머를 보고, 작업 목표는 가능한 한 빨리 회전해야 한다는 간단한 제약 조건을 부여하는 것이다.

위의 조건으로 연습을 거듭하면서, 선수들은 해머에 의해 발생하는 원심력에 저항하는 데 필요한 힘을 조정함으로써 회전 운동 동안 균형을 잡는 법을 배우게 되며 이 과정에서 운동의 자기조직화가 나타나게 된다. 예를 들어 선수는 안정성을 높이기 위해 머리 위치, 몸통 또는 하지를 조정하게 되는데 이 과정에서 코치가 과제 제약을 조정할 수 있기 때문에 각 선수마다 가장 적합한 코칭 방법이 무엇인가에 대한 분석 또한 가능하게 된다. 예를 들어 코치가 선수에게 A 지점에서 B 지점까지 힐-플랜트에 신경을 쓰지 않고 회전하여 이동하는 연습을 시키게 되면, 선수는 동작이 보다 편하게 느껴지고, 움직임의 효과를 몸으로 경험하게 된다.

이러한 코칭 방식은 선수들이 회전을 하는 과정에 익숙해지게 하고 동시에 움직임의 효과를 경험할 수 있게 하며 감각들에 대한 인지 능력을 향상시키지만, 반대로 선수를 틀에 맞추려고 하듯 규정된 움직임에 초점을 맞춘 분석적인 접근 방식을 사용했을 때에는 감각의 인지 능력 향상은 나타나지 않을 수도 있다.

해머던지기 선수들과 비슷하게, 창던지기 선수들은 효과적인 수행을 위해 투척 최고 비행속도를 생성해야 하고, 동시에 창의 공기역학적 특성이 충분히 활용될 수 있도록 적절한 창의 궤적을 만들어야 한다. 숙련된 선수들은 투창의 마지막 단계에서 두 팔과 어깨 사이에 가상의 선과 창이 평행하게 만들어지지만(창 끝은 눈 높이), 반대로 비숙련 선수들은 정렬이 평행하지 않는 경향을 보인다. 나는 선수들에게 CLA를 적용하여 창 대신 배구공을 던져 양팔 사이에 가상의 선과 창의 더 나은 정렬을 만들도록 유도한다. 이때, 손에 공을 쥐는 것이 불가능하기 때문에, 선수들은 공을 떨어뜨리지 않기 위해 손바닥을 하늘을 향하고 어깨 높이보다 높은 위치에서 손으로 공을 들고 다닐 수밖에 없다. 결론적으로, CLA는 선수들이 경기 환경에 대한 기번적인 변화에 효과적으로 직면할 수 있도록 더 나은 적응성을 허용한다. 이로 인해 운동선수들은 변화에 빠르게 적응해야 하며, CLA는 이와 같은 가변성들에 대한 적응력을 제공한다.

유소년 축구

마이크 오우설리번 Mark O'Sullivan

나는 스웨덴 AIK 스톡홀름 축구 클럽에서 코치 교육과 선수 육성을 맡고 있다. 축구는 선수들이 공격과 수비를 번갈아 해야 하는 특성을 가진 역동적인 팀 스포츠이다. 우리는 훈련을 설계할 때, 공격과 수비 사이의 밀물과 썰물 같은 전이 과정을 다음과 같은 개념으로 정의한다. 첫째, 볼을 소유할 때: 상호작용을 최대로 활용하여 공간과 틈새를 찾고 이용하는 것이다. 둘째, 볼을 리커버리 하고자 할 때: 공간과 격차를 좁히고, 상대의 상호작용을 최소화하며 공을 획득하는 것이다.

축구 상호작용(드리블, 패스, 슛, 공 없이 움직이는 것)은 선수들이 경기 환경의 역동성과 행동을 조정하는 과정을 의미하며, 단순히 즉각적인 물리적 및 정보적(즉, 상황적) 요구에 대응하여 행동하는 것뿐만이 아닌 역사적 및 사회문화적 제약과 상호작용하는 것을 의미한다(Uehar 등, 2018).

이를 현장에 효과적으로 적용함에 있어 어려운 부분은 코치가 학습의 모든 부분을 감독함과 동시에 제어해야 한다는 고정관념에서 벗어나야 되는데, 여전히 코치의 지배적인 역할이 주가 되는 환원주의적 방법이 스웨덴에서 공식적인 코치 교육과정의 핵심적인 요소로 자리잡고 있기 때문에, 교육 세미나와 회의의 형태로 코치, 선수, 부모들에게 용인되고 있으며, 2018년 스웨덴 축구협회의 연간 조직 및 계획 문서에서도 찾아볼 수 있다.

> 우리는 다양한 움직임을 다른 상황에서 훈련하기 위해 사다리, 링, 원뿔을 사용할 것이다. 물론, 연습에 축구도 포함할 것이며, 드리블 기술, 리시브, 턴 위주로 진행될 것이다. – 2018년 9세 이하 남자 축구 국가대표팀

그러나 유소년을 대상으로 한 훈련에서는 주의 집중을 가능한 높게 유지하는 것이 관건인데, 코치의 지시가 지배적인 환경에서는 깁슨(1966, 1967)이 언급한 유소년의 효율적인 기술 획득을 위한 주의력 향상 훈련이 어렵기 때문이다. 실제로 유소년 훈련에서 목표 중심적 학습보다 놀이의 원칙(상호작용)에 기반한 학습이 더 효과적인 결과물로 연구를 통해 입증되었다. 방법은 어린 선수들에게 경기 환경을 시뮬레이션하고, 새로운 행동을 관찰하며, 환경과 어포던스를 적절히 활용할 수 있게 하는 방법을 사용하게 된다. 따라서 우리는 코치들이 단순한 행동이 아닌 상호작용을 관찰하는 방법을 배울 수 있도록 주의를 기울이는 능력을 교육하는 것 또한 고려되어야 하며, 선수들이 경기 환경에서 어포던스를 어떻게 활용할 수 있는가? 라는 질문에 대한 고찰 또한 필요하다.

> AIK가 새로운 코칭 방법을 도입했을 때는 매우 회의적이었으나 아이들에게 동기를 유발하는 것을 본 후 현재는 이에 매료되었다. – 2018년 8세 이하 소년팀의 부모 코치의 필드 노트

AIK가 8세 이하 유소년 팀과 함께하면서 받은 피드백의 예로 오로지 공만을 향해 움

직이는 경향이 있는 선수들을 코칭할 때, 깊이와 넓이를 만들라고 지시하지 않는 대신, 과제 제약 조건(예: 선수 수, 필드 크기, 규칙, 볼 피드 및 선수의 시작 위치)의 조정을 통해 공으로부터 멀어지는 것에 집중하게 해서 선수들에게 넓은 공간 또는 작은 공간을 방어하는 것 중 어느 것이 더 어려운지, 그리고 이것이 볼을 소유하고 있는 팀에게 어떤 의미를 가지는지에 대해 스스로 생각해서 행동을 수정할 수 있게 한다. 결과적으로 아이들은 볼을 소유한 상황에서는 공간을 넓게 만들어야만 상대가 볼을 빼앗기 어렵다는 사실을 알게 되며, 선수들은 공에서 멀어지는 과제에 집중하여 공을 소유하고 있을 때 공간을 최적화하는 방법을 배워 틈새와 공간을 활용할 수 있는 기회를 만들 수 있는 법을 익히게 된다.

추가적으로, CLA를 더욱 효과적으로 적용하기 위해서는 기술적 전문 용어 없이 코치와 선수들이 서로 이해할 수 있는 공통어를 활용하고, 코치의 개입과 피드백을 줄일 필요도 있다. 선수가 받는 첫 번째 피드백은 작업 설계의 일환으로 직접 제시되어야 하며, 코치는 선수들이 가능한 해결책을 스스로 찾도록 지도하여 자기조직화를 촉진할 수 있어야 한다.

수영

필립 헬라드 Philippe Hellard

나는 스포츠 과학 박사학위를 가지고 있는 프랑스 대표팀과 국립 수영 센터의 코치이다. 또한 프랑스 수영 연맹의 연구부장을 20년 동안 맡고 있으며, 2009년부터 2012년까지 3번의 유럽 선수권 대회에서 우승한 프랑스 수영 팀의 일원이었다.

나는 하나의 이론적 틀에만 근거하여 현장지도를 하기보다는, 인지 과학, 사회적 상호작용, 그리고 생태역학적 관점에서 나온 개념들을 적극 활용하는 방법을 선호한다. 최정상급 코치들과의 협업은 나에게 다양한 인사이트를 제공하였다. 그들 중 다수는 수영의 복잡성과 제약을 기반으로 자신들만의 고유한 지도 방법을 사용했다. 수영의 복잡성과 제약은 다음과 같은 요소들을 포함한다. 수영은 항력을 줄이는 것이 빠른 움직임을 만드는 데 있어 절대적으로 중요하다. 실제 물속에서 움직일 때, 지상에서 움직일 때보다 가해지는 항력이 약 780배 더 크며, 수영에서는 지면이라는 고정점이 없기 때문에 손발이 물을 쓸고 다니고, 시각이 변위 방향으로 향하지 않고 호흡이 제한되게 된다. 이러한 환경 및 작업 제약 조건은 인간이 수생 환경에 특정 지각 운동 및 생리적 적응이 필요하게 되며, 코치들은 이런 복잡성과 제약을 염두에 두고 수영 선수들의 수행자 제약(예: 형태학적 유형과 신체적, 생리적, 그리고 심리적 운동 능력)을 고려하여, 우리가 개별 선수들의 요구를 충족시킬 수 있도록 훈련 방법을 조정해야 한다는 것을 나에게 가르쳐주었다. 위와 같은 특성은 코치로서 환경, 과제 및 수행자 제약 조건 사이의 다양한 상호작용을 인지해야 하기 때문에 CLA의 관점에서 매우 중요한 부분으로 설명될 수 있다. 추가로, 내부적 제약으로는 수영 선수의 체력, 부력, 피로, 인체측정학적 특성 등이 있으며, 외부 제약으로는 수영 스트로크, 수영 속도 및 스트로크 속도, 능동 항력, 코치의 지시 등이 있다.

예를 들어 코치는 100m 자유형 끝지점에서 축적된 피로도가 수행능력을 얼마나 제한하는지 고려해볼 수 있는데 실제로 이때 수영 선수의 근력은 20%에서 40%까지 감소하였으며, 선수들은 물밑에서 팔을 뒤로 빠르게, 그리고 강하게 보내지 못하고 더 많은 시간을 영법 주기의 공중 단계에서 보내게 된다. 이 일환으로 암 리커버리의 상대적 지속 시간이 증가하므로 양팔의 협응 과정에서의 변화가 생기게 된다. 피로도와 수영 속도에 따라 협응력의 다양한 적응이 나타날 수 있는데, 그중 일부는 움직임의 효율성이나 경제성에 영향을 미치게 된다. 코치는 나타날 수 있는 모든 기능 장애 행동을 식별하고 기능 조정 솔루션을 찾는 것을 목표로 해야 하며, 이 과정을 통해 선수들은 행동과 의도를 적절히 적응시키는 법을 배우게 된다. 이때 코치는 변화하는 경기 상황(예: 피로, 부상)에 선수를 노출시켜 지속적으로 적응할 수 있게 만드는 방법을 강구해야 한다. 여기서 코칭의 핵심은 제약 조건(예: 훈련 부하, 수영 속도, 시간 및 강도)을 조정하여 적절한 훈련 상황을 설계한 다음 새로운 솔루션을 탐색하고 선수의 의도를 조정하기 위한 페이싱 및 지침을 도입하는 것이다.

그리하여 나는 다음과 같은 기준을 두고 선수들을 지도하였다.

- 움직임 그 자체가 아니라 근본적인 기술적 원칙을 더 중요하게 고려한다.
- 선수 개개인에게 집중하고, 움직임의 형태를 규정하지 않으며 선수의 고유한 움직임을 존중한다.
- 선수의 의도와 정해진 목표를 달성하기 위해 무엇을 해야 하는지에 대해 관찰하고 대응한다.
- 운동의 한 가지 기술적 측면을 개선하려고 노력할지라도 그 일의 전반적인 수행을 염두에 두어야 한다.
- 운동의 한 측면을 변경하면 전반적인 움직임의 다른 부분에 영향을 미칠 수 있다는 것을 고려한다.

스노보드

톰 윌못 Tom Willmott

나는 스노우 스포츠 뉴질랜드의 파크 앤 파이프 프로그램의 수석 코치이다. 우리 팀은 동계 올림픽 종목들인 하프파이프, 슬로프스타일, 빅에어의 스노보드 종목에 출전하는 선수들이 소속되어 있다. 나는 2005년부터 네 번의 동계 올림픽 동안 대표팀 감독을 해왔다. 우리 선수들은 월드컵, X게임, 그리고 가장 최근인 2018년 동계 올림픽에서 동메달 2개를 포함한 주요 대회에서 다수의 메달을 획득하였다. 나는 영국 센트럴 랭커셔 대학에서 엘리트 수행 전문 박사학위를 취득하였으며, 뉴질랜드 오타고 대학에서 체육 석사와 웨일스 대학에서 스포츠 코칭 학사학위를 우등으로 마친 나 자신을 '실무형 연구자'라고 생각한다. 나는 경기력 향상을 위해 주관적으로 판단하고 선수의 자율성을 높일 수 있는 기술 획득 이론을 적용하는 것을 즐긴다.

우리는 높은 수준의 수행 향상을 목적으로 훈련 프로그램에서 개별적으로 또는 2명에서 4명의 선수들로 그룹을 이루어 훈련하고 있다. 우리 스포츠는 CLA의 개념을 활용하기에 적합하며, 코치진들은 학습을 극대화하기 위해 훈련 환경, 과제 및 개별 요소를 지속적으로 조정한다. 자주 사용하는 한 가지 훈련법은 스케이트보드 게임인 SKATE인데 이는 농구의 HORSE를 기반으로 한다. 선수들이 서로 겨루는 게임으로 첫 번째 선수가 특정한 트릭을 선택하여 시도하고 성공적으로 착지하면, 그룹의 다른 선수들도 같은 묘기를 시도해야 하는데 이때 트릭을 성공적으로 수행하지 못한 선수는 S를 받는다. 다음 선수가 자신이 선택한 트릭을 시도하고 다른 선수들이 따라하다 실패하면서 S-K-A-T-E라는 글자를 모으면서 게임이 계속된다. 선수들이 다섯 번의 트릭을 실패하여 다섯개의 글자가 누적되면, 해당 선수는 탈락하게 되며 마지막 남은 선수가 승리하게 된다.

이 게임은 운동선수들의 한계를 제한하지 않고 안전지대를 확장하기 위한 좋은 방법이다. 운동선수들은 그들의 동료들을 따라하는 동시에 서로를 넘어서려고 시도함으로써 새로운 기술이나 방법을 배우게 된다. 코치는 연습을 지시한 후 선수들이 자체적으로 주도하는 진행 상황을 그저 지켜보거나, 연습 환경을 특정하기 위해 개입하여 선수들에게 더 도전할 수 있는 목표를 부여하게 된다. 첫 번째 선수가 했던 것과 정확히 기술이 수행되었는지를 결정하는 심판 역할을 할 수 있고, 선수들이 게임을 문제없이 진행할 수 있도록 '커브 볼'을 던지거나, 단순히 게임에 참여할 수도 있다. 다양한 트릭 레퍼토리를 구사할 수 있는 고도로 숙련된 운동선수들을 대상으로는 시간이 다소 소요될 수 있지만, 선수들은 서로를 능가하기 위해 새롭고 혁신적인 트릭을 구상하여야 하는 도전적인 환경에 놓이게 된다. 이것은 선수들이 기술을 구사하는 새로운 방법을 탐구하게 하고 도전하도록 하는 정말 좋은 방법 중 하나이다.

코칭은 폭넓은 지도 방법과 그에 대한 식견을 가지고 있는 것이 중요하나 코칭의 가장 흥미로운 요소 중 하나는 선수들에게 도움이 되는 게임과 코칭 방식을 새로이 고안하는 것이다. 우리가 사용한 방법들 중 하나의 예로는 선수들의 진폭을 증가시키기 위한 목적으로 긴 낚싯대 끝에 목표물을 매달아 놓는 방법이였다. 선수들은 목표물을 맞추고자 강하게 도약함으로써 저절로 동작을 크게 만드는 연습을 하게 되었으며, 또 다른 예로는 정교한 착지 연습을 목표로 3×3 격자 매트를 사용하기도 한다. 비슷한 예로 선수들은 신속한 판단과 방향 제어를 연습하기 위해 틱택 토우를 하며 안전하고 오류 없는 훈련 환경을 제공하기 위해 거대한 에어백을 사용하기도 한다. 이렇게 때로는 간단한 게임이나 훈련이 가장 효과적일 수 있다.

럭비

리처드 셔틀워스Richard Shuttlewort

나는 박사과정을 마친 후, 생태역학적 관점에서 엘리트 럭비 선수들에게 영향을 주는 어포던스의 역할을 연구하였다. 영국 럭비 협회에서 전문 코치 육성 매니저로, 호주 스포츠 연구소에서 기술 획득 전문가로 근무한 이력이 있고 또한 월드컵에서 우승한 잉글랜드 U20 팀의 로리 티그 감독을 포함한 국제적인 코치들의 고문으로도 활동했었다.

역대 월드컵 경기 내용들을 분석한 결과 경기 승리 횟수는 득점 시도율과 높은 상관관계를 보이는 것으로 나타났다. 따라서 2016년 U20 럭비 월드컵을 준비하면서 코치진와 선수들은 전진, 볼 확보, 공간 지원을 포함한 경기 원리를 바탕으로 하는 피에르 빌프뢰의 플레이 모델을 각색하여서 상대에게 압박을 가해 실점을 유도하는 전략을 사용해 연습을 진행했다. 적응형 게임 모델을 플레이하는 것은 선수의 움직임을 미리 계획하는 것을 제한하고, 대신 선수의 기술과 동료 및 상대와의 상호-적응 행동에 초점을 맞추게 된다(Passos 등, 2008). 이 접근 방식은 선수가 행동을 유도하는 수많은 어포던스 사이에서 행동 기회들에 능숙하게 참여하고 상호작용하도록 장려한다고 한다(Withagen 등, 2017). 위와 같은 순기능을 활성화하기 위해 훈련은 코치-주도 환경에서 안내적 발견학습과 코치-지지 환경으로 변경되었으며 선수들이 코치들에게 일방적인 지시와 문제에 대한 해결책을 제시하는 것이 아닌 선수들 스스로 해결책을 만들어나가는 방식으로 탈바꿈하게 된다.

위와 같은 장점들을 적극 활용하여 득점 시도율을 늘리기 위해 볼 소유권을 향상시키고자 코치들은 소규모 조건부 적응형 경기에 인원, 공간, 시간의 제약을 두고 실시한다. 또한 선수들이 볼 소유권의 핵심적인 럭Ruck에 대응하는 훈련을 진행하는 데 있어 럭이 형성되었을 때 몸싸움에 참여할 것인지, 아니면 제 위치를 지킬 것인지에 대한 판단력을 향상시키는 연습을 설계하여 격렬한 경기 시나리오를 조성해 중요한 경기 상황에서의 공수 전이에 대응하는 능력 또한 선수들로 하여금 적응할 수 있도록 한다. 이때 코치들은 직접적으로 개입하지 않고 필드에서의 공의 위치만 바꾸어서 연습하고자 하는 상황을 지정하고 선수들로 하여금 공격과 수비에서의 해결책을 직접 찾아내도록 하였다.

훈련의 결과로 선수들은 신체적, 정신적인 피로도가 누적됨에 따라 계획된 행동보단 즉흥적인 행동으로 판단하게 되는 경향이 증가하여 지각, 인지, 행동의 적응이 함께 일어났으며(Davids 등, 2006), 경기 도중 럭의 빈도를 늘린 결과 양측 선수들로 하여금 보다 넓은 공간을 인지하고, 다양한 어포던스를 사용할 수 있게 장려하게 되었다. 이러한 결과는 상대의 다양한 경기 스타일에 대해 해결책을 찾아가는 과정에서의 유연한 사고를 할 수 있게 만들어주었으며, 또한 복잡하고 역동적인 문제를 해결하기 위한 판단력 또한 길러주었다.

테니스

안나 피츠패트릭 Anna Fitzpatrick

나는 영국 셰필드 할람 대학의 박사과정 연구원 겸 강사이다. 또한 전 프로 테니스 선수이자 영국 국가 챔피언이기도 했다. 내 목표는 테니스에서 스포츠 과학과 경기력 분석 분야 내에서 학계와 실무 적용 사이의 격차를 해소하는 것을 돕는 것이다. 내가 공유하고 싶은 사례는 내가 유소년 테니스 코치를 해본 경험을 바탕으로 이야기하려 한다.

나는 학부 과정에서 뉴웰(1986)의 제약 주도 접근법을 처음 알게 되었다. 우연히도, 이때 나는 코트 치수, 공의 특성, 득점 형식을 변형한 테니스의 축소판인 미니 테니스 코치를 막 시작할 때였다. 나는 뉴웰의 이론에 즉각적으로 매료되었으며, 이는 내가 프로 선수로서의 훈련과 코칭 방법에 대해 객관적으로 성찰할 수 있게 해주었다.

미니 테니스는 어린이들의 기능적인 움직임 행동을 촉진하고 경기 속도를 조절하여 어린이들의 행동이 테니스에 필요한 행동과 움직임들을 밀접하게 반영할 수 있도록 설계되었다. 미니 테니스가 전 세계적으로 활성화되었지만, 미니 테니스가 효과적이라는 실증적 근거는 극히 부족하였다.

이와 관련된 몇 차례의 연구(Fitzpatrick 등, 2018) 후에 미니 테니스의 근본적인 결함을 확인하였는데, 그것은 바로 실제 테니스에서는 백핸드와 포핸드의 사용도 비율은 1:1에 가까우나 미니 테니스에서는 백핸드보다 포핸드를 훨씬 더 많이 사용하였다(포핸드에 대한 선호도는 최대 6:1의 비율). 이는 스트로크 사용 비율의 격차로 인해 시간이 지남에 따라 기술의 불균형으로 이어질 가능성을 보였으며, 잠재적으로 아이들의 발달과 스포츠 기술 발전을 저해할 수 있다는 것을 시사하고 있었다. 나는 해결책으로 선수들의 비대칭성을 개선하기 위해 제약 기반 학습법과 제 현장 경험을 융합해 세 가지 간단한 제약 조건을 추가해 미니 테니스를 수정하게 되었다(Fitzpatrick 등, 2018).

1. 코트 내부의 규격

오른손잡이 선수들을 기준으로 네트를 넘어오는 공이 중앙선의 오른쪽에 떨어질 때 포핸드를 하고 반대로 중앙선의 왼쪽에 떨어질 때에는 백핸드를 시도하도록 했다(왼손잡이 선수들에게는 반대로, 그림 11.2 참고). 백핸드 공간을 늘리기 위해 중앙선을 표준 중앙선의 오른쪽으로 약간 재배치하였다(오른손잡이 기준).

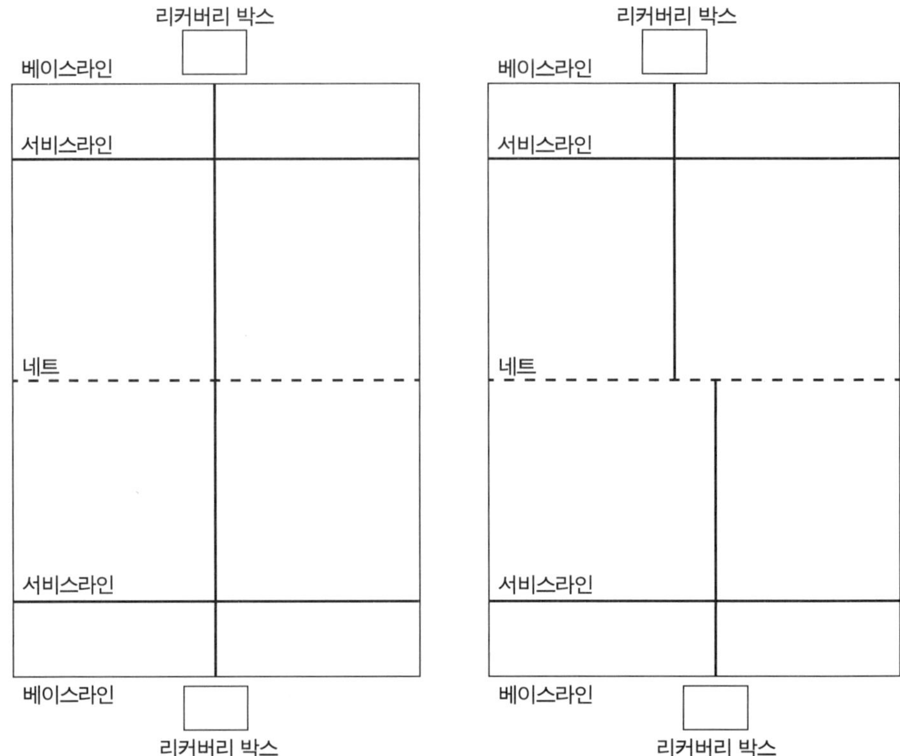

그림 11.2 대조군(왼쪽)과 실험군(오른쪽)의 회복 상자와 중심선 위치.

2. 리커버리 박스 위치

리커버리 박스는 적절한 코트 포지셔닝을 위해 주로 기준선 중앙 후면에 배치되며 선수들은 매 스트로크가 끝난 후 리커버리 박스로 복귀하여야 한다. 나는 백핸드의 비중을 늘리는 목적으로 리커버리 박스와 백핸드 사이드와의 거리를 늘리는 명목하에 리커버리 박스를 기존보다 좀 더 우측으로 배치하였다.

3. 득점 형식

보너스 포인트는 선수가 백핸드를 사용하여 위너샷을 성공시키거나 상대를 포지션에서 밀어낼 때 주어졌다.

위 조건으로 선수들이 8주 동안(주당 1시간 코치의 지도 포함) 연습한 결과 선수들의 백핸드 사용률이 17% 늘었으며(포핸드 사용률은 17% 낮아짐) 포핸드–백핸드 사용 비율은 1 대 1에 가깝게 변화하였다. 본래 미니 테니스의 특성상 백핸드를 사용할 수 있음에도 불구하고 공간과 시간의 충분한 여유가 있어 포핸드를 사용하게 되는 경향이 있는데, 센터

라인과 리커버리 박스를 코트의 앞쪽으로 재배치하는 것은 선수들이 포핸드로 공을 치게 되는 경향을 낮춰주었다.

제약 조건의 조정은 포핸드-백핸드 비대칭을 성공적으로 개선했을 뿐만 아니라 추가적으로 상황에 유리한 행동을 유도하였는데, 유소년 선수의 랠리 유지 능력(평균 랠리 길이)은 제약 조건에 노출되지 않은 대조군보다 더 큰 범위로 증가하였다. 백핸드 실수는 줄었으며 백핸드를 사용하여 성공적으로 점수를 획득했으며, 마지막으로 선수들의 백핸드와 포핸드 기술 숙련도는 대조군보다 더 향상되었다.

또한, 포핸드-백핸드 비대칭을 바로잡고, 실수를 줄이고, 선수들의 백핸드 기술을 향상시키는 것에 그치지 않고 포핸드 스트로크의 빈도가 17%나 줄었음에도 불구하고 포핸드 기술의 숙련도 또한 향상되는 결과를 제시하였다. 이와 같은 결과는 만약 선수가 백핸드가 유리한 상황에서 포핸드를 친다면 해당 포핸드는 기술적으로 기능적이지 않을 것이며, 이 과정을 통해 기능적 행동 반응이 일어나 백핸드의 비중은 늘어나고, 동시에 백핸드를 능동적으로 사용하는 탐구 과정이 촉진되어 기술적으로 좋지 않은 포핸드의 수가 감소되었기 때문이다. 이로 인해 근본적으로 선수가 백핸드와 포핸드를 각기 적절한 상황에만 사용하게 되게 만들었으며 따라서 선수들은 더욱 기능적인 포핸드 기술을 수행할 수 있게 되었다.

전반적으로 CLA를 테니스 코칭에 적용한 경험은 기대 이상의 성과를 가져다주었으며, 코치와 교육자로의 역할을 수행하는 데 큰 도움이 되었다. 학습자가 문제에 대한 다양한 해결책을 탐색하도록 장려하는 환경을 설계하고 신중하게 고려된 변수들의 효과를 관찰하는 것은 매우 보람된 일이다. 하지만 학습 환경을 조정하는 것이 이차적으로 목표와 반대되는 행동학습으로 이어질 수도 있다는 사실도 알게 되었다. 따라서 제약 조건 조작을 철저하게 계획하고, 학습자의 새로운 행동을 지속적으로 평가하면서, 원치 않은 역기능적 행동이 유발될 경우 적응할 준비를 하는 것이 중요하다.

결론

이러한 사례 연구는 CLA뿐만 아니라 더 나아가서 생태역학의 이론적 아이디어를 기반으로 연습을 설계할 수 있는 방법을 잘 보여준다. 규정된 움직임 해결책에만 중점을 두지 않으며, 개별화된 움직임 해결책이 예외가 아닌 일반적이라는 사실을 인식하는 데 초점을 맞추었다. 효과적인 연습을 설계하는 것은 과학일 뿐만 아니라 예술의 영역이라는 것을 인식하는 것이 중요하다. 사례 연구 중 다수는 대상자의 감정 상태를 고려한 연습이 기술 획득에서 갖는 중요한 역할을 암시하며, 사례 연구들의 공통되는 특징은 CLA를 통한 도전과 학습에 대한 즐거운 경험이 있었다는 점은 매우 흥미로웠다. CLA의 이론적 관점과 결합된 현장 전문가의 경험적 실무 지식의 관련성은 매우 중요한데, 이를 잘 융합하는 지도자는 학생들과 운동선수들에게 학습이 어떻게 이루어져야 하는지 결정하는 데 지나치게 규범적인 역할보다는 촉진적인 역할로서 학습효율을 향상시키고 있다. 또한 교육, 코칭 및 학습은 맥락과 학습자에 따라 달라진다. 학습자-환경 간 상호작용을 고려하는 것은 어떠한 제약이 어떤 경우에 효과적일 수 있지만, 다른 경우에는 심각하게 실패할 수 있기 때문에 이것을 이해하는 것이 중요하다.

자가진단 질문

1. 이번 장에 설명한 실습 활동 중 한 가지를 선택하여 원하는 스포츠나 활동에 적용해 본다.
2. 지도자로서 과제 난이도를 조정하려면 연습 설계를 어떻게 해야 하는지 생각해본다.
3. 어떻게 하면 지도자들이 연습에서의 제약 사항들 중 조정해야 하는 것들과 그렇지 못한 것들을 구별할 수 있을까?
4. 이번 장에 나열된 이론을 현장에 적용하는 예시들 중 가장 인상 깊었던 지도자의 경험담과 그 이유는 무엇일까?

CHAPTER 12

스포츠에서의 전문성과 재능 개발

이 장의 목표

이 장을 완료하면 다음을 수행할 수 있다.

- 현장에서 적용하는 학습 과정이 어떻게 구체적으로 전이하여 재능 발달에 도움이 되는지 설명한다.
- 특이적 훈련은 근전이 학습과 일반적 훈련은 원전이 학습과 관련된다.
- 단일 스포츠에 대한 초기 전문화 또는 여러 스포츠에 대한 다양화를 포함하는 다양한 인재 개발 경로를 설명한다.
- 스포츠에서 연습의 특이성과 이전의 가변적인 비특이적인 연습 경험의 상호작용이 장기적인 재능 개발의 잠재력에 어떻게 도움이 되는지 설명한다.
- 운동기술 향상 및 기술 획득 연구의 향후 방향성에 대해 설명한다.

이 책 전반에 걸쳐, 우리의 과제는 경쟁력 있는 수준급 수행능력을 갖추기 위해 효과적인 연습 과제와 학습 활동을 설계하기 위한 원칙을 제공하는 이론적인 개념을 명확히 하는 것이다(Davids 등, 2016; Davids 등, 2017). 연습의 미시적 구조라고 불리우는(Davids, Renshaw, Pinder, Greenwood와 Barris, 2016; Davids, Güllich, Shuttleworth와 Araújo, 2017) 이러한 활동은 코치 및 스포츠 전문가가 기술과 운동 능력을 향상시키기 위해 매시간, 매일, 매주 그리고 매월로 수행하는 작업을 의미한다. 선수들의 잠재력을 달성할 수 있도록 돕기 위해, 스포츠 현장 지도자들의 주요 과제는 자연환경 속에 내재한 풍요로운 어포던스(행동 기회)를 인식하고 사용하는 과정을 촉진하는 것이다(Davids 등, 2015).

마지막 장에서는 현재까지도 뜨거운 논쟁거리로 남아 있는(예: Epstein, 2019; Rea와 Lavallee, 2017) 재능 발달과 관련된 훈련 전이에 대해 논의할 것이며 이 복잡한 문제를 체계적으로 다루기 위해서는 다음 두 가지 주요한 질문에 대한 고찰이 필요하다.

첫째, 생태역학적 이론이 현장에서 어포던스 환경을 설계하는 데 어떻게 도움이 될 수 있을까? 스포츠의 경쟁적 수행 환경으로의 전이를 촉진할 수 있을까? 둘째, 특정 훈련과 일반적인 훈련의 전이에는 어떤 다른 결과가 있으며, 이러한 이해가 재능 개발이라는 거시적 관점에서 선수들에게 어떻게 도움이 될 수 있는가?

학습에서의 전이: 일반적 전이와 특이적 전이는 어디서 비롯되는가?

7장에서 설명하였듯, 전이는 운동선수 육성과 수행능력에 초점을 맞춘 스포츠 프로그램의 학습과정 설계를 논의함에 있어서 중요하게 고려되어야 한다. 연습은 선수가 시합에서 하고자 하는 행동 목표를 예행연습하는 시뮬레이션이며, 좋은 연습은 좋은 시뮬레이션이 된다. 즉, 효과적인 학습 설계를 위해서는 연습 환경에서의 학습이 실제 시합 환경에 어떠한 방식으로 전이되는지에 대한 이해가 필요한데, 20세기 초, 우드워스와 손다이크는 학습의 성공적인 전이를 위해서는 연습 과제의 요소가 수행 과제의 관련 속성(정보, 작업 및 응답)과 밀접하게 결합되어야 한다고 주장하는 동일요소 이론을 세웠다. 제7장에서 논의한 바와 같이, 근전이는 공통 속성을 공유하고 효과적인 전이가 발생할 가능성이 있지만, 원전이는 훈련과 시합 환경 간에 공유되는 속성이 제한되는 특성을 가지고 있다.

상당한 수의 실증 연구가 연습 효과의 특이성을 조사했으며, 연습을 거친 과제나 그와 특성이 비슷한 과제들의 수행능력은 근전이near transfer가 강조된 설계를 통해 개선될 수 있다. 일반적으로 맥락적이지 않은 훈련 개입과 설계는(원전이 강조) 한정된 이점을 가진 것으로 인식되어왔으며, 현장 지도자가 특정 작업에 대한 가속 학습에 관심이 있는 경우에만 가능하다. 그러나 전이의 특이성을 지나치게 강조하는 학습 설계가 확산되면서 스포츠 분야의 조기 전문화의 효과에 대한 타당한 우려를 제기하고 있다(see Chow, Davids, Shuttleworth와 Araújo, in press). 거시적 관점(장기적)에서의 선수 육성 측면에서 보면 생태학적 역학은(원거리) 전이 연습 효과와 관련하여 일반화된 훈련의 중요한 역할을 제시하였다(Davids 등, 2017). 이 장에서는 운동발달 단계에서 스포츠 전문화를 위해 준비할 수 있도록 선수 강화 프로그램에 있는 원전이 효과에 대해 설명한다(Stone 등, 2019; Renshaw 등, 2019).

스포츠 학습 특이성의 해석

제1장에서는 수행 상태를 정확하게 훈련하기 위해서는 실습 과제 설계에 정보 변수

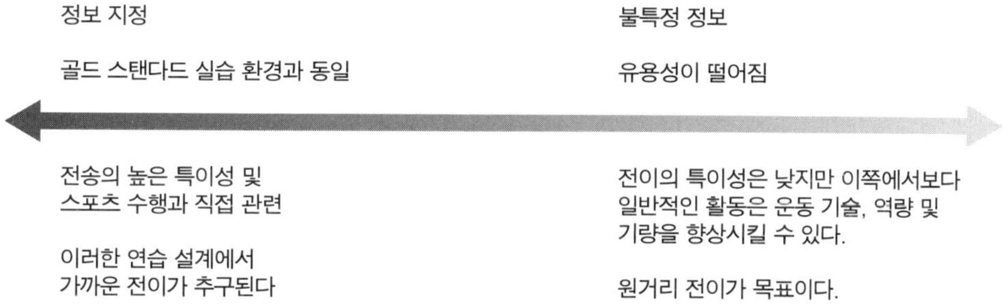

정보 지정

골드 스탠다드 실습 환경과 동일

전송의 높은 특이성 및
스포츠 수행과 직접 관련

이러한 연습 설계에서
가까운 전이가 추구된다

불특정 정보

유용성이 떨어짐

전이의 특이성은 낮지만 이쪽에서보다
일반적인 활동은 운동 기술, 역량 및
기량을 향상시킬 수 있다.

원거리 전이가 목표이다.

그림 12.1 기술 획득을 향상시키기 위한 연습 및 신체 활동의 소규모 방법론. 전통적인 실습 설계는 직접 교육, 코칭 및 구두 지침에 중점을 맞춘 어포던스 환경의 고도로 구조화된 끝에 위치한 기본 모드를 가지고 있다. 코치는 학습 설계에 집중하고 각 선수의 개별 요구 사항에 따라 어포던스 환경의 여러 영역 간에 이동해야 한다.

를 명확하게 지정해야 한다고 설명하였다. 시합 환경과 동일한 시뮬레이션은 연습 과제로 설계된 정보의 매우 구체적인 특성으로 인해 특이성이 향상되어 실전으로 더욱 구체적인 전이로 이어진다. 전이의 특이성은 지각과 행동의 결합을 강화하여 스포츠에서 기술과 전문성의 빠른 습득에 도움을 준다(Davids 등, 2008). 지각 변수 지정은 생태심리학의 용어로, 멀리뛰기 선수의 주행거리를 규제하기 위해 도약판의 시각 정보를 제공하거나, 크리켓 볼러가 볼링 피치에 접근할 때 스텀프에 있는 심판의 위치를 인지하는 등 스포츠에서 특정 동작을 조절하는 데 필요한 정보의 척도와 동등하다(Greenwood, Davids와 Renshaw, 2016)(그림 12.1 참조). 학습 설계에 대한 전통적인 접근법에서는 특정 동작의 반복적인 재현을 목적으로 구성된 연습 과제에 초점을 두었다. 물론 연습의 특이성은 의심할 여지없이 중요하지만, 특수화는 선수 발달에 적절한 시기에 적용해야 한다. 그 이유는 어린 나이부터 장시간에 걸친 훈련과 연습의 특이성에 대한 지나친 강조는 신체적, 심리적, 정서적 문제들을 일으킬 수 있기 때문이다(Davids 등, 2017). 또한 많은 스포츠에서 경기력은 선수가 경기 환경과 상호작용하는 동안 자율적으로 조절할 수 있는 역량이 클수록 높은 수준의 수행능력이 발현된다고 한다(이 장 뒷부분의 사례 연구 참조)(Renshaw 등, 2019).

스포츠에서의 상호작용 연습과 행동 연습의 차이

팀 스포츠와 같이 공격수와 수비수들이 있는 소규모의 조건부 게임(SSCGs)은 필드 마크, 공간, 목표 영역(골, 바스켓, 트라이 라인), 갭 그리고 공격수가 유리한 위치를 차지하지 못하도록 배치된 수비수와의 경쟁을 통해 환경과 선수 간의 상호작용이 원활하게 일어나게 만든다. 반대로, 고립된 상태에서 기술을 연습할 때(즉, 다른 상대나 팀원이 없을 때), 운동선수는 자신의 동작에만 집중하는 경향이 있다. 네트볼, 축구, 농구와 같은 팀 스포츠의 관점에서는 공격을 저지하는 수비수가 없거나, 원뿔 주위를 드리블하는, 정해진 짝을 지어 패스하거나, 홀로 타깃을 향해 슈팅하는, 혹은 직선으로 달리는 연습을 하는 것은 모두 학습자와 수행 환경과의 상호작용을 조절하는 데 필요한 정보를 줄이는 비효율적인 연습 활동이다. 상호작용과 단순 행동의 구분은 연습 과제 설계에서 관련된 다른 사람들(팀원과 반대자)의 존재와 라인 표시, 표면, 타깃 지역, 간격 및 수행 영역의 공간이 규제되는 특정 위치의 지정과 같은 관련 정보 제약의 유무로 판단할 수 있다.

단순화된 연습 과제 제약 조건(isolation 훈련으로 예시됨)에서 장기간 연습 시 선수들은 원뿔과 격자 표시와 같은 비특정 정보에 의존하는 것을 배우기 때문에 학습 속도가 느려지며, 덜 안정적이고 부정확한 인식-행동 결합을 형성할 가능성이 있다고 한다. 또한 연습 과제 설계를 비특정 정보 소스에 기반을 두어 장기간 수행할 경우 지루함과 흥미 결여의 위험 또한 가지게 된다. 그러나 예외적으로 비특정 정보 출처가 없는 연습 과제가 효과적인 경우도 존재한다. 이는 학습 단계 극초기에 아주 단기간의 과정을 포함하여, 선수가 심각한 부상이나 질병 후 재활 중 움직임 안정성 회복을 하고 있을 때, 코치와 선수가 고립된 연습 환경에서 새로운 동작을 연습하고자 할 때로 이야기할 수 있다.

상호작용형 연습 과제 설계에는 선수들이 경기력을 조절하기 위해 선택하고 사용할 지각 변수(1장)를 지정하는 것이 필요하며, 정보가 풍부한 지각 변수는 다음과 같은 특이성이 높은 과제 작업을 설계할 때 사용될 수 있다.

- 경기 환경과 근접한 조건에서 시뮬레이션하기(예: 스프링 보드에서 거품 구덩이에 다이빙하기보다 수영장으로 다이빙하기, 실내 벽보다 낮은 바위가 많은 야외 표면에서 오르기, 인공 피트로 달리기보다 모래 피트로 뛰어드는 것)
- 활동 중인 수비수들이 존재하는 상황에서 손이나 발을 사용하여 학습하기(예를들어, 축구에서 수비수들이 존재하는 상황에서 공을 조작하거나 하키에서 상대방 선수와 싸우면서 스틱을 다루는 것을 학습)
- 샌드백을 치는 연습보다는 움직이는 상대와 스파링하기
- 팀 게임에서 수비수가 없는 상태에서 모의 리허설을 사용하는 대신 활동적인 수비수를 상대로 전술적 경기 패턴 연습, 격자선이 아닌 필드 또는 코트 마크를 사용하여 연습, 활동적이고 움직이는 수비수를 상대로 플레이하여 공간, 패스 또는 드리블 라인 및 틈새의 변화에 대응해서 연습하기
- 온도가 일정하고 조류와 물의 영향이 없는 차분한 실내 수영장이 아닌 해류, 흐름, 가장자리, 파도, 바람, 주변 온도 변화가 수행능력에 영향을 미치는 야외 수중 환경에서 수영 배우기

위와 같은 예시들은 다양한 스포츠 및 활동에서 효율적인 기술 획득을 위한 주요 상호작용적 정보들을 포함하며, 연습 중에 정보 습득과 적극 활성화될 수 있는 요소들이 포함된 연습 환경을 조성해야 한다. 또한 연습 환경에서 지도자들은 전반적인(발달 속도를 늦추는) 것보다 더 구체적인(보다 더 빠른 선수 발달을 유도하는) 전이를 만들기 위해 연습의 미세 구조에서 어포던스(상호작용을 촉진한다)를 어떻게 설계할 수 있는지 이해가 필요하다. 또한 훈련의 특이성을 지나치게 강조해 오히려 악영향을 끼칠 수 있다는 것과 선수의 재능 발달에서 일반적인 전이가 언제 어떻게 운동선수 발달과 수행 능력 향상에 기여할 수 있는지, 그리고 선수 발달에 있어 비정형 놀이와 연습 경험의 잠재적 가치는 무엇인지에 대한 고찰 또한 필요하다.

적절한 균형 찾기: 특이적 전이와 일반적 전이

효과적인 학습 설계는 스포츠 전문화와 선수 육성에 대한 다양화를 위한 관련 경험을 촉진함으로써 재능 개발 과정(수개월과 수년간의 프로그램)을 효율적으로 만들 수 있다(Davids 등, 2017). 특이적 스포츠 훈련과 일반적인 훈련의 조합은 선수의 조기 전문화로 인해 일어날 수 있는 문제들을 방지하고 경기 환경의 제약 조건과 상호작용하는 동안 선수의 자율 조절 능력을 확립하는 데 도움을 준다. 스포츠는 매우 가변적인 환경을 가지며, 기술적 경향의 변화, 장비 및 기술의 혁신, 표면, 규칙 및 규정에 의해 제약이 지속적으로 변화하고 진화하므로 선수의 행동 발달은 단기간이 아닌 수년 및 수십 년 동안 오랜 시간을 거쳐야 한다.

이러한 스포츠의 변화는 환경 및 과제 제약 조건의 조합으로 나타난다. 이는 선수들이 의도한 성과 목표를 달성하기 위해 기능적으로 행동을 적응시키도록 요구할 수 있다. 예를 들어 5일 동안 지속되는 크리켓 테스트 매치와 몇 시간 동안 플레이하는 오버 크리켓 경기(예: 20-20 형식)의 수행 제약은 각기 다르다. 경기에서 다른 과제와 환경 제약과 상호작용하면서 자기조절할 수 있는 능력은 민첩성(적응적 전문성)에 기초하게 된다. 번스타인(1967, p. 228)은 민첩성을 다음과 같이 개념화하였다.

> 민첩성은 모든 외부 상황에 대해 운동적인 해결책을 찾는 능력, 즉, 적절하고 정확하게 발생하는 모든 운동 문제를 해결하는 능력을 의미한다. 이는 결정을 내리고 올바른 결과를 달성하는 데 있어 적절하고 정확하게, 빠르게, 합리적으로 그리고 재원을 효율적으로 활용하고 측명하게 해결하는 능력을 의미한다.

탐구 활동은 인간 발달의 필수적인 부분이다. 예를 들어 아기들은 유아기에 물건, 표면, 그리고 다른 사람들의 어포던스에 대해 배우기 위해 환경을 탐구하는 데 많은 시간을 보낸다(Gibson, 1988). 깁슨(1988)은 이러한 환경과의 지속적인 탐구 상호작용을 '세상에 대한 실험'이라고 부르며, 이는 인간 발달에서 전형적인 과정이며, 나중에 경쟁 스포츠를 전문적으로 시작하게 될 때, 운동 발달에 활용할 수 있는 일반적인 기술로 이어지게 된다고 하였다.

생태역학은 스포츠에서의 전문성이 반복과 리허설을 통한 특정 움직임 패턴의 최적화가 아닌, 상호작용을 통해 선수의 민첩성을 향상시킴으로써 발달될 수 있다고 강조하였다(Glazier와 Davids, 2009 참조). 상호작용 연습 설계는 과제와 환경 제약의 변화에 선수가 더 잘 적응하고 혁신적이며 유연하게 대처할 수 있도록 도움을 주어 특정 스포츠에서 선수의 전문성과 역량을 강화시킬 수 있다(Chow 등, 2016; Davids 등, 2008; Davids 등, 2017). 예를 들어 럭비 유니온 스포츠에서는 공을 멀리 차서 공격 기회를 만들지, 아니면 손에 공을 들고 언제 수비를 향해 달려갈지를 결정하는 것이 어려운 상황이다. 연습에서 어포던스 필드를 설계함으로써 선수들은 상대방의 수비 패턴에 따라 언제든지 자신의 결정과 행동을 조정할 수 있게 된다. 이는 연습의 미시적 구조가 문제 해결 방법으로 가득하며(선수들 간의 상호작용을 촉진하는), 번스타인(1967)의 민첩성 발달에 대한 아이디어에서 제공한 대로 이루어져야 함을 보여주고 있다.

사례 연구: 상호작용을 통한 이례적인 전문적 수행능력의 발현

밥 비먼의 놀라운 도약

1968년 멕시코시티에서 열린 올림픽에서 밥 비먼은 29피트 2.25인치(8.90m)를 도약하여 기존 세계기록을 21.6인치(55cm)나 뛰어넘는 충격적인 기록 갱신의 역사를 만들어냈다. 육상 세계기록들은 큰 폭으로 갱신된 적이 없었기에 신선한 충격이었다. 이후 미국의 마이크 포웰이 1991년 8.95m를 도약하면서 새로이 기록을 갱신하기 전까지, 무려 23년 동안 밥 비먼의 기록은 깨지지 않았으며(그림 12.2 참고), 포웰 이후 다른 선수들의 최고기록들은 8.35m에서부터 8.74m 사이에 머무르기에 불과했다. 비먼의 경이로운 수행을 분석하는 것은 올림픽 결승전에서 선수가 스스로 조절하는 과정에서의 인지, 감정, 행동에 대한 중요한 통찰력을 제공하게 되며, 이러한 이례적인 수행이 나오게 된 배경을 분석하고 설명할 수 있는 기회를 제공하고 있다.

당시 밥 비먼은 22세였으며 올림픽 직전의 멀리뛰기 최고기록은 27피트, 4.75인치(8.33m)였다. 전문적으로 육상훈련을 받은 것은 5년차였으며, 육상 선수로 활동하기 전에는 농구 선수로 활약했다. 1968년 올림픽 결승전에서 그는 당시 27피트 4.75

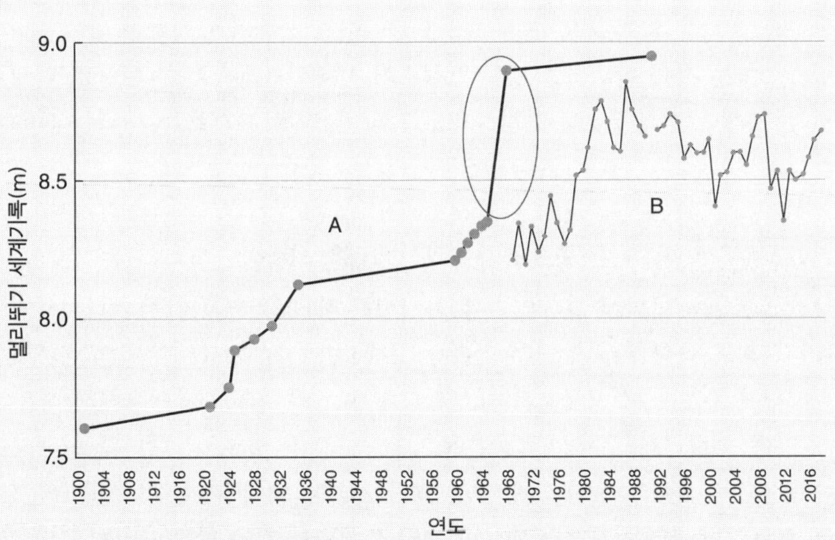

그림 12.2 (a) 시간 경과에 따른 멀리뛰기 공식 세계기록. (b) 1968년부터 1991년까지 그리고 1991년 세계기록 이후 올해의 최고기록. 줄임표는 이전 세계기록에서 비먼의 1968년 29피트 2.25 인치(8.90m) 점프(검은색 표시)로의 갑작스러운 전이를 나타낸다.

Reprinted by permission from D. Araújo and K. Davids. "The (Sport) Performer-Environment System as the Base Unit in Explanations of Expert Performance," *Journal of Expertise* 1, no. 3 (2018): 144-154

인치(8.33m)의 세계기록의 공동 보유자였던 미국의 랠프 보스턴, 전 올림픽 챔피언인 영국의 26세 린 데이비스와 또 다른 세계기록 보유자이자 30세였던 소련의 이고르 테르-오바네시안과 경쟁하였다. 경쟁은 아주 치열했으며 비먼은 그때를 회상하기를, 도약하기 전 나는 "파울만 범하지 말자"는 생각에만 주의를 집중하고 있었다고 하였다. 그는 또한 "점프를 하는 내 마음이 텅 비어있었다. 나는 누구보다 그 거리에 놀라웠다"(Araújo와 Davids, 2018, p.146)라고 하였다. 비먼 이후, 동독의 클라우스 비어(26세)는 8.19m로 2위를 차지했고, 랄프 보스턴이 8.16m로 3위, 테르-오바네시안이 8.12m로 4위, 린 데이비스는 7.94m의 기록으로 9위를 하며 대회는 마무리되었다. 멕시코시티는 해발 7,382피트(2,250m) 높이에 위치해 있다. 이 고도에서는 공기층이 얇아져 공기 저항이 적어진다. 멕시코시티는 대부분의 유상 경기장보다 지구의 중심에서 멀리 떨어져 있어서 중력이 낮게 작용한다. 얼레인(2012)에 따르면 이러한 조건은 해수면에서의 수행능력과 비교했을 때, 최대 2.75인치(7cm)만큼 선수에게 거리적 이점을 제공할 수 있다고 한다.

더욱 흥미로운 건 결승전 전날 밤 일이다. 비먼은 개인적인 문제들에 대한 걱정이 가득했다고 한다. 비먼은 올림픽 출전을 위해 멕시코시티로 출발하기 직전 인종차별적인 문제로 다른 아프리카계 미국인 학생들과 함께 모르몬교 기관인 브리검 영 대학교와의 시합에 출전을 거부하였었다. 하지만 그 이유로 텍사스 대학교 엘 파소로부터 장학금 수혜 자격을 잃게 되었다. 추가로, 그의 어린 아내와는 사이가 좋지 않았다고 한다. 그는 "모든 것이 잘못되었다"고 말했으며, 이후 "그래서 나는 마을로 가서 데킬라를 한 잔 마셨는데, 한결 개운한걸?"이라고 회상하며 이야기했었다(Araújo와 Davids, 2018).

스포츠의 재능 개발에 대한 시사점

1968년 올림픽에서 비먼의 경험은 선수 자신이나 환경 내 특정 변수 하나만으로 전문적인 수행능력의 발현을 설명할 수 없음을 시사한다. 선수의 수행능력은 개별적인 요소로만 설명될 수 없으며 전체적인 시스템 구성 요소의 특정 상호작용에서 나온다. 육상 종목 운동 수행능력 분석가들의 관점으로는 비몬은 얇고 긴 다리의 신체 조건과 기술 수행은 일관적이지 못한 선수였다. 그의 기술은 때에 따라 달랐고 어떤 경우에는 좋은 결과를 냈지만 어떤 경우에는 그렇지 못했다는 것을 의미하였다. 그의 성적은 고도, 날씨 조건, 그의 체중 대 힘의 비율, 전날 밤의 동요로 인한 그의 심리 상태, 다른 정상급 선수들과의 치열한 경쟁, 에스타디오 올림피코(멕시코시티의 경기장)의 활주로, 그리고 그의 과거의 다양한 스포츠 연습 경험이 단 한순간에 하나로 합쳐져서 그의 경기 성적에 영향을 미쳤을 수도 있다. 혹은 모든 제약 조건들이 특정한 단일 요소만으로 결정되지 않는 움직임의 자기조직화로 이어져서 실제 수행능력에 영향을 미쳤을 수도 있다. 자기조직화를 이끌어내는 본능적인 경향은 부분의 합보다 더 풍부하고 기능적인 새로운 시스템 솔루션을 만들어낼 수 있으며, 시스템이 상태(예: 멕시코시티의 에스타디오 올림피코에서 멀리뛰기를 하는 비먼)를 설정할 때, 이를 촉진하는 것은 여러 상호작용 시스템 구성 요소 간의 다이내믹 상호작용으로 인한 자기조직화의 형성이라고 볼 수 있다.

적용

멀리뛰기와 같은 육상 경기에서 트랙의 특성, 공기 저항(고도), 주변 온도, 풍속 및 방향과 같은 날씨 조건은 수행능력에 영향을 미치는 작은 변수로 작용한다. 목표물에 발을 올려놓기 위해 달릴 때, 운동선수의 운동학과 운동 속도는 각 시도 동안, 그리고 보폭이 다양하게 변화한다(속도, 보폭 길이, 하지 관절 각도 및 동역학과 같은 변수로 확인할 수 있다). 또한 테이크오프 보드에 위치한 물체의 광학 정보와 테이크오프 보드 자체에서 반사된 빛은 숙련된 점프 선수가 어프로치 단계 동안 걸음걸이를 조절하는 데 도움이 될 수 있다. 위와 같은 변수들은 선수들이 상호작용 중에 스스로 조절할 수 있는 기회를 제공하기 위해 연습 과제로 설계될 수 있는 정보 출처를 나타낸다. 조정할 수 있는 주요 제약 조건에는 경기 시나리오(의도 반영, 심리 및 감정 상태, 동료 경쟁), 다양한 훈련 장소(다양한 고도, 기상 조건, 활주로, 바람 방향 및 변화)가 포함된다.

재능 개발을 위한 전문화 및 다양화 방안

생태역학에서 선수들의 발달은 연습이나 경기의 설계, 유형 및 방식에 영향을 받는다(Davids 등, 2017; Coutinho 등, 2016). 또한 연구는 주니어(어린 시절)부터 시니어(엘리트) 수준에 이르기까지 도움을 주는 세 가지 주요한 재능 개발 경로를 밝혀냈는데 바로 '초기 전문화, 초기 다양화, 초기 참여'이다(Cote 등, 2007). 이들은 차이는 단일 스포츠(특정 스포츠에 맞는 패턴의 연습과 반복) 또는 하나 이상의 스포츠(다양한 맥락에서 각기 목적이 다른 움직임 패턴들을 탐구하는)에서의 연습 및 시합에서 소요된 시간의 양으로 구분지어진다. 초기 전문화 경로는 특정 스포츠에서 많은 양의 강도 높은 연습(종종 고의적), 적은 놀이 요소, 다른 스포츠 경험이 전무하거나 상대적으로 적은 과정을 포함한다(표 12.1). 초기 전문화에 대한 연구는 특정 스포츠 종목 연습의 비중이 높은 연습에서 많은 시간을 투자하는 것에 대한 수많은 부정적인 결과가 있다고 보고되었다. 여기에는 번아웃, 중퇴, 과사용으로 인한 부상, 낮은 수준의 즐거움과 성취감이 포함된다(Baker 등, 2009). 초기 다양화 경로는 학습자가 선호하는 스포츠를 전문화하기 시작하기 전 약 사춘기까지 다양한 범위의 스포츠 활동을 경험하는 것을 말하며, 코테 및 연구자들의 연구에서는 초기 다양화는 초기 전문화와 대조적으로 주니어 운동선수의 장기적인 건강을 향상시킨다는 것을 시사하고 있다. 마지막으로, 초기 참여는 스포츠 성과 및 성적과는 반대로 건강과 피트니스에 더 초점을 맞춘 활동에서 레크리에이션 수준의 참여를 포함한다.

권리히 및 연구자들의 연구에서는 조기 전문화가 주니어 수준에서 수행 성과를

표 12.1 세 가지 잠재적인 인재 개발 경로

	초기 전문화	초기 다양화	초기 참여
다양한 스포츠 및 활동	낮음 (주로 스포츠에 심슨)	초기에 높으나 사춘기 이후 감소	높음
고의적인 플레이의 양	낮음	초기에 높으나 사춘기 이후 감소	높음
기술 이전 가능성	낮음	높음	높음
가능한 결과	• 높은 수준의 스포츠 수행능력 • 탈진 또는 부상 가능성 증가 • 스포츠의 즐거움 감소	• 높은 수준의 스포츠 수행능력 • 향상된 피트니스 및 건강 • 스포츠의 높은 즐거움	• 레크리에이션 참여 수준 • 향상된 피트니스 및 건강 • 스포츠의 높은 즐거움

가져올 수도 있다고 시사하였으며(Gullich 등, 2016), 또한 초기 전문화의 많은 부작용들을 방지하는 초기 다양화 접근법을 대신하여 사용했을 때 시니어 수준에서의 성공과 관련이 있다는 결과 또한 보여주었다. 초기 다양화 경로는 종종 많은 양의 비정형 경기와 연습을 포함한 다양한 스포츠 연습의 미세 구조에서의 다양한 어포던스를 선수가 경험하게 하는 것을 포함한다. 연구에 따르면 초기 다양화 경로를 따르는 어린 선수들이 주요 스포츠 외에 적어도 6개의 스포츠에 참여할 수 있다는 것도 가능하다는 결과도 있다. 초기 다양화 경로는 선수로 하여금 재미와 즐거움을 느끼게 하며 참여를 장려하므로 스포츠 전문성의 향상까지도 이어지는 것으로 보인다. 유소년기에 다양한 스포츠 경험을 통한 신체적 역량과 생리적 적응의 발달은 전이가 된다고 알려져 있으나, 하지만 전이 과정의 정확한 특성과 기전은 아직 생태역학에서 연구되고 개념화되고 있는 단계이다(Ng와 Button, 2018).

성장 중인 선수들을 위한 연습에 특정 정보를 명시하는 것은 특정 경기 환경에서 그들의 행동을 조절하는 방법을 학습하는 능력을 기르는 데 핵심적이다. 클라이밍에서 도구(피켈, 아이젠, 로프, 스크류 등) 사용을 예로 들자면, 숙련자들은 미묘한 운동 감각, 촉각, 음향 및 시각적 정보의 조합을 적절히 배합하여 도구를 능숙하게 활용한 반면 초보자들은 주로 한 가지 감각에 의존하였다. 따라서 숙련된 선수는 다양한 특정 및 비특정 정보 자료를 사용하고 일반적인 전이 과정을 활용하여 보다 다양한 상황에 적합한 행동을 결정하고 수행할 수 있게 된다.

허나 특정 정보와 비특정 정보를 조합해서 활용하는 연습은 학습 환경이 연습하고자 하는 기술을 충분히 모방할 수 없을 수 있기에 기술 획득 속도가 느려질 수 있다는 점에 유의해야 한다. 예를 들어 실내 등반 벽에서 연습하는 것은 힘, 민첩성, 유연성을 향상시킬 수 있는 기회를 제공할 수 있으며, 표면에서 홀드할 수 있는 어포던스를 탐색할 수 있다. 또한 다양한 모양과 크기의 홀드를 지지하고 체중 이동을 할 수 있

주요 개념

재능이란 무엇인가?

재능은 개인과 수행 환경 사이의 기능적 관계의 향상을 의미하는 생태역학적 개념이다(Araujo 등, 2010). 또한 수행능력을 향상시키기 위해 다양한 어포던스에서 기능적 움직임 솔루션의 발견과 활용을 강조하는 연습 설계를 통하여 향상될 수 있다. 재능 개발 프로그램에서 코치는 기술 획득 전문가들과 협력하여 선수 개인의 필요에 따라 인지되고 사용될 수 있는 어포던스가 풍부한 연습 환경을 설계하고, 선수의 기능 향상을 목적으로 설계된 연습은 선수의 재능을 한껏 발전시킬 수 있게 된다.

으며, 손가락이나 손으로 홀드를 잡을 수 있다. 이러한 기본적인 능력은 일반적 전이를 일으켜 기술의 다양성과 숙련도를 높여 등반가로 하여금 산의 수직 표면을 오를 때 대비할 수 있는 능력을 향상시키게 된다.

이 클라이밍의 예시는 연습의 미세 구조가 선수의 기능적 수행능력을 조절하기 위해 특정 정보와 비특정 정보를 모두 포함하도록 설계될 수 있음을 시사하고 있다(그림 12.1 참고). 일반적 기술 전이는 학습 과정에서 학습자가 더 근본적인 과정과 활동(인식, 행동, 인지를 향상시킬 수 있음)을 경험할 때 발생한다. 여기에는 정보를 탐지하는 과정들, 민첩성, 균형, 일반적인 운동 능력과 같은 기본적인 움직임 행동, 그리고 회복탄력성, 자기 조절, 압박을 받는 상황 속에서의 의사결정과 같은 정신적 특성이 포함된다. 특수성과 일반성 전이는 훈련과 연습 중 선수 개인과 장비, 공간, 장소 사이의 지속적인 상호작용을 통해 유도될 수 있다(Davids 등, 2017).

그렇다면 볼 던지기와 캐치 능력을 향상시키기 위해서는 일반성 전이와 특수성 전이를 학습 설계 과정에 어떻게 녹여내야 할까? 대개 던지기와 캐치 동작이 포함된 다양한 유형의 팀 연습을 통해서 할 수 있다. 예로 배구의 오버헤드 서브, 배드민턴 오버헤드 클리어, 야구 피칭에서도 던지기 동작은 포함되어 있으며 추후 기술 발달 과정에서 던지기와 캐치는 연습의 미세 구조에서 보다 넓은 어포던스 활용을 용이하게 만들기 위해 참가하는 선수의 수를 줄이거나 선수가 사용할 수 있는 활동 면적을 줄이는 경기의 축소판으로 설명되는 소규모 조건부 게임(SSCG Small-Sided Conditioned Game)을 활용하는 방법이 있으며 이러한 일반적인 과제의 제약을 두는 것은 축구, 필드 하키, 아이스 하키, 럭비와 같은 스포츠에서의 선수들의 상호작용을 촉진할 수 있다.

요약하자면 특정 정보를 포함한 연습 과제 설계는 효과적, 효율적이며 신속하고 특정한 훈련 전이를 유도하는 반면, 비특정 정보를 사용하는 연습은 전반적인 신체 운동 능력 향상과 일반적 훈련 전이로 이어질 수 있다(Chow 등, 2016). 연습자로 하여금 사용할 수 있는 단서들이 적게 주어지는, 즉 비특정 정보의 비중이 연습 설계에 높을 때 일반적 훈련 전이가 일어날 가능성이 크며 반대로, 활용할 수 있는 정보들이 풍부한 특정 정보가 많은 연습은 특이적 훈련 전이를 만들어낸다. 어린 선수들을 대상으로 연습을 설계할 때 일반적 전이에 초점을 맞추면 조기 전문화로 겪을 수 있는 문제들(수행능력 증진을 목적으로 한 강도 높은 훈련에 자주, 장시간 노출로 인한)을 방지할 수 있으며 추가적으로, 일반적인 전이에 초점을 맞춘 연습은 추후에 보다 전문적인 훈련과 수행능력 개발 단계에서 활용될 수 있는 핵심 지각 및 인지 능력과 움직임 능력을 개발하는 데 도움이 될 수 있다.

스포츠 훈련 전이의 관점에서 보는 구조적, 비구조적 형태의 놀이와 연습

연습에서의 '비구조적 놀이'의 중요성은 일반적 전이와 특이적 전이가 동시다발적으로 일어날 수 있게 하는 데 있으며, 많은 엘리트 운동선수들의 발달에서 중요하게 사용된다(Coutinho 등, 2016; Forsman 등, 2016). 구조화된 연습은 감독, 코치, 임원, 전문 장비 및 제한 시간과 같은 전형적인 요소를 포함하여 의도적으로 조직된 스포츠 특정 활동으로 설명될 수 있다. 이전 장에서 논의된 원칙들에 따라서 달라질 수 있지만, 구조화된 연습은 특정한 대상 스포츠나 활동의 수행능력을 향상시키기 위해 설계되며, 다른 활동으로의 전이가 특별히 높지는 않다. 이와는 대조적으로, 비구조적 연습은 코치나 어른이 주도하는 것이 아니라 활동과 게임을 조직하는 학습자 간의 상호작용에서 나타나는 활동으로 정의되어왔다(Davids 등, 2017). 비구조적 연습은 운동선수들을 즐거움과 재미를 추구할 수 있는 기회, 동료들과 관계 형성, 리더십의 표현, 회복 탄력성, 자율성과 같은 전반적 선수 발달에 도움을 주는 다양한 어포던스에 노출시킨다. 또한 교사, 코치 및 부모의 평가로부터 자유로워져 창의적이고 혁신적인 과제 수행능력 방안을 탐색할 수 있는 기회를 제공한다(Davids 등, 2017).

구조적 및 비구조적 경기 및 연습이 완전히 다른 것은 아니지만 비구조화 연습 및 경기의 이점을 정규 선수 육성 프로그램에 사용하기 위해 어떻게 활용할 수 있는지에 대한 이해를 위해서는 더 많은 연구가 필요하다(Uehara 등, 2018). 강력한 운동 학습 원칙은 이러한 중요한 발달 활동의 설계를 뒷받침하며, 스포츠 전문가들이 육성 중인 운동선수들이 경기 환경에서 자신의 어포던스 환경을 설계하는 것을 지원할 수 있도록 도울 수 있다(공간, 장비, 질감, 표면, 물체 및 표식 등 다양한 변수들을 활용하는 동시에 재미와 즐거움을 촉진한다). 비구조적 놀이와 운동 발달 증가의 관계에 대한 이해도 증진은 유소년 선수들의 운동 능력, 신체적 소양, 운동 능력 발달에 있어서 비구조적 놀이의 중요성을 전문가들로 하여금 인지하게 할 수 있다(Roberts 등, 2019).

향후 연구에서 다뤄야 할 중요한 논의는 선수들이 얼만큼의 시간을 전문적인 훈련, 보다 일반적인 훈련, 그리고 비정형 연습에 할애해야 하는가에 대한 연구이며(Forsman 등, 2016), 또한 선수가 전문화 훈련과 일반적 훈련을 받아야 하는 적절한 시기를 파악하는 것 또한 생태역학 관점에서 중요하다. 아아느 걸릭 및 연구자들(2016)은 많은 세계적 수준의 선수들은 일반적으로 일찍부터 청소년기 후반(다른 연구에서의 평균 연령은 16~20세였다)까지 다양한 스포츠에 참여했음을 보여주었다.

귈리히(2016)의 연구 데이터는 선수 발달 조기 단계에서의 가변 학습 경험(다양화된 참여)은 추후에 전문화된 훈련 및 특이적인 연습 프로그램에서의 학습 효과를 높일 수 있음을 시사하며, 선수 육성 프로그램의 조기 단계에서 일반적인 훈련으로 기초를 탄탄하게 다진 후 후기 단계에서 전문적인 훈련을 소화하게 하는 두 가지 훈련 유형의 미묘한 균형을 필요로 함을 보여주고 있다.

건강한 삶을 위한 신체 이해 능력

이 책의 결론에 가까워짐에 따라 미래에 대해 간략하게 추측하고 기술 획득이 직면한 몇 가지 중요한 문제에 대해 언급하는 것이 적절해 보인다. 6장부터 10장까지는 21세기 사회가 첫발을 내디딘 디지털 시대가 운동 능력 획득 측면에서 인간에게 기회와 도전을 동시에 제시하는 방식에 대해 논의했다. 실제로 인터넷, 소셜 미디어, 원격 감지 장치 및 가상현실과 같은 기술 발전은 학습자가 환경을 탐색하고 이동 솔루션을 검색할 수 있는 능력을 동시에 향상시키는 동시에 신체 활동에 방해 요소와 잠재적 장벽을 제공한다. 이러한 중요한 거시적 수준의 환경적 요인들의 새로운 영향력은 이 장의 일부분에서 논의된 수많은 재능 개발 경로와 연결될 수 있다. 이전 그 어느 세대보다 학습자는 지침이 있든 없든 자신의 움직임 능력을 탐색할 수 있는 자유와 능력을 가지고 있지만, 우리는 전통적인 연습 전략에서 어떻게 벗어나야 할지에 대해서는 여전히 무지하다. 이러한 지식의 결여는, 철저하고 또한 세밀하며 실증적으로 증명된 이론이 기술 획득 관행을 뒷받침해야 한다는 우리의 소명이자 확신을 더욱 확고하게 한다.

신체 활동의 부족은 현재 전 세계적으로 건강에 대한 가장 큰 위협으로 알려져 있다(Blair, 2009). 신체 이해 능력은 일생 동안 신체 활동을 영위할 수 있는 운동 능력과 심리적, 사회적, 감정적 구조를 포함하는 다차원 개념이다(Whitehead, 2010). 신체의 이해 능력도가 준수한 개인은 지각-운동 기술을 다양한 활동으로 전이할 수 있는 능력과 자신을 움직임으로 표현할 수 있는 의욕과 자신감을 가지며, 케어니 및 연구자들(2019)은 신체의 이해 능력을 건강한 수명과 신체 활동 사이를 연결하는 개념적 모델의 핵심이라고 표현했다. 그러나 신체의 이해도에 대한 학문적 이해와 현장에서의 활용을 증진시키기 위해서는 여전히 상당한 작업들이 필요하다. 실제로 현재 연구들로는 신체의 이해도를 측정하는 방법은 고사하고 추후에 어떤 방식으로 개발될지에 대한 방안 또한 명확하지 않다(See Giblin 등, 2014).

선편을 통해서 생태역학의 이론적 아이디어를 개략적으로 설명했고, 우리는 그것들이 신체의 이해도 및 운동기술 모델(ASM)과 같은 신흥 운동발달 모델과 잘 일치한다는 결론을 내렸다. ASM은 아이들의 조기 놀이와 연습 경험이 다양한 운동 경험과 활동을 포함하는 '다양한 스포츠'에 참여해야 한다고 주장한다(Wormhoudt 등, 2018). 다양한 스포츠 단계에서 아이들은 심리적, 신체적, 생리적 능력(즉, 신체의 이해도)을 향상시키는 기능적 움직임 행동을 탐구하는 동안 운동 발달을 지원할 다양한 학습적인 환경에 노출될 필요가 있다. 이러한 아이디어는 실천의 특수성과 인식, 행동 및 인지 사용에 대한 각 학습자의 역량 강화 사이의 미묘한 균형을 옹호하는 비선형 교육학에서 설명된 것과 일치한다(Chow 등, 2013).

재능 개발 프로그램에서 강화된 선수의 역량은 지각과 수행 환경에서 어포던스를 사용할 수 있는 효과(효과적으로 작용할 수 있는 능력 또는 힘)를 제공한다. 경기 환경의 다양한 요소들과 상호작용할 때, 선수의 전반적인 발달은 환경 및 과제의 제약에 대한 기능적 상호 적응의 형성을 돕는다(Araújo 등, 2010 참고). 선수가 새로운 행동 가능성을 경험하게 되면서 움직임 능력에 대한 지속적인 탐구와 관련된 즐거움과 재미의 가치를 과소평가하지 않는 것 또한 중요한데, 흥미를 유지하는 것은 연습에 대한 장기적 동기를 증가시킬 수 있는 잠재력을 가지고 있기 때문이다(Wormhoudt 등, 2018). ASM에 따르면 멀티스포츠 경험을 통해서 얻을 수 있는 효과(효과적으로 작용할 수 있는 능력 또는 힘)/(움직임 능력)가 안정성, 유연성, 민첩성, 파워 및 지구력 등 5가지 주요 체력 요소의 향상으로 전이될 수 있다고 한다. 어린이들은 특정 스포츠의 전문적 훈련과는 거리가 먼 다양한 신체 활동과 스포츠를 하면서 재미와 즐거움을 경험해야 한다(Wormhoudt 등, 2018). 이것은 재능 있는 선수들을 조기에 발견하고 전문적인 훈련을 시키는 것이 성공을 위해선 당연히 지불해야 하는 대가처럼 여기는 선수 양성 스포츠 학원들이 지지하는 철학들과 극명한 대조를 이룬다.

인구가 계속 증가하고 생명을 위협하는 질병의 치료 방법이 발달되어 고령화 사회로 접어들면서 나이가 들면서 참여하는 신체 활동의 역할과 유형에 대한 새로운 관심을 필요로 한다(Chodzko Za Jko 등, 2008). 기술 획득의 관점에서, '늙은 개에게 새로운 재주를 가르칠 수 없다'는 개념을 반증하고자 나이든 성인 학습자들을 대상으로 더 많은 연구와 실험을 하는 것은 흥미로울 것이다. 전편에 걸친 일관된 메시지는 비록 사람들에게 기존 방식 이외에도 새로운 방법을 시도하게 하는 것이 어려울 수도 있지만(특히 그들이 오랫동안 특정한 방법으로만 해왔다면), 그것은 노력할 가치가 충분히 있다는 것이다.

결론

이 장에서는 현장에서의 학습 설계가 운동선수의 전문성과 재능 발달에 있어 일반적인 전이와 특이적인 전이를 활용할 수 있는 방법에 대한 생태역학 이론적 근거를 논의하였다. 연구에 따르면 선수의 장기적인 발전 가능성을 극대화하기 위해서는 조기에 가변적이며 비특이적인 연습을 경험하게 한 후 특정 스포츠에서 요구하는 특이성을 띄는 연습에 노출시키는 것이라고 한다. 또한, 엘리트와 비엘리트 스포츠 연습에서 어포던스 영역이 학습 설계에 어떻게 활용될 수 있는지 강조하였으며, 학습 환경에 통합된 특정 및 비특정 정보가 수행하는 역할들을 설명하고, 기술 획득에서 선수의 민첩성을 향상시키는 것이 시사하는 바에 대해 논의하였다. 그리고 우리는 기술 획득 연구가 해결할 수 있는 문제들에 대해서 다루었다. 마지막으로 신체 이해 능력이란 흥미로운 개념과 건강과 신체 활동에 어떤 연관성을 가질 수 있는지에 관해 설명하였다.

자가진단 질문

1. 암벽 등반가가 연습 활동의 미세 구조에 특정 및 비특정 정보를 포함함으로써 기술 획득 관점에서 어떤 이득을 취할 수 있는지 설명한다.
2. 특정 스포츠로의 조기 전문화나 다양한 스포츠로의 다각화 두 가지 훈련 방식 중 어린 선수들의 발달과 성장에 어떤 것이 더 효과적이고 그 이유는 무엇인가?
3. 아동의 신체 이해 능력은 성인으로 성장하였을 때의 신체 활동과 궁극적으로 나이가 들수록 장기적인 건강에 어떻게 영향을 미치는가?
4. 기술 획득 연구의 현황 및 향후 방향을 고려하여, 학습이라는 분야에 관련하여 다루었으면 하는 세 가지 주제를 나열해본다.

용어 사전

상호 적응coadaptation — 서로 다른 개체 또는 구성 요소들이 상호작용하며, 서로에게 적응하고 조화롭게 발전하는 현상을 말한다. 선수는 학습, 개발 및 수행을 짧은 시간에 코치가 설계한 연습 환경 또는 선수의 전술 활동과 관련하여 자신의 행동을 수정하기 위해 상호 적응 과정을 사용할 수 있다.

공동적인 동작coadaptive moves — 수행자가 환경과 작업 요구 사이의 성공적인 적합성을 보장하기 위해 이동하는 방법이다. 이러한 수행은 수행 상황의 인식된 변화에 따라 수행된다.

공유된 어포던스shared affordances — 모든 팀원들로부터 인지된 행동을 유도. 수행에 출현되기 때문에 인지할 수 있고 공유된 행동 유도성을 사용할 수 있는 것이다. 지역에서부터 글로벌 방향으로 팀 시너지의 활동이 형성된다.

과업 단순화task simplification — 과업 제약을 체계적으로 수정하여 대표적인 학습 설계를 희생하지 않고 도전적인 과업을 제공하는 것이다(예. 중요한 정보-움직임 연계와 관련하여 제한을 둠).

과업 제약task constraints — 행동과 연관된 과업 목표, 특정 규율, 도구 혹은 시행, 표면, 지면 그리고 포장, 장벽, 선 표기 및 포스트(기둥)와 같은 경계 표시이다.

관련성relatedness — 개인의 사회적 적합성, 그룹 또는 네트워크에 대한 소속감. 자기 결정 이론의 세 가지 중요한 구성 요소 중 하나이다.

관성 모멘트moment of inertia — 물체가 움직임에 대해 가지는 저항. 도구의 질량과 회전 반경으로 계산된다.

관측학습observational learning — 학습자가 타인의 행동을 관찰함으로써 야기되는 직접적인 결과물로, 타인의 행동 패턴 및 액션을 복제 혹은 채택하는 과정이다.

광학배열optic array — 광학에 맞춰진 감각 특징을 가진 유기체가 감지할 수 있는 정보 필드이다.

구분bifurcation — 움직임 체계의 단계 내에서 적어도 두 가지의 질적으로 상이한 패턴이 가용한 분할이다.

구조화되지 않은 플레이unstructured play — 코치, 교사 또는 심판(공무원)이 감독하거나 지도하지 않는 연습 활동이다.

다능성pluripotentiality — 시스템의 안정성 또는 유연성을 증가시키기 위해 생물역학적 자유도의 잠재적 관여 또는 제거. 하나의 시너지 구조가 다수의 기능에 어떻게 채택되는지 설명한다.

다이내믹시스템dynamical systems — 안정성, 불안정성 및 준안정성과 같은 다른 구조 상태를 통하여 시간이 지남에 따라 변화하는 시스템은 본질적으로 다이내믹인 것으로 간주된다. 이러한 시스템의 동작은 구조 상태와 일시적인 궤적을 설명하기 위하여 수학적으로 모델링될 수 있다.

대표적인 디자인representative design — 생태심리학자 에곤 브룬스윅Egon Brunswrick(1956)이 도입한 중요한 개념으로, 샘플링된 환경이 시뮬레이션한 원래 환경을 대표하는 정도를 의미한다.

동작의 충실성action fidelity — 실제 작업의 움직임이 실제 상황에서 시뮬레이션 또는 재현되는 범위이다. 동작 충실도 감소는 시뮬레이션 활동에서 이동 응답이 낮게 표시되거나 정확하게 재현되지 않음을 의미한다.

거시체계macrosystem**(예: 국가의 역사적 배경)** — 생물생태학적 모델의 가장 넓은 수준으로, 다른 모든 하위 수준 사이의 연결을 포함한다.

중간체계mesosystem**(예: 훈련 시설)** — 발전하는 인원을 견제하는 두 가지 이상의 환경으로부터 출현하는 상호관계를 포함한다. 사람들이 미시체계 간 이동할 때 중간체제를 만든다. 생물생태 모델 발전에 내포된 네 가지 준단계 중 하나이다.

물리적 제약physical constraints — 인간 이동 시스템의 구조적 또는 기능적 특성이다.

미세조정calibration — 과업이 요구하는 사항에 대하여 해당 인원의 개인적 역량을 측정하는 것이다.

미시체계microsystem**(예: 가족 지원)** — 생물생태 모델의 가장 내밀한 단계로 발전하는 인원이 그의 환경의 즉각적인 물리적, 사회적 및 상징적인 특징들에 직접적으로 관계되어 있는 것이다.

방법론 부서department of methodology — 운동선수의 학습과 높은 퍼포먼스 스포츠 준비를 지원하기 위해 통일된 이론적 틀 안에서 협력하는 스포츠 실무자 그룹의 작업 통합이다. 이 현장 지도자는 예를 들어 코치, 체력 및 컨디션 관리 트레이너, 심리학자, 건강 및 웰빙 전문가, 성과 분석가, 임상 및 재활 전문가, 관리자가 포함될 수 있다.

변화shift — 학습을 수반할 수 있는 패턴 역학의 미세한 변화. 구분bifurcation의 세계적 또는 명백한 전이와는 다르게 변화는 일반적으로 점진적이고 규모가 작다.

복잡적응계complex adaptive systems — 여기서 복잡이란 실질적으로 두 가지 혹은 그 이상의 상호작용하는 요소들을 포함한 체계를 말한다(보통 백, 천 등의 단위로). 이는 구성요소 간 상호작용의 잠재력인데, 이러한 체계들이 수행 환경의 변화에 적응함에 따라 뛰어난 능력의 출현으로 이어질 수 있기 때문이다. 복잡적응 시스템의 두 가지 두드러진 특색을 꼽는다면, 주변 정보에 대한 민감도와 체계 구성 요소 간 시너지를 창출하는 잠재력이다(이러한 체계를 지원할 수 있는 협조적 구조는 수행 목표를 달성하게끔 한다).

불변성invariants — 인식자의 관점 또는 개인의 인식된 특징의 변화에도 불구하고 정적이거나 고정된 상태를 유지하는 것이다.

비명시 정보nonspecifying information — 직접적으로 명시하지 않거나 어떤 현상의 반응에 연관되지 않은 정보이다. 현재는 신뢰할 수 없지만 이러한 정보는 최적의 움직임 혹은 주어진 상황에서 어떻게 적응할 수 있는지 예측하는 데 사용할 수 있다.

비선형 교육학nonlinear pedagogy — 특정적인 설계 원리를 가진 교육학적 접근으로 목표 지향적 태도들이 어떻게 제약의 상호작용으로부터 출현하는지에 대한 이해를 바탕으로 탐색 학습을 강조한다.

비선형성 및 불균형성nonlinearity and nonproportionality — 인과관계 균형성에 관계된다. 선형적 시스템에서는 시스템 동작의 큰 변화는 원인 또는 원인의 큰 변화에 선행되어야 하지만 비선형적 시스템에서는 원인의 큰 변화들은 시스템의 행동에 사소한 또는 큰 질적 변화를 일으킬 수 있다. 하지만 다안정성도 일으킬 수 있다.

상대적 운동relative motion — 팔다리 사이 및 내의 특정 시공간 관계 및 주변 환경에 대한 인원의 팔다리 구성이다.

생태역학ecological dynamics — 생태심리학과 다이내믹 시스템 이론의 핵심 아이디어를 결합한 이론적 체계이다.

선수지능athlete intelligence — 근무, 교육, 스포츠 및 군 분야의 맥락에서 지능적인 인물로 매사에 적응력이 뛰어나고 복잡하고 역동적인 상황에서의 문제를 해결하고 결정하는 능력을 개발한 개인이다.

섭동perturbation — 인간의 이동 시스템에 대한 혼란이다.

스캐닝 절차scanning procedure — 학습자의 본질적인 역학을 밝혀낼 수 있는 실험적 기법이다.

습관화habituation — 후속 수행을 용이하게 하는 활동 또는 환경에 다시 익숙해질 수 있다. 습관화 효과는 습관화가 더 이상 필요하지 않을 때보다 더 많은 가변적인 성과로 이어진다.

시너지synergies — 복잡적응계의 구성 요소들 사이의 기능적 관계의 형성을 뜻한다. 팀 스포츠에서 시너지는 게임 원칙에 나타났듯(예: 상대편 득점 지역으로 움직이는 것 또는 집단적인 방법으로 공간을 방어하는 것), 선수들의 기능적 그룹 행동으로 과업 목표를 관찰하려 하는 것을 바탕으로 한다.

아르키메데스의 힘 Archimedes force — 고체 물체가 액체 속에 잠겨 있거나 부분적으로 잠겨 있을 때 발생하는 부력 또는 양력이다. 아르키메데스 원리는 이 힘이 물체가 대체하는 유체의 무게와 같다고 제안한다.

안정성stable — 외부 또는 내부에 대한 견고성이다.

어트랙터attractors — 개방형 시스템이 보여주는 조직의 안정적이고 기능적인 패턴이다.

어포던스affordance — 제임스 깁슨(1979)은 이러한 상호작용에 적절한 능력을 가진 각 개인에게 행동을 위한 기회 또는 가능성을 제공하는 환경의 특성을 설명하기 위해 어포던스라는 용어를 만들었다(역자 주: 어포던스는 환경과 과제 상황에서 개인의 행동이 유도되는 것을 의미한다).

엑소시스템exosystem**(인구통계학)** — 엑소시스템은 개발자가 참여하는 환경을 구성한다. 이것은 생물생태학적 발전 모델에서 네 개의 하위 레벨 중 하나이다.

역량competence — 요구되는 기준에 따라 주어진 결과를 성취할 수 있다는 개인의 감각이다. 자기결정 이론의 세 가지 주요 구성 요소 중 하나이다.

원조 스포츠 Donor Sport — 이 용어는 한 스포츠에서 다른 스포츠로 기술, 전략 또는 능력이 전이되어 도움을 주는 운동을 의미한다. 즉, 한 스포츠에서 습득한 기술이나 능력이 다른 스포츠에서 유용하게 적용될 수 있는 경우를 말한다.

위상공간phase space — 다이내믹 시스템이 진화할 수 있는 모든 가상의 조직 상태이다.

유기체 제약organismic constraints — 사람의 특성. 그것은 유전자형과 인체측정학 매개변수와 같은 구조적이거나 동기와 감정과 같은 기능이다.

유사성similarity — 과업 간 유사성의 정도와 관련된 다차원적 용어. 지각 운동 행동에서의 이동 유사성, 과업 복잡성 혹은 근접성과 관련되어 표현될 수도 있다.

유효성effectivities — 개인이 능숙하게 움직일 수 있도록 하는 힘, 파워, 민첩성과 같은 운동 능력이다.

의도성intentionality — 사물, 사건 또는 사람에 대한 지향성 또는 목적의식이다.

의사결정decision making — 행동 과정에서의 전이.

인지cognition — 강한 수행자-환경 시스템의 적극적인 유지 관리, 조정된 인식과 행동을 통해 달성된다.

일반적 전이general transfer — 고유의 역학과 과업의 역학 간 협력이 긴밀하지 않다면, 그리고 선수 개인이 본인의 현존하는 고유 역학의 일부로서 일반적인 역량만 추가적으로 발전할 수 있는 잠재력이 있을 때 일반적 전이라고 한다.

자기조직화self-organization — 복잡한 시스템이 제약을 받을 때 규칙적이고 질서정연한 패턴으로 구성되는 능력이다. 자체 구성을 위해 중앙 관리자 또는 저장된 계획이 필요하지 않는다.

자유도(df degrees of freedom) — 다양한 방식으로 서로 결합할 수 있는 시스템의 독립적인 구성 요소이다.

자율성autonomy — 개인의 통제 의식과 선택의 자유이다. 자기결정 이론의 세 가지 핵심 구성 요소 중 하나이다.

적응력adaptability — 작업 목표를 일관되게 충족하기 위해 제약 조건에 적응하는 움직임 시스템의 능력이다.

전이transfer — 의도적이지는 않지만 운동 시스템의 자체 구성 특성으로 인해 발생하는 조정 상태의 변화이다.

전향적 통제prospective control — 사람에게 환경의 물리적, 정보적 제약에 행동을 미리 적응시키는 방법이다.

정보 정의specifying information — 작업을 직접 조절하는 데 사용할 수 있는 정보이다

정보 제약informational constraints — 시스템을 통해 흐르는 다양한 형태의 에너지이다.

정서적 학습affective learning — 일반적으로 활동 수행과 관련된 감정적 반응을 인지하고 시뮬레이션하는 운동 학습이다.

조율attunement — 수행자가 자신의 행동 지침과 관련된 정보를 식별하고 사용하는 방법을 배우는 과정이다.

준안정성metastability — 다수의 안정적 상태를 동일한 확률로 적응할 수 있는 체계의 역량이다. 준안정성은 움직임 체계에 고유한 유동성을 부여해 다양한 상황, 시나리오 및 역경에 적응케 한다.

중심와 시력foveal vision — 세부 특징을 구별할 수 있는 시야의 작은 부분. 중심와는 최고 수준의 시력을 제공하는 망막의 작은 영역이다.

지각운동지형perceptual-motor landscape — 개인이 사용할 수 있는 모든 가능한 이동의 다양성이다.

지식에 관한knowledge of — 행동을 통제하기 위한 정보에 기반한 것으로 실제 행동을 제약한다.

지식에 대한knowledge about — 언어, 그림 및 기타 기호에 의해 매개되는 인식으로, 미래의 행동을 제약할 수 있다.

창발emergence — 복잡한 패턴, 속성 또는 행동이 시스템 내 간단한 구성 요소들의 상호작용으로부터 갑작스럽게 발생하는 현상을 의미한다.

창의성creativity — 탐구적 행동을 통해 색다른 어포던스를 발견하고 창조하는 것이다.

체화된 인지embodied cognitions — 개인의 행동 능력을 암묵적으로 설명하는 인지 처리이다.

초기 다양화early diversification — 다양한 인재 양성 경로 중 하나이다. 초기 다양화에서, 어린 시절 동안 학습자는 대략 사춘기까지 다양한 스포츠 및 신체 활동에 노출된다. 이때 학습자는 자신이 선호하는 스포츠를 전문화하기 시작한다.

초기 전문화early specialization — 일반적으로 특정 스포츠에서 많은 양의 격렬한 연습(종종 고의적으로)을 하며, 한 스포츠에서 적은 양의 놀이 활동, 그리고 초기에 다른 스포츠에 대한 경험이 비교적 적거나 전무하다.

초기 참여early engagement — 유년기 초기에 다양한 활동을 경험한 후 스포츠 성과보다 체력과 건강에 더 중점을 둔 레크리에이션 수준의 활동에 참여한다.

축퇴degeneracy — 신경과학에서 'Degeneracy'라는 용어는 '축중'이나 '축퇴' 또는 '다기능성'이라고 번역한다. Degeneracy는 신경 시스템에서 한 기능이 여러 다른 요소들에 의해 대체될 수 있는 현상을 말한다. 즉, 서로 다른 요인들이 동일한 기능을 수행하는 경우를 이야기한다.

타우tau — 방해 행동의 통제 및 협력에 사용할 수 있는 광학적 불변량을 나타내는 기호. 타우는 인지된 물체나 표면의 이러한 것들로 윤곽에 둘러싸인 시각적 입체각의 상대적인 팽창 속도에 의해 명시된 광학 정보를 나타낸다.

통합consolidation — 물리적 연습이 없을 때(예: 연습 후 또는 수면 중) 움직임 패턴의 안정성이 향상되는 과정을 설명한다. 인지 심리학에서 오프라인 학습이라고 한다.

특이적 전이specific transfer — 특정 전이는 실무 과업 제약에서 출현할 수 있는데 이는 새롭게 학습할 작업의 역학과 한 개인에게 존재하는 고유한 역학의 협력으로 성공적인 수행 행동을 만들게 촉진한다.

펠라다pelada — 브라질에서 행해진 비공식적인 픽업 스타일의 축구. 말 그대로 포르투갈어에서 벌거벗은 축구로 번역되었다.

폐색occlusion — 어떤 형태로든 시야를 차단, 가리거나 제한한다.

행동 정보behavioral information — 작업 수행 방법을 지정하는 데 도움이 되는 정보이다. 예를 들어 도구와 문의 손잡이는 도구나 문을 잡고 이동하는 방법을 지정하는 데 도움이 된다.

행동 준비action readiness — 학습하는 동안, 개인은 경제적인 환경에서 이용할 수 있는 행동의 기회와 긴밀한 결합을 형성한다. 이러한 결합의 강점은 개인이 성과 중에 감지되고 사용되는 경제성에 따라 행동할 준비가 되는 행동 준비로 이어진다. 행동 준비는 잘 설계된 연습 프로그램에서 향상될 수 있다.

협응 구조coordinative structure — 학습 과정 초기에 인간 이동 시스템이 사용하는 초기 솔루션에 대한 번스타인의 설명이다.

환경적 제약environmental constraints — 주변의 빛, 온도, 고도, 중력 또는 아르키메데스 힘과 같은 사회문화적 측면과 물리적 변수이다.

참고 문헌

Abbott, A., Button, C., Pepping, G. J., and Collins, D. (2005). Unnatural selection: Talent identification and development in sport. *Nonlinear Dynamics, Psychology, and Life Sciences, 9*(1), 61-88. Retrieved from http://www.ncbi.nlm.nih.gov/pubmed/15629068

Ackerman, P. L. (2014). Nonsense, common sense, and science of expert performance: Talent and individual differences. *Intelligence, 45*, 6-17.

Adé, D., Seifert, L., Gal-Petitfaux, N., and Poizat, G. (2017). Artefacts and expertise in sport: An empirical study of ice climbing. *International Journal of Sport Psychology, 48*(1), 82-94.

Allain, R. (2012, August 4). Olympic physics: Air density and Bob Beamon's crazy-awesome long jump. *Wired*. Retrieved from https://www.wired.com/2012/08/long-jump-air-density.

Anderson, J. R. (2014). *Rules of the Mind*. New York: Psychology Press.

Andersson, J., and Maivorsdotter, N. (2017). The 'body pedagogics' of an elite footballer's career path–analysing Zlatan Ibrahimovic's biography. *Physical Education and Sport Pedagogy, 22*(5), 502-517.

Andy, C. Y., Wong, T. W. L., and Masters, R. S. W. (2017). Examining motor learning in older adults using analogy instruction. *Psychology of Sport and Exercise, 28*, 78-84.

Appelbaum, L. G., and Erickson, G. (2018). Sports vision training: A review of the state-of-the-art in digital training techniques. *International Review of Sport and Exercise Psychology, 11*(1), 160-189.

Araújo, D., and Davids, K. (2009). Ecological approaches to cognition and action in sport and exercise: Ask not only what you do, but where you do it. *International Journal of Sport Psychology, 40*(1), 5-37.

Araújo, D., and Davids, K. (2011). What exactly is acquired during skill acquisition? *Journal of Consciousness Studies, 18*(3-4), 7-23.

Araújo, D., and Davids, K. (2015). Towards a theoretically-driven model of correspondence between behaviours in one context to another: Implications for studying sport performance. *International Journal of Sport Psychology, 46*, 268-280.

Araújo, D., and Davids, K. (2016a). Team synergies in sport: Theory and measures. *Frontiers in Psychology, 7*, 1449. doi:10.3389/fpsyg.2016.01449

Araújo, D., and Davids, K. (2016b). Towards a theoretically-driven model of correspondence between behaviours in one context to another: Implications for studying sport performance. *International Journal of Sport Psychology, 47*(1), 745-757.

Araújo, D., and Davids, K. (2018). The (sport) performer-environment system as the base unit in explanations of expert performance. *Journal of Expertise, 1*(3), 144-154.

Araújo, D., Diniz, A., Passos, P., and Davids, K. (2014). Decision making in social neurobiological systems modeled as transitions in dynamic pattern formation. *Adaptive Behavior, 22*(1), 21-30.

Araújo, D., Davids, K., Bennett, S., Button, C., and Chapman, G. (2004). Emergence of sport skills under constraints. In A. M. Williams and N. J. Hodges (Eds.), *Skill acquisition in sport: research, theory and practice* (pp. pp. 409-433). London: Routledge, Taylor and Francis.

Araújo, D., Davids, K., Cordovil, R., Ribeiro, J., and Fernandes, O. (2009). How does knowledge constrain sport performance? An ecological perspective. In D. Araujo, H. Ripoll, and M. Raab

(Eds.), *Perspectives on cognition and action in sport* (pp. 119-131). Hauppauge, NY: Nova Science Publishers.

Araújo, D., Davids, K., and Hristovski, R. (2006). The ecological dynamics of decision making in sport. *Psychology of Sport and Exercise, 7*, 653-676.

Araújo, D., Davids, K., and Passos, P. (2007). Ecological validity, representative design, and correspondence between experimental task constraints and behavioral setting: Comment on Rogers, Kadar, and Costall (2005). *Ecological Psychology, 19*(1), 69-78.

Araújo, D., Fonseca, C., Davids, K. W., Garganta, J., Volossovitch, A., Brandão, R., and Krebs, R. (2010). The role of ecological constraints on expertise development. *Talent Development and Excellence, 2*(2), 165-179.

Araújo, D., Hristovski, R., Seifert, L., Carvalho, J., and Davids, K. (2017). Ecological cognition: Expert decision-making behaviour in sport. *International Review of Sport and Exercise Psychology*, 1-25. doi:10.1080/1750984X.2017.1349826

Araújo, D., and Kirlik, A. (2008). Towards an ecological approach to visual anticipation for expert performace in sport. *International Journal of Sport Psychology, 39*, 157-165.

Ashford, D., Bennett, S. J., and Davids, K. (2006). Observational modeling effects for movement dynamics and movement outcome measures across differing task constraints: A meta-analysis. *Journal of Motor Behavior, 38*(3), 185-205.

Baker, J., Côté, J., and Abernethy, B. (2003). Learning from the experts: Practice activities of expert decision makers in sport. *Research Quarterly for Exercise and Sport, 74*(3), 342-347.

Baker, J., Cobley, S., and Fraser-Thomas, J. (2009). What do we know about early sport specialization? Not much! *High Ability Studies, 20*(1), 77-89.

Baldwin, T. T., and Ford, J. K. (1988). Transfer of training: A review and directions for future research. *Personnel Psychology, 41*(1), 63-105.

Bandura, A. (1969). *Principles of Behaviour Modification*. New York: Rinehart-Winston.

Barab, S. A., and Roth, W. M. (2006). Curriculum-based ecosystems: Supporting knowing from an ecological perspective. *Educational Researcher, 35*(5), 3-13.

Barnett, S. M., and Ceci, S. J. (2002). When and where do we apply what we learn?: A taxonomy for far transfer. *Psychological Bulletin, 128*(4), 612-637.

Barris, S., Farrow, D., and Davids, K. (2014). Increasing functional variability in the preparatory phase of the takeoff improves elite springboard diving performance. *Research Quarterly for Exercise and Sport, 85*(1), 97-106.

Beak, S., Davids, K., and Bennett, S. J. (2002). Child's play: Children's sensitivity to haptic information in perceiving affordances of rackets for striking a ball. In J. E. Clark and J. Humphreys (Eds.), *Motor development: Research and reviews*, Vol. 2 (pp. 120-141). Reston, VA: NASPE.

Beamon, R. and Beamon, M. W. (1999). *The man who could fly: The Bob Beamon story*. Columbus, MS: Genesis Press.

Beilock, S. L., Carr, T. H., MacMahon, C., and Starkes, J. L. (2002). When paying attention becomes counterproductive: Impact of divided skill-focused attention on novice and experienced performance of sensorimotor skills. *Journal of Experimental Psychology: Applied, 8*(1), 6-16.

Bennett, S. J., Button, C., Kingsbury, D., and Davids, K. (1999). Manipulating visual information constraints during practices enhances the acquisition of catching skill in children. *Research Quarterly for Exercise and Sport, 70*(3), 220-232.

Berkinblit, M. B., Feldman, A. G., and Fukson, O. I. (1986). In search of the theoretical basis of motor control. *Behavioral and Brain Sciences, 9*(4), 626-638.

Bernstein, N. A. (1967). *The coordination and regulation of movements*. London, UK: Pergamon Press.

Bernstein, N. A. (1996). On dexterity and its development. In M.L. Latash and M.T. Turvey (Eds.), *Dexterity and its development* (pp. 1-244). Mahwah, NJ: Lawrence Erlbaum Associates.

Berthouze, L., and Lungarella, M. (2004). Motor skill acquisition under environmental perturbations: On the necessity of alternate freezing and freeing of degrees of freedom. *Adaptive Behavior, 12*(1), 47-64.

Bingham, G. P. (1988). Task-specific devices and the perceptual bottleneck. *Human Movement Science, 7*(2-4), 225-264.

Bizzi, E., and Ajemian, R. (2015). A hard scientific quest: Understanding voluntary movements. *Daedalus, 144*(1), 83-95.

Blair, S. N. (2009). Physical inactivity: The biggest public health problem of the 21st century. *British Journal of Sports Medicine, 43*(1), 1-2.

Bootsma, R. J. (1998). *Ecological movement principles and how much information matters.* Paper presented at the Second Symposium of the Institute for Fundamental and Clinical Human Movement Sciences, Amsterdam.

Bootsma, R. J., Bakker, F. C., van Snippenberg, F. J., and Tdlohreg, C. W. (1992). The effects of anxiety on perceiving the reachability of passing objects. *Ecological Psychology, 4*, 1-16.

Bootsma, R. J., and van Wieringen, P. C. W. (1990). Timing an attacking forehand drive in table tennis. *Journal of Experimental Psychology: Human Perception and Performance, 16*, 21-29.

Boschker, M. S., Bakker, F. C., and Michaels, C. F. (2002). Memory for the functional characteristics of climbing walls: Perceiving affordances. *Journal of Motor Behavior, 34*(1), 25-36. doi:10.1080/00222890209601928

Bradshaw, E. J., and Sparrow, W. A. (2002). The effects of target length on the visual control of step length for hard and soft impacts. *Journal of Applied Biomechanics, 18*(1), 57-73. doi:10.1123/jab.18.1.57

Broderick, M. P., and Newell, K. M. (1999). Coordination patterns in ball bouncing as a function of skill. *Journal of Motor Behavior, 31*, 165-188.

Bronfenbrenner, U. (1979). *The ecology of human development.* Cambridge, MA: Harvard University Press.

Bronfenbrenner, U. (1995). Developmental ecology through space and time: A future perspective. In P. Moen, G. H. Elder Jr., and K Luscher (Eds.), *Examining lives in context: Perspectives on the ecology of human development* (pp. 619-647). Washington DC: American Psychological Association.

Bronfenbrenner, U. (2005). *Making human beings human: Bioecological perspectives on human development.* Thousand Oaks, California: Sage.

Bronfenbrenner, U., and Morris, P. A. (1998). The ecology of developmental processes. In W. D. R. M. Lerner (Ed.), *Handbook of child psychology: Theoretical models of human development* (pp. 993-1028). Hoboken, NJ: John Wiley and Sons

Bronfenbrenner, U., and Morris, P. A. (2006). The bioecological model of human development. In *Handbook of child psychology: Theoretical models of human development,* Vol. 1, 6th ed. (pp. 793-828). Hoboken, NJ: John Wiley and Sons.

Brunswik, E. (1956). *Perception and the representative design of psychological experiments* (2nd ed.). Berkeley, CA: University of California Press.

Buszard, T., Farrow, D., Reid, M., and Masters, R. S. (2014). Modifying equipment in early skill development: A tennis perspective. *Research Quarterly for Exercise and Sport, 85*(2), 218-225.

Button, C. (2016). Aquatic locomotion: Forgotten fundamental movement skills? *New Zealand Physical Educator, 49*(1), 8-10.

Button, C., Bennett, S. J., and Davids, K. (2001). Grasping a better understanding of the intrinsic dynamics of rhythmical and discrete prehension. *Journal of Motor Behavior, 33*(1), 27-36.

Button, C. and Davids, K. (2004). Acoustic information for timing. In: H. Hecht and G.J.P. Savelsbergh (Eds.). *Time-to-Contact. Advances in Psychology series*. (pp.355-370) Amsterdam, Holland: Elsevier.

Button, C., Lee, M. C. Y., Mazumder, A. D., Tan, C. W. K., and Chow, J. Y. (2012). Empirical investigations of nonlinear motor learning. *The Open Sports Sciences Journal, 5*(1), 49-56.

Button, C., MacMahon, C., and Masters, R. S. W. (2011). Keeping it together: Motor control under pressure. In D. Collins, A. Abbott, and H. Richards (Eds), *Performance psychology: A practitioners' Guide* (pp. 177-190) . London: Elsevier.

Button, C., Orth, D., Davids, K., and Seifert, L. (2018). The influence of hold regularity on perceptual-motor behaviour in indoor climbing. *European Journal of Sport Science, 18*(8), 1090-1099.

Button, C., and Pepping, G. J. (2002). Enhancing skill acquisition in golf: Some key principles. Retrieved from www.coachesinfo.com/category/golf

Cairney, J., Dudley, D., Kwan, M., Bulten, R., and Kriellaars, D. (2019). Physical literacy, physical activity and health: Toward an evidence-informed conceptual model. *Sports Medicine, 49*(3), 371-383.

Camponogara, I., Rodger, M., Craig, C., and Cesari, P. (2017). Expert players accurately detect an opponent's movement intentions through sound alone. *Journal of Experimental Psychology Humam Perception and Performance, 43*(2), 348-359. doi:10.1037/xhp0000316

Carello, C., Thuot, S., and Turvey, M. T. (2000). Aging and the perception of a racket's sweet spot. *Human Movement Science, 19*, 1-20.

Carlson, R. (1988). The socialization of elite tennis players in Sweden: An analysis of the players' backgrounds and development. *Sociology of Sport Journal, 5*(3), 241-256.

Carvalho, J., Araújo, D., Travassos, B., Esteves, P., Pessanha, L., Pereira, F., and Davids, K. (2013). Dynamics of players' relative positioning during baseline rallies in tennis. *Journal of Sports Sciences, 31*(14), 1596-1605.

Carvalho, J., Araújo, D., Travassos, B., Fernandes, O., Pereira, F., and Davids, K. (2014). Interpersonal dynamics in baseline rallies in tennis. *International Journal of Sports Science and Coaching, 9*(5), 1043-1056. doi:10.1260/1747-9541.9.5.1043

Chemero, A. (2009). *Radical embodied cognition*. In Cambridge, MA: MIT Press.

Chiviacowsky, S. (2014). Self-controlled practice: Autonomy protects perceptions of competence and enhances motor learning. *Psychology of Sport and Exercise, 15*(5), 505-510.

Chodzko-Zajko, W., Schwingel, A., and Chae Hee Park, H. P. (2009). Successful Aging: The Role of Physical Activity. *American Journal of Lifestyle Medicine, 3*(1), 20-28. https://doi.org/10.1177/1559827608325456.

Chollet, D., Chalies, S., and Chatard, J. C. (2000). A new index of coordination for the crawl: Description and usefulness. *International Journal of Sports Medicine, 21*(01), 54-59.

Chollet, D., and Seifert, L. (2011). Inter-limb coordination in the four competitive strokes. In L. Seifert, D. Chollet, and I. Mujika (Eds.), *The world book of swimming: From science to performance* (pp.153-172). Hauppauge, New York: Nova Science Publishers.

Chow, H. M., Kaup, B., Raabe, M., and Greenlee, M. W. (2008). Evidence of fronto-temporal interactions for strategic inference processes during language comprehension. *NeuroImage, 40*(2), 940-954. doi:10.1016/j.neuroimage.2007.11.044

Chow, J. Y. (2010). Insights from an emerging theoretical perspective in motor learning for physical education. In Chia, M. and Chiang, J. (Eds.) *Sport Science in the East: Reflections, Issues and Emergent Solutions*, (pp. 59–78). Taiwan: World Scientific. InEds.

Chow, J. Y. (2013). Nonlinear learning underpinning pedagogy: Evidence, challenges, and implications. *Quest, 65*(4), 469-484.

Chow, J. Y., and Atencio, M. (2014). Complex and nonlinear pedagogy and the implications for physical education. *Sport, Education and Society, 19*(8), 1034-1054.

Chow, J. Y., Button, C., Davids, K., and Koh, M. (2007). Variation in coordination of a discrete multiarticular action as a function of skill level. *Journal of Motor Behavior, 39*(6), 463-479.

Chow, J. Y., Davids, K., Button, C., and Koh, M. (2006). Organization of motor system degrees of freedom during the soccer chip: An analysis of skilled performance. *International Journal of Sport Psychology, 2-3*, 207-229.

Chow, J. Y., Davids, K., Button, C., and Koh, M. (2008). Coordination changes in a discrete multi-articular action as a function of practice. *Acta Psychologica, 127*(1), 163-176.

Chow, J. Y., Davids, K., Button, C., and Rein, R. (2008). Dynamics of movement patterning in learning a discrete multiarticular action. *Motor Control, 12*, 219-240

Chow, J. Y., Davids, K., Button, C., and Renshaw, I. (2016). *Nonlinear Pedagogy in Skill Acquisition: An introduction*. Oxon, UK: Routledge: Taylor and Francis.

Chow, J. Y., Davids, K. W., Button, C., Renshaw, I., Shuttleworth, R., and Uehara, L. A. (2009). Nonlinear pedagogy: Implications for teaching games for understanding (TGfU). In T. Hopper, A. J. Butler, and B. Storey (Eds.), *TGfU: Simply good pedagogy: Understanding a complex challenge* (pp. 131-143). Vancouver, British Columbia, Canada: Physical and Health Education (PHE) Canada

Chow, J. Y., Davids, K., Button, C., Shuttleworth, R., Renshaw, I., and Araujo, D. (2006). Nonlinear pedagogy: A constraints-led framework for understanding emergence of game play and movement skills. *Nonlinear Dynamics, Psychology, and Life Sciences, 10*(1), 71-103.

Chow, J. Y., Davids, K., Button, C., Shuttleworth, R., Renshaw, I., and Araújo, D. (2007). The role of nonlinear pedagogy in physical education. *Review of Educational Research, 77*(3), 251-278.

Chow, J. Y., Davids, K., Hristovski, R., Araújo, D., and Passos, P. (2011). Nonlinear pedagogy: Learning design for self-organizing neurobiological systems. *New Ideas in Psychology, 29*(2), 189-200.

Chow, J. Y., Davids, K. W., Renshaw, I., and Button, C. (2013). The acquisition of movement skill in children through nonlinear pedagogy. In J. Cote and E. Lidor (Eds), *Conditions of children's talent development in sport* (pp. 41-59). Morgantown, WV: Fitness Information Technology.

Chow, J. Y., Davids, K., Shuttleworth, R., and Araújo, D. (In Press). Ecological Dynamics and transfer from practice to performance in sport. In N. Hodges and M. Williams (Eds.), *Skill Acquisition in Sport, Third Edition* (pp. 1-20). London: Routledge.

Chow, J. Y., Koh, M., Davids, K., Button, C., and Rein, R. (2013). Effects of different instructional constraints on task performance and emergence of coordination in children. *European Journal of Sport Science* (ahead-of-print), 1-9.

Chow, J. Y., I. Renshaw, Button, C., Davids, K., and Tan, C. W. K. (2013). Effective learning design for the individual: A nonlinear pedagogical approach in physical education. In: A. Ovens, T. Hopper and J. Butler. (Eds.) *Complexity Thinking In Physical Education: Reframing Curriculum, Pedagogy and Research*. (pp. 121-134) London, Routledge.

Clark, J. E. (1995). On becoming skillful: Patterns and constraints. *Research Quarterly for Exercise and Sport, 66*, 173-183.

Clarke, D., and Crossland, J. (1985). *Action systems: An introduction to the analysis of complex behaviour*. London: Methuen.

Cordier, P., Dietrich, G., and Pailhous, J. (1996). Harmonic analysis of a complex motor behavior. *Human Movement Science, 15*(6), 789-807.

Cordovil, R., Araújo, D., Pepping, G.-J., and Barreiros, J. (2015). An ecological stance on risk and safe behaviors in children: The role of affordances and emergent behaviors. *New Ideas in Psychology, 36*, 50-59. doi:https://doi.org/10.1016/j.newideapsych.2014.10.007

Correia, V., Araújo, D., Duarte, R., Travassos, B., Passos, P., and Davids, K. (2012). Changes in practice task constraints shape decision-making behaviours of team games players. *Journal of Science and Medicine in Sport, 15*(3), 244-249.

Correia, V., Carvalho, J., Araújo, D., Pereira, E., and Davids, K. (2019). Principles of nonlinear pedagogy in sport practice. *Physical Education and Sport Pedagogy, 24*(2), 117-132. doi:10.1080/17408989.2018.1552673

Côté, J., Baker, J., and Abernethy, B. (2007). Practice and play in the development of sport expertise. *Handbook of Sport Psychology, 3*, 184-202.

Côté, J., Macdonald, D. J., Baker, J., and Abernethy, B. (2006). When "where" is more important than "when": Birthplace and birthdate effects on the achievement of sporting expertise. *Journal of Sports Sciences, 24*(10), 1065-1073.

Court, M. L., Bennett, S. J., Williams, A. M., and Davids, K. (2002). Local stability in coordinated rhythmic movements: Fluctuations and relaxation times. *Human Movement Science, 21*(1), 39-60.

Court, M. L. J., Bennett, S. J., Williams, A. M., and Davids, K. (2005). Effects of attentional strategies and anxiety constraints on perceptual-motor organisation of rhythmical arm movements. *Neuroscience Letters, 384*(1-2), 17-22.

Coutinho, P., Mesquita, I., and Fonseca, A. M. (2016). Talent development in sport: A critical review of pathways to expert performance. *International Journal of Sports Science and Coaching, 11*(2), 279-293.

Craig, C. (2013). Understanding perception and action in sport: how can virtual reality technology help? *Sports Technology, 6*(4), 161-169.

Croft, J., Button, C., and Dicks, M. (2010). Visual strategies of sub-elite cricket batsmen in response to different ball velocities. *Human Movement Science, 29*(5), 751-763.

d'Arripe-Longueville, F., Gernigon, C., Huet, M.-L., Cadopi, M., and Winnykamen, F. (2002). Peer tutoring in a physical education setting: Influence of tutor skill level on novice learners' motivation and performance. *Journal of Teaching in Physical Education, 22*(1), 105-123.

d'Arripe-Longueville, F., Gernigon, C., Huet, M.-L., Winnykamen, F., and Cadopi, M. (2002). Peer-assisted learning in the physical activity domain: Dyad type and gender differences. *Journal of Sport and Exercise Psychology, 24*(3), 219-238.

Daly, R. M., Bass, S. L., and Finch, C. F. (2001). Balancing the risk of injury to gymnasts: How effective are the counter measures? *British Journal of Sports Medicine, 35*(1), 8-18.

Davids, K. (2000). Skill acquisition and the theory of deliberate practice: It ain't what you do it's the way that you do it! Commentary on Starkes, J. "The road to expertise: Is practice the only determinant?" *International Journal of Sport Psychology, 31*, 461-465.

Davids, K., and Araújo, D. (2010). The concept of 'Organismic Asymmetry' in sport science. *Journal of Science and Medicine in Sport, 13*(6), 633-640. doi:10.1016/j.jsams.2010.05.002

Davids, K., Araújo, D., Correia, V., and Vilar, L. (2013). How small-sided and conditioned games enhance acquisition of movement and decision-making skills. *Exercise and Sport Sciences Reviews, 41*(3), 154-161. doi:10.1097/JES.0b013e318292f3ec

Davids, K., Araújo, D., Hristovski, R., Passos, P., and Chow, J. Y. (2012). Ecological dynamics and motor learning design in sport. In M. Williams and N. Hodges (Eds.), *Skill acquisition in sport: Research, theory and practice* (2nd ed.) (pp. 112-130). London, Routledge.

Davids, K., Araújo, D., Hristovski, R., Serre, N. B., Button, C., and Passos, P. (2013). *Complex systems in sport: Routledge research in sport and exercise science* (Book 7). New York, NY: Routledge.

Davids, K., Araújo, D., Seifert, L., and Orth, D. (2015). Expert performance in sport: An ecological dynamics perspective. In J. Baker and D. Farrow (Eds.), *Routledge handbook of sport expertise* (pp. 130-144). New York, NY: Routledge/Taylor and Francis Group.

Davids, K., and Baker, J. (2007). Genes, environment and sport performance - why the nature-nurture dualism is no longer relevant. *Sports Medicine, 37*(11), 961-980.

Davids, K., Button, C., Araújo, D., Renshaw, I., and Hristovski, R. (2006). Movement models from sports provide representative task constraints for studying adaptive behavior in human movement systems. *Adaptive Behavior, 14*(1), 73-95.

Davids, K., Button, C., and Bennett, S. J. (2008). *Dynamics of skill acquisition: A constraints-led approach*. Champaign, IL: Human Kinetics.

Davids, K., Gullich, A., Shuttleworth, R., and Araújo, D. (2017). *Understanding environmental and task constraints on talent development: Analysis of micro-structure of practice and macro-structure of development histories*. In J. Baker, S. Cobley, J. Schorer, and N Wattie (Eds.), *Routledge handbook of talent identification and development in sport*. Routledge International Handbooks (pp. 192-206). Abingdon, UK: Routledge.

Davids, K., Kingsbury, D., Bennett, S. J., and Handford, C. (2001). Information-movement coupling: Implications for the organisation of research and practice during acquisition of self-paced extrinsic timing skills. *Journal of Sports Sciences, 19*, 117-127.

Davids, K., Renshaw, I., Pinder, R., Greenwood, D., and Barris, S. (2016). The role of psychology in enhancing skill acquisition and expertise in high performance programmes. In S. T. Cotterill, G. Breslin, and N. Weston (Eds.), *Applied sport and exercise psychology: Practitioner case studies*. (pp.241-260). London: Routledge.

Davids, K., Savelsbergh, G. J. P., Bennett, S. J., and van der Kamp, J. (2002). *Interceptive actions in sport: Information and movement*. London: Routledge, Taylor and Francis.

Davids, K., Williams, J. G., and Williams, A. M. (2005). *Visual perception and action in sport*. New York, NY: Routledge.

Davis, B., and Sumara, D. (2006). Complexity and Education: Inquiries into Learning. *Teaching, and Research*. Mahwah, New Jersey, London: Lawrence Erlbaum Associates.

de Bruin, L. R. (2018). Evolving regulatory processes used by students and experts in the acquiring of improvisational skills: A qualitative study. *Journal of Research in Music Education, 65*(4), 483-507.

De Maeght, S., and Prinz, W. (2004). Action induction through action observation. *Psychological Research, 68*(2-3), 97-114.

de Wit, M. M., de Vries, S., van der Kamp, J., and Withagen, R. (2017). Affordances and neuroscience: Steps towards a successful marriage. *Neuroscience and Biobehavioral Reviews, 80*, 622-629. doi:https://doi.org/10.1016/j.neubiorev.2017.07.008

Deci, E. L., and Ryan, R. M. (2000). The "what" and "why" of goal pursuits: Human needs and the self-determination of behavior. *Psychological Inquiry, 11*(4), 227-268.

Deleplace, M., Bouthier, D., and Villepreux, P. (Eds.). (2018). *René Deleplace. Du Rugby de Mouvement à un Projet Global Pour l'EPS et les STAPS*. Villeneuve d'Ascq. Presses universitaires du Septentrion.

Dewey, J. (1896). The reflex arc concept in psychology. *Psychological Review, 3*(4), 357-370. doi:10.1037/h0070405

Dicks, M., Button, C., and Davids, K. (2010). Examination of gaze behaviors under in situ and video simulation task constraints reveals differences in information pickup for perception and action. *Attention Perception and Psychophysics, 72*(3), 706-720. doi:10.3758/app.72.3.706

Diedrichsen, J., White, O., Newman, D., and Lally, N. (2010). Use-dependent and error-based learning of motor behaviors. *Journal of Neuroscience, 30*(15), 5159-5166.

Duarte, R., Araújo, D., Folgado, H., Esteves, P., Marques, P., and Davids, K. (2013). Capturing complex, non-linear team behaviours during competitive football performance. *Journal of Systems Science and Complexity, 26*(1), 62-72.

Dunwoody, P. T. (2009). Theories of truth as assessment criteria in judgment and decision making. *Judgment and Decision Making, 4*(2), 116-125.

Edelman, G. M., and Gally, J. A. (2001). Degeneracy and complexity in biological systems. *Proceedings of the National Academy of Sciences of the United States of America, 98*(24), 13763-13768.

Ehrlich, P. R. (2000). *Human natures: Genes, cultures, and the human prospect.* Washington, D.C.: Island Press.

Epstein, D. (2013). *The Sports Gene: Inside the Science of Extraordinary Athletic Performance.* Yellow Jersey Press: London.

Epstein, D. (2019). *Range: Why Generalists Triumph in a Specialized World.* Riverhead Books: New York.

Esteves, P., Silva, P., Vilar, L., Travassos, B., Duarte, R., Arede, J., and Sampaio, J. (20156). Space occupation near the basket shapes collective behaviours in youth basketball. *Journal of Sports Sciences, 34*(16), 1557-1563.

Fajen, B. R., Riley, M. A., and Turvey, M. (2009). Information, affordances, and the control of action in sport. *International Journal of Sport Psychology, 40*(1), 79-107.

Farrow, D. (2013). Practice-enhancing technology: A review of perceptual training applications in sport. *Sports Technology, 6*(4), 170-176.

Fenoglio, R. (2003). The Manchester United 4 v 4 pilot scheme for U-9's part II: The analysis. *Insight: FA Coaches Association Journal*, 21-24.

Fink, P. W., Foo, P. S., and Warren, W. H. (2009). Catching fly balls in virtual reality: A critical test of the outfielder problem. *Journal of Vision, 9*(13), 14-14. doi:10.1167/9.13.14

Fitch, H. L., Tuller, B., and Turvey, M. T. (1982). The Bernstein perspective: III. Tuning of coordinative structures with respect to perception. In J. A. S. Kelso (Ed.), *Human motor behavior: An introduction* (pp. 271-282). Hillsdale NY: LEA.

Fitzpatrick, A., Davids, K., and Stone, J. A. (2018). Effects of scaling task constraints on emergent behaviours in children's racquet sports performance. *Human Movement Science, 58*, 80-87.

Forsman, H., Gråstén, A., Blomqvist, M., Davids, K., Liukkonen, J., and Konttinen, N. (2016). Development of perceived competence, tactical skills, motivation, technical skills, and speed and agility in young soccer players. *Journal of Sports Sciences, 34*(14), 1311-1318.

Fox, P. W., Hershberger, S. L., and Bouchard, T. J. (1996). Genetic and environmental contributions to the acquisition of a motor skill. *Nature, 384*, 356-358.

Gandevia, S., Allen, G. M., Butler, J. E., and Taylor, J. L. (1996). Supraspinal factors in human muscle fatigue: Evidence for suboptimal output from the motor cortex. *The Journal of Physiology, 490*(2), 529-536.

Gauthier, G. M., Martin, B. J., and Stark, L. W. (1986). Adapted head-and-eye-movement responses to added-head inertia. *Aviation, Space and Environmental Medicine, 57*(4), 336-342.

Giblin, S., Collins, D., and Button, C. (2014). Physical literacy: Importance, assessment and future directions. *Sports Medicine, 44*(9), 1177-1184. doi:10.1007/s40279-014-0205-7

Gibson, J. J. (1966). *The senses considered as perceptual systems.* Boston, MA: Houghton Mifflin.

Gibson, J. J. (1979). *The ecological approach to visual perception.* Boston, MA: Houghton Mifflin.

Gibson, E. J. (1988). Exploratory behavior in the development of perceiving, acting, and the acquiring of knowledge. *Annual Review of Psychology, 39*, 1-41.

Gibson, E. J. (1994). *An odyssey in learning and perception.* Cambridge, MA: MIT Press.

Glaveanu, V., Lubart, T., Bonnardel, N., Botella, M., de Biaisi, P. M., Desainte-Catherine, M., . . . Zenasni, F. (2013). Creativity as action: Findings from five creative domains. *Frontiers in Psychology, 4*, 176. doi:10.3389/fpsyg.2013.00176

Glazier, P. S., and Davids, K. (2009). Constraints on the complete optimization of human motion.

Sports Medicine, 39(1), 15-28.

Gleick, J. (1987). *Chaos*. London: William Heinemann Ltd.

Gobet, F. (2015). *Understanding Expertise: A Multi-Disciplinary Approach*. London: Macmillan International Higher Education.

Gordon, D. M. (2007). Control without hierarchy. *Nature, 446,* 143. doi:10.1038/446143a

Greenwood, D., Davids, K., and Renshaw, I. (2012). How elite coaches' experiential knowledge might enhance empirical research on sport performance. *International Journal of Sports Science and Coaching, 7*(2), 411-422.

Greenwood, D., Davids, K., and Renshaw, I. (2016). The role of a vertical reference point in changing gait regulation in cricket run-ups. *European Journal of Sport Science, 16*(7), 794-800.

Guadagnoli, M., and Lee, T. D. (2004). Challenge point: A framework for conceptualizing the effects of various practice conditions in motor learning. *Journal of Motor Behavior, 36,* 212-224.

Guerin, S., and Kunkle, D. (2004). Emergence of constraint in self-organized systems. *Nonlinear Dynamics, Psychology and Life Sciences., 8,* 131-146.

Guignard, B., Button, C. Davids, K. and Seifert, L. (in press). Education of foundational movement patterns to enhance self-regulation in aquatic environments: An ecological dynamics approach. *European Journal of Physical Education*.

Guignard, B., Rouard, A., Chollet, D., Hart, J., Davids, K., and Seifert, L. (2017). Individual-environment interactions in swimming: The smallest unit for analysing the emergence of coordination dynamics in performance? *Sports Medicine, 47*(8), 1543-1554. doi:10.1007/s40279-017-0684-4

Güllich, A. (2018). Sport-specific and non-specific practice of strong and weak responders in junior and senior elite athletics–A matched-pairs analysis. *Journal of Sports Sciences, 36*(19), 2256-2264.

Güllich, A., Kovar, P., Zart, S., and Reimann, A. (2016). Sport activities differentiating match-play improvement in elite youth footballers–a 2-year longitudinal study. *Journal of Sports Sciences, 13*(3), 207-215. http://dx.doi.org/10.1080/02640414.2016.1161206.

Hadlow, S. M., Panchuk, D., Mann, D. L., Portus, M. R., and Abernethy, B. (2018). Modified perceptual training in sport: A new classification framework. *Journal of Science and Medicine in Sport, 21*(9), 950-958. doi:https://doi.org/10.1016/j.jsams.2018.01.011

Haken, H. (1996). *Principles of brain functioning*. Berlin: Springer.

Haken, H., Kelso, J. A. S., and Bunz, H. (1985). A theoretical model of phase transitions in human hand movements. *Biological Cybernetics, 51,* 347-356.

Harris, L. R., and Jenkin, M. (1998). *Vision and action*. Cambridge, UK: Cambridge University Press.

Harrison, H. S., Turvey, M. T., and Frank, T. D. (2016). Affordance-based perception-action dynamics: A model of visually guided braking. *Psychological Review, 123*(3), 305-323. doi:10.1037/rev0000029

Hasan, H., Davids, K., Chow, J. Y., and Kerr, G. (2017). Changes in organisation of instep kicking as a function of wearing compression and textured materials. *European Journal of Sport Science, 17*(3), 294-302.

Hasan, Z., and Thomas, J. S. (1999). Kinematic redundancy. In M. D. Binder (Ed.), *Progress in brain research* (Vol. 123). Amsterdam: Elsevier.

Haugeland, J. (1991). Representational Genera. In W.Ramsay, S.P.Stich, D.E.Rumelhart (Eds.) *Philosophy and Connectionist Theory. (pp.61-90)*. Hillsdale, New Jersey: Lawrence Erlbaum Associates Inc.

Haywood, K. M., and Getchell, N. (2005). *Life span motor development*. Champaign, IL: Human

Kinetics.

Headrick, J., Renshaw, I., Davids, K., Pinder, R. A., and Araújo, D. (2015). The dynamics of expertise acquisition in sport: The role of affective learning design. *Psychology of Sport and Exercise, 16*, 83-90.

Heft, H. (2013). Foundations of an ecological approach to psychology. In S. D. Clayton (Ed.), *The Oxford handbook of environmental and conservation psychology* (pp. 11-40). Oxford, UK: Oxford University Press.

Hodges, N. J., and Franks, I. M. (2001). Learning a coordination skill: Interactive effects of instruction and feedback. *Research Quarterly for Exercise and Sport, 72*(2), 132-142.

Hodges, N. J., and Franks, I. M. (2002). Modelling coaching practice: The role of instruction and demonstration. *Journal of Sports Sciences, 20*, 793-811.

Hofer, S. B., Mrsic-Flogel, T. D., Bonhoeffer, T., and Hübener, M. (2006). Prior experience enhances plasticity in adult visual cortex. *Nature Neuroscience, 9*(1), 127.

Horn, R., Williams, A. M., and Scott, M. A. (2002). Visual search strategy, movement kinematics and observational learning. *Journal of Sports Sciences, 20*, 253-269.

Hristovski, R., Davids, K., Araújo, D., and Button, C. (2006). How boxers decide to punch a target: Emergent behaviour in nonlinear dynamical movement systems. *Journal of Science and Medicine in Sport, 5*(CSSI), 60-73.

Hristovski, R., Davids, K., Araújo, D., and Passos, P. (2011). Constraints-induced emergence of functional novelty in complex neurobiological systems: A basis for creativity in sport. *Nonlinear Dynamics, Psychology, and Life Sciences, 15*(2), 175-206.

Hulteen, R. M., Morgan, P. J., Barnett, L. M., Stodden, D. F., and Lubans, D. R. (2018). Development of foundational movement skills: A conceptual model for physical activity across the lifespan. *Sports Medicine, 48*(7), 1533-1540. doi:10.1007/s40279-018-0892-6

Ibáñez-Gijón, J., and Jacobs, D. M. (2012). Decision, sensation, and habituation: A multi-layer dynamic field model for inhibition of return. *PloS one, 7*(3), e33169.

Issurin, V. B. (2013). Training transfer: Scientific background and insights for practical application. *Sports Medicine, 43*(8), 675-694.

Jacobs, D. M., and Michaels, C. F. (2007). Direct learning. *Ecological Psychology, 19*(4), 321-349.

Janelle, C. M., Barba, D. A., Frehlich, S. G., Tennant, L. K., and Cauraugh, J. H. (1997). Maximizing feedback effectiveness through videotape replay and a self-controlled learning environment. *Research Quarterly for Exercise and Sport, 68*, 269-279.

Jeannerod, M. (1981). Intersegmental co-ordination during reaching at natural visual objects. In J. Long and A. Baddeley (Eds.), *Attention and Performance,* Vol. IX (pp. 153-172). Hillsdale, NJ: Lawrence Erlbaum Associates.

Jedlickova, K., Stockton, D. W., Chen, H., Stray-Gundersen, J., Witkowski, S., Ri-Li, G., ... and Prchal, J. T. (2003). Search for genetic determinants of individual variability of the erythropoietin response to high altitude. *Blood Cells, Molecules, and Diseases, 31*(2), 175-182.

Jeon, H., and Lee, S.-H. (2018). From neurons to social beings: Short review of the mirror neuron system research and its socio-psychological and psychiatric implications. *Clinical Psychopharmacology and Neuroscience, 16*(1), 18.

Jess, M., Atencio, M., and Thorburn, M. (2011). Complexity theory: Supporting curriculum and pedagogy developments in Scottish physical education. *Sport, Education and Society, 16*(2), 179-199.

Johansson, G. (1973). Visual perception of biological motion and a model for its analysis. *Perception and Psychophysics, 14*, 201-211.

Johnston, K., Wattie, N., Schorer, J., and Baker, J. (2018). Talent identification in sport: A systematic review. *Sports Medicine, 48*(1), 97-109.

Johnston, T. D., and Edwards, L. (2002). Genes, interactions and the development of behaviour. *Psychological Review, 109*, 26-34.

Kaplan, D., and Glass, L. (1995). *Understanding Nonlinear Dynamics*. New York: Springer Verlag.

Kauffman, S. A. (1993). *The origins of order: Self-organization and selection in evolution*. New York: Oxford University Press.

Kauffman, S. A. (1995). *At home in the universe: The search for laws of complexity*. London: Viking.

Keele, S. W., and Summers, J. J. (1976). The structure of motor programs. In G. E. Stelmach (Ed.), *Motor control: Issues and trends* (pp. 109-142). New York, NY: Grune and Stratton.

Kello, C. T., Anderson, G. G., Holden, J. G., and Van Orden, G. C. (2008). The pervasiveness of 1/f scaling in speech reflects the metastable basis of cognition. *Cognitive Science, 32*(7), 1217-1231. doi:10.1080/03640210801944898

Kello, C. T., Beltz, B. C., Holden, J. G., and Van Orden, G. C. (2007). The emergent coordination of cognitive function. *Journal of Experimental Psychology: General, 136*(4), 551-568. http://dx.doi.org/10.1037/0096-3445.136.4.551

Kelso, J. A. S. (1981a). Contrasting perspectives on order and regulation in movement. In J. Long and A. Baddeley (Eds.), *Attention and Performance IX* (pp. 437-458). Hillsdale, NJ.: LEA.

Kelso, J. A. S. (1981b). On the oscillatory basis of movement. *Bulletin of the Psychonomic Society, 18*, 63.

Kelso, J. A. S. (1984). Phase transitions and critical behavior in human bimanual coordination. *American Journal of Physiology: Regulatory, Intergrative and Comparative Physiology, 15*, R1000-R1004.

Kelso, J. A. S. (1992). Theoretical concepts and strategies for understanding perceptual-motor skill: From informational capacity in closed systems to self-organization in open, nonequilibrium systems. *Journal of Experimental Psychology: General, 121*, 260-261.

Kelso, J. A. S. (1995). *Dynamic patterns: The self-organisation of brain and behaviour*. Cambridge, MA: MIT Press.

Kelso, J. A. S. (2008). An essay on understanding the mind. *Ecological Psychology, 20*(2), 180-208. doi:10.1080/10407410801949297

Kelso, J. A. S. (2012). Multistability and metastability: Understanding dynamic coordination in the brain. *Philosophical Transactions of the Royal Society B: Biological Sciences, 367*(1591), 906-918. doi:10.1098/rstb.2011.0351

Kelso, J. A. S., and Engström, D. A. (2006). *The complementary nature*. Cambridge, MA: Bradford Books, MIT Press.

Kelso, J. A., and Zanone, P. G. (2002). Coordination dynamics of learning and transfer across different effector systems. *The Journal of Experimental Psychology: Human Percepiton and Performance, 28*(4), 776-797

Kim, W., Veloso, A., Araújo, D., Machado, M., Vleck, V., Aguiar, L., . . . Vieira, F. (2013). Haptic perception-action coupling manifold of effective golf swing. *International Journal of Golf Science, 2*, 10-32.

Kiverstein, J., and Rietveld, E. (2015). The primacy of skilled intentionality: On Hutto and Satne's the Natural Origins of Content. *Philosophia, 43*(3), 701-721. doi:10.1007/s11406-015-9645-z

Komar, J., Chow, J. Y., Chollet, D., and Seifert, L. (2015). Neurobiological degeneracy: supporting stability, flexibility and pluripotentiality in complex motor skill. *Acta Psychologica, 154*, 26-35.

Körner, S., and Staller, MS (2018). From system to pedagogy: towards a nonlinear pedagogy of self-defense training in the police and the civilian domain. *Security Journal, 31*(2), 645-659.

Kostrubiec, V., Fuchs, A., and Kelso, J. A. S. (2012). Beyond the blank slate: Routes to learning new coordination patterns depend on the intrinsic dynamics of the learner—experimental evidence and theoretical model. *Frontiers in Human Neuroscience, 6*, 222.

Krebs, R. J. (2009). Bronfenbrenner's bioecological theory of human development and the process of development of sports talent. *International Journal of Sport Psychology, 40*(1), 108-135.

Kugler, P. N., Shaw, R. E., Vincente, K. J., and Kinsella-Shaw, J. (1990). Inquiry into intentional systems: I. Issues in ecological physics. *Psychological Research, 52*(2-3), 98-121.

Kugler, P. N., and Turvey, M. T. (1987). *Information, natural law, and the self-assembly of rhythmic movement*. Hillsdale, NJ: Lawrence Erlbaum Associates.

LaBar, K. S., and Cabeza, R. (2006). Cognitive neuroscience of emotional memory. *Nature Reviews Neuroscience, 7*(1), 54.

Latash, M. L. (2000). There is no motor redundancy in human movements. There is motor abundance. *Motor Control, 4*, 259-261.

Lee, D. N. (1976). A theory of visual control of braking based on information about time-to-collision. *Perception, 5*, 437-459.

Lee, D. N., and Lishman, R. (1975). Visual proprioceptive control of stance. *Journal of Human Movement Studies, 1*, 87-95.

Lee, M. C. Y., Chow, J. Y., Komar, J., Tan, C. W. K., and Button, C. (2014). Nonlinear pedagogy: An effective approach to cater for individual differences in learning a sports skill. PloS One, *9*(8), e104744. doi:10.1371/journal.pone.0104744

Lewis, S. T., and Van Puymbroeck, M. (2008). Obesity-stigma as a multifaceted constraint to leisure. *Journal of Leisure Research, 40*(4), 574-588. doi:10.1080/00222216.2008.11950153

Liu, Y.-T., Mayer-Kress, G., and Newell, K. M. (2006). Qualitative and quantitative change in the dynamics of motor learning. *Journal of Experimental Psychology: Human Perception and Performance, 32*(2), 380-393.

Liu, Y.-T., and Newell, K. M. (2015). S-shaped motor learning and nonequilibrium phase transitions. *Journal of Experimental Psychology: Human Perception and Performance, 41*(2), 403-414. doi:10.1037/a0038812

Mace, W. M. (1986). J. J. Gibson's ecological theory of information pickup: Cognition from the ground up. In T.J.Knapp and L.C.Robertson (Eds.), *Approaches to cognition: Contrasts and controversies* (pp. 137-157).London, Routledge.

Magill, R. A. (1994). The influence of augmented feedback on skill learning depends on characteristics of the skill and the learner. *Quest, 46*(3), 314-327. doi:10.1080/00336297.1994.10484129

Magill, R. A. (2006). *Motor learning and control: Concepts and applications* (8th ed.). New York, NY: McGraw-Hill.

Martensen, R. L. (2004). *The brain takes shape: An early history*. New York, NY: Oxford University Press.

Mason, P. H. (2010). Degeneracy at multiple levels of complexity. *Biological Theory, 5*(3), 277-288. doi:10.1162/BIOT_a_00041

Mazzeo, R. S. (2008). Physiological responses to exercise at altitude. *Sports Medicine, 38*(1), 1-8.

McCosker, C., Renshaw, I., Greenwood, D., Davids, K., and Gosden, E. (2019). How performance analysis of elite long jumping can inform representative training design through identification of key constraints on competitive behaviours. *European Journal of Sport Science*, 1-9.

McCullagh, P., and Weiss, M. R. (2001). Modeling: Considerations for motor skill performance and psychological responses. In R. N. Singer, H. A. Hasenblas, and C. M. Janelle (Eds.), *Handbook of sport psychology* (2nd ed.) (pp. 205-238). New York: Wiley.

Merriam Webster. (n.d.) Merriam-Webster Dictionary. Retrieved from www.merriam-webster.com

Michaels, C. F. (1998). The ecological/dynamical approach, manifest destiny and a single movement science. In A. A. Post, J. R. Pijpers, P. Bosch, and M. S. J. Boschker (Eds.), *Models in human movement sciences* (pp. 65-68). Amsterdam: Institute for Fundamental and Clinical Human Movement Sciences.

Michaels, C. F., and Beek, P. (1995). The state of ecological psychology. *Ecological Psychology, 7*, 259-278.

Michaels, C. F., and Zaal, F. T. (2002). Catching fly balls. In S. Bennett, K. Davids, G. J. P. Savelsbergh, and J. van der Kamp (Eds.), *Interceptive actions in sport: Information and movement* (pp. 172–183). London: Routledge.

Mitra, S., Amazeen, P. G., and Turvey, M. T. (1998). Intermediate motor learning as decreasing active (dynamical) degrees of freedom. *Human Movement Science, 17*(1), 17-65.

Moen, P. E., Elder Jr, G. H., and Lüscher, K. E. (1995). *Examining lives in context: Perspectives on the ecology of human development.* Washington, DC: American Psychological Association.

Moreau, D., Macnamara, B. N., and Hambrick, D. Z. (2019). Overstating the role of environmental factors in success: A cautionary note. *Current Directions in Psychological Science, 28*(1), 28-33.

Moy, B., Renshaw, I., and Davids, K. (2016). The impact of nonlinear pedagogy on physical education teacher education students' intrinsic motivation. *Physical Education and Sport Pedagogy, 21*(5), 517-538. doi:10.1080/17408989.2015.1072506

Moy, B., Renshaw, I., Davids, K., and Brymer, E. (2015). Overcoming acculturation: Physical education recruits' experiences of an alternative pedagogical approach to games teaching. *Physical Education and Sport Pedagogy, 21*(4), 386-406.

Mullineaux, D. R., Bartlett, R. M., and Bennett, S. (2001). Research design and statistics in biomechanics and motor control. *Journal of Sports Sciences, 19*, 739-760.

Newell, K. M. (1985). Coordination, control and skill. In D. Goodman, R. B. Wilberg, and I. M. Franks (Eds.), *Differing perspectives in motor learning, memory, and control* (pp. 295-317). Amsterdam, North Holland: Elsevier Science Publishing Company.

Newell, K. M. (1986). Constraints on the development of coordination. In M. G. Wade and H. T. A. Whiting (Eds.), *Motor development in children: Aspects of coordination and control* (pp. 341-360). Dordrecht, Netherlands: Martinus Nijhoff.

Newell, K. M. (1996). Change in movement and skill: Learning, retention and transfer. In M. L. Latash and M. T. Turvey (Eds.), *Dexterity and its development* (pp. 393-430). Mahwah, NJ: Erlbaum.

Newell, K. M., and James, E. G. (2008). The amount and structure of human movement variability. In Y Hong and R. Bartlett (Eds.), *Routledge Handbook of Biomechanics and Human Movement Science* (pp. 105-116). London, Routledge.

Newell, K. M., Broderick, M. P., Deutsch, K. M., and Slifkin, A. B. (2003). Task goals and change in dynamical degrees of freedom with motor learning. *Journal of Experimental Psychology: Human Perception and Performance, 29*(2), 379-387.

Newell, K. M., Deutsch, K. M., Sosnoff, J. J., and Mayer-Kress, G. (2006). Variability in motor output as noise: A default and errorneous proposition. In K. Davids, S. Bennett, and K. M. Newell (Eds.), *Movement system variablity* (pp. 3-24). Champaign, IL. Human Kinetics.

Newell, K. M., Kugler, P. N., Van Emmerik, R. E. A., and McDonald, P. V. (1989). Search strategies and the acquisition of coordination. In S. A. Wallace (Ed.), *Perspectives on the coordination of movement* (pp. 85-122). Amsterdam: Elsevier Science.

Newell, K. M., and Liu, Y. T. (2012). Functions of learning and the acquisition of motor skills (with reference to sport). *The Open Sports Sciences Journal, 5*, 17-25.

Newell, K. M., Liu, Y.-T., and Mayer-Kress, G. (2001). Time scales in motor learning and development. *Psychological Review, 108*(1), 57-82.

Newell, K. M., Liu, Y. T., and Mayer-Kress, G. (2005). Learning in the brain-computer interface: Insights about degrees of freedom and degeneracy from a landscape model of motor learning. *Cognitive Processing, 6*, 37-47.

Newell, K. M., Mayer-Kress, G., Hong, S. L., and Liu, Y.-T. (2009). Adaptation and learning: Characteristic time scales of performance dynamics. *Human Movement Science, 28*(6), 655-687.

Newell, K. M., and McDonald, P. V. (1992). Searching for solutions to the coordination function: Learning as exploration behavior. In G. E. Stelmach and J. Requin (Eds.), *Tutorials in Motor Behavior II* (pp. 517-531). Amsterdam, North Holland: Elsevier.

Newell, K. M., and Ranganathan, R. (2010). Instructions as constraints in motor skill acquisition. In I. Renshaw, K. Davids, G. J. P. Savelsbergh (Eds.), *Motor Learning in Practice* (pp. 37-52). New York, NY: Routledge.

Newell, K. M., and Vaillancourt, D. (2001). Dimensional change in motor learning. *Human Movement Science, 20*, 695-715.

Ng, J. L. and Button, C. (2018). Reconsidering the fundamental movement skills construct: Implications for assessment. *Movement and Sport Sciences/Science and Motricité*. https://doi.org/10.1051/sm/2018025.

Noppeney, U., Friston, K. J., and Price, C. J. (2004). Degenerate neuronal systems sustaining cognitive functions. *Journal of Anatomy, 205*, 433-442.

Nourrit, D., Delignières, D., Caillou, N., Deschamps, T., and Lauriot, B. (2003). On discontinuities in motor learning: A longitudinal study of complex skill acquisition on a ski-simulator. *Journal of Motor Behavior, 35*(2), 151-170.

Oppici, L., Panchuk, D., Serpiello, F. R., and Farrow, D. (2017). Long-term practice with domain-specific task constraints influences perceptual skills. *Frontiers in Psychology, 8*, 1387.

Orth, D., Davids, K., Chow, J.-Y., Brymer, E., and Seifert, L. (2018). Behavioral repertoire influences the rate and nature of learning in climbing: Implications for individualized learning design in preparation for extreme sports participation. *Frontiers in Psychology, 9*(949). doi:10.3389/fpsyg.2018.00949

Orth, D., van der Kamp, J., and Button, C. (2018). Learning to be adaptive as a distributed process across the coach–athlete system: Situating the coach in the constraints-led approach. *Physical Education and Sport Pedagogy, 24*(2). 1-16. doi:10.1080/17408989.2018.1557132

Orth, D., van der Kamp, J., Memmert, D., and Savelsbergh, G. J. P. (2017). Creative motor actions as emerging from movement variability. *Frontiers in Psychology, 8*(1903). doi:10.3389/fpsyg.2017.01903

Ovens, A., Hopper, T., and Butler, J. (2013). *Complexity thinking in physical education: Reframing curriculum, pedagogy, and research*. London: Routledge.

Pacheco, M. M., and Newell, K. M. (2015). Transfer as a function of exploration and stabilization in original practice. *Human Movement Science, 44*, 258-269.

Pacheco, M. M., Hsieh, T.-Y., and Newell, K. M. (2017). Search strategies in practice: Movement variability affords perception of task dynamics. *Ecological Psychology, 29*(4), 243-258. doi:10.1080/10407413.2017.1368354

Panchuk, D., Davids, K., Sakadjian, A., MacMahon, C., and Parrington, L. (2013). Did you see that? Dissociating advanced visual information and ball flight constrains perception and action processes during one-handed catching. *Acta Psychologica, 142*(3), 394-401.

Passos, P., Araújo, D., and Davids, K. (2013). Self-organization processes in field-invasion team sports. *Sports Medicine, 43*(1), 1-7.

Passos, P., Araújo, D., and Davids, K. (2016). Competitiveness and the process of co-adaptation in team sport performance. *Frontiers in Psychology, 7*, 1562. doi:10.3389/fpsyg.2016.01562

Passos, P., Araujo, D., Davids, K., Gouveia, L., Milho, J., and Serpa, S. (2008). Information-governing dynamics of attacker-defender interactions in youth rugby union. *Journal of Sports Sciences, 26*(13), 1421-1429. doi:10.1080/02640410802208986

Passos, P., Araujo, D., Davids, K., Gouveia, L., Serpa, S., Milho, J., and Fonseca, S. (2009). Interpersonal pattern dynamics and adaptive behavior in multiagent neurobiological systems: Conceptual model and data. *Journal of Motor Behavior, 41*(5).

Passos, P., Davids, K., Araújo, D., Paz, N., Minguéns, J., and Mendes, J. (2011). Networks as a novel tool for studying team ball sports as complex social systems. *Journal of Science and Medicine in Sport, 14*(2), 170-176.

Passos, P., Milho, J., and Button, C. (2018). Quantifying synergies in two-versus-one situations in team sports: An example from Rugby Union. *Behavior Research Methods, 50*(2), 620-629.

Paulo, A., Davids, K., and Araújo, D. (2018). Co-adaptation of ball reception to the serve constrains outcomes in elite competitive volleyball. *International Journal of Sports Science and Coaching, 13*(2), 253-261.

Paulo, A., Zaal, F. T., Seifert, L., Fonseca, S., and Araújo, D. (2018). Predicting volleyball serve-reception at group level. *Journal of Sports Sciences, 36*(22), 2621-2630.

Peh, Y. C. S. (2018). *The effect of attentional focus instructions on skill acquisition of an interceptive task from a nonlinear pedagogical perspective.* Unpublished doctoral dissertation. Nanyang Technological University: Singapore.

Peh, S. Y. C., Chow, J. Y., and Davids, K. (2011). Focus of attention and its impact on movement behaviour. *Journal of Science and Medicine in Sport, 14*(1), 70-78.

Peper, C. E., Bootsma, R. J., Mestre, D. R., and Bakker, F. C. (1994). Catching balls: How to get the hand to the right place at the right time. *Journal of Experimental Psychology: Human Perception and Performance, 20*(3), 591-612.

Pessoa, L., and Adolphs, R. (2011). Emotion and the brain: Multiple roads are better than one. *Nature Reviews Neuroscience, 12*(7), 425-425. Retrieved from http://dx.doi.org/10.1038/nrn2920-c2

Phillips, E., Davids, K., Renshaw, I., and Portus, M. (2010). Expert performance in sport and the dynamics of talent development. *Sports Medicine, 40*(4), 271-283.

Pinder, R. A., Davids, K., and Renshaw, I. (2012). Metastability and emergent performance of dynamic interceptive actions. *Journal of Science and Medicine in Sport, 15*(5), 437-443.

Pinder, R. A., Davids, K. W., Renshaw, I., and Araújo, D. (2011). Representative learning design and functionality of research and practice in sport. *Journal of Sport and Exercise Psychology, 33*(1), 146-155.

Pinder, R. A., and Renshaw, I. (2019). What can coaches and physical education teachers learn from a constraints-led approach in para-sport? *Physical Education and Sport Pedagogy, 24*(2), 190-205.

Pinder, R. A., Renshaw, I., Davids, K., and Kerhervé, H. (2011). Principles for the use of ball projection machines in elite and developmental sport programmes. *Sports Medicine, 41*(10), 793-800.

Polskaia, N., Richer, N., Dionne, E., and Lajoie, Y. (2015). Continuous cognitive task promotes greater postural stability than an internal or external focus of attention. *Gait and Posture, 41*(2), 454-458.

Poolton, J. M., Masters, R. S. W., and Maxwell, J. P. (2005). The relationship between initial errorless learning conditions and subsequent performance. *Human Movement Science, 24*(3), 362-378. doi:10.1016/j.humov.2005.06.006

Port, R. F., and van Gelder, T. (Eds.). (1995). *Mind as motion: Explorations in the dynamics of cognition.* Cambridge, MA: Bradford Books, MIT Press.

Post, A. A., Pijpers, J. R., Bosch, P., and Boschker, M. S. J. (1998). *Models in human movement sciences: Proceedings of the second international symposium of the institute for fundamental and clinical human movement science*. Enschede: PrintPartners Ipskamp.

Potdevin, F., Vors, O., Huchez, A., Lamour, M., Davids, K., and Schnitzler, C. (2018). How can video feedback be used in physical education to support novice learning in gymnastics? Effects on motor learning, self-assessment and motivation. *Physical Education and Sport Pedagogy, 23*(6), 559-574.

Price, C. J., and Friston, K. J. (2002). Degeneracy and cognitive anatomy. *Trends in Cognitive Science, 6*(10), 416-421.

Prigogine, I., and Stengers, I. (1984). *Order out of chaos*. New York: Bantam Books.

Profeta, V. L. S., and Turvey, M. T. (2018). Bernstein's levels of movement construction: A contemporary perspective. *Human Movement Science, 57*, 111-133. doi:10.1016/j.humov.2017.11.013

Proffitt, D. R., Stefanucci, J., Banton, T., and Epstein, W. (2003). The role of effort in perceiving distance. *Psychological Science, 14*(2), 106-112.

Rea, T., and Lavallee, D. (2017). The Structured RePsychLing of Talent: Talent transfer. In: J. Baker, S. Cobley, J. Schorer, and N. Wattie (Eds.). *Routledge Handbook of Talent Identification and Development in Sport* (pp. 443-454). Routledge, Abingdon.

Reed, E. S. (1982). An outline of a theory of action systems. *Journal of Motor Behavior, 14*(2), 98-134. doi:10.1080/00222895.1982.10735267

Reed, E. S. (1996). *Encountering the world: Toward an ecological psychology*. New York, NY: Oxford University Press.

Reed, S. K. (1993). A schema-based theory of transfer. In D. K. Detterman and R. J. Sternberg (Eds.), *Transfer on trial: Intelligence, cognition, and instruction* (pp. 39-67). New Jersey: Alex Publishing Corporation.

Rees, T., Hardy, L., Güllich, A., Abernethy, B., Côté, J., Woodman, T., . . . Warr, C. (2016). The great British medalists project: A review of current knowledge on the development of the world's best sporting talent. *Sports Medicine, 46*(8), 1041-1058. doi:10.1007/s40279-016-0476-2

Reid, M., Crespo, M., Lay, B., and Berry, J. (2007). Skill acquisition in tennis: research and current practice. *Journal of Science and Medicine in Sport, 10*(1), 1-10.

Rein, R., Button, C., Davids, K., and Summers, J. (2010). Investigating coordination in discrete multi-articular movements using cluster analysis. *Motor Control, 14*(2), 211-239.

Rein, R., Davids, K., and Button, C. (2010). Adaptive and phase transition behavior in performance of discrete multi-articular actions by degenerate neurobiological systems. *Experimental Brain Research, 201*(2), 307-322. doi:10.1007/s00221-009-2040-x

Reis, H. J., Guatimosim, C., Paquet, M., Santos, M., Ribeiro, F. M., Kummer, A., ... and Palotas, A. (2009). Neuro-transmitters in the central nervous system and their implication in learning and memory processes. *Current Medicinal Chemistry, 16*(7), 796-840.

Renshaw, I., Davids, K., Newcombe, D., and Roberts, W. (2019). *The Constraints-Led Approach: Principles for Sports Coaching and Practice Design*. London, Routledge.

Renshaw, I., Araújo, D., Button, C., Chow, J. Y., Davids, K., and Moy, B. (2015). Why the constraints-led approach is not teaching games for understanding: A clarification. *Physical Education and Sport Pedagogy*, 21(5), 459-480.

Renshaw, I., Chappell, G., Fitzgerald, D., Davison, J., and McFadyen, B. (2010). *The battle zone: Constraint-led coaching in action*. Paper presented at Conference of Science, Medicine and Coaching in Cricket 2010.

Renshaw, I., Chow, J. Y., Davids, K., and Hammond, J. (2010). A constraints-led perspective to understanding skill acquisition and game play: A basis for integration of motor learning theory and physical education praxis? *Physical Education and Sport Pedagogy, 15*(2), 117-137.

Renshaw, I., Davids, K. W., Shuttleworth, R., and Chow, J. Y. (2009). Insights from ecological psychology and dynamical systems theory can underpin a philosophy of coaching. *International Journal of Sport Psychology, 40*(4), 540-602.

Renshaw, I., Oldham, A. R., and Bawden, M. (2012). Nonlinear pedagogy underpins intrinsic motivation in sports coaching. *The Open Sports Sciences Journal, 5*, 88-99.

Ribeiro, J., Silva, P., Duarte, R., Davids, K., and Garganta, J. (2017). Team sports performance analysed through the lens of social network theory: implications for research and practice. *Sports Medicine, 47*(9), 1689-1696.

Richardson, M. J., Shockley, K., Fajen, B. R., Riley, M. A., and Turvey, M. T. (2008). Ecological psychology: Six principles for an embodied–embedded approach to behavior. In P. Calvo, and T. Gomila (Eds.) *Handbook of cognitive science* (pp. 159-187). Elsevier: Oxford, UK.

Ridley, M. (2004). *Nature via nurture: genes, experience and what makes us human*. New York, New York: Harper Collins.

Rietveld, E., and Kiverstein, J. (2014). A Rich Landscape of Affordances. *Ecological Psychology, 26*(4), 325-352. doi:10.1080/10407413.2014.958035

Riley, M., Richardson, M., Shockley, K., and Ramenzoni, V. (2011). Interpersonal Synergies. *Frontiers in Psychology, 2*(38). doi:10.3389/fpsyg.2011.00038

Riley, M. A., Shockley, K., and Van Orden, G. (2012). Learning from the body about the mind. *Topics in Cognitive Science, 4(*1), 21-34.

Riley, M. A., Shaw, T. H., and Pagano, C. C. (2005). Role of the inertial eigenvectors in proprioception near the limits of arm adduction range of motion. *Human Movement Science, 24*(2), 171-183.

Roberts, W. M., Newcombe, D. J., and Davids, K. (2019). Application of a constraints-led approach to pedagogy in schools: embarking on a journey to nurture physical literacy in primary physical education. *Physical Education and Sport Pedagogy, 24*(2), 162-175.

Roohi, N., Sarihi, A., Shahidi, S., Zarei, M., and Haghparast, A. (2014). Microinjection of the mGluR5 antagonist MTEP into the nucleus accumbens attenuates the acquisition but not expression of morphine-induced conditioned place preference in rats. *Pharmacology Biochemistry and Behavior, 126*, 109-115.

Rosalie, S. M., and Müller, S. (2012). A model for the transfer of perceptual-motor skill learning in human behaviors. *Research Quarterly for Exercise and Sport, 83*(3), 413-421.

Rosenblum, L. D., Carello, C., and Pastore, R. E. (1987). Relative effectiveness of three stimulus variables for locating a moving sound source. *Perception, 16*, 175-186.

Rothwell, M., Davids, K., and Stone, J. (2018). Harnessing socio-cultural constraints on athlete development to create a form of life. *Journal of Expertise 1*(1), 94-102.

Rothwell, M., Stone, J. A., Davids, K., and Wright, C. (2017). Development of expertise in elite and sub-elite British rugby league players: A comparison of practice experiences. *European Journal of Sport Science, 17*(10), 1252-1260. doi:10.1080/17461391.2017.1380708

Runeson, S. (1977). On the possibility of "smart" perceptual mechanisms. *Scandinavian Journal of Psychology, 18*, 172-179.

Sartori, L., Straulino, E., and Castiello, U. (2011). How objects are grasped: The interplay between affordances and end goals. *PLoS One, 6*(9), e25203. doi:10.1371/journal.pone.0025203

Savelsbergh, G. J. P., and van der Kamp, J. G. (2000). Information in learning to co-ordinate and control movements: Is there a need for specificity of practice? *International Journal of Sport Psychology, 31*, 467-484.

Savelsbergh, G. J. P., van der Kamp, J., Oudejans, R. R. D., and Scott, M. A. (2004). Perceptual learning is mastering perceptual degrees of freedom. In A. M. Williams and N. J. Hodges (Eds.), *Skill acquisition in sport: Research, theory and practice* (pp. 374-389). London: Routledge, Taylor and Francis.

Savelsbergh, G. J. P., Whiting, H. T. A., and Bootsma, R. J. (1991). Grasping tau. *Journal of Experimental Psychology: Human Perception and Performance, 17*, 315-322.

Schiff, W., and Oldak, R. (1990). Accuracy of judging time to arrival: Effects of modality, trajectory, and gender. *Journal of Experimental Psychology: Human Perception and Performance, 16*, 303-316.

Schmidt, R. A. (1975). A schema theory of discrete motor skill learning. *Psychological Review, 82*, 225-260.

Schmidt, R. A., and Lee, T. (2005). *Motor Control and Learning: A Behavioral Emphasis* (4th ed.). Champaign, IL: Human Kinetics.

Schmidt, R. A., Lee, T. D., Winstein, C., Wulf, G., and Zelaznik, H. N. (2018). *Motor Control and Learning: A Behavioral Emphasis (6th Edition)*. Champaign, Illinois: Human Kinetics.

Schmidt, R. C., and Fitzpatrick, P. (1996). Dynamical perspectives on motor learning. In H. N. Zelaznik (Ed.), *Advances in motor learning and control*. Champaign, IL: Human Kinetics.

Schnitzler, C., Brazier, T., Button, C., Seifert, L., and Chollet, D. (2011). Effect of velocity and added resistance on selected coordination and force parameters in front crawl. *Journal of Strength and Conditioning Research, 25*(10), 2681-2690. doi:10.1519/JSC.0b013e318207ef5e

Schnitzler, C., Seifert, L., and Chollet, D. (2011). Arm coordination and performance level in the 400-m front crawl. *Research Quarterly for Exercise and Sport, 82*(1), 1-8.

Schöllhorn, W. I., Mayer-Kress, G., Newell, K. M., and Michelbrink, M. (2009). Time scales of adaptive behavior and motor learning in the presence of stochastic perturbations. *Human Movement Science, 28*, 319-333.

Scholz, J. P., and Kelso, J. A. S. (1989). A quantitative approach to understanding the formation and change of coordinated movement patterns. *Journal of Motor Behavior, 21*, 122-144.

Scholz, J. P., Schöner, G., and Latash, M. L. (2000). Identifying the control structures of multijoint coordination during pistol shooting. *Experimental Brain Research, 135*, 382-404.

Schöner, G., Haken, H., and Kelso, J. A. (1987). A stochastic theory of phase transitions in human hand movement. *Biological Cybernetics, 53*(4), 247-257.

Schücker, L., Anheier, W., Hagemann, N., Strauss, B., and Völker, K. (2013). On the optimal focus of attention for efficient running at high intensity. *Sport, Exercise, and Performance Psychology, 2*(3), 207.

Scully, D. M. (1986). Visual perception of technical execution and aesthetic quality in biological motion. *Human Movement Science, 5*, 185-206.

Scully, D. M., and Newell, K. M. (1985). Observational learning and the acquisition of motor skills: Towards a visual perception perspective. *Journal of Human Movement Studies, 11*, 169-186.

Seifert, L., Boulanger, J., Orth, D., and Davids, K. (2015). Environmental design shapes perceptual-motor exploration, learning, and transfer in climbing. *Frontiers in Psychology, 6*, 1819. doi:10.3389/fpsyg.2015.01819

Seifert, L., Button, C., and Davids, K. (2013). Key properties of expert movement systems in sport an ecological dynamics perspective. *Sports Medicine, 43*(3), 167-178. doi:10.1007/s40279-012-0011-z

Seifert, L., Komar, J., Araújo, D., and Davids, K. (2016). Neurobiological degeneracy: A key property for functional adaptations of perception and action to constraints. *Neuroscience and Biobehavioral Reviews, 69*, 159-165. doi:10.1016/j.neubiorev.2016.08.006

Seifert, L., Komar, J., Crettenand, F., Dadashi, F., Aminian, K., and Millet, G. P. (2014). Inter-limb coordination and energy cost in swimming. *Journal of Science and Medicine in Sport, 17*(4), 439-444. doi:10.1016/j.jsams.2013.07.003

Seifert, L., Leblanc, H., Herault, R., Komar, J., Button, C., and Chollet, D. (2011). Inter-individual variability in the upper-lower limb breaststroke coordination. *Human Movement Science, 30*(3), 550-565. doi:10.1016/j.humov.2010.12.003

Seifert, L., Orth, D., Boulanger, J., Dovgalecs, V., Hérault, R., and Davids, K. (2014). Climbing skill and complexity of climbing wall design: Assessment of jerk as a novel indicator of performance fluency. *Journal of Applied Biomechanics, 30*(5), 619-625.

Seifert, L., Wattebled, L., L'Hermette, M., Bideault, G., Herault, R., and Davids, K. (2013). Skill transfer, affordances and dexterity in different climbing environments. *Human Movement Science, 32*(6), 1339-1352. doi:10.1016/j.humov.2013.06.006

Seifert, L., Wattebled, L., Herault, R., Poizat, G., Adé, D., Gal-Petitfaux, N., and Davids, K. (2014). Neurobiological degeneracy and affordance perception support functional intra-individual variability of inter-limb coordination during ice climbing. *PloS One, 9*(2), e89865.

Seifert, L., Wattebled, L., Orth, D., L'Hermette, M., Boulanger, J., and Davids, K. (2016). Skill transfer specificity shapes perception and action under varying environmental constraints. *Human Movement Science, 48*, 132-141.

Shafizadeh, M., Davids, K., Correia, V., Wheat, J., and Hizan, H. (2016). Informational constraints on interceptive actions of elite football goalkeepers in 1v1 dyads during competitive performance. *Journal of Sports Sciences, 34*(17), 1596-1601.

Shaw, B. K., McGowan, R. S., and Turvey, M. T. (1991). An acoustic variable specifying time-to-contact. *Ecological Psychology, 3*, 253-261.

Shaw, R., and Kinsella-Shaw, J. (2007a). Could optical 'pushes' be inertial forces? A geometro-dynamical hypothesis. *Ecological Psychology, 19*(3), 305-320. doi:10.1080/10407410701432352

Shaw, R., and Kinsella-Shaw, J. (2007b). The survival value of informed awareness. *Journal of Consciousness Studies, 14*(1-2), 137-154.

Shockley, K., Grocki, M., Carello, C., and Turvey, M. T. (2001). Somatosensory attunement to the rigid body laws. *Experimental Brain Research, 136*(1), 133-137.

Silva, P., Garganta, J., Araújo, D., Davids, K., and Aguiar, P. (2013). Shared knowledge or shared affordances? Insights from an ecological dynamics approach to team coordination in sports. *Sports Medicine, 43*(9), 765-772.

Silva, P., Chung, D., Carvalho, T., Cardoso, T., Davids, K., Araújo, D., and Garganta, J. (2016). Practice effects on intra-team synergies in football teams. *Human Movement Science, 46*, 39-51.

Silva, P., Esteves, P., Correia, V., Davids, K., Araújo, D., and Garganta, J. (2015). Effects of manipulations of player numbers vs. field dimensions on inter-individual coordination during small-sided games in youth football. *International Journal of Performance Analysis in Sport, 15*(2), 641-659.

Smeeton, N. J., Varga, M., Causer, J., and Williams, A. M. (2018). Disguise and deception of action outcomes through sports garment design impair anticipation judgments. *Journal of Sport and Exercise Psychology, 40*(2), 73-81.

Solomon, H. Y., and Turvey, M. T. (1988). Haptically perceiving the distances reachable with hand-held objects. *Journal of Experimental Psychology: Human Perception and Performance, 14*, 404-427.

Sparrow, W. A. (2000). *Energetics of human activity*. Champaign, IL: Human Kinetics.

Sparrow, W. A., and Newell, K. M. (1998). Metabolic energy expenditure and the regulation of movement economy. *Psychonomic Bulletin and Review, 5*(2), 173-196.

Stallman, R. K., Junge, M., and Blixt, T. (2008). The teaching of swimming based on a model derived from the causes of drowning. *International Journal of Aquatic Research and Education, 2*(4), 11.

Stattin, H., and Magnusson, D. (1990). *Paths through life* (Vol. 2). Hillsdale, NJ: Lawrence Erlbaum Associates, Inc.

Steinberg, L., Darling, N. E., Fletcher, A. C., Brown, B. B., and Dornbusch, S. M. (1995). Authoritative parenting and adolescent adjustment: An ecological journey. In P. Moen, G. H. Elder Jr., and K Luscher (Eds.), *Examining lives in context: Perspectives on the ecology of human devel-*

opment (pp.423-466). Washington DC, American Psychological Association.

Stepp, N., Chemero, A., and Turvey, M. T. (2011). Philosophy for the rest of cognitive science. *Topics in Cognitive Science, 3*(2), 425-437. doi:10.1111/j.1756-8765.2011.01143.x

Stöckl, M., Lamb, P. F., and Lames, M. (2011). The ISOPAR method: A new approach to performance analysis in golf. *Journal of Quantitative Analysis in Sports, 7*(1), 10.

Stone, J., Strafford, B.W., North, J.S., Toner, C. and Davids, K. (2019). Effectiveness and efficiency of Virtual Reality designs to enhance athlete development: An ecological dynamics perspective. *Movement and Sport Science/Science et Motricité*. https://doi.org/10.1051/sm/2018031

Stone, J. A., Maynard, I. W., North, J. S., Panchuk, D., and Davids, K. (2015). (De)synchronization of advanced visual information and ball flight characteristics constrains emergent information–movement couplings during one-handed catching. *Experimental Brain Research, 233*(2), 449-458.

Strafford, B. W., Van Der Steen, P., Davids, K., and Stone, J. A. (2018). Parkour as a donor sport for athletic development in youth team sports: insights through an ecological dynamics lens. *Sports Medicine-Open, 4*(1), 21.

Swami, V. (2015). Cultural influences on body size ideals: Unpacking the impact of Westernization and modernization. *European Psychologist, 20*(1), 44-51. doi:10.1027/1016-9040/a000150

Swinnen, S. P. (2002). Intermanual coordination: From behavioural principles to neural-network interactions. *Nature Reviews Neuroscience, 3*(5), 348-359. Retrieved from http://dx.doi.org/10.1038/nrn807

Tallet, J., Kostrubiec, V., and Zanone, P.-G. (2008). The role of stability in the dynamics of learning, memorizing, and forgetting new coordination patterns. *Journal of Motor Behavior, 40*(2), 103-116.

Tan, C. W. K., Chow, J. Y., and Davids, K. (2012). 'How does TGfU work?': examining the relationship between learning design in TGfU and a nonlinear pedagogy. *Physical Education and Sport Pedagogy, 17*(4), 331-348.

Taylor, J. B., Wright, A. A., Dischiavi, S. L., Townsend, M. A., and Marmon, A. R. (2017). Activity demands during multi-directional team sports: a systematic review. *Sports Medicine, 47*(12), 2533-2551.

Temprado, J. J., Della-Grasta, M., Farrell, M., and Laurent, M. (1997). A novice-expert comparison of (intra-limb) co-ordination sub-serving the volleyball serve. *Human Movement Science, 16*, 653-676.

Tenenbaum, G., and Land, W. M. (2009). Mental representations as an underlying mechanism for human performance. *Progress in Brain Research, 174*, 251-266. doi:10.1016/S0079-6123(09)01320-X

Teques, P., Araújo, D., Seifert, L., Del Campo, V. L., and Davids, K. (2017). The resonant system: Linking brain-body-environment in sport performance. In M. R. Wilson, V. Waslh, and B. Parkin (Eds.), *Progress in Brain Research,* Vol. 234, (pp. 33-52): Amsterdam, North Holland: Elsevier.

Teulier, C., and Delignières, D. (2007). The nature of the transition between novice and skilled coordination during learning to swing. *Human Movement Science, 26*(3), 376-392.

Thelen, E., and Smith, L. B. (1994). *A dynamic systems approach to the development of cognition and action*. Cambridge, MA: MIT Press.

Todorov, E., and Jordan, M. I. (2002). Optimal feedback control as a theory of motor coordination. *Nature Neuroscience, 5*(11), 1226-1235.

Travassos, B., Araújo, D., Davids, K., Vilar, L., Esteves, P., and Vanda, C. (2012). Informational constraints shape emergent functional behaviours during performance of interceptive actions in team sports. *Psychology of Sport and Exercise, 13*(2), 216-223. doi:10.1016/j.psychsport.2011.11.009

Travassos, B., Araújo, D., Duarte, R., and McGarry, T. (2012). Spatiotemporal coordination behaviors in futsal (indoor football) are guided by informational game constraints. *Human Movement Science, 31*(4), 932-945.

Travassos, B., Duarte, R., Vilar, L., Davids, K., and Araújo, D. (2012). Practice task design in team sports: Representativeness enhanced by increasing opportunities for action. *Journal of Sports Sciences, 30*(13), 1447-1454.

Travassos, B., Araújo, D., and Davids, K. (2018). Is futsal a donor sport for football? Exploiting complementarity for early diversification in talent development. *Science and Medicine in Football, 2*(1), 66-70.

Tresilian, J. R. (1995). Perceptual and cognitive processes in time-to-contact estimation: Analysis of prediction-motion and relative judgement tasks. *Perception and Psychophysics, 57*(2), 231-245.

Turvey, M. T. (1990). Coordination. *American Psychologist, 45*, 938-953.

Turvey, M. T. (1996). Dynamic touch. *American Psychologist, 51*, 1134-1152.

Turvey, M. T. (2007). Action and perception at the level of synergies. *Human Movement Science, 26*, 657-697.

Turvey, M. T., Burton, G., Amazeen, E. L., Butwill, M., and Carello, C. (1998). Perceiving the width and height of a hand-held object by dynamic touch. *Journal of Experimental Psychology: Human Perception and Performance, 24*, 35-48.

Turvey, M. T., and Carello, C. (2012). On intelligence from first principles: Guidelines for inquiry into the hypothesis of physical intelligence (PI). *Ecological Psychology, 24*(1), 3-32. doi:10.1080/10407413.2012.645757

Uehara, L., Button, C., Falcous, M., and Davids, K. (2014). Contextualised skill acquisition research: A new framework to study the development of sport expertise. *Physical Education and Sport Pedagogy, (21)*2, 1-16. doi:10.1080/17408989.2014.924495

Uehara, L., Button, C., Falcous, M., and Davids, K. (2018). Sociocultural constraints influencing the development of Brazilian footballers. *Physical Education and Sport Pedagogy, 1*(3), 162-180. and

van der Kamp, J., and Renshaw, I. (2015). Information-movement coupling as a hallmark of sport expertise. In *Routledge handbook of sport expertise* (pp. 50-63). New York, NY: Routledge/Taylor and Francis Group.

Van Gelder, T., and Port, R. F. (1995). It's about time: An overview of the dynamical approach to cognition. In R. F. Port and T. v. Gelder (Eds.), *Mind as motion: Explorations in the dynamics of cognition* (pp. 1-43). Cambridge, MA: MIT Press.

van Maarseveen, M. J. J., Savelsbergh, G. J. P., and Oudejans, R. R. D. (2018). In situ examination of decision-making skills and gaze behaviour of basketball players. *Human Movement Science, 57*, 205-216.

Vaz, D. V., Silva, P. L., Mancini, M. C., Carello, C., and Kinsella-Shaw, J. (2017). Towards an ecologically grounded functional practice in rehabilitation. *Human Movement Science, 52*, 117-132.

Vereijken, B., Van Emmerik, R. E. A., Whiting, H. T. A., and Newell, K. M. (1992). Free(z)ing degrees of freedom in skill acquisition. *Journal of Motor Behavior, 24*, 133-142.

Vilar, L., Araújo, D., Davids, K., Travassos, B., Duarte, R., and Parreira, J. (2014). Interpersonal coordination tendencies supporting the creation/prevention of goal scoring opportunities in futsal. *European Journal of Sport Science, 14*(1), 28-35.

Vilar, L., Araújo, D., Davids, K., and Bar-Yam, Y. (2013). Science of winning soccer: Emergent pattern-forming dynamics in association football. *Journal of Systems Science and Complexity, 26*(1), 73-84. doi:10.1007/s11424-013-2286-z

Vilar, L., Araújo, D., Davids, K., Correia, V., and Esteves, P. T. (2013). Spatial-temporal constraints on decision-making during shooting performance in the team sport of futsal. *Journal of Sports Sciences, 31*(8), 840-846.

Wagman, J. B., and Carello, C. (2001). Affordances and inertial constraints on tool use. *Ecological Psychology, 13*(3), 173-195.

Wagman, J. B., and Van Norman, E. R. (2011). Transfer of calibration in dynamic touch: What do perceivers learn when they learn about length of a wielded object? *The Quarterly Journal of Experimental Psychology, 64*(5), 889-901.

Waldvogel, D., van Gelderen, P., Muellbacher, W., Ziemann, U., Immisch, I., and Hallett, M. (2000). The relative metabolic demand of inhibition and excitation. *Nature, 406*(6799), 995.

Walker, M. P., Brakefield, T., Morgan, A., Hobson, J. A., and Stickgold, R. (2002). Practice with sleep makes perfect: Sleep-dependent motor skill learning. *Neuron, 35*(1), 205-211.

Ward, P., Williams, A. M., and Bennett, S. (2002). Visual search and biological motion perception in tennis. *Research Quarterly for Exercise and Sport, 73*(1), 107-112.

Warren, W. H. (1990). The perception-action coupling. In H. Bloch and B. I. Berenthal (Eds.), *Sensory-motor organizations and development in infancy and early childhood* (pp. 23-37). Dordrecht, Netherlands: Kluwer Academic Publishers.

Warren, W. H. (2006). The dynamics of perception and action. *Psychological Review, 113*(2), 358-389.

Warren, W. H., Kim, E. E., and Husney, R. (1987). The way the ball bounces: Visual and auditory perception of elasticity and control of the bounce pass. *Perception and Psychophysics, 16*, 309-336.

Weinberg, R. S., and Hunt, V. (1976). The interrelationships between anxiety, motor performance, and electromyography. *Journal of Motor Behavior, 8*, 219-224.

Wenderoth, N., and Bock, O. (2001). Learning of a new bimanual coordination pattern is governed by three distinct processes. *Motor Control, 1*, 23-35.

Whitacre, J. M. (2011). Genetic and environment-induced pathways to innovation: on the possibility of a universal relationship between robustness and adaptation in complex biological systems. *Evolutionary Ecology, 25*(5), 965-975.

Whitehead, M. (Ed.). (2010). *Physical Literacy: Throughout the Lifecourse*. Routledge, London.

Wilkerson, G. B., Nabhan, D. C., Prusmack, C. J., and Moreau, W. J. (2018). Detection of Persisting Concussion Effects on Neuromechanical Responsiveness. *Medicine and Science in Sports and Exercise, 50*(9), 1750-1756.

Williams, A. M., Davids, K., and Williams, J. G. (1999). *Visual perception and action in sport*. London: E. and F. N. Spon.

Williams, A. M., and Hodges, N. J. (2005). Practice, instruction and skill acquisition in soccer: Challenging tradition. *Journal of Sports Sciences, 23*(6), 637-650.

Wilson, P. H., Ruddock, S., Smits-Engelsman, B., Polatajko, H., and Blank, R. (2013). Understanding performance deficits in developmental coordination disorder: A meta-analysis of recent research. *Developmental Medicine and Child Neurology, 55*(3), 217-228.

Withagen, R., Araújo, D., and de Poel, H. J. (2017). Inviting affordances and agency. *New Ideas in Psychology, 45*, 11-18. doi:10.1016/j.newideapsych.2016.12.002

Withagen, R., and Chemero, A. (2009). Naturalizing perception: Developing the Gibsonian approach to perception along evolutionary lines. *Theory and Psychology, 19*(3), 363-389.

Withagen, R., de Poel, H. J., Araújo, D., and Pepping, G.-J. (2012). Affordances can invite behavior: Reconsidering the relationship between affordances and agency. *New Ideas in Psychology, 30*(2), 250-258. doi:10.1016/j.newideapsych.2011.12.003

Withagen, R., and Michaels, C. F. (2002). The calibration of walking transfers to crawling: Are action systems calibrated? *Ecological Psychology, 14*(4), 223-234.

Withagen, R., and van der Kamp, J. (2018). An ecological approach to creativity in making. *New Ideas in Psychology, 49*, 1-6. doi:10.1016/j.newideapsych.2017.11.002

Withagen, R., and van Mermeskerken, M. (2009). Individual differences in learning to perceive length by dynamic touch: Evidence for variation in perceptual learning capacities. *Attention, Perception and Psychophysics, 71*(1), 64-75.

Wood, J. M., Lacherez, P., and Tyrrell, R. A. (2014). Seeing pedestrians at night: Effect of driver age and visual abilities. *Ophthalmic and Physiological Optics, 34*(4), 452-458.

Woodworth, R. S., and Thorndike, E. (1901). The influence of improvement in one mental function upon the efficiency of other functions. (I). *Psychological Review, 8*(3), 247.

Wormhoudt, R., Savelsbergh, G. J. P., Teunissen, J. W., and Davids, K. (2018). *Athletics skills model for optimizing talent development through movement education: No specialists, but athletes with a specialization: A new avenue to think about movement*. London: Routledge.

Wulf, G. (2007). *Attention and motor skill learning*. Champaign, IL: Human Kinetics.

Wulf, G. (2013). Attentional focus and motor learning: A review of 15 years. *International Review of Sport and Exercise Psychology, 6*(1), 77-104.

Wulf, G., Chiviacowsky, S., Schiller, E., and Ávila, L. T. G. (2010). Frequent external focus feedback enhances motor learning. *Frontiers in Psychology, 1*, 190.

Wulf, G., Hoess, M., and Prinz, W. (1998). Instructions for motor learning: Differential effects of internal versus external focus of attention. *Journal of Motor Behavior, 30*, 169-179.

Wulf, G., Lauterbach, B., and Toole, T. (1999). The learning advantages of an external focus of attention in golf. *Research Quarterly for Exercise and Sport, 70*(2), 120-126.

Wulf, G., and Lewthwaite, R. (2016). Optimizing performance through intrinsic motivation and attention for learning: The OPTIMAL theory of motor learning. *Psychonomic Bulletin and Review, 23*(5), 1382-1414.

Yarrow, K., Brown, P., and Krakauer, J. W. (2009). Inside the brain of an elite athlete: The neural processes that support high achievements in sports. *Nature Reviews Neuroscience, 10*, 585-596.

Zajac, F. E. (1989). Muscle and tendon: properties, models, scaling, and application to biomechanics and motor control. *Critical Reviews in Biomedical Engineering, 17*(4), 359-411.

Zanone, P. G., and Kelso, J. A. S. (1992). Evolution of behavioral attractors with learning: Nonequilibrium phase transitions. *Journal of Experimental Psychology: Human Perception and Performance, 18*(2), 403-421.

Zanone, P. G., and Kelso, J. A. S. (1997). Coordination dynamics of learning and transfer: Collective and component levels. *Journal of Experimental Psychology: Human Perception and Performance, 23*(5), 1454-1480.

Zelaznik, H. N. (2014). The past and future of motor learning and control: What is the proper level of description and analysis? *Kinesiology Review, 3*(1), 38-43.

저자에 대하여

© Chris Button

크리스 버튼 박사 Chris Button, PhD. 뉴질랜드 더니딘에 있는 오타고 대학교의 체육, 스포츠 운동과학과의 교수이자 학장이다. 그는 2000년 영국 맨체스터 메트로폴리탄 대학교에서 스포츠, 운동과학 박사학위를 받았다. 그의 박사학위 연구는 조정 및 차단 기술에 초점을 맞추고 차단 작용 연구에 생태학적 개념을 적용하는 데 중점을 두었다.

버든은 뉴질랜드 스포츠 및 운동과학을 통하여 생물역학자로 인정받았다. 그는 호수 기술 획득 네트워크의 집행위원이기도 하다. 버튼은 정기적으로 뉴질랜드의 높은 수행을 가진 선수 및 코치들과 함께 일하고 있으며, 네트볼, 축구, 수영, 운동 스포츠 분야에서 스포츠 과학 지원을 제공하고 있다. 버튼은 그의 연구를 스포츠과학, 교육학, 운동과학에 관한 다양한 책과 저널에 발표한다. 이러한 주제들은 최근 뉴질랜드의 보건부, 뉴질랜드의 수상 안전, 뉴질랜드의 높은 수행 스포츠 등에 전문성을 제공해달라는 초청에서 입증된 것처럼 과학계와 정치권 모두에서 관심을 끌고 있다. 또한 유소년과 성인을 위한 축구 코치이기도 하다.

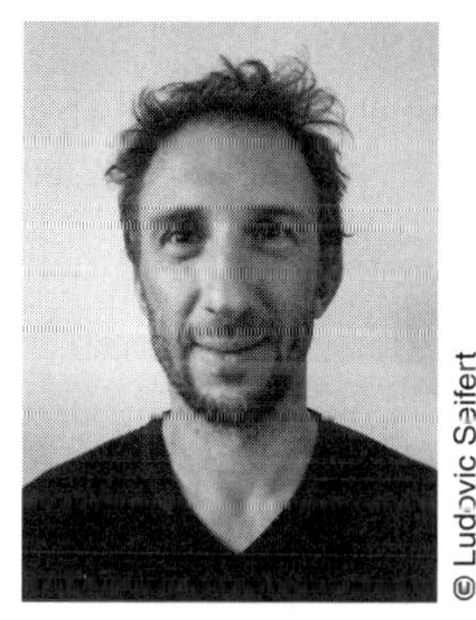
© Ludovic Seifert

루도빅 세이퍼트 박사 Ludovic Seifert, PhD. 그는 루앙 노르망디 대학의 교수이다. 그는 CETAPSCentre d'Etudes d Transformation des Activités Physiquet Sportives 연구소의 부소장이자 스포츠 성과 분석 석사 프로그램의 책임자이다. 그는 1998년 체육학 자격증을 취득했으며, 2003년에 루앙 노르망디 대학교에서 스포츠 과학 박사학위를 취득하였다.

세이퍼트의 연구 분야는 생태역학 접근법에 따른 운동 제어 및 학습, 전문 지식 및 재능 개발과 관련이 있다. 특히 수영과 등반에 관심이 많았으며 움직임 조정 및 시각-운동기술에 중점을 두었다. 이러한 주제들로 그는 여러 프랑스 스포츠 연맹(수영, 등반 및 등산, 아이스하키) 및 프로 클럽과 긴밀하게 협력하였다. 그의 연구는 동료 평가peer-reviewed 저널에 게재되고 광범위하게 인용되었다.

세이퍼트는 유네스코의 유니트윈 복합 시스템 디지털 캠퍼스 프로그램의 E-lab 생태역학 및 스포츠 수행의 대표이다. 그는 또한 국제 산악 가이드 연맹(IFMGA)에 의해 산악 가이드로 인증을 받았다.

© Jia Yi Chow

지아 이 차우 박사 Jia Yi Chow, PhD. 그는 난양기술대학교 국립교육원 체육과학부 부교수이다. 또한 같은 연구소의 교사교육청의 부학장이기도 하다. 체육 교육자인 차우 박사의 전문 분야는 운동 제어와 학습이다.

그의 주요 연구는 비선형 교육학, 다중 관절 조정 변화의 조사, 생태심리학적 관점에서의 팀 역학 분석, 스포츠전문 지식의 시각적 지각 능력 조사를 포함한다. 그는 비선형 교육학에 대한 연구를 강화하기 위하여 싱가포르 교육부의 동료, 실무자, 지역 스포츠 기관 및 국제 협력자들과 긴밀하게 협력하고 있다.

두아르테 아라우호 박사 Duarte Araújo, PhD. 그는 포르투갈 리스본 대학교의 스포츠보건학과 부교수이자 인간 동역학 교수이다. 그는 이 학교의 연구 센터인 CIPER과 스포츠 전문 연구소를 모두 이끌고 있다. 또한 스포츠와 운동심리학 저널과 전문가 저널의 부편집자이다.

© Duarte Araujo

아라우호 박사의 스포츠 전문 지식과 의사결정, 경기력 분석, 신체 활동을 위한 어포던스에 대한 연구는 Fundação para a Ciôncia e a Tecnologia에서 지원받았다. 또한 그는 과학 저널에 130편 이상의 논문(Web of Science에서 4,500회 이상 인용됨)과 전문 지식, 팀 성과, 가변성, 인지 및 스포츠 의사결정에 관한 15권 이상의 책을 발표했다. 또한 포르투갈, 이탈리아 및 호주에서 온 여러 박사과정 학생들을 지도한다.

© Keith Davids

키스 데이비즈 박사 Keith Davids, PhD. 그는 셰필드 할람 대학의 스포츠 및 인간 수행능력 연구 그룹의 운동 학습 교수이다. 그는 런던 대학교를 졸업하고 리즈 대학교에서 심리학과 체육학 박사학위를 취득하였다. 또한 영국(맨체스터 메트로폴리탄 대학교), 뉴질랜드(오타고 대학교), 오스트레일리아(퀸즐랜드 공과대학교), 핀란드(이배스퀼래 대학교 스포츠 및 보건 과학 교수)에서 교수직을 역임했다.

그의 연구 프로그램은 스포츠 성과, 기술 획득, 스포츠의 전문성 향상과 이러한 결과를 성공적으로 달성하기 위한 학습, 훈련 및 연습 환경을 설계하는 방법을 조사한다. 또한 스페인, 포르투갈, 프랑스, 네덜란드, 이란, 마케도니아, 뉴질랜드, 오스트레일리아, 핀란드의 대학에서 연구자들과 함께 스포츠, 신체 활동, 운동 연구에 협력하였다. 그는 뉴질랜드 사우스아일랜드 스포츠 아카데미, 퀸즐랜드 스포츠 아카데미, 오스트레일리아 스포츠 협회, 오스트레일리아 다이빙 협회, 크리켓 오스트레일리아, GB 사이클링, 영국 스포츠 협회와 공동으로 연구를 진행했다.

역자에 대하여

대표 역자 김소정

- 수원대학교 스포츠과학과 객원교수
- 이화여자대학교 체육학 석사
- 동덕여자대학교 체육학 박사
- 맘스 테라피 대표

공동 역자(가나다순)

구정모

- 리바이브 웰니스센터 대표
- 대구보건대 스포츠재활학과 겸임교수
- TRX International Master trainer

김동후

- 원광대 한의학과 졸업
- 한방 재활의학과 전문의
- 응용근신경학회 인정의

김문채

- 성균관대학교 무용학 박사
- AllNewDanceProject 대표
- 안양예술고등학교 무용과 강사

김성언

- 세종대학교 산업대학원 스포츠산업학과 교수
- 프리미엄 PT센터 펄스짐 대표
- 건강운동 연구소 펄스랩 연구소장

김연희

- 가천대학교 일반대학원 체육학 박사과정
- (주)비엠교육그룹 초빙강사
- 헬스케어웨이브 객원연구원

김용주

- 차의과학대학교 Ph.D 의학박사
- 한양대학교 미래인재교육원 겸임교수
- 더바른몸PT 대표

김진규

- 차의과학대학교 의학박사
- 차움의원 운동처방사
- 건강운동관리사

박민주

- 서울예술고교 졸업
- 서울대 디자인학부 졸업
- 부산대 한의학전문대학원 졸업

박호연

- 피트니스 한의원 대표원장
- 대한스포츠한의학회 공인 팀닥터
- NUMSS Doctor of Osteopathy

백형진

- 동국대학교 산학협력단 겸임교수
- 가천대학교 특수치료대학원 겸임교수
- NUMSS National University of Medical Sciences(DO, DN)

양지혜

- 現 인덕대학교 방송헤어미용예술학과 외래교수
- 現 한양대학교 미래인재교육원 겸임교수
- 前 국민대학교 평생교육원 외래교수

유하나

- 중앙대학교 스포츠운동심리 및 상담 박사
- 중앙대학교 스포츠심리학 강사
- 데상트코리아 무브360 트레이너

이동준

- 現 명지대학교 체육학부 체육학전공 교수
- 現 명지대학교 체육학부 체육부장
- 現 한국대학수영연맹 이사

최원형

- 국민대학교 체육학 전공(ACSM CPT, NSCA CPT, NASM CPT)
- 한국체육대학교 사회체육대학원 운동건강관리 전공
- 피티스튜디오 리온 트레이너

한수용

- University of the Philippines Diliman 운동과학 학사
- 세종대학교 일반대학원 체육학 석사과정
- 프리미엄 PT센터 펄스짐 트레이너

홍광석

- 現 중앙대학교 체육교육과 교수
- 現 세계바이오융합스포츠공학회 운영위원
- 現 한국운동생리학회 이사

황재혁

- 가천대학교 일반대학원 체육학 박사과정
- 국기원 학생연구위원회 객원연구원
- 헬스케어웨이브 객원연구원

운동기술 획득의 역동성
Dynamics of Skill Acquisition

1판 1쇄 펴냄: 2023년 11월 21일

지은이: 크리스 버튼, 루도빅 세이퍼트, 지아 이 차우, 두아르테 아라우호, 키스 데이비즈
옮긴이: 구정모, 김동후, 김문채, 김성언, 김소정, 김연희, 김용주, 김진규, 박민주,
박호연, 백형진, 양지혜, 유하나, 이동준, 최원형, 한수용, 홍광석, 황재혁
펴낸이: 권오현
펴낸곳: 대성의학사

출판등록 2009년 6월 22일(제301-2013-095호)
서울특별시 중구 을지로 126-1 (을지로3가, 3층)
전화 02)2279-3444 / 팩스 02)2285-0108
Homepage www.medibook.co.kr

값 33,000원

ISBN 979-11-90868-38-9(13690)